MÉXICO

EN MÍ

ARMANDO FUENTES AGUIRRE

CATÓN

Un divertido viaje al corazón de nuestro país: personajes pintorescos, tradiciones, fondas, cantinas, leyendas y moditos de hablar

DIANA

Diseño de portada: Planeta Arte & Diseño / José Luis Maldonado

Bajo el sello editorial DIANA M.R.
Avenida Presidente Masarik núm. 111,
Piso 2, Polanco V Sección, Miguel Hidalgo
C.P. 11560, Ciudad de México
www.planetadelibros.com.mx

Primera edición en formato epub: abril de 2023
ISBN: 978-607-07-9990-7

Primera edición impresa en México: abril de 2023
ISBN: 978-607-07-9987-7

Impreso en los talleres de Litográfica Ingramex, S.A. de C.V.
Centeno núm. 162-1, colonia Granjas Esmeralda, Ciudad de México
Impreso y hecho en México – *Printed and made in Mexico*

A México.

Tan dolido.
Tan doloroso.
Tan doliente.

A México.

Tan querido.
Tan amoroso.
Tan sonriente.

ÍNDICE

PRÓLOGO

Para decir «México» no necesito decir México. Si digo «padre» y «madre» estoy diciendo «México». Cuando canto el nombre de mi mujer, la canción lleva música de México. Mis hijos y mis nietos se llaman también México, y México se llamarán sus hijos y los hijos de ellos. Deletreo las letras de mi cuna: dicen «México». Y lo mismo dirán las de mi tumba: «México».

Aquí sus barros y maderas, sus vidrios y sus telas, sus flores y sus ceras. Aquí los cromos de Jesús Helguera: el de los volcanes; el del ranchero que le lleva un rebozo a su ranchera; el de la bendición de los animalitos en la iglesia. Aquí el retrato del Padre Hidalgo, y el de Morelos, y el de doña Josefa, y el de los Niños Héroes en el Castillo de Chapultepec con la bandera. Aquí, hecha con hojas de maíz, la imagen de la Virgen Morena. Y la bandera, hermosa, pura, eterna; nuestra bandera, a la que le recitábamos los lunes en la escuela versos de Amado Nervo o de Juan de Dios Peza.

Aquí los papelitos de papel de China con las figuras del charro y de la china. Aquí un árbol de la vida, con Adán y Eva, y, trepados mero arriba, un ángel angelote y otro ángel angelita. Aquí unas espuelas de Amozoc, y una reata de Chavinda, y un sombrero jarano, y un cinturón de pita.

Y las cosas de mi solar nativo: el pan de pulque, rico; la cajeta de perón y de membrillo; los dulces de piñón, de nuez y de higo. Y el sarape, el sarape de Saltillo, que coge todos los arcoíris que en el mundo han sido y los hace quedarse en sus pliegues, quietecitos.

Ahora mira la bandera. Escucha el Himno. Verás que no llega hasta ellos la perversidad de los indignos, ni sus torpezas, claudicaciones y desvíos. Encontrarás a México aun en medio de nuestros extravíos. ¡Cuántas miserias ha mirado al paso de los siglos! Y aquí está, como hecho de granito. Nada nos pide más que nuestro amor, y que pongamos ese amor en nuestros hijos.

México es nuestra casa. Otra no tenemos. Fuera de aquí somos extraños, extranjeros. Nunca digamos mal de México. Si renegamos de él no lo mereceremos. No confundamos a la Patria con este o aquel Gobierno. Nosotros somos México, con su tierra y su cielo, sus selvas y sus bosques y desiertos, sus mares y montañas, sus pirámides y templos. Cada uno de nosotros es un México: el hombre, la mujer, el niño, el viejo. México en la memoria y en los sueños.

Ayer la Patria; la Patria hoy y mañana. En la maestra que enseña; en el obrero que trabaja; en el campesino que siembra; en la calle y la casa. México que llora y México que canta. México, brazos que nos abrazan. Tómalo en tus manos y acércalo a tu entraña: lo sentirás como luz y como llama. Y di su nombre: Patria, como se dice el nombre de la amada. No escuches a quien la ofende o la degrada. A su propia madre injuria el que la agravia. Siente el orgullo de llamarte mexicano o mexicana. Vuelve a tu infancia, y dile versos como en el patio de recreo o en el aula. Oye la voz de México; te dice: «Esta es tu casa». Aquí naciste, y aquí descansarás mañana. Aunque estés lejos de México siente el abrazo de tu Patria, de esa Patria que te recuerda y que te aguarda. Y si estás cerca de tu tierra, abrázala. Si gritas «¡Viva México!» que tu voz suene clara, y que su nombre te llegue a lo más hondo, como al árbol la luz del sol y el agua. Esta es tu Patria, siéntela. Esta es tu Patria, ámala. Esta es tu Patria, llórala. Esta es tu Patria, cántala. Y cuando digas: «México» haz que esa palabra sea carne de tu carne y corazón de tu alma. México, la limpia tierra mexicana. México de tus padres y tus hijos. México, tu Patria.

ARMANDO FUENTES AGUIRRE, CATÓN

Saltillo, Coahuila.
Verano de 2022

I. PARAJES Y PAISAJES

Por todo el país anda el que escribe; por todos los caminos de México camina. No nada más en las ciudades grandes, también en sitios cuyos nombres a veces tuvo que buscar en el mapa el pobrecito hablador: Mazamitla, hermoso sitio en las alturas de la sierra de Jalisco; Camahuiroa, espléndida playa sonorense conocida apenas por sus afortunados moradores; Puerto Peñasco, recio poblado marinero que está donde hace axila el golfo de Cortés.

El viajero no se cansa de dar gracias a Dios (todas las noches lo hace al apagar la luz en su posada) por permitirle ver la suma de prodigios que guarda nuestra Patria; por contemplar desde el avión la Geografía del profesor Zepeda Sahagún; por comer con gula de cardenal la enciclopedia de los manjares nacionales, que dejan a la cocina china, francesa y española —las tres juntas— en austero condumio de ermitaño que ayuna por Cuaresma.

Lo mejor, sin embargo, es el trato con la gente. No hay en la infinita variedad de mujeres, niños y hombres que llenan esta preciosa casa que es el mundo, con todos los aposentos en que nosotros lo hemos dividido, no hay —digo— quien no tenga un halo que lo distingue de los demás humanos. No hay quien no sepa algo que desconozco yo; no hay quien no tenga un don que a mí me falta; de cada uno puedo recibir algo que me enriquecerá.

Todo eso recibo, y más aún, cuando recorro la legua en esa jubilosa farándula de vida que es mi vida.

Las cosas que a mí me han pasado no son para contarse. Por eso las cuento. El caminar la legua es jubiloso caminar. Nunca me canso de dar gracias a Dios por el regalo de haberme hecho un *homo viator*, o sea un peregrino. Me lleva por todas partes de este México vasto y asombroso; me deja mirar sus paisajes, conocer su gente, comer sus comidas y beber sus bebidas, escuchar sus historias y leyendas, oír dichos peregrinos, penetrar templos y subir pirámides... Me deja sentir, en suma, a este hermoso país que me mantiene en continuado arrobo.

¿Cuánto tiempo más durará mi peregrinación? Quién sabe. Pero mientras el buen Dios me quiera conservar la salud y el ánimo seguiré en aviones y hoteles; en autopistas y en estrechas carreteras que suben por la sierra, o atraviesan el desierto, o van por la costa junto al mar. Iré a ciudades mayores y a poblados cuyos nombres ni siquiera figuran en el mapa. Un día estaré en Toluca y al otro en Camahuiroa, una playa sonorense, o en Mazamitla, en lo más alto de la sierra de Jalisco. También iré a Sombrerete, Zacatecas, lugar rodeado de cruces por todos lados; unos dicen que para que no entre el diablo, otros que para que no se salga. He estado en Cozumel, Quintana Roo, y en Pitiquito, cerca de Hermosillo. Por muchos caminos iré, si Dios lo quiere, y al Señor y a mi prójimo daré las gracias por tanta gracia que me dan.

Una de esas gracias es la de la humildad. En esos viajes me pasan a veces regocijantes cosas que me conservan en mi debida dimensión, bastante reducida. El otro día una señora me felicitó al final de una de mis conferencias.

—Yo ya sabía que su plática iba a estar retebuena, licenciado. Un hijo mío lo oyó hace un mes en el Tecnológico de Monterrey, y me contó: «Fíjate, madre: habíamos estado aburridos toda la mañana en el congreso; y faltaba una conferencia más. Anunciaron al conferencista, y que va saliendo un viejito. Dijimos todos: «otra aburrida más». Pero al rato estábamos muertos de la risa». ¡El viejito era usted, licenciado!

Fui a un pequeño poblado del noroeste que celebraba el aniversario de su fundación. El sitio donde iba a hablar era algo entre bodega, palenque, antro, gimnasio y auditorio municipal. Estaba abarrotado por un público gárrulo y alegre. Sube al estrado el maestro de ceremonias, un avezado locutor con experiencia vastísima en rodeos, bailes gruperos y eventos similares y conexos. Con estentórea voz anunció la iniciación del espectáculo:

—¡Vamos a comenzar, señoras y señores! ¡Gracias al señor presidente municipal tenemos para ustedes hoy muchas sorpresas! ¡Orita vamos a oír una bonita conferencia a cargo del señor Aguirre, mejor conocido por su alias de Catón! ¡Cuando acabe el señor Aguirre, tendremos la actuación de La Gorrioncilla del Valle! ¡Y luego escucharemos a Los Perdularios con su acordeón acústico!

Eso dijo el amigo locutor. Y luego remató:

—¡Como ven ustedes, iremos de menos a más!

Díganme ustedes: si eso no lo hace a uno ser humilde, ¿qué lo hará?

¡Qué afortunado soy! ¡Qué afortunado! Mis viajes de caminante de la legua me llevan por todas partes del país. Como un juglar de ahora me aguardan todas las posadas, me esperan todas las mesas, y míos son todos los vasos de buen vino que ansiaba para sí Gonzalo de Berceo.

Acabo de regresar de la región del istmo: Salina Cruz, Tehuantepec y Juchitán. Tiene Oaxaca una belleza que quizá en zapoteca se pueda describir, pero no en castellano u otra cualquiera de las modernas lenguas. En Huatulco empieza mi peregrinación, junto a ese belicoso mar Pacífico que en las nueve bahías se remansa. No hay sol ahora, pues el ciclón se acerca. Gris está el cielo, y gris el mar. Los turistas vagan por los pasillos del hotel como ánimas en pena. Yo no, porque no soy turista, y el mar y el cielo me parecen aún más bellos con su hábito de monjes mercedarios.

De Huatulco a Salina Cruz la carretera es una continua curva que sube la montaña. Baja otra vez y llega al puerto donde los buques japoneses aguardan para llenarse el vientre de petróleo. La noche es tibia y húmeda. «Trópico cálido y bello, istmo de Tehuantepec...». Ahí estoy yo, en la cintura de México. La casa donde soy recibido es amplia y es hermosa. He cenado los guisos de la tierra, y un queso que deja al de todas las Europas en calidad de mazamorra sin sabor. Yo sueño —y todos los sueños que he soñado se han vuelto realidad, aun sin mi participación— yo sueño con ir a pasarme un mes en Oaxaca, sin hacer nada, solo pasando y repasando las magias y misterios de esa tierra tan tierra, de ese cielo tan cielo y de ese mar tan mar.

Voy a Tehuantepec, Oaxaca. Tiene esa antigua ciudad un hermoso convento que fue de dominicos y ahora es centro cultural. El tren pasa por el mero centro de la población, y se detiene frente a la plaza principal. Hay una historia de amor tras ese inconveniente urbano. Don Porfirio Díaz, oaxaqueño, tuvo en Tehuantepec un amor escondido —más o menos, como todos los amores escondidos—, una tehuana fuerte de cuerpo y todo lo demás. Le dijo ella a Porfirio en el momento de la mayor intimidad:

—Si en verdad me quieres haz que el tren pase por el frente de mi casa, y ahí se pare siempre, para subirme y bajarme en el portal.

Don Porfirio —bien haya— obsequió el deseo de su dama, seguramente para que ella le obsequiara los suyos. Y yo no lo critico: si en mis manos estuviera yo haría pasar y detenerse frente a la casa de mi amada no solo el tren: también los aviones, la nave espacial Columbia y todos los satélites rusos y norteamericanos, y de pilón los barcos de los cruceros, el *Queen Elizabeth* y hasta el *Titanic*. Y aun se me haría poco.

En Tehuantepec y Juchitán tuvo mando el general Heliodoro Charis Castro, hombre de grandes ocurrencias que forman un sustancioso anecdotario. Hablábamos de amores, y algo le sucedió también en el citado ramo a este personaje de ingenio peregrino y desaforados dichos y hechos. Contrató a un ingeniero topógrafo a fin de que hiciera la división de un extenso predio de su propiedad, pues quería repartirlo entre su esposa e hijos.

—Muy bien —comenzó el agrimensor—. Primero voy a trazar una línea paralela...

Lo interrumpió con alarma el general.

—¡Chist! ¡No hable tan juerte! ¡Lela no entra en este reparto! ¡Esa es otra familia!

Se llegó el Día de la Bandera. Estaba en Juchitán don Francisco Chinas, primo del general Charis. El Chico Chinas —«Chico» se les llama en Oaxaca a los Franciscos— vivía en la capital del estado, y gozaba de gran fama por su elocuencia. Don Heliodoro, jefe militar de la región, le pidió a su pariente que tomara la palabra en la ceremonia para honrar al lábaro patrio. Y empezó su discurso el orador:

—Yo, señoras y señores, amo a la bandera como a mi madre.

Tras ese magnilocuente exordio continuó el Demóstenes con otras frases igualmente altísonas. Recibió un gran aplauso al terminar. Le tocó el turno de perorar al general. Y dijo:

—Yo, señoras y señores, amo a la bandera como a mi tía. Porque han de saber ustedes que la madre del Chico Chinas es mi tía. Él y yo somos primos.

De Oaxaca traje dos cajas. Fue la primera una gran caja llena de prodigios: barro negro, verde y rojo; tejidos de Santa Ana; una cuchara magnificente labrada en madera por manos indias de Zaachila... Traje también, en otra caja, alimentos para el cuerpo: pan prócer; tasajo que podría alimentar a un regimiento; tlayudas portentosas; tamales de insignes tamaleras; chocolate pontifical; moles que dejan en blanco y negro al arcoíris; mezcales de Chagoya en pequeñas botellas, mezcal de todas las variedades posibles y de las por haber: minero, de gusano, de pechuga, de poleo, de tejocote, de nuez, de yerbabuena, de almendras, reposado, de zarzamora, de maguey azul... Traje también quesos de Oaxaca, más beneméritos aún que aquel otro benemérito del que les platiqué.

Alimentos para el cuerpo, muchos, y otros para nutrir el alma. Una hermosa imagen de la Señora del Sur: la Virgen de la Soledad, tan infinitamente triste en su luctuoso traje de negro terciopelo orlado a sus pies con una frase dolorida:

O vos omnes qui transitis per viam, attendite et videte si est dolor sicut dolor meus. «Oh, vosotros, los que pasáis por el camino: contemplad, y ved si acaso hay un dolor como mi dolor».

Para hacer compañía a esta Virgen tan sola de la Soledad —el dolor es siempre solitario— traje un cuadro de Cristo en la Cruz según se mira en la capilla del Rosario, parte de ese prodigio de América que es Santo Domingo. Está Jesús Crucificado, pero no lo acompañan al pie del leño la Virgen y San Juan, sino dos santos: San Francisco de Asís, que vivió cantando, y San Antonio de Padua, que cantando murió.

De Oaxaca traje también una colección de sucedidos que alguna relación tienen con Saltillo o Coahuila. He aquí algunos.

El santo patrono de Saltillo es el apóstol Santiago. En el estado de Oaxaca hay 56 pueblos que se llaman Santiago (57 llevan el nombre de Santa María; 54 de San Juan; 42 de San Pedro y 32 de San Miguel). ¡No prendió el jacobinismo en la tierra de don Benito Juárez!

Los oaxaqueños no quieren a Carranza. Su desamor es explicable. En 1916 los carrancistas tomaron su hermosísima capital. Para vengarse por la resistencia que les opusieron, los hombres de Carranza imaginaron un castigo: quemar el Árbol del Tule. Muchas lumbres le arrimaron al tronco los carranclanes, pero todas juntas eran muy poca lumbre para tanto árbol. El milenario sabino o ahuehuete se rio de las lumbritas, que se apagaron sin tiznarlo siquiera.

Don Francisco I. Madero iba a llegar a Oaxaca en el curso de su campaña presidencial. Una gran sala había en la ciudad, el Salón París, y los partidarios del Apóstol anunciaron que el candidato se presentaría ahí. Para impedir el mitin las autoridades permitieron unos días antes que en el salón actuara una bailarina que mostraba unos cuantos centímetros de pantorrilla. Como aquel espectáculo era sumamente inmoral las morales autoridades cerraron el salón, que cerrado permaneció hasta que Madero se fue con su democracia a otra parte. Entonces se volvió a presentar la bailarina para complacencia del culto y exigente público. Más exigente que culto, ciertamente.

Cada vez que voy a Oaxaca cumplo un rito: en el antiguo convento de Santa Catalina de Siena me tomo un chocolate. Luego voy a la calle del mercado y en una de las viejas y tradicionales chocolaterías que ahí se hallan pido que me preparen la sabrosa mixtura del cacao con los finos sabores de la vainilla y la canela.

Se ha perdido en muchos lugares del país la costumbre del chocolate. Antes era obligado en el desayuno y la merienda. Todo mundo tomaba chocolate. Éramos un país chocolatero. Entonces había tiempo para consumir cinco alimentos en el día: por la mañana, tempranito, el desayuno; luego, un poco más tarde, el rico almuerzo; después, al mediodía, la comida; a las cinco o seis de la tarde, la merienda, y por la noche la cena, moderada, pues todos seguían la salutífera enseñanza: «Desayuna como rey; come como príncipe y cena como mendigo».

El desayuno y la merienda consistían en lo mismo: una taza de chocolate con pan de azúcar. Al chocolate se le atribuían virtudes de todo orden: hacía que los niños se acabaran de criar bien; fortalecía a los adultos para los menesteres diurnos y nocturnos; calentaba la sangre a los ancianos; a todos en general daba vigor. Yo, chiquillo enteco y desmedrado, debía tomarme el chocolate como quien toma medicina. A pesar de eso conservé el gusto por la salutífera bebida, tan católica que hasta una copla lo proclama:

> Católico chocolate,
> que de rodillas se muele,
> juntas las manos se bate
> y viendo al cielo se bebe.

Ya no tenemos tiempo para el chocolate. El de metate —aquel que se molía de rodillas— ya no existe. Antes, el jarro donde se batía y el correspondiente molinillo eran utensilios obligados en las cocinas mexicanas. En mi ciudad no se hacía el chocolate en agua, como en Oaxaca, sino en leche. Bien caliente, hirviendo, se ponía la leche en el jarro y luego se depositaba el chocolate, una o dos tablillas, según. El calor de la leche y de la estufa y la enérgica acción del molinillo hacían que el chocolate se disolviera. Venía luego la obra de batirlo para que hiciera aquella noble espuma que coronaba, como corona real, la taza.

Podía consumirse aquella bebida pontifical a sorbos pequeñitos o, mejor todavía, sopeando con pan dulce. Manjar divino aquel. ¿Cómo pueden ser niños los niños de hoy si no encuentran en la mesa del desayuno, antes de ir a la escuela, aquella humeante taza que daba fuerzas para cumplir hasta las más ímprobas tareas, como por ejemplo aprender las tablas de multiplicar? ¿Con qué ilusión regresan a la casa después de concluir la jornada escolar si no los aguarda otra taza de chocolate, premio mayor por haber ido a la escuela sin refunfuñar? Misterios son esos que no alcanzo yo a entender.

Por todo lo dicho, en memoria de esas memorias, me tomo un chocolate en el antiguo convento de Santa Catalina de Siena, de Oaxaca. O en El Moro, de la Ciudad de México, en la vieja calle de San Juan de Letrán. Después de todo no soy tan malo —a veces—, y bien merezco entonces, aunque sea de vez en cuando, una taza de católico chocolate.

Oaxaca, la de Juárez...

Oaxaca, la de Porfirio Díaz, noble patriota mexicano injustamente condenado por la historia oficial a la mentira y al olvido...

Oaxaca, la de don Macedonio Alcalá, quien sustentó con música la tesis de que Dios nunca muere...

Oaxaca, la de las enhiestas tehuanas de tez de canela nimbada en almidón...

Oaxaca, la de Tamayo, y Rosas, y Toledo...

Oaxaca, la de don Andrés Henestrosa, vasconcelista de puro corazón que dice que cada hombre lleva consigo un resplandor...

Oaxaca, la de Mitla y Monte Albán...

Oaxaca, la del matusalénico árbol de Santa María del Tule...

Oaxaca, la de Santo Domingo, prodigio en jaspe verde...

Oaxaca, la de los siete moles y los mil mezcales, la de los albos quesos y los monjiles chocolates paradisíacos...

Oaxaca, la de los indios de cantarina voz y sonrisa de arcángeles barrocos...

Oaxaca, la bella, la señorial, la lánguida, la eterna, la adorable...

En Oaxaca fui a la pequeña tienda de artículos religiosos que está junto al convento de Santo Domingo, y compré algunas cosas. Cuando iba a pagar me dijo la encargada:

—Usted es sacerdote, ¿verdad?

—No —respondí—. ¿Por qué piensa que lo soy?

—Porque parece padre —me dijo la muchacha.

Debí haberle dicho que sí lo era. De ese modo su error no le habría dado pena, y yo me habría beneficiado con el jugoso descuento que —demasiado tarde me enteré— se hace ahí a los sacerdotes.

No sé si es ese aspecto y voz de cura lo que hace que en mis andanzas por la república muchas personas me tomen por su confidente y me cuenten cosas que rara vez se cuentan. O quizá se franquean conmigo porque saben que no nos volveremos a ver, y siempre es bueno descargar el pecho, aunque sea en un extraño. Así, no es raro que con frecuencia vuelva a casa llevando en mi bagaje una historia peregrina.

La última la oí en Tepic. Ahí hay una colonia que se llama Menchaca, el mismo nombre de un ingenio azucarero de mucha tradición en el lugar. Sucede que los vecinos de esa colonia están muy preocupados, pues se ha establecido en ella un seductor, una moderna especie de don Juan. Sin embargo, los desasosegados vecinos no dicen:

—Cuidemos a nuestras hijas.

Dicen:

—Cuidemos a nuestras mamás.

Sucede que el dicho galán se especializa en señoras ya maduras, generalmente viudas. No las busca para quitarles el dinero. Al contrario: con ellas comparte el suyo generosamente. Las busca, sí, para gozar los pedacitos buenos que todavía les quedan a las señoras, y las despide luego, no sin antes darles una especie de indemnización, pago de marcha o liquidación. El trato con cada una de ellas dura dos o tres meses a lo más. El hombre lleva a su casa su nueva adquisición; hace con ella vida marital durante el tiempo dicho, y luego se despide de la señora, pues otra encontró ya para ocupar su sitio. A la que se va le entrega una generosa cantidad que —dice con caballerosidad perfecta— no es un pago, sino «una pequeña compensación que de ninguna manera corresponde a lo mucho que recibí de ti». Todas, oí decir, toman el dinero y se van muy contentas, y hasta agradecidas.

El hombre es sesentón, pero, según se sabe por las damas que lo han tratado, conserva incólumes las facultades de la juventud. Llegó del otro lado; viste bien, a la usanza vaquera, con botas de punta y sombrero texano; goza de completa salud; tiene elegantes modos; no es de mal ver —algunas dicen que les recuerda a JR, el de la serie *Dallas*—, y trata bien a todas sus mujeres. Con las muchachas no se mete, aunque más de una se le ha insinuado por interés de la jugosa gratificación que suele dar a sus amigas que se van.

Los hijos de señoras viudas andan desazonados, y las hijas más. Temen que su santa madrecita vaya a caer en manos —y en piernas y todo lo demás— del inquietante seductor, faltando así a la memoria del difunto. Si la señora les dice que va a salir, le preguntan llenos de alarma: «¿A dónde vas, mamá?», «¿Con quién?» Y, «¿A qué horas vas a regresar?», como hacen los papás de las quinceañeras.

Yo admiro a ese extraño Casanova, y si lo conociera lo felicitaría. No sufre la malhadada suerte de aquel pobre señor que se lamentaba a propósito de las mujeres: «Cuando tenía qué echarles no tenía qué darles, y ahora que tengo qué darles no tengo qué echarles». El hombre de la colonia Menchaca tiene las dos cositas, bendito sea Dios. Por eso pone a los pollos en trance de cuidar a las gallinas. ¡Qué revuelto anda el mundo, lo que sea de cada quién!

El camino entre Guadalajara y Tepic es un bello camino. Los campos de agave, las barrancas y quiebros por donde alguna vez anduvieron los cristeros dejan paso a una vegetación de trópico. A esa vegetación se le llama «lujuriosa», a menos que pertenezcas a alguna asociación religiosa, pues entonces debes decir «exuberante».

Lo primero que notas al ir saliendo de Guadalajara es la abundancia de moteles de paso, establecimientos que ahora se nombran «de corta estancia» o «de pago por evento». Si Cervantes viviera aplaudiría su existencia, como aplaudió en su tiempo la de las celestinas o alcahuetas. Con el buen sentido que lo caracterizaba, el gran manco (de Lepanto) dijo que esas señoras eran «necesarias en toda república bien concertada». Y tenía razón. En el caso de los moteles de pasada, si no existieran esos beneméritos alojamientos ¿a dónde irían muchas señoras casadas que dijeron a sus maridos que iban al súper? Tendrían que ir de veras al súper, con el consecuente gasto, o dedicar el tiempo a otras actividades, como por ejemplo el juego, pasión insana cuyos peligros Dostoievski describió con mucho acierto en su novela *El jugador*.

La carretera que va a Tepic pasa por Tequila, ciudad que dio su nombre a la bebida célebre en todo el mundo.

Hay otro pueblo de alburero nombre: se llama Jala. Y un tercero que se llama Ixtlán. Ahí debe haber sucedido seguramente algún acontecimiento histórico importante, pues el nombre se presta para eso: Batalla de Ixtlán, Plan de Ixtlán, Abrazo de Ixtlán, algo así. No sé cuál acontecimiento habrá sido ese, pero algo tiene que haber pasado ahí, pues si no ese sonoro nombre se desperdiciaría.

Debemos llegar por fuerza a Magdalena. Es una pequeña villa oculta —si no te fijas bien, la pasas, como a la felicidad— entre altas sierras que esconden sus tesoros. Y tesoros ofrece Magdalena: opulentos ópalos, sinuosos ónices, granates de color grana como las granadas; toda suerte de piedras que llaman, quién sabe por qué, «semipreciosas», siendo que cada una es preciosa y medio. El valor de lo que sale de las minas no debería ser fijado por los financieros, sino por los poetas. Ellos harían que el lapislázuli, con ese azul tan bello, valiera más que el oro amarillento. El jade y su misterioso verde costarían más que la plata, cuyo color es blanco y frío.

Pero lo mejor de Magdalena no son sus ópalos ni sus granates. Lo mejor es un restaurante que se llama La Lupita. Ahí probé un jocoque como el que hacía mamá Lata en jarritos de barro que dejaba sobre la estufa, en la cocina, y comí unas tortillas de mujer —o sea, hechas a mano— que ni sal necesitan para ser el manjar que son, paradisíaco. Desde ahora, cuando me digan que alguien está hecho «una Magdalena» no pensaré en ese sujeto o sujeta inundados en lágrimas, sino sonrientes, coronados de piedras rutilantes, en la siniestra mano un vaso de albísimo jocoque —allá dicen «jocoqui»— y en la diestra una tortilla a la que debió cantar López Velarde.

De la Ciudad de México voy en avión hacia Tepic. El vuelo es de los llamados «piyameros»: sale a las 6:20 de la mañana. Hay que estar en el aeropuerto una hora antes, y treinta minutos más se necesitan para llegar ahí desde mi hotel. Por tanto, la levantada fue a las tres y media. La jornada anterior la terminé a las doce de la noche. Mi mujer y mis hijos opinan que a mis años esos andares son locura, pero de tal manera estoy ya hecho a ellos que me parecen cosa de rutina.

A mí me gusta mucho ir a Tepic porque de ahí es Amado Nervo. Murió en Montevideo este poeta. Su cadáver fue embalsamado y traído en barco para tener su sepultura en México. Eso coincidió con la escritura de la Suave Patria, de Ramón López Velarde. Yo digo que unos misteriosos versos del hermoso poema aluden a ese acontecimiento. Son los endecasílabos que dicen: «... y nuestra juventud, llorando, oculta / dentro de ti el cadáver hecho poma / de aves que hablan nuestro mismo idioma...».

Te voy a presumir lo que compré en Tepic. Compré un frasquito de pomada de peyote. ¿Será legal este ungüento? No lo sé, pues confieso que no lo compré en botica, sino de manos de unas señoritas que lo elaboran en su casa y ahí mismo lo ofrecen. El peyote, me dicen en voz baja, se los traen «unos inditos». Recomiendan esa pomada para dolores musculares, artritis, reumatismo, ciática y toda suerte de quebrantos causados por golpes de los llamados «contusos». Tan pronto sienta yo alguno de esos ajes me aplicaré el mirífico ungüento. Seguro estoy de su eficacia.

Otra cosa compré. Tan pronto escribí «cosa» me arrepentí, porque esto que compré no es una cosa. Es un Niñito Dios huichol, una pequeña imagen del Dios Niño vestido con el hermoso atuendo de esa etnia tan rica en artes y en sabidurías. La cabecita del divino infante reposa en un cojín cuya funda, tejida con hilazas de colores, tiene unas palabras en lengua indígena que significan algo así como: «Duerme, mi Niño, y duerma yo en ti». ¿Cómo pude decir que eso es «una cosa»?

Ahora voy a dar mi conferencia. Han pasado 15 minutos y no me llaman para empezar la perorata.

—Es que no ha llegado el presidente municipal de Jalisco —me dice alguien.

Yo, vanidoso como todos los ignorantes, pienso que quien me ha dicho eso es ignorante. «Será el gobernador de Jalisco», pienso en mi interior. Luego me entero de que contiguo al municipio de Tepic está el municipio de Xalisco. No cabe duda: los viajes ilustran aun a los deslustrados. Xalisco, o Jalisco, quiere decir «sobre la superficie de la arena».

Me toca luego ir por carretera a Guadalajara. En el camino llego a Santa María del Oro. Aquí hay una hermosa laguna cuyo fondo jamás nadie ha tocado. Los lugareños piensan que sus aguas mojan el centro de la tierra. Yo, más superficial, me limito a ocupar una mesa en una de las fonditas establecidas a la orilla de la laguna azul, y ahí me despacho un par de tequilas y una competente ración de chicharrones de pescado, gala mayor de la gastronomía local. Qué lindo es esto de andar en la legua. Disfrutas cosas del cielo y de la tierra. Y del agua también, bendito Dios.

Una de las regiones de México que más me gusta visitar es la de los Altos de Jalisco. Sus pobladores, gente toda relacionada con el campo, son reciamente individualistas y firmes creyentes en Dios y en la propiedad rural. Además, los alteños son bravíos; siempre han sabido usar el rifle y la pistola para defender su legítimo derecho. Por eso en los Altos tuvo mucha fuerza la rebelión cristera. Por eso a los Altos no llegó casi el agrarismo. Por eso ahí no hay casi ejidos. Por eso en los Altos de Jalisco el campo sí es productivo.

> Tepa, a mayo 4 deste año.
> Pa mijo, questá estudiando pa padre.
>
> Querido hijo de tu padre y de tu madre: No te almires que te emboquille dos cartas iguales en el mismo sobre. Hago esto por si se perdiera alguna en el camino, pero si de casualidá llegan las dos puedes romper una.
>
> En este pueblo tenemos mucho brete con una luz que dizque se nombra létrica aunque yo creo que es cosa del diablo porque si vieras qué luz tan encandiladora; sigún eso la lumbre va por los alambres, pero nosotros andamos como las chicatanas, encandilaos y dándonos porrazos unos con otros. Te alvierto que no se prienden cigarros en ella, ni se apaga a soplidos, pero lo que nos tiene más abismaos es que se priende

sola... Avienta unos padrenuestrazos por nosotros, porque les tenemos muncho miedo a los alambres, y tú que eres tan léido y escribido escurre algo pa ver si adivinas la treta que tiene esa luz.

Me mercas un Divino Rostro de cuerpo entero, porque quero pagarle una manda. Tu madre tenía bascas por detrás, se las contuvo y la curó de la tis insolvida y por eso le prometí al Divino Rostro unos calzones pa que se los pongan en su fiesta y quero pagárselos. También me compras un mapa mundi de Tepa que tenga pintao el rancho de la Tuna Aigra con todo y el corral donde encierran a la bestia de mi comadre, que tengo pleito casao con ella en el juzgado y quero ver hasta onde llegan los terrenos.

Te mando un peso y diez riales pa que te los eches en la bolsa y te fotografiés con ellos, y que salgas pintao como rico y no como pelao. Si el retratero tiene agua florida dile que te la unte pa que salgas también goliendo a curro.

A Querina la del finao Toribio le robaron los burros, quera lúnico con que contaba la probe, y ora ca' que oye rebuznar un burro se acuerda del finadito y se pone a llorar. Dile al hijo de mi compadre Tanasio que no le aviso de la muerte de su mama pa que no se susprenda y le baya a pegar un asidente, que se prepare poco a poquito pa que cuando llegue el papel no le susprenda.

Corté unos horcones pacerte un catre de otates y cuando vengas duermas como una príncipa, pero no quero que por eso ballas a garrar orgullo. No te digo mas que apriendas tus liciones, alcabo tienes grande cabeza, no te dejes destantear de los amigos paque tu carrera no tenga ningún jierre y por estudiar pa Papa vayas a salir camote. Es lo que te dice tu padre, Bruno Rentería.

> Posdata: Ai te mando estas letras de sobra, lo mismo que puntos y comas, paque las acomodes y pongas onde sea necesario. h, c, s, z, v, b, ,,,,,,, ... Ai sírvete a tu gusto.

He ido a Encarnación de Díaz, en el estado de Jalisco. Lugar de tradición cristera es este; en el edificio del Ayuntamiento se ve un mural donde se muestra la lucha del pueblo católico contra el Gobierno. Ahí está el lema de aquella rebelión armada en la que tanta sangre se derramó inútilmente: «Viva Cristo Rey».

A Encarnación de Díaz nadie la llama con ese sonoroso nombre: todo mundo le dice «La Chona». El gentilicio de los ahí nacidos es «chonense». Algunos, por travesura, les dicen «chones». Se cuenta que al llegar los autobuses de pasajeros el chofer grita siempre: «¡Bájense los chones!». Esa inocente historia suele provocar bastante risa, sobre todo en el que la relata.

En La Chona compré para mi esposa un semanario. Así se llama una serie de servilletas bordadas en punto de cruz —allá dicen «cruceta»— que lleva cada una el nombre de un día de la semana. En ellas aparece una muchacha de largas trenzas negras, «con la blusa corrida hasta la oreja y la falda bajada hasta el huesito», en el momento de hacer las faenas de la casa: lavar, tender, planchar, moler el nixtamal de las tortillas, cocinar, regar las macetas y barrer. A esa colección le llaman «Las choninas».

Encarnación de Díaz pertenece a los Altos de Jalisco. Muy cerca está Lagos de Moreno, y San Juan de los Lagos no está lejos. La Virgen de la Encarnación, patrona del poblado, tiene parentesco cercano con la de San Juan: la gente dice que es su prima. La imagen de esta Virgen es también pequeñita. Yo vi a un anciano rezarle con devoción. Al final de cada avemaría le lanzaba con la mano un beso tronado. Jamás me había tocado ver tan expresiva forma de rezar.

En La Chona encontré un tesoro y me lo traje. Es un mantel como aquellos que tejía con infinita paciencia mamá Lata, mi recordada abuela.

Ya casi no veía la viejita, enturbiados sus ojos por cataratas que la dejaron ciega finalmente y que hoy se quitarían con una sencilla operación que duraría minutos. Pero seguía tejiendo mi abuelita, y se movían sus dedos con presurosa exactitud mientras ella perdía la mirada en el vacío, donde miraba cosas que nada más ella podía ver.

Al pasar por una tienda vi el mantel y lo compré sin más. Ya casi no se consiguen, me dijo la dueña del local. Van muriendo las mujeres que los hacían, y las de ahora no tienen ya ni el tiempo ni las ganas. Pronto desaparecerá quizás este arte mujeril, igual que tantas cosas buenas han desaparecido. En la lista de las hermosas especies en vías de extinción alguien debería poner junto al tapir o danta, y el oso gris, y el pavón, y el berrendo y el quetzal, los manteles de frivolité.

Alguna vez, si Dios me lo permite, volveré a La Chona. Ahí nació un amigo muy querido, Servando Alba, de quien guardo entrañables recuerdos lasallistas. Pasearé por la plaza municipal, en donde un sabio jardinero ha dado a los copudos árboles extrañas formas animales. Haré memorias de la Cristiada, y evocaré antiquísimas lecturas: *Entre las patas de los caballos* y *Héctor*, novelas donde se narra con pluma encendida en fe y coraje la gesta de aquellos mártires del pueblo. Iré a La Chona, sí, en los Altos de Jalisco, y reiré por lo bajo de aquellos que dicen que la identidad nacional ha desaparecido.

❧

El cronista vive gratísima vida de goliardo. Juglar y vagabundo, va y viene, viene y va por todos los puntos cardinales de su Patria. Lleva en la solapa una rosa de los vientos.

Cómico de la legua es el cronista, lo reconoce ufano. Eso de andar en la farándula es deleitosa andanza. En tal oficio ando. Feliz aquel que gana la vida con el feliz contentamiento con que la gano yo.

Digo todo eso no para alzar envidias, sino como proloquio al relato de uno de mis viajes a Lagos de Moreno, Jalisco. Dos muy amadas sombras tengo ahí. Una, la de aquel boticario de sueños y de ensueños que se llamó Francisco González León. Poeta de excelsas nimiedades, se adelantó tímidamente a muchas de las audacias de Ramón López Velarde.

La otra sombra querida es la del padre Agustín Rivera, cura comecuras, piadoso jacobino. Tengo entre las rutilantes joyas de mi biblioteca la edición príncipe de un alegato salido de su pluma. En él demanda el padre que la lengua latina sea enseñada a los niños, a las mujeres, a los indios y a los pobres. Ninguna razón hay, razona el señor cura, para que algo tan bello como el latín sea privilegio de unos cuantos.

Los laguenses, cristeros cristianísimos, llevan con cristiana paciencia el peso de la leyenda del alcalde de Lagos, que construyó un puente en la ciudad y luego le puso la inscripción famosa:

Este puente se hizo en Lagos y se pasa por arriba.

En toda aparente sinrazón hay siempre una razón. La frase del alcalde tenía su razón. He aquí que los habitantes de San Juan de los Lagos afirmaban que el puente de Lagos de Moreno se había hecho con dinero de ellos. Al decir «Este puente se hizo en Lagos» el alcalde afirmaba que de Lagos eran los dineros con que la obra se pagó. Ahora bien: quienes cruzaban el puente debían pagar peaje. Algunos, para evadir el cobro, pasaban el río por el vado en vez de usar el puente. De ahí la segunda parte de la frase: «... y se pasa por arriba». ¿Verdad que es verdad que en toda sinrazón hay siempre una razón?

En este viaje a Lagos de Moreno descubrí la amabilísima figura de don Celestino González. Nacido en 1802 vivió casi cien años. Todavía a los 80 engendró un hijo. Mis respetos. Tenía 34 cuando se casó por primera vez, con una doña Rosalía, viuda ella. Poco tiempo después la viuda lo dejó viudo. Quiero decir que se murió. El dolor por el tránsito de su señora inspiró unos sentidos versos a don Celestino, que con esa endecha comenzó su carrera de poeta.

Es famoso Margarito Ledesma, el imaginario poeta de Chamacuero, autor de los siguientes versos que cito de memoria:

El corazón humano de la gente
es como una vejiga que se llena:
si se le echa más aire del prudente
se va infle e infle e infle hasta que truena.

Como el mío también es de cristiano,
y lo traes humillado y ofendido,
si le sigues cargándole la mano
el día menos pensado da el tronido.

Pero Margarito Ledesma no existió: fue un invento del licenciado Leobino Zavala. El que sí existió fue don Celestino. En ocasión del sentido fallecimiento de su esposa escribió esto:

Celestino, fiel esposo
que a tu Señora tanto quisiste,
no sabes lo que perdiste.
¡Oh, sepulcro tenebroso!

Aquí los restos de un bien amado,
aquí se hallan todos reunidos.
Aquí aquellos miembros podridos.
¡Ah, Celestino desgraciado!

Habiéndose dado a conocer como poeta funeral don Celestino empezó a ofrecerse para decir versos en los sepelios.

Este hombre se murió.
Su cadáver se ve yerto.
Yo quisiera resucitar un muerto,
eso sí que no puedo yo.
¿Qué idea será la mía
de hacer tantas composiciones?
El hombre vive de ilusiones
hasta bajar a la tumba fría.
No tiene seguridad
de amanecer otro día.
¿Cuál es entonces la garantía
que tiene la Humanidad?

Luego se diversificó la musa de don Celestino. Con motivo de la aparición de un cometa dio a luz el siguiente epifonema:

Este cometa que vino
junto con el siglo de oro,
¿a qué vino? Yo lo ignoro
y cuál será su destino.
El pueblo alarmado está:
pregunta si trae enfermedá
como la otra vez que vino.
Yo estoy en un desatino
porque saberlo quiero:
¿Este pulguero de dónde vino?
¿De dónde vino este pulguero?

En 1882 llegó a Lagos el ferrocarril. ¿No iba a cantar don Celestino tan gran acontecimiento?

El ave que es sutil
sobre sus alas se sostiene.
Mientras ella va y viene
yo voy y vengo en el ferrocarril.
Juárez a la gloria quiere subir,
y pregunta para su consuelo
si podrá subir al cielo
sentado en el ferrocarril.
Juárez a San Pedro le manda decir
que ya le preparó un hospedaje,
que ya no se haga guaje,
que venga a conocer el ferrocarril.

La gente empezó a cansarse de los versos de don Celestino y de sus largas intervenciones. El desastre vino un 16 de septiembre. Subió a la tribuna don Celestino —fuera de programa, como siempre— y empezó a improvisar una larga tirada lírica rimada. Casi dos horas llevaba ya hablando cuando la voz se le quebró. Entonces, dijo:

Ya mi voz no se comprende.
La garganta se me ha resecado.
¿Por qué un vaso de agua no me han acercado
en este 16 de septiembre?

En ese momento se oyó una sonora trompetilla de burla. ¡Nunca hubiera sonado! Se encendió don Celestino en santa indignación y procedió a rematar su alocución:

Y aquel a quien no le cuadre
mi patriótica elocuencia
vaya a... tiznar a su madre
¡y viva la Independencia!

«El ánima de Sayula»... ¿Quién escribió este desaforado poema que puso jocundidad y risa en mi adolescencia? No lo sé. He preguntado en Sayula, y nadie me ha dado razón hasta hoy del autor de esta ingeniosa picardía, una de las mejores joyas de la musa popular en México.

El ánima de Sayula es un relato escrito en verso seguramente en las primeras décadas del pasado siglo. Se compone de 59 cuartetas octosilábicas. Narra la historia de un individuo, pobre de solemnidad, llamado Apolonio Aguilar. Trapero de oficio, compra y vende trapos, papel, botellas y otros objetos de desecho. Su mísero comercio no le da ni para comer: pasa hambre con su esposa y con sus hijos.

Este hombre ha oído muchas veces la conseja del ánima de Sayula, según la cual todas las noches se aparece en el panteón del pueblo un alma en pena que trata de comunicarse con algún humano. Su empeño es vano, pues todos huyen espantados cuando la ven. Seguramente, piensa Apolonio, el fantasma quiere revelar el sitio donde enterró un tesoro, para así liberarse del castigo que lo hace vagar en muerte por la vida.

Está convencido el trapero de que quien oiga el mensaje del fantasma se hará rico. Así, comunica a su esposa su decisión de hacer frente al espectro para oír de sus labios el secreto del tesoro. Ella trata de disuadirlo del intento, pero el tal Apolonio está desesperado; nada lo apartará de cumplir su determinación.

Una noche, pues, va al cementerio. El autor del poema debe haber sido un hombre de cultura: posee un acabado oficio de versificador. Hay en su estilo ecos de Zorrilla o Espronceda.

Negro toldo cubre el cielo,
y en su fondo pavoroso
brota a veces, luminoso,
un relámpago fugaz.
Lóbrega la noche está...
Al soplo del viento frío
gimen los sauces del río
con quejumbroso rumor...

Se le aparece el espectro, efectivamente, al desdichado Apolonio. Pero no le revela el secreto de un rico tesoro, no. Le pide algo que el trapero no estuvo dispuesto a entregar. ¡El ánima de Sayula era el fantasma de un gay que había pasado a mejor vida, y que buscaba en la otra lo que en esta no pudo nunca conseguir! Huye presuroso Apolonio para escapar del delicado trance. Y termina el poema con una moraleja:

Lector: por si alguna vez,
y por artes del demonio,
te vieras como Apolonio
en crítica situación;
si tropezares acaso
con alguna ánima en pena,
aunque te diga que es buena
actúa con discreción.
Y por vía de precaución
llévate, cual buen cristiano,
la cruz bendita en la mano,
y en el fundillo un tapón.

Juan Rulfo, el genial inventor de *Pedro Páramo*, dijo siempre que había nacido en Apulco, cerca de Zapotlán, Jalisco. La verdad es que nació en Sayula. Ahí está su acta de bautismo, que no deja ningún lugar a dudas. Tampoco nació en 1918, como afirmaba, sino en 1917. Se quitaba un año, y cambiaba el sitio de su nacimiento, pues lo molestaba mucho que cuando alguien mencionaba a Sayula siempre salía a colación la famosa historia del fantasma *puttanesco*. Lo pongo en italiano para que no se oiga tan mal.

Jamás es vulgar el pueblo al expresarse, decía don Américo Castro.

Así pues, yo hago como Cervantes, que escribía la palabra «puercos» y añadía: «... que sin perdón así se llaman». Pondré aquí un sapientísimo consejo que escuché en Mazamitla, hermoso poblado montañés en los límites de Jalisco y Michoacán. Recomendación muy útil es esa que me hizo un lugareño al presentarme cierto papel que iba yo a firmar:

—Léalo primero, señor. Ni mear sin peer ni firmar sin leer.

Mazamitla es un paraíso entre la niebla. Hay ahí altos pinos y espesos encinares. Me levanto al amanecer, aterido por el agudo frío mañanero. Pero me llevan al establo de las vacas y me tienden un jarro que pongo bajo la ubre de la vaca que ordeña mi hospedero. Recojo el cálido chorro humeante de la leche. En el jarro hay chocolate molido con azúcar. Luego, le agregan a la leche una buena cantidad de alcohol, alcohol purísimo. Bebo a grandes tragos aquella mixtura milagrosa. Se llama «pajarete». La traigo todavía corriéndome en las venas, igual que si llevara todo el sol de este mundo, y todo su calor.

Por el camino a Mazamitla los campesinos ofrecen jícamas a los que pasan.

Lavan muy bien las jícamas, humedecen sus hojas, y las colocan atadas en racimos sobre pequeñas mesas cubiertas con albos manteles bordados por manos femeninas. Sobre aquel altar, las jícamas tienen exacta semejanza con senos de mujer que asomaran entre las frondas de un jardín.

Jícamas, esdrújulo frutal, igual que México... Si en otras partes hay jícamas, seguramente no han de ser como las mexicanas, jícamas o mujeres por igual: pródigas; mágicas; desnudas sobre un altar, al mismo tiempo pías y eróticas como las mujeres que amó López Velarde, como las jícamas que vi con erótica mirada por el camino que lleva a Mazamitla.

De Tonalá, Jalisco, traje un ángel. Las criaturas angélicas son frágiles, más, mucho más que las mujeres y hombres. Basta una pequeña duda para hacerlas desaparecer. Por eso yo viajé con mi ángel de cerámica sobre el regazo, pues en cualquier otro sitio se podía romper.

Se ha discutido si los ángeles tienen sexo, y, en su caso, si su sexo es masculino o femenino. Yo conozco ángeles fuertes, valerosos, dueños de firme determinación. Son ángeles mujeres. Otros, en cambio, se van tras la primera nube que pasa por el cielo. Son ángeles varones.

Ni una cosa ni la otra es este ángel que vino conmigo. Es ángel-ángel. Está por encima de las cosas que por abajo están. Ahora lo tengo sobre el piano, y lo miro, y me mira él con una mirada somnolienta, como si hubiese despertado el primer día de la Creación.

Durante toda mi vida he caminado entre ángeles: ángeles padres, ángel esposa, ángeles hijos, angelitos nietos... Constantemente siento rumores de alas sobre mí. Cuando mis ángeles me suelten de la mano, que otro me tome con la suya y me lleve en su regazo —como yo hice— por el claro camino de la luz.

Ahora mis peregrinaciones de juglar me llevan a Ciudad Guzmán, Jalisco. Esta ciudad se llamaba antes Zapotlán el Grande, nombre más eufónico y sonoro que el soso apelativo oficial que ahora lleva.

Yo no conocía este lugar, y su vista me causó un súbito deslumbramiento. Llego a su iglesia mayor, y en ella encuentro a San José. Yo soy devoto de este santo, ejemplo de humildad. También él dijo a su manera: «He aquí el esclavo del Señor; hágase en mí según su palabra». Aceptó una paternidad que no era suya, y cumplió con docilidad y mansedumbre su tarea de cuidador de la Virgen y guiador de los primeros pasos de Jesús.

Ciudad Guzmán está amparada por el patrocinio del santo carpintero. Pero aquí no está vestido con el sencillo atuendo verde y café del artesano, sino con regias vestiduras de monarca. Su imagen tiene traje de púrpura y armiño, y en la cabeza lleva una corona hecha de plata. En su fiesta es paseado por las calles, con la Virgen y el Niño, en un gran monumento que la gente llama «El trono». Cada año se nombra un mayordomo que tiene a su cargo la organización de las fiestas patronales, y la recaudación del dinero necesario para cubrir los gastos.

El templo es hermosísimo, aunque pequeño de estatura. La población está enclavada en una zona sísmica, y no se construyen aquí edificios altos. Hace unos años la ciudad quedó casi arrasada por un temblor de tierra. El interior de la iglesia, sin embargo, es muy hermoso, a pesar de las pesadas vestiduras de terciopelo que cuelgan de sus columnas. En esta iglesia hallé el más hermoso cuadro que he mirado sobre la vida del castísimo patriarca. Aparece él en su carpintería, trabajando. Un Jesús ya adolescente le tiende la herramienta, mientras al fondo María hace costura y mira con serena alegría a su esposo y su hijo. En lo alto, el techo del aposento se abre y deja ver una radiante insinuación de cielo. De Cielo. El cuadro es de grandes proporciones, como los que pintó Carrasco en el templo de San Juan Nepomuceno, en Saltillo, pero este tiene más verdad y más calor que las frías telas del jesuita, dicho sea, con el mayor respeto para la Compañía.

Bajo ahora a la tierra. He caminado mucho por las calles del pueblo, buscando las huellas de Juan José Arreola, ese hombre excepcional que fue actor, ciclista, jugador de ajedrez y de *ping-pong*, gran seductor de mujeres... Ah, y también escritor.

Siento hambre, y encuentro una fondita en un costado del hermoso templo. Leo el menú; pido una tostada mixta. ¡Qué tostada, Señor San José! Llevaba este manjar supremo todo lo que del puerco puede sacar el hombre. En la base de la tostada un enorme trozo de lomo y otro igualmente descomunal de pierna. Luego, sobre este magnificente asiento que por sí mismo habría bastado para dar la tostada por hecha y concluida, un monte de trozos de lengua, oreja, trompa, buche y asaduras diversas y sabrosas. Y encima de todo, como glorioso remate, una gran pata de cerdo a la vinagreta. Llegué yo a la fondita en busca de un tentempié, y me topé con esta obra maestra de la glotonería.

He de volver algún día a Ciudad Guzmán. Es decir, a Zapotlán el Grande. Y me apena confesar desde ahora que ignoro si volveré en homenaje a Arreola, en devoción a San José, o en busca de otra tostada como esa que me comí.

Desde el alto altar Nuestra Señora de la Soledad llora su solitud en Tlaquepaque.

El templo es pequeñito, mas tiene rango de basílica. Ahí me encuentro a San Lorenzo con la férrea parrilla en que fue asado sin términos medios. Me encuentro ahí a San Estanislao, que solo necesitó 18 años para llegar de Roma al cielo, empresa nada fácil.

Me conmuevo al mirar un cuadro perdido en una nave lateral. Representa el tránsito de San José, que es lo mismo que decir su muerte. Con ternura Jesús toma en los brazos al padre que agoniza. La Virgen le muestra el paraíso, abierto para él porque acató el milagro con limpio corazón. Y atrás —detalle encantador— un preocupado angelito ofrece al enfermo un plato con sopa y un mexicano pan.

Una lección me enseña esa pintura de pintor de pueblo: no hay separación entre las cosas del cielo y de la tierra. Un ángel que da pan y una mujer que muestra las alturas son notas del mismo Amor que todo lo llena y que se deja llenar también por los humanos.

Vago recuerdo de aquellos álbumes cuyas estampas coleccionábamos en la niñez: el Salto de Juanacatlán. Aparecía majestuoso en el dibujo, como una gigantesca catarata a cuyo lado las del Niágara eran una meadilla de ratón.

Viajaba yo un día con mi esposa cuando miré el letrero: «A Juanacatlán». Torcí el rumbo: valía la pena ver la maravilla. En el pueblito un niño se ofreció a guiarnos. Y fuimos por una fragosa brecha polvorienta. Nos mostró un cauce de piedras sin una gota de agua. Aquello había sido el Salto de Juanacatlán. Estaba seco, nos dijo, desde hacía muchos años. Vio nuestra decepción, seguramente, porque a fin de consolarnos nos llevó a una fonda misérrima en cuya pared, pintada con vivos colores de aceite, se miraba la que había sido gran cascada.

Sin embargo, el Salto de Juanacatlán volvió a saltar. Las lluvias llenaron otra vez el cauce, y vi las aguas, y escuché el estruendo. Aprendí entonces lo que por intuición sabía ya: Todo aquello que ha sido alguna vez, alguna vez volverá a ser. También tú y yo.

Zapopan y Guadalajara son ya la misma cosa. Solo una calle las divide. A veces crees estar en Guadalajara y resulta que estás en Zapopan. Y al revés: piensas que te hallas en Zapopan y la verdad es que te encuentras en Guadalajara.

Yo les pregunto a los nativos de Zapopan si se consideran tapatíos, y me dicen que sí. Pero yo entiendo que el calificativo es para los de Guadalajara.

Don Eugenio del Hoyo, inolvidable historiador, decía que la palabra «tapatío» tiene su origen en el *tlapatiotl*, banda usada en la cabeza por los antiguos habitantes de la comarca, y que servía para cargar cosas; algo así como el mecapal de Jacinto Zenobio.

El padre Dávila Garibi, sin embargo, tapatío por más señas, sostiene que la palabra viene de una moneda usada por los indígenas de Tonalá, moneda que consistía en una bolsita de cacao. Tres de esas bolsitas formaban un *tapatiotl*, de ahí el nombre. Apoyaba su tesis el sabio nahuatlato en cierto uso de su tiempo: si le pedías a una tortillera de Guadalajara un «tapatío» ella te daba precisamente tres tortillas, por influjo quizá de aquellas tres bolsitas de cacao.

Viajé a Puerto Vallarta. Llovía, llovía en forma unánime. Por los vastos pasillos del elegante hotel iban y venían los turistas igual que almas en pena. Todos mostraban un infinito gesto de rencor, como el fantasma de Jacob Marley en el cuento de navidad de Dickens. He aquí que se habían gastado los dólares penosamente ahorrados —o los euros— para pasar unos días en este edén de «la Riviera del Pacífico», y se veían obligados a pasarse las horas bajo techo, como si no hubieran salido de la casa. ¿En dónde estaba el sol tan prometido? ¿Quién se llevó ese sol de *the old Mexico*, que en el folleto de anuncio aparecía en forma de una piñata de colores?

Como yo iba a trabajar, la cosa me daba igual. Entonces me puse a ver las cosas, que es lo mejor que puedes hacer cuando no está en tus manos transformarlas. Eso lo supo Confucio, y así se evitó muchas confusiones. La actitud contemplativa no solo quita responsabilidades: también te da un aspecto interesante.

Me puse a ver las cosas, en efecto, y bien pronto descubrí algo interesante. Así como los turistas andaban hoscos y atufados, el personal del hotel se veía feliz, regocijado. He aquí la causa: esa tormenta era la segunda que caía en la temporada. Y la sabiduría acumulada en cientos de años —Vallarta nació antes de Burton y Liz Taylor— hace saber a los habitantes del puerto que cuando caen dos tormentas en esta temporada (precisamente dos) lloverá copiosamente el próximo año, con lo cual quedarán aseguradas las siembras de maíz, de frijol, de tabaco, de coco, de plátano, de mango...

Sucede que esta muchacha de cuerpo bien formado que te asigna la mesa en la cafetería, y ese educado joven que revisa tu servibar, y la afanadora que se afana por el corredor, y el botones, y todos los que trabajan en el hotel son hijos de campesinos, y sienten la lluvia como una bendición, y la tierra que en ellos hay se regocija con el sonido de las rotundas gotas al caer.

Álamos de Sonora es una prodigiosa maravilla.

Yo me llené la pupila de Álamos y el corazón me desborda aún con la milagrería de aquel pueblo de mineros, aquellos que despertaron a la plata que dormía como una veta de agua clara entre los brazos de la tierra.

Visité la parroquia de la Concepción, con su elevada torre adornada inusitadamente con platos de fina porcelana.

Pasé y paseé por su plazuela, al centro el elegante quiosco francés de hierro fundido en Mazatlán, su techo decorado con partituras, al lado las palmeras del Sahara con su desconcertado concierto de cuervillos.

Estuve en las nobles casonas de techos tejidos y pisos como espejo, hechos de cemento traído en barriles por barcos que zarpaban desde remotos puertos en Europa.

Vi el antiguo Palacio de Gobierno, que parece almenada fortaleza, y las verandas con águilas imperiales, y las callejas empedradas que hacen esquina con el misterio y cruz con la fantasía.

Vi también las versicolores buganvilias, y los arquitectónicos magueyes, y las flores que no aparecen en ningún catálogo, y supe del árbol asombroso, irrepetido, que da por fruto ciertas vainas que algunos llaman «del amor» y algunas dicen «del consuelo»: a un lugareño le dijeron que esas vainas tienen forma fálica, y él declaró que no sabía qué forma era esa, pero que a él le parecían otra cosa que no podía decir.

Álamos, el prodigio, se queda grabado en las páginas del corazón como un sello indeleble que ningún olvido podrá nunca borrar...

❦

Hice una peregrinación sentimental. Fui a Magdalena, en Sonora, a visitar al padre Kino.

En la pequeña plaza, frente a las casas de blancos muros y techos cubiertos con teja del rojo barro de los cerros, ahí está el padre Eusebio Francisco Kino. Están sus huesos: su monda calavera, sus tibias y sus vértebras, la fuerte, frágil estructura que lo sostuvo en su caminar por los desiertos del color de sus huesos. Pero está vivo el padre Kino en los nombres sonorosos, sonorenses, de los mil pueblos que fundó: Cocóspero; esdrújulo Imuris; Tumacácori; Cucurpe, que significa «Donde cantó la paloma»; Tubitama; Oquitoa; Sario; Sonoyta.

El padre Kino fue italiano, del Tirol, y fue jesuita, geógrafo, astrónomo, lingüista, aventurero de Dios y espléndido vagabundo del Renacimiento. En su monumento está grabada una bella inscripción:

> Cobijados por las amorosas tierras de su querida
> Pimería Alta reposan aquí los restos del insigne varón.
> Italiano de nación; sonorense por adopción; ciudadano
> del mundo por vocación.

Eusebio Francisco Kino... Buscando a Dios, hizo más vasto el horizonte de los hombres. Buscando a los hombres, en ellos halló a Dios.

Estuve en Pitiquito, población en el noroeste de Sonora, ya cerca de Caborca.

En Pitiquito sucedió un acontecimiento memorable que bastaría para poner el nombre de la población con letras de oro en los anales de la Historia Nacional. Casi nadie conoce ese suceso. Yo lo supe por el cronista del lugar, don Benjamín Lizárraga. Cuando el general Pershing entró en territorio mexicano con su famosa Expedición Punitiva para castigar a Pancho Villa por el asalto de Columbus, los pitiquiteños ardieron en patriótica indignación. Recordaron el «masiosare» del Himno Nacional y se reunieron todos en la plaza pública. Conque expedición punitiva, ¿eh? Pos, ya verían los gringos.

Fueron a sus casas y se armó cada uno con lo que pudo: el rifle venadero, la escopeta para cazar conejos, la vieja carabina con que el abuelo se defendió de los apaches. Montaron aquellos Quijotes del desierto en sus cansinos Rocinantes y se dirigieron en dirección al norte. Su propósito: internarse en los Estados Unidos en una expedición punitiva para vengar el agravio de la Expedición Punitiva.

Ya iban a cruzar la frontera, con lo que se hubiera armado la de Dios es Cristo, pero el aviso de lo que sucedía llegó a Hermosillo y una tropa de soldados federales acudió apresuradamente a detener a los pitiquiteños. Se devolvieron estos de muy mala gana, diciendo pestes contra Pershing y contra los soldados, pero el recuerdo de esa gloriosa expedición, aunque frustrada como la primera salida del hidalgo de la Mancha, quedó por siempre en la memoria colectiva.

El orgullo mayor de Pitiquito es una fábrica de artículos de piel. En Sonora, ya se sabe, hay mucho ganado vacuno. Existe, por tanto, un próspero comercio de pieles. Se cuenta de aquel sujeto a quien le daba por apropiarse de las vacas de sus vecinos. En cierta ocasión la policía rural lo sorprendió con una res a la que había quitado el cuero, y la tenía colgada de la rama de un árbol, en canal.

—¿Y esa vaca? —le preguntó uno de los jenízaros.

—Es mía —respondió calmosamente el abigeo.

—¿Ah, sí? A ver, enséñanos el cuero, pa verle la marca.

—No tiene cuero —respondió el individuo con el mayor cinismo—. Nació bichita.

«Bichita», en lengua sonorense, quiere decir encueradita.

La fábrica de artículos de piel la fundó en Pitiquito don Fernando Arocha Cantú, que de paz goce. Cuando entro en la tienda de los Arocha la encuentro tan elegante y tan lujosa como las que hay para los turistas en San Miguel de Allende o en Cancún. La encargada de la tienda le pregunta a mi acompañante quién soy, y él se lo dice. Va al teléfono la empleada.

—Aquí está Catón, señora —dice a su patrona—. Venga y tráigase la cámara.

Es entonces cuando la hijita de la encargada le grita por la ventana a su amiguita, que juega al otro lado de la calle:

—¡Ándale, córrele, búllele! ¡Aquí está Catón!

—¿Quién es Catón? —oigo que pregunta la otra niña.

—Pos, no sé. Tú vente.

Llega la señora, toma fotografías y luego me presenta una piel curtida que hace las veces de libro de visitantes. Ahí debo poner mi firma y la fecha en que estuve en la tienda. Leo las anteriores rúbricas: todas son de músicos gruperos, de Bronco, Los Temerarios, Los Tigres del Norte, Los Tucanes y Los Culpables. Sucede que esos señores se mandan hacer ahí los coloridos atavíos de piel que usan en sus actuaciones.

Yo, que visto atuendos menos llamativos, me compro algo más propio de mis años: un par de pantuflas. Están forradas por dentro con una lana tan finamente cardada que parece pelo de ángel. En su libro *Odas elementales* Neruda tiene un poema en loor de sus calcetines, y los compara por su suavidad a la sedosa piel de un lebratillo. Pues bien: les voy más a mis pantuflas. ¡Qué tibias son, y qué amorosas! Acarician como manos de odaliscas. No un Neruda, sino un Milton o un Tasso se necesitarían para encomiarlas como se merecen. Ahora mismo las tengo puestas, mientras escribo, muy de mañana, esto. Y calzado con ellas saldría yo a la calle si no fuera porque temo las críticas del vulgo. Solo por esas pantuflas valió la pena ir a Pitiquito.

—Está a dos cuadras del Mono Bichi.

Así dice la gente de Nogales para indicar la ubicación de algún comercio o casa.

En Saltillo los puntos de referencia son variados. Decimos: «Atrás de la catedral...», «Por el rumbo del Ateneo...», «A un costado de la Alameda...». En Monterrey, ciudad más grande, se debe recurrir a otras menciones. Un cierto amigo mío vive cerca de un motel de paso —de corta estancia o pago por evento— llamado Motel Siesta. Cuando mi amigo decía: «Vivo en la colonia tal» o «Estoy cerca del Banco Fulano», nadie le entendía. Pero cuando empezó a decir: «Vivo a una cuadra del Motel Siesta», todos los señores manifestaban a coro: «¡Ah, sí!». Y algunas señoras también.

La gente de Nogales usa al Mono Bichi como obligado punto de referencia. Ahí no hay pierde. El Mono Bichi es una estatua que representa a un hombre desnudo. En Sonora, la palabra «bichi» se usa para nombrar la desnudez. He oído ese vocablo usado en las más diversas formas. «La cuenta del restaurante fue muy alta. Casi me dejan bichi». «Es una playa nudista. Ahí todos andan bichis». «Ahora es muy peligroso hacer el sexo con el pito bichi. Por el sida, tú sabes».

El Mono Bichi está completamente bichi. Quiero decir que se le ve todo. No es como la estatua del Apolo de Belvedere, que tiene la pilinga cubierta por una hoja de parra, como todas las esculturas clásicas. En un museo dos señoritas de madura edad estaban contemplando el tal Apolo con su hojita. Pasó un majadero individuo y les preguntó:

—¿Qué están esperando? ¿Que llegue el otoño?

Con el Mono Bichi no es necesario aguardar la venida de la estación autumnal. El escultor puso las cosas como son, pero más grandes, porque la estatua es de tamaño heroico. Fue cuidadoso, y no cayó en el error en que incurrió Tolsá, «el Miguel Ángel valenciano», cuando al hacer el famoso monumento ecuestre llamado El Caballito puso en el equino, muy parejas, dos partes que en todos los animales machos aparecen ligeramente disparejas. Ese detalle lo hizo notar con mucho ingenio la celebérrima Güera Rodríguez, que bien conocía lo que tenía entre manos.

En el caso del Mono Bichi, lo malo es que la efigie sirve de remate a otra de don Benito Juárez. Los magnificentes atributos del gigantón quedan exactamente sobre la cabeza del Benemérito, cual ominosa espada de Damocles. No sé cómo puede seguir impávido e impertérrito el gran prócer de Guelatao, teniendo sobre sí tal amenaza. Ojalá al Mono Bichi no se le caiga lo suyo, por el decoro debido a la república y a sus ínclitos prohombres.

El cronista vive la hermosa vida del juglar. Es hermano de sangre de los viejos cómicos de la legua que iban por los caminos de Dios en busca del pan y el vino. Eso, y «bona fembra con la qual yacer», decía Gonzalo de Berceo, es todo lo que el hombre necesita para vivir en paz.

¿A dónde no habrán llevado al cronista sus andanzas? En toda la república ha estado. Ha ido de Sonora a Yucatán. Y más allá también. En las ciudades grandes y en los pequeños pueblos ha dicho una palabra y, más importante aún, ha oído la de su prójimo. Va el cronista de Mazamitla de Jalisco a Camahuiroa de Sonora, o a Guadalupe Victoria, en Zacatecas, o a Empalme, en Sonora.

Quien esto escribe tiene a honra ser aprendiz de todo y oficial de nada. ¡Es tan interesante aprender, y es tan aburrido todo lo oficial! A donde va aplica ojos y oídos, si es que no puede aplicar más, y ve y escucha con avidez de niño, que es mayor avidez aún que la del grande. Entonces, mira y oye grandes cosas, y de todas las partes se trae parte. En todas hay algo que aprender. Por ejemplo, en Empalme.

Empalme es una pequeña población que nació del tren. Por eso se llama así: Empalme, porque ahí se empalmaban dos troncales del ferrocarril. Cualquiera diría que en Empalme nunca ha pasado nada aparte del tren. Y sin embargo supe de algo que sucedió en Empalme además de lo que en Empalme sucede cada día, que es lo más importante.

En Empalme, Sonora, contrajo matrimonio Charlie Chaplin.

La historia es muy interesante. En 1915 Chaplin entró en el *Kitty's Come On Inn*, una sala de té de moda en Hollywood entre la gente del cine. Una mesera mexicana lo atendió. Se llamaba Nana, y tenía consigo a su hijita, una graciosa chiquilla de 7 años de nombre Lilita. Chaplin vio a la niña y quedó seducido por su infantil hermosura y su sonrisa. De inmediato, Chaplin habló con la mesera, y le pidió que llevara a la niña a los estudios. Pronto Lilita apareció en el cine, como extra, de angelito en *The Kid* y de chiquilla rica en *The Idle Class*.

Nana era ambiciosa. No dejaba de advertir la extraña atracción que su hija ejercía sobre el actor, cuyos caprichos eróticos eran la comidilla en Hollywood. Todo indica que Nana se propuso «cultivar» a su hija para que alguna vez se convirtiera en esposa —o lo que fuera— de Chaplin, a pesar de la diferencia de veinte años entre ellos.

Cuando Chaplin filmó *The Gold Rush* (*Fiebre de oro*) Lilita ya había cambiado su nombre por Lita Grey. Fue la bailarina principal en aquella famosísima película, una de las obras maestras del cine de todos los tiempos.

A la sazón, la mexicanita tenía 16 años. Cuando Chaplin empezó a invitarla a salir no faltó quien advirtiera a la madre de la chiquilla del peligro que corría su hija.

—Es menor de edad —le decían.

Y respondía la ambiciosa mujer:

—Sí, pero no tanto.

Lo que tenía que pasar pasó. Cierta mañana que Lita estaba rodando alguna escena rodó ella misma por el suelo quejándose de un dolor en el estómago. El tal dolor no era dolor: nacería algunos meses después.

Al día siguiente el licenciado Edwin McMurray, tío de Lita, tuvo una breve pero intensa conversación con Chaplin: o se casaba con la nena, le dijo, o lo acusaría penalmente por estupro. Tratándose de una menor de edad, en el estado de California aquello equivalía a una violación, delito que conllevaba una pena de 15 años de prisión, sin derecho a libertad bajo caución.

El de Chaplin fue, por tanto, un típico matrimonio de los que en Estados Unidos se llaman «de escopeta», es decir, bajo amenaza. Se pensó en hacer el matrimonio en un lugar al que no pudieran llegar los periodistas. Había que evitar el escándalo de aquella boda de un hombre de 35 años con una niña de 16.

El lugar escogido fue Empalme, en Sonora, de México. Ahí tenía amigos Chaplin, compañeros de parranda dueños del ferrocarril *South Pacific*. Ellos sugirieron la pequeña población mexicana.

Y hasta Empalme llegó aquella extraña comitiva nupcial: el famoso actor, su novia adolescente, la mamá y el tío de la muchacha... y cincuenta periodistas que se enteraron —por Nana, desde luego— de la insólita boda.

Siete meses después del matrimonio nació Charles Spencer Chaplin Jr. Y nueve meses y dos días después de este nacimiento vino al mundo el segundo hijo de Chaplin, Sidney, a quien vimos actuar al lado de su padre en la inolvidable película *Candilejas*. Algo de mexicano tiene la traza de este Sidney.

El matrimonio, desde luego, no duró. Poco tiempo después del nacimiento de Sidney se divorciaron Lita y Chaplin.

Extraña historia mexicana de aquel genial actor que vivió tan intensamente como en sus películas.

Hay lugares que tienen magia. Se percibe en ellos un hálito que no se siente en otros sitios, un espíritu que solo con el espíritu se puede percibir. A esa clase de sitios con alma pertenece la antigua Villa de Santiago, ahora Santiago, Nuevo León. Desde niño conozco el entrañable pueblo. Por él salía al mundo la gente del Potrero de Ábrego, pues el camino a

Saltillo era más largo y fatigoso. Así, la Villa se llenó de Peñas, porque en ese solar fincó su casa don Tomás de la Peña, hermano de don Jesús, el padre de mi esposa, y ahí tenemos ella y yo familia queridísima.

En Santiago hay una iglesia parroquial que parece hecha de azúcar. A ella se llega por una escalinata que cuando la subes piensas que te va a llevar al cielo.

Tiene Santiago antiguas casas señoriales, plazuelas soledosas, calles que seguían el curso de los arroyos que bajaban de la cercana sierra.

En Santiago se comen delicias gastronómicas que ya las quisiera degustar el Colegio de Cardenales cuando se junta en sínodo: un asado de puerco que se diría hecho de chamorro de ángel, si tuvieran los ángeles chamorro, y dulcísimos dulces hechos con la miel de las cañas en molienda.

Lo mejor, sin embargo, es la gente de Santiago. De ella salen la magia y el espíritu de la antañona Villa, porque esa gente tiene genio e ingenio, es franca y abundante en la cordialidad. Aun sin conocerte un santiaguense te llamará «primo» si andas más o menos por sus mismos años, «sobrino» si eres menor que él, y «tío» si tienes más edad. Esa gente está llena de cuentos y leyendas, de chispeantes anécdotas curiosas que llenarían todos los tomos de una biblioteca.

Por todo eso, y por mucho más, Santiago, Nuevo León, fue declarado Pueblo Mágico. Ciudad hermana de la mía es Santiago; ahí vive familia próxima a mi corazón. En él pongo la magia de Santiago, a ver si también el corazón se me hace mágico.

Muy cerca de Santiago está El Cercado. Después se encuentra El Álamo. Hay ahí un famoso restaurante, El Charro, cuyo local tiene la forma de un sombrero; de ahí el nombre. Vale la pena hacer viaje especial para degustar en ese establecimiento un platillo de sabor indescriptible que en el menú aparece con el nombre de «Piernil». Cuando me invitan a dar conferencias en Bahía Escondida casi ni cobro, pues eso me da pretexto para ir a comer o a cenar ese platillo con sabor de gloria pese a sus deficiencias de gramática.

Es muy dada la gente de esos sitios a poner apodos a los moradores de cada población. A los de Allende, por ejemplo, se les llama «tejones», pues muchos de ellos son dueños de líneas de tráileres, y viajan en caravanas para protegerse mutuamente. Así, van por la carretera con sus vehículos en hilera, como dicen que suelen caminar los tejones en el campo, uno detrás del otro.

Muy conocido lugar es igualmente Los Cavazos. Sus vecinos son todos comerciantes, y han llenado ambos lados de la carretera con pequeños locales en los que venden toda suerte de mercaderías. ¿Qué he comprado yo ahí? Una planta llamada huele de noche; una silla periquera; una imagen en piedra de San Francisco con el lobo; un frasco de naranjas en conserva; una pantalla tejida en junco, para lámpara; un delantal para asar carne, con un letrero que dice «El mero mero»; un cromo de San Judas Tadeo con la aureola impregnada en diamantina, y un pan de maíz. El pan de maíz te lo hacen a la vista, en «aceros» de los que casi ya nada más ahí se usan. En inglés esos aceros se llaman *dutch oven*, pero dudo que holandeses o norteamericanos preparen en ellos una delicia como el pan de maíz que se come en Los Cavazos.

Lleguemos a un benemérito restaurante que se llama El Tío Poncho. Tiene una gran palapa, y ahí sirven todos los días un *buffet*. ¡Qué *buffet*! Se necesitaría el apetito de un Gargantúa para agotarlo todo. Entre el puchero del principio y el arroz con leche del final hay una veintena de delicias regionales que lo mismo incluyen los chiles rellenos —de carne macheteada, no de picadillo— que el tradicional asado de puerco de la región, adobado con laurel y un remoto sabor de cáscara de naranja. También ofrecen unas gorditas de manteca —es decir, de sebo de res— que en ninguna otra parte yo he comido.

Más, mucho más allá, en Allende, está La Coma, creación de un «pasaporteado» que volvió a su tierra después de haber hecho fortuna en Estados Unidos. De niño fue pastor en Allende, y solía sentarse a descansar bajo una coma, que es un árbol frondoso. Cuando volvió ya se había secado la coma. Compró el tronco seco, lo llevó a su terreno y alrededor de él construyó el restaurante que soñaba tener en las duras jornadas de trabajo al otro lado. Hasta en torno de un tronco seco puede florecer un sueño.

La Villa de Santiago ya no es villa, pero es Santiago todavía. De ahí era José Almaguer Cepeda, maestro peluquero del lugar, y el más sabio sabidor de sus historias, tradiciones y leyendas. A don José Almaguer

Cepeda nadie lo conocía por tan sonoro nombre: todo mundo le decía «Chumino».

Llegaba usted al restorán de Tavo —también Tavo disfruta ya la paz de Dios—, frente a la plaza de Santiago, a degustar los sabrosos tacos que vendía ese buen señor. Los había de barbacoa, de chicharrón, de asado, de chile con rajas, de picadillo, de frijoles, de machacado, de huevo con chorizo... Y otros tacos había ahí absolutamente inéditos, cardenalicios: aquellos que Tavo hacía poniendo un chile jalapeño relleno con carne o queso en una tortilla. Esos tacos habrían merecido capítulo especial en los libros sobre gastronomía que escribieron esos tres grandes e ilustres comilones mexicanos que fueron don Alfonso Reyes, Salvador Novo y José Fuentes Mares.

Supongamos que usted estaba disfrutando aquella espléndida muestra de la cocina del noreste. En ese momento llegaba don José Almaguer Cepeda, o sea, Chumino, y entablaba conversación con usted. Lo hacía porque pensaba que era su obligación enterarse de quién estaba en Santiago, y averiguar por cuanto medio fuera posible —incluso preguntándoselo a bocajarro al visitante— de dónde venía y qué iba a hacer en el pueblo, para informar después a su clientela, o sea, a todo el pueblo. La peluquería de José estaba al lado de la taquería de Tavo, y no le era difícil al peluquero enterarse de que había recién llegados.

Chumino tenía ocurrencias portentosas. Sus hechos y sus dichos andan en boca de la gente. Una vez, por ejemplo, llegó un individuo a su peluquería. José tenía permiso de la autoridad para vender refrescos y cerveza en su establecimiento, y el parroquiano pidió una. Le dio un trago y luego le preguntó a Chumino si podía usar el baño. Autorizado para tal uso fue el cliente a ese lugar, y después de hacer lo que tenía que hacer regresó a lavarse las manos en el lavabo de la peluquería. Vio el jabón que estaba ahí y preguntó al peluquero si no tenía por casualidad un jabón nuevo. Explicó que no le gustaba usar jabones que hubiesen sido tocados ya por otras manos.

Sin muchas ganas sacó Chumino de uno de los cajones de su estantería un jabón nuevo, fino y caro, de la muy conocida marca Dove —americano, de los de palomita—, y se lo dio al señor. Con parsimonia lo sacó este de su envoltura, y con la misma parsimonia se lavó las manos. Regresó a donde estaba su cerveza y le dio otros dos tragos. Otra vez fue al baño, y otra vez regresó a lavarse las manos con el jabón de la conocida marca Dove. Muy concienzudamente se lavaba aquel señor; frotaba con vigor la pastilla una y otra vez, hasta el punto en que se podía apreciar a simple vista cómo se iba desgastando el jabón con aquellos tan vigorosos frotamientos. Regresó el tipo a su cervecita, le dio otros dos tragos; otra vez fue al baño y volvió de nuevo a lavarse las manos.

—Oiga, señor —le dijo Chumino ya picado—. Usté es muy limpio, ¿verdá? Ya casi se está acabando el jabón usté solo.

—Disculpe, máistro —se justificó el sujeto—. Es que como voy al baño y me agarro la esa, entonces tengo que lavarme las manos, para poder seguir tomándome mi cervecita.

Sugirió con enojo don José:

—¿Y por qué mejor no se lava la pilinga? Así usaría el jabón nada más una vez.

A mí me gusta mucho ir a Santiago, Nuevo León.

Cuando voy a Santiago la gente me cuenta anécdotas preciosas. Hay ahí ínclitos platicadores. Así, «platicador», llaman en Santiago a quien sabe las anécdotas del pueblo y las puede contar bien. Llega el platicador y me platica aquellos desaforados hechos, y me dice los dichos que se dicen.

Esta vez oí hablar de la Perolona. La Perolona, contrariamente a lo que el femenino podría sugerir, es un señor. Se le conoce con el citado apodo: la Perolona. Al oír ese mote yo pensé que provendría de «perol», que es un cazo muy grande. Imaginé que al dicho señor lo llamarían así por ser muy gordo. Equivocábame, por no decir me equivocaba. Sucede que en su lejana juventud la Perolona fue bracero. Se iba cada año a las piscas del algodón en el valle de Texas, no sé si en Donna o Pharr. Era muy listo y muy emprendedor la Perolona: al terminar cada día de trabajo se hacía tonto y no le entregaba al gringo el saco en que juntaba el algodón: se lo llevaba a la barraca donde dormían los piscadores, y lo ponía abajo del colchón de su camastro.

Así, cuando terminaba la temporada de la pisca había reunido muy buena cantidad de aquellos sacos. Al regresar a Santiago los llevaba consigo. Su mamá los descosía y los lavaba bien, primero con calabacilla y después con amole, con lo que la tela de que estaban hechos los sacos, tela de calidad magnífica, quedaba limpia, tersa, albeante.

Después la Perolona iba por la calle ofreciendo en venta aquella tela. Decía a los presuntos compradores:

—Te vendo una lona.

Y para encomiar la calidad de la mercancía añadía con énfasis:

—¡Pero lona!

De ahí le vino el mote que, aunque han pasado muchos años, conserva todavía: la Perolona.

A otro apreciado santiaguense le apodan el Litro. Es que cuando estuvo en la primaria hizo cuatro cuartos antes de poder pasar al quinto año. Por eso le dicen el Litro, por los cuatro cuartos.

A otro señor de Santiago le llaman el Criminal. Desde luego a él no le gusta oírse llamar así. No es tanto por el apodo, que hasta podría beneficiarlo por sugerir que es hombre de cuidado, sino por el origen del remoquete tal.

El desastrado hecho que originó ese mote sucedió cuando el señor era un muchachillo adolescente. Su señor padre era matancero, y tenía un burro a cuyos lomos iba a hacer la matanza de cochinos que en los diversos ranchos le encargaban. Un día llevó con él a su hijo. Cumplió el matancero su tarea de hacer pasar a mejor vida a un marrano, y llamó al muchacho.

—Guarde m'hijo el cuchillo en la funda.

Estaba muy orgulloso el señor de su cuchillo, de extraordinario filo y aguzada punta, y tenía para él una funda de las que se hacían en Hualahuises, del mejor cuero de res. Fue a guardar, pues, el muchacho aquel cuchillo en su funda, que el matancero solía colgar en la cabeza de la silla del pollino. Encontró sin embargo alguna resistencia para que el cuchillo entrara en la funda.

—No entra, apá —le dijo a su progenitor.

—Empuje fuerte m'hijo —le contestó el señor.

El muchacho metió el cuchillo con todas sus fuerzas, y hasta le dio tres o cuatro arrempujones para que entrara bien, hasta la cacha. A poco llegó el señor y subió a lomos del asno, y ayudó a su hijo a que subiera también, en las enancas. Luego, le dio al pollino un buen cuartazo para que echara a caminar.

Lo hizo el burro, pero apenas había dado unos cuantos pasos cuando cayó al suelo. Y es que el muchacho no había metido el cuchillo en la funda: resbaló la hoja hacia afuera, por la pretina de la vaina, y cuando creía el hijo del matancero estar metiendo el cuchillo en la funda en verdad lo estaba clavando en plena cruz del desdichado burro.

Cuentan todavía los santiaguenses que al venir el asno al suelo preguntó con gran sorpresa el matancero:

—¿Pos qué le pasó al burro?

Y que el jumento, con las últimas fuerzas que le quedaban, alcanzó todavía a levantar la pata derecha y en mudo reproche, con el casco, señaló al muchacho. De ahí le vino al hombre aquel pesado nombre que, ya viejo, conserva todavía: el Criminal.

No cabe duda: Sabinas Hidalgo, Nuevo León, me ha tomado por suyo. Con frecuencia voy a esa laboriosa población, ayer de agricultores, hoy de fabricantes de vestidos, mañana quién sabe de qué más.

Los sabinenses alardean de que en Sabinas han pasado cosas que en ninguna otra parte han sucedido. Me pregunta el profesor Rosendo:

—¿Sabía usted, licenciado, que Sabinas Hidalgo es el único lugar del mundo donde perdió don Juan Tenorio?

Me intriga la pregunta, pues soy devoto del personaje de Zorrilla.

—¿Cómo fue eso? —pregunto.

El maestro me cuenta la extraordinaria historia. Llegó a Sabinas un grupo de teatro clásico español que llevaba entre sus obras el Tenorio, caballito de batalla de todas las compañías del género. La noche del estreno empezó normalmente la representación, y todo iba muy bien hasta que el actor que hacía el personaje de don Luis Mejía se sintió mal cuando llegaba ya la escena en que don Juan lo mata en duelo singular a espada.

¿Qué hacer? Andaba por ahí el tramoyista, un mozo alto y de sonora voz que había seguido con interés los ensayos de la obra. Desesperado, al director se le ocurrió la idea de habilitarlo para que hiciera el papel del adversario de don Juan. A toda prisa vistieron al muchacho con la ropa del indispuesto; con la misma premura lo hicieron leer las pocas líneas que debía decir, y algo tembloroso, pero feliz por la oportunidad de ser actor, salió el tramoyista a escena y empezó —con ayuda del apuntador— a recitar sus parlamentos.

No tardó el respetable en darse cuenta de que don Luis no era don Luis: era Chencho el carpintero. Llenos de admiración le hicieron saber que lo habían reconocido, y saludaban cada una de sus intervenciones con expresiones cálidas de aliento:

—Bien, Chencho.

—Así se habla, Chencho.

Llegó el momento cumbre, el del duelo con don Juan. Muy bien sabía Chencho lo que tenía que hacer, pues conocía la obra y había visto los ensayos: luego de algunos ataques, reveses y mandobles debía dejar que don Juan le clavara la espada, y morir sin mayor trámite.

Pero empezó la pelea, y empezaron los sabinenses a animar a su gallo:

—¡No te dejes, Chencho!

—¡Tú le ganas!

—¡Échatelo!

—¡Arriba Chencho!

Se le subió el orgullo local a Chencho, y en vez de resignarse a morir atacó a fondo a su rival, que retrocedió espantado. Aquello no estaba en el libreto. Estimulado por ese retroceso, y ante los aplausos y vítores de la concurrencia, Chencho se lanzó con tal denuedo sobre el asustado Tenorio, tales cintarazos le propinó en los lomos con el filo de su espada, tan intensos piquetes le dio con ella en pecho, espalda y otras partes menos nombrables que el actor puso pies en polvorosa, temeroso de perder la vida. Huyó del escenario el lacerado don Juan, y Chencho quedó absoluto vencedor, agradeciendo con elegantes reverencias las ovaciones de sus coterráneos.

Lo dicho: el único lugar del mundo donde don Juan ha sido derrotado es Sabinas Hidalgo, Nuevo León.

Esta ciudad también se precia de ser el único lugar del mundo en que han chocado un caballo y un avión.

Había ahí una pista de aterrizaje hecha de tierra, destinada al uso de avionetas fumigadoras que de vez en cuando llegaban a trabajar en la comarca. Don Simón era un simón. Quiero decir, era un cochero. Tenía un cochecito tirado por caballo en el que transportaba pasajeros.

Cierto día don Simón fue contratado por las muchachas de la casa de mala nota. Digo «la casa» porque no había más que una en Sabinas, la única en el largo trayecto entre Nuevo Laredo y Monterrey. No sé si ahora haya otra, u otras más. Ojalá, porque esos establecimientos prestan a la sociedad servicios importantes. Cuando faltan se instaura el desorden; los maridos pierden la tranquilidad; las doncellas están amenazadas. Las ciudades en que esas casas han desaparecido por causa de alguna autoridad con moralina han visto multiplicados los escándalos. Como dicen: nadie sabe el bien que tiene...

Pero me estoy apartando de mi relación: con los años entra la tentación de filosofar, insana proclividad que nunca lleva a ningún lado. Estaba yo diciendo que don Simón, el cochero, fue contratado un día por las muchachas de la casa de mala nota del lugar. Querían ir a bañarse en el río Sabinas, que en aquel tiempo llevaba aguas cristalinas. Ahora ya no lleva aguas, ni cristalinas ni de las otras. Es una pena. De milagro se dan los sabrosísimos aguacates del lugar, los floreños, sobre todo, de grande hueso y poca pulpa, pero esa poca pulpa es una mantequilla. Otras variedades hay de aguacates en Sabinas, igualmente sabrosas: el Pepe, el Pablo, el Luis... Así se llaman, con el nombre de los injertadores que al paso de los años crearon las diferentes variedades. No está mal eso de inmortalizarse, aunque sea por vía de aguacate. Uno de los más famosos es el Anita: con dos se completa el kilo.

Pero otra vez divago. Fue don Simón por las muchachas —cuatro eran— y a fin de acortar camino, pues arreciaba el calor, se metió por la pista de aterrizaje. Los dioses castigan a los hombres cuando estos toman un atajo. A los dioses les gusta el camino recto, la formalidad. Entró en la pista don Simón con su carrito, su caballo y las muchachas. En ese preciso instante una avioneta venía aterrizando. No tuvo tiempo el aviador de elevarse otra vez. Tomó la pista y se produjo el fatal encontronazo. Un ala del avión golpeó al caballo en forma tan violenta que le cortó la cabeza. Hubieran visto ustedes al caballo sin cabeza. Se veía muy mal.

Y peor la cabeza sin caballo. Aquello era una visión apocalíptica, como la de Picasso en su célebre cuadro de Guernica, o como la escena aquella de la película *El padrino*, en que los gánsteres matan al caballo de pura sangre del productor de cine, le cortan la cabeza y la ponen en la cama del cineasta para que este la viera al despertar.

Por fortuna en Sabinas Hidalgo la cosa no pasó a mayores. («¿Querían más?», habría preguntado el infeliz caballo). Ni don Simón, ni las muchachas ni el piloto sufrieron daño alguno. Descendió el aviador de la carlinga, y con grandes maldiciones le reclamó al cochero haberse metido en la pista. Don Simón dio una respuesta bastante razonable:

—Yo iba por mi derecha.

En Sabinas Hidalgo, Nuevo León, fui hace muchos años al cine. No era una de las pequeñas salas en uso hoy: era grande, enorme; en él se sentía uno como en aquellos cines de mi niñez y juventud. Solo el amor mantuvo abierto ese local de majestuoso nombre: Olimpia.

Amor al cine. Hubo un tiempo en que la gente pensó que el séptimo arte iba a desaparecer. Fue cuando la llegada de la televisión. La pantalla chica hizo que el público se quedara en casa a gozar las primicias asombrosas del nuevo entretenimiento. En Estados Unidos programas como *I love Lucy*, o las variedades que presentaban Ed Sullivan y Johnny Carson, hacían que nadie saliera de su casa. Los cines quedaron vacíos, como congal en lunes. Se hicieron chistes alusivos, como el del señor que llamó por teléfono a un cine.

—Perdone: ¿a qué horas empieza la función?

—¿A qué horas puede usted venir?

Recuerdo la excelente sala de cine, pequeñita, que la Universidad Autónoma de Coahuila mantuvo durante un tiempo, lejano tiempo ya, en la Escuela de Enfermería. Tenía dos empleados: uno de ellos era don Manuel Núñez, administrador, y otro el encargado de hacer funcionar el proyector.

El público nunca apreció el esfuerzo que se hacía en aquella sala universitaria, que ofrecía las mejores películas del cine universal. No eran pocas las veces en que estábamos en la sala menos de media docena de personas. En cierta ocasión, que evoco hoy con cariño, asistimos a la función únicamente mi esposa y yo. El señor Núñez nos dijo:

—A más de la película que tenemos anunciada tenemos también esta, y esta otra. Como nada más ustedes vinieron hoy, ¿qué película les gustaría ver?

Pedimos *Diabolique*, con Véra Clouzot y Simone Signoret. En ese film Noël Roquevert, gran actor de la comedia francesa, hace un papel pequeñito, el del señor que oye en el radio un programa de concursos mientras en la habitación vecina, perdón por el *spoiler*, las mujeres asesinan al perverso galán de la película. Con ese *bit* Roquevert dio cátedra de actuación cinematográfica.

Allá, en Sabinas Hidalgo, Nuevo León, volví a ver una película que vi en mi adolescencia. Se trata de *Rapsodia*, con Elizabeth Taylor, Vittorio Gassman, John Ericson y —si no recuerdo mal— aquel actor elegantísimo, Louis Calhern, quien es en la película el rico papá de la muchacha. En *Rapsodia* escuché por primera vez el *Concierto en Re Mayor*, para violín, de Tchaikowsky. Gassman interpreta el papel de un violinista que resiste, por amor a su arte, el amoroso asedio de Liz Taylor. Poco después vi un tremendo filme que se llama *Sleepers*. En él Dustin Hoffman hace también un papel mínimo, pero se roba igualmente la escena en que aparece. En la misma película aparece un actor que representa a un viejo cantinero. Su rostro es feo, desagradable. En un *close up* me pareció reconocer a ese actor. «¿Quién es?», me pregunté. «¿A quién se parece?». Era una ruina ese hombre, y no por obra del maquillaje o la caracterización: era una ruina real. Había pasado ya la escena cuando súbitamente recordé: era aquel Vittorio Gassman, galán de Elizabeth Taylor, uno de los actores más guapos y apuestos en el cine de los años cincuenta. *Sic transit gloria mundi*.

En cierta ocasión, hace ya mucho tiempo, fui a perorar en Anáhuac, Nuevo León. Manejando yo mismo mi automóvil llegué al sitio donde daría mi conferencia: un cine enorme. Faltaban cinco minutos para que comenzara el acto, y no había absolutamente nadie en la gran sala. Ningún comentario hice, traté de ocultar mi nerviosismo a los dos señores que me habían recibido. A la hora exacta en que debía empezar la conferencia esos amables caballeros me condujeron al escenario, y uno de ellos me dijo: «Puede usted empezar». Y se sentaron los dos, muy serios, en la primera fila. Debo haber puesto cara de más tonto, pues uno de ellos me instruyó: «Usted comience. Nada más no diga al principio nada de importancia». Tomé el micrófono, pues, y empecé a hablar. Agradecí a los dos señores su invitación y su presencia, que mucho me honraba. Luego, hablé de la temperatura ambiente. Enseguida hice el elogio del cine donde nos encontrábamos, tan grande él, tan bonito el color de sus paredes. Y entonces, ¡oh, milagro! Empezó a llegar la gente. El público entraba a oleadas; a montones. En cinco minutos se llenó aquel vastísimo salón. Supe después que en Anáhuac era mal visto llegar antes que los demás a un evento, así fuera boda, velorio o conferencia. Las familias enviaban a un niño, o a alguien del servicio, a ver si ya había empezado la función. Una vez iniciada, se apresuraban todos a llegar, para no perderse nada. Cuando vi que el público había llegado ya, completo, entonces sí empecé mi conferencia.

Guardo con mucho afecto esa memoria de Anáhuac; evoco su paisaje; el bondadoso trato de su gente; la tradición de sus gallos de riña y sus caballos de carrera. Me parece estar viendo aquel cine tan grande —y de paredes pintadas tan bonito—, lleno a su máxima capacidad de un público risueño, aplaudidor.

❦

En China hay un excelente restorán. Se llama Los Ahijados. No hablo de China, China; hablo de China, Nuevo León, municipio lleno de estilo y tradiciones. Siempre que voy a la frontera llego a almorzar en Los Ahijados. Lo mismo hacen todos los viajeros, pues el lugar es grato, el personal amabilísimo y suculentas las viandas que se ofrecen, con el recio sabor de la cocina norestense.

Ahí salí con un regalo. He aquí que los propietarios de ese establecimiento insigne tuvieron la felicísima ocurrencia de hacer imprimir un calendario con una serie de reproducciones de cuadros de Jesús Helguera.

En cuestión de arte —y en todas las demás cuestiones— soy un heterodoxo convicto e inconfeso. Por esa heterodoxia me gusta Helguera, que pintó almanaques. Si yo tuviera un cuadro suyo lo pondría en lugar preferente de mi sala.

Es cierto: Helguera pintó un México que no existía, ideal, idealizado, amable y hogareño; con una mitología de indios altos y gallardos, y españoles apuestos y gentiles. Así como Norman Rockwell pintó el sueño americano negándose a todas las fealdades e injusticias —con alguna aislada excepción—, Helguera usó el realismo para pintar lo irreal.

Pero siempre lo inexistente es mejor que lo que existe, y hubo un tiempo en que en todas las casas mexicanas había un almanaque de Jesús Helguera, elemento decorativo e inspirador de religiosidad, de valores familiares, de amor a la Patria; lección callada y colorida; arte para los que no podían tener arte.

Pienso que no se ha hecho justicia a Jesús Helguera. Artista y artesano, cumplió su oficio con maestría, y creó una obra que no tiene igual.

Yo siempre había creído que este pintor era español. Me sacó del error el útil *Diccionario de México*, de don Juan Palomar de Miguel. Ese libro dice que Helguera nació en Chihuahua. Vivió en España muchos años, pero es mexicano, y aquí pintó sus cuadros. Merece más recuerdo y mejor valoración. Por eso aplaudo a Los Ahijados, por el espléndido regalo de belleza y nostalgias que me hicieron con este calendario. (También aplaudo a Los Ahijados, entre otros muchos manjares suyos, sabrosísimos, por sus gorditas de manteca y sus tortillas de harina tostaditas. También ellas son obras maestras).

Acompáñame a Los Herreras, Nuevo León. Quiero que vayas conmigo a ver si es cierta una teoría que tengo. Aprovecharemos el viaje —no todo es teoría— para comer cabrito. En Los Herreras se prepara el mejor cabrito guisado que se puede gustar en el continente americano, desde el estrecho de Bering hasta la Patagonia. No sé más allá, pero más acá, no.

Pero volvamos a las cosas teóricas. Yo tengo muchas hipótesis y ningún axioma. Quiero decir que pienso acerca de todo y no poseo certidumbres acerca de nada. Ni siquiera sé si es verdad que ahora estoy escribiendo, o si más bien alguien escribe esto y no soy yo. En fin, la vida es sueño. Esto lo soñó Calderón.

Te voy a decir ahora mi teoría, y luego tú me dirás si es verdadera o falsa. Tendrás problemas para determinarlo: todas las cosas son falsas y verdaderas a la vez. La verdad absoluta no existe. Esa es una verdad absoluta.

Mi teoría consiste en afirmar que, así como hay personas ingeniosas, y otras aburridas, también hay pueblos con ingenio y otros hechos para el bostezo por falta de imaginación. Existen lugares alegres por naturaleza, como existen seres humanos con donaire y sal desde su nacimiento; y hay pueblos aburridos igual que hay tipos —y tipas— ácimos y sosos que piensan que son más importantes cuanto más solemnes y estirados son. No diré de los poblados fastidiosos. Tantos hay que se podría llenar con ellos un mapa universal. Ahí la gente muere sin darse cuenta de que estuvo viva. Ahí la gente vive sin percatarse de que ya está muerta. Diré sí, de los alegres sitios.

Uno de ellos es Los Herreras, Nuevo León. Ingenio y genio tiene esa galana población, y trasmite esos carismas a sus hijos e hijas como gratuito don. Hacer una lista de los señeros personajes herrerianos es formular una guía telefónica más gorda que la última que se imprimió en Nueva York. De Los Herreras fue Lalo González, el Piporro. En Los Herreras vivió la Tía Melchora, verdadera inventora del machacado con huevo, platillo al que dotó de la suma perfección que tiene una sonata mozartiana. En Los Herreras nació Ernesto *el Chaparro* Tijerina, con cuyos dichos y hechos se podría escribir otro Quijote. De Los Herreras fue Jorge Pedraza Salinas, amigo muy querido y hombre de agradabilísima conversación...

Y de Los Herreras es también una mujer que no conozco, pero a quien me gustaría conocer. Su nombre es Delia Peña. Profesora ella, célibe —con frecuencia las dos cosas iban juntas—, fue electa alcaldesa por sus conciudadanos. El primer día que llegó a su oficina en la Presidencia Municipal ya la esperaba ahí el alcalde anterior.

—Vine —le dijo el hombre— para enseñarte cómo se maneja esto.

—Mira, Fulano —le respondió con acento terminante la señorita Delia—. No me casé para no tener ningún cabrón que me dijera cómo hacer las cosas. Así que te me vas yendo ya a tiznar a tu madre.

Esas son mujeres. Todo lo demás es... hombres. Y lo demás es lo de menos.

En San Pedro de Zuazua, municipio cercano a Monterrey, hay una extensa finca que fue hacienda.

La hacienda mexicana fue una creación del liberalismo: si los liberales no hubieran dejado hacer, dejado pasar, habría sido imposible la creación de esos grandes latifundios que luego la Revolución se encargó de liquidar.

Lo curioso es que aquellos liberales del siglo XIX y aquellos revolucionarios de principios del XX pertenecían a una misma estirpe. La hacienda fue una creación de abuelos liberales que luego sus nietos revolucionarios —Cárdenas, sobre todo— vinieron a arrasar.

Yo, conservador por parte de padre, me quito el sombrero —el chambergo iba a decir, o el tricornio— ante esa notable institución que fue la hacienda. La he visitado —sus restos, quiero decir— lo mismo en Yucatán que en Tamaulipas; igual en Durango que en Puebla, Querétaro, Tlaxcala, Michoacán y Chiapas. El rancho mismo donde vivo yo —vivo no en el sentido de habitar: vivo en el sentido de vivir—, Potrero de Ábrego, fue una hacienda cuya casa grande, la casa morada, es ahora nuestra casa.

Existe una leyenda negra de la hacienda según la cual su riqueza fue fruto de «la explotación del hombre por el hombre» (¿acaso hay de otra?). Los hacendados son descritos como hombres perversos que trataban a sus peones lo mismo que a esclavos: les daban latigazos los lunes, miércoles y viernes; les vendían frijoles con gorgojos y piezas de manta de lo peor, y a un precio que se necesitaban diez generaciones para pagar. Tenían igualmente esos malvados hacendados el derecho de pernada, por el cual cortaban en flor la virginidad de las muchachas y, supongo que también en algunos casos de los muchachos, pues de todo hay en la viña —en la hacienda— del Señor.

No dudo que en algunos casos esa terrible descripción sea cierta, y que se hubiera podido escribir una especie de *La cabana del tio Tom* del peón de hacienda mexicana, así como Harriet Beecher Stowe la escribió acerca de los negros en las plantaciones de tabaco o algodón del sur americano. Sin embargo, por lo que sé y he oído, el caso del hacendado malo era excepcional. La regla era más bien la del patriarca bonachón, riguroso nomás cuando venía al caso; una especie de papá grande que cuidaba de su gente siquiera fuese porque se beneficiaba con su bienestar. Desde ese punto de vista el cine mexicano es más veraz que la historia oficialista: el tipo de hacendado que aparece en las películas de Jorge Negrete o Tito Guízar —poderoso pero benévolo; rico pero generoso— debe haber sido el caso más común.

Una cosa podemos decir sin riesgo de equivocación: la hacienda fue más productiva que el ejido que la sustituyó. La Revolución no se hizo por hambre de pan, sino de libertad. No son palabras mías: son de Madero, al mismo tiempo hacendado y revolucionario.

Pues bien: aquella hacienda que antes dije, la de San Pedro de Zuazua, fue restaurada con belleza y propiedad por la Universidad Autónoma de Nuevo León, cuyos ingenieros y arquitectos le devolvieron su esplendor antiguo. Lo mismo se ha hecho en haciendas de Yucatán, Chiapas, Oaxaca, Veracruz, Querétaro, Tlaxcala, Durango y otros estados más. Emprendedores empresarios las han adquirido; las han remozado y las han convertido en hoteles *boutique* donde es un gusto estar. En Oaxaca me hospedé en una antigua hacienda, Los Laureles, que es un gozo para todos los sentidos. Cuando contemplo el campo mexicano de hoy, con sus ejidos, y pienso en lo que fueron esas haciendas en sus tiempos, me invade, lo mismo que a Ramón López Velarde, «una íntima tristeza reaccionaria».

A lo largo de mi ya larga vida he conocido a muchas personas y a muy pocos personajes. A uno conocí que era todo un personaje: don Pablo Salce Arredondo, cronista que fue de Linares, Nuevo León.

Don Pablo fue su propio maestro. Cursó únicamente hasta el tercer año de primaria. Después dejó la escuela, obligado por esa dura señora que es la vida. Pero en la vida tuvo su mejor maestra, y en los libros. Leía; leía mucho don Pablo, y ya se sabe que los libros son buenos profesores. Bien leídos, los libros hacen mucho bien; mal leídos, provocan muchos males. Mira tú, por ejemplo, cuánto daño han hecho los llamados libros sagrados, entre ellos la Biblia y el Corán. De los libros sagrados mal leídos líbranos, Señor.

En su juventud, don Pablo Salce aprendió el oficio de boticario, o sea, farmacéutico. Con el transcurso de los años puso su propio negocio, la Botica Morelos, que todavía existe y es en Linares una institución. Gran liberal, masón, priista convencido, fue don Pablo pilar de su comunidad. Era orador extraordinario, fácil versificador y celoso guardián de las tradiciones de su pueblo. Poseía, además, una retentiva extraordinaria: podía decir de memoria centenares de poemas propios y de cosecha ajena. En cierta ocasión, don Pablo venció al doctor Cayetano Puig, de Saltillo, en un famoso «*match* de poesía» —así se anunció en los programas—, en el cual los dos participantes debían declamar, alternativamente, poemas de autores conocidos, no propios. El que supiera más, sería el triunfador. Empezó el *match* a las nueve de la noche. A eso de las seis de la mañana del día siguiente el doctor Puig confesó que ya no recordaba más poemas. Don Pablo siguió recitando hasta las nueve. ¡Doce horas recitando versos de memoria! No sé de otra gesta igual en la historia de la literatura. (Sé, sí, de otro acontecimiento insólito que también debería inscribirse en los anales de la literatura universal: una vez presté un libro y me lo devolvieron).

A más de hombre de letras, don Pablo fue igualmente un gran aficionado a la fiesta de toros. Con él fui muchas veces a la Plaza de Toros El Toreo, en la Ciudad de México, durante los años en que por líos taurinos estuvo cerrado el coso máximo, la México.

Don Pablo Salce era hombre dado a las prosopopeyas. Quiero decir que era solemne, ceremonioso, grave. Gustaba de hablar en modo culterano, tanto que a veces no le entendían ni madre aquellos que con él hablaban, sobre todo si eran personas de humilde condición. En cierta ocasión don Pablo marcó un número telefónico que no era el que quería marcar.

—Presidencia Municipal —le contestó el gendarme de guardia.

—Está erróneo —dijo don Pablo.

El rural jenízaro, que lo reconoció por la voz, y que no quiso quedar mal con él, respondió a la que creyó pregunta:

—Aquí estaba hace un rato, don Pablito, pero ya se fue.

Bufó don Pablo Salce con enojo, y haciendo a un lado toda parsimonia profirió:

—¡Que está equivocado, pendejo!

❦

Si en la sierra de Arteaga alguno dice: «Soy de la Laguna», nadie pensará en Torreón, Lerdo o Gómez, todos sabrán que se habla de la Laguna de Sánchez.

Sitio famoso es ese, de mucha tradición. Está a un kilómetro de Potrero de Ábrego, en tierras ya de Nuevo León, pero para recorrer ese kilómetro se necesitan muchas horas, pues entre la Laguna y el Potrero se alza una elevadísima montaña. El viaje se hace por camino de herradura. A caballo he ido yo, y también a pie. Sale uno a las cuatro de la mañana del Potrero y llega a la Laguna a la hora de comer. Nadie me cree que hasta hace unos treinta o cuarenta años la gente de la Laguna iba a enterrar a sus muertos en el cementerio de Ábrego, pues esa era la única tierra consagrada en muchos kilómetros a la redonda. Subían los dolientes con el muerto a cuestas, descansando de tramo en tramo, y bajaban después con él por la empinadísima pendiente. Llegaban ya de noche, velaban al difuntito y lo enterraban al día siguiente. Descansaban, dormían esa noche y regresaban después a su lugar.

Yo tuve familia en la Laguna de Sánchez. De ahí era mi tía Crucita, que así se apellidaba: Sánchez. Era una santa, y hacía los mejores frijoles de este mundo. Yo se los encomiaba, y ella me decía con humildad de terciaria franciscana:

—Es que están guisados con salsita de hambre.

Su hermano mayor, Andrés, no era tan santo. Un día lo vi tomarse una botella entera de mezcal. Se puso más borracho que Noé, y se sentó en una piedra, porque el mundo le daba vueltas todo. Luchaba el malsinado para no desbeber lo ya bebido, pues buen dinero que le había costado, y decía una y otra vez, entre amagos de vómitos y bascas refiriéndose a su borrachera:

—¡Ay, Diosito Santo! ¡Ay, Rey Santo! ¡Qué cosa tan linda es esta, y tan jija de la rechingada!

Después de muchos años volví a la Laguna. La última vez que la miré estaba llena; parecía un pequeño mar. Las abundantes aguas que trajo el huracán la habían colmado hasta los bordes. Aquello era de verse. Hacía más de un siglo no se llenaba así.

Tiene un raro misterio esta laguna: en su centro hay un pozo cuya profundidad nadie conoce. Una vez —refiere la leyenda— a alguien se le ocurrió colorear las aguas de la laguna con una tinta roja, poderosa. Meses después salieron rojas las aguas de un río tamaulipeco que desemboca en el golfo de México. Quizá esto sea difícil de creer, pero cosas de más misterio han sucedido.

Antes, las casas de la Laguna eran todas muy blancas, por dentro y por fuera. Sus moradores las enjabelgaban con una tierra albísima que se da por allá. Visto de lejos el caserío de la Laguna semejaba una asamblea de palomas. A los vecinos les gustaba adornar las paredes exteriores de sus casas con relieves que figuraban flores, aves y exóticos animales que copiaban de las ilustraciones de los libros, como camellos y elefantes. Cambian los tiempos: ahora las casas están pintadas de colores, y quedan ya pocos relieves como los que dije. Tenía razón Heráclito el Oscuro: solo el cambio es eterno. Y esa verdad rige lo mismo en Éfeso que en la Laguna.

❧

Bustamante es un bello lugar nuevoleonés. En él los tlaxcaltecas dejaron herencia muy preciada: el rico pan de pulque y un dolorido Cristo que preside la fe de la comarca.

Hasta hace algunos años la gente de edad madura en Monterrey se refería a Bustamante llamándolo «Bustamantemente». Pregunté una vez el origen de tan curiosa denominación, y alguien me la explicó. En cierta ocasión, allá por la primera década del pasado siglo, una comisión de notables de Bustamante viajó a Monterrey. Celebraba su cumpleaños el señor gobernador y los vecinos le iban a dar los parabienes. Cuando fueron admitidos en el despacho del jefe del Ejecutivo, uno de los comisionados, el alcalde, tomó la palabra para felicitar al gobernador. Quiso hacerlo en verso —tal era la usanza de los tiempos—, pero se le negó la rima en el momento más inoportuno, y entonces dio a luz la siguiente espléndida improvisación:

¡Oh, ilustre gobernante!
Aquí te traigo esta gente
que viene de Bustamante
a felicitarte... mente.

Y «Bustamantemente» fue llamado por mucho tiempo ese poblado, dueño de noble tradición y habitado por gente laboriosa.

De niño yo iba a Monterrey y me quedaba alelado viendo los anuncios de neón en aquellos edificios que a mí me parecían rascacielos. Saltillo era entonces una ciudad plana hecha de adobe y uno que otro ladrillo. (Ahora es una ciudad plana hecha de block y uno que otro ladrillo). En Monterrey, en cambio, había edificios hasta de diez pisos. Yo me sentía en Nueva York.

Una cosa me deslumbraba, tanto en sentido recto como figurado: los anuncios de neón. Empezaban los años cincuenta del pasado siglo. Había terminado ya la gran contienda bélica, y el neón cundía por el mundo como luz de progreso y esperanza. El siglo XX fue el siglo de las luces. De las luces de neón.

Tres anuncios recuerdo del Monterrey de aquellos tiempos. El primero estaba en el edificio Chapa, el más elevado de la ciudad. Tenía en lo alto un anuncio de la General Popo, con una enorme llanta que parecía estar dando vueltas sin parar. Cuentan que un loquito de Cadereyta vio el anuncio y dijo lleno de preocupación:

—Qué bueno que la llantota está arriba, que si estuviera abajo el edificio ya iría por casa de la chingada.

Otro anuncio me llenaba de admiración: el del refresco Pep, hecho en Monterrey por la Casa Guajardo. Ese gran anuncio de neón estaba frente a la Plaza Zaragoza, entonces el sitio más concurrido de la capital regiomontana, lugar de paseos para el encuentro de los enamorados.

El anuncio de aquel refresco mostraba una mano que exprimía media naranja. Las gotas del jugo, hechas de luminoso neón, caían una a una, interminablemente, dentro de una botella de Pep. Con eso se quería significar que el tal refresco estaba hecho de puro jugo de naranja. Lo que son los anuncios.

El tercer anuncio era el que más llamaba la atención, tanto que mis tíos me llevaron especialmente a verlo, pues estaba alejado del centro de la ciudad. Era el anuncio de la Cigarrera La Moderna, por la calzada Madero, al poniente. Tenía la cara de un hombre en la actitud del fumador que goza su cigarro con fruición. De su abierta boca salía una perpetua nubecilla de humo. La gente se preguntaba, absorta, cómo harían los de la cigarrera para que saliera aquel humo. Ese, con el crimen de la calle de Aramberri, sigue siendo uno de los más grandes misterios regiomontanos. Cierto día aquel anuncio de La Moderna desapareció de la noche a la mañana, vaya usted a saber por qué. La gente dijo que el fumador había muerto de cáncer, y que lo habían llevado a sepultar.

En Saltillo el más grande anuncio de neón era el de los Molinos del Fénix. Sobre el gris y sólido edificio se miraba a la mítica ave surgiendo de unas vivas lenguas de fuego y batiendo sus grandes alas sin descanso. El anuncio se veía desde todos los puntos de la ciudad, lo cual no era grande maravilla, pues Saltillo tenía entonces el tamaño de un dedal: por el sur llegaba hasta el Ojo de Agua; por el norte hasta la estación del tren; por el oriente hasta la Plaza de la Madre y por el poniente hasta los panteones. Los saltillenses, sin embargo, eran algo exageradillos, y juraban y perjuraban que en determinadas condiciones atmosféricas el reflejo que proyectaba en las nubes la potente luz del Fénix podía verse desde Monterrey. Quién sabe... A lo mejor sí... En determinadas condiciones atmosféricas, claro.

A mí no me gusta sacar conclusiones a primera vista. Ni a segunda. Hay señores muy perspicaces que de un pequeño dato sacan todo un océano de posibilidades. Dicen, por ejemplo:

—En la plaza de esta ciudad hay una palma datilera. Eso quiere decir que sus pobladores son gente de aspiraciones elevadas y carácter dulce, con un cierto trasunto arábigo en su concepción del mundo y de la vida, y al mismo tiempo con la fortaleza de los beduinos del desierto.

Yo admiro a esos eruditos que tan fácilmente transitan de lo particular a lo general. No necesitan ver un árbol: con ver el pedúnculo —dicho sea, sin mala intención— de una hoja ya pueden decir cómo es el bosque y cómo son todas las criaturas que lo habitan, y sacan además en el mismo acto la prospectiva de las actividades silvícolas de la comarca.

Tan gran discernimiento a mí me deja turulato, pues soy bastante lerdo para sacar conclusiones, y más cuando no las hay. En tratándose de análisis me atengo a la sensata observación de Freud: «Hay veces en que un puro es simplemente un puro». Lo demás es gongorismo intelectual, que es peor aún que el de la letra.

Una cosa me ha ocurrido pensar, no obstante, en el curso de mis andanzas por tierras de arriba a mi derecha, es decir, del nordeste mexicano. Observo que conforme se avanza de oriente a occidente el carácter de las personas —hablo en lo general— se va haciendo más serio, adusto y seco. Los tamaulipecos son decidores pícaros; su música es vivaz: los sones de Tamaulipas son como los veracruzanos: «De Altamira, Tamaulipas, traigo esta alegre canción...». Llega uno a Nuevo León y empiezan a cambiar las cosas, aunque no mucho. El Piporro viste cuera tamaulipeca, pero el son huasteco es sustituido por la polka y por ritmos más lentos y sobrios: el chotis, la redova, y aun el vals. Todo eso tocan los «farafaras» y conjuntos de cuerdas en las insignes cantinas regiomontanas —como el Bar Tolos y Los Aguacates— que suelo visitar cuando mi buena fortuna lo permite.

Luego sigue Coahuila. El habla ya no tiene el cantadito que se escucha en El Cercado, Linares o Montemorelos. Cuando una mujer de ahí te dice: «¿Cómo estás, manito?», recorre en su saludo toda la escala musical. Acá el tono se endurece. Voy a tierras del sur, a Oaxaca o Yucatán, y la gente me dice que hablo «muy golpeado». Tenemos música de jarabe, pero es un jarabe lento, meditativo casi, como el Pateño, que nos tocaba el maestro Jonás Yeverino Cárdenas cuando las muchachas no le decían: «Profesor: toque "Celos"».

¿Y Chihuahua? Ahí la gente es seria. Chihuahua es el centro de la seriedad. De ese estado hacia el poniente las cosas empiezan a cambiar de nuevo, a hacerse más alegres y vivaces. Es por la cercanía del mar, seguramente. El habla de Sonora es pintoresca, según lo ha demostrado el señor Sobarzo, y cuando llegas a Sinaloa te espera ya una banda con bordoneo de tuba y estrépito de bombos, platillos y tarolas.

A mí me siguen las canciones —las de amor, sobre todo— como una hermosa corte. Y los cuentos me persiguen también, de todos los colores. A ningún lado voy sin escuchar la letra y la música de una hermosa canción, o sin oír el relato de alguna historia deleitable.

Voy a Guasave, en Sinaloa, y me hospedo en un hotel de inusitado y lindo nombre: El Sembrador. Mis anfitriones son bohemios de corazón. Ya en el camino me han cantado tres canciones de inspiración local. Distintas entre sí son esas tres canciones: la primera —es un corrido— se refiere a la muerte de Colosio; la segunda es una especie de himno en contra del aborto; la tercera es una lamentación de abandonado. Las tres son muy conmovedoras, sobre todo si se oyen en ciertas condiciones.

El estado de Sinaloa no tiene el problema que tuvo Ramón López Velarde, que vivía perpetuamente atribulado por el enigma de no ser carne ni pescado. En Sinaloa se come buena carne y mejores mariscos y pescados. Ese prodigio para el paladar que es el callo de hacha no encuentra parigual en todo el mundo. Los ostiones de las costas sinaloenses gozan de merecida fama por su mirífica eficacia. Y en cuanto a carnes, tienen los afortunados habitantes de ese estado un portentoso platillo que en ninguna otra parte yo he comido. Se llama «cabeza», simplemente. Consiste en un caldillo con carne de cabeza de res en barbacoa. Sazona uno su porción con cilantro, cebolla, chile rojo y una pizquita de orégano, y aquel humeante plato se convierte en una delicia terrenal muy celestial. No sé por qué tan formidable manjar no ha llegado a todos los confines del territorio nacional, y aún más allá de las fronteras mexicanas. Basta un platillo así para prestigiar la gastronomía de toda una nación.

Pero mi propósito no es hablar de las comidas del cuerpo, sino del alimento del espíritu. En Guasave soy recibido por un grupo de bohemios.

Guasave está lleno de compositores y de compositoras. Me quedó la impresión de que si alguien de ahí no ha escrito una canción no puede figurar en sociedad. Estos bohemios que me han recibido gustan de cantar. A donde los invitan van sin cobrar nada. Algunos hasta pagan por cantar.

—Yo no canto muy bien, licenciado; lo reconozco. Pero me gusta cantar. Cuando hay un maratón de la Cruz Roja en Culiacán, en Mazatlán, Los Mochis o El Fuerte, yo llevo a mi señora y la siento entre el público. Se levanta ella: «He sabido que se encuentra aquí el señor Fulano (y dice mi nombre). Me gusta mucho cómo canta. Pago cien pesos porque me cante una canción».

Entonces yo canto, y mi señora da el dinero. Así cumplo un deseo y de paso ayudo a la benemérita institución.

No cabe duda: el arte cuesta. Pero más cuesta no disfrutar el arte. Regreso de Guasave bien nutrido de espíritu y de cuerpo, y doy gracias a Dios que me permite ir por tantos caminos y caminar en ellos al lado de tantos buenos caminantes.

El otro día fui a Guamúchil, Sinaloa. A mí me encanta ir a Sinaloa. Ahí se comen los mejores callos de hacha que en el mundo se pueden degustar. Y el callo de hacha, a más de ser manjar sabroso, tiene miríficas virtudes de las cuales no voy a hablar aquí, pues tal no es el tema del que quiero tratar, sino el del sentimiento.

Sucedió por mera coincidencia —¿existirán las meras coincidencias?— que el día en que llegué era el aniversario de la muerte de Pedro Infante, hijo predilecto de Guamúchil.

No nació ahí Pedro; nació en Mazatlán. Pero a los 8 años sus padres fueron a vivir en esa población, y en Guamúchil pasó él los años de su niñez y de su juventud. Ahí también nació su primer hijo, que Pedro engendró a la temprana edad de 16 años. Pero eso tampoco viene al caso.

Llegué a Guamúchil, pues, y me instalaron en el hotel mis anfitriones. La habitación que me tocó tenía ventana hacia la plaza principal, y en esa plaza está la efigie del cantor. Mientras llegaba la hora de mi conferencia fui a una florería y compré un ramo de claveles rojos. Los puse en mi cuarto, en la jarra del agua, y al día siguiente, en la penumbra de la madrugada, fui solo y deposité las flores al pie de la estatua del artista. Otros dos ramos había que quedaron de la ceremonia oficial: uno era del Ayuntamiento de Guamúchil de Salvador Alvarado —así se llama el municipio—, y otro de la familia Infante. Hice mi solitario homenaje a Pedro Infante, y en silencio le di las gracias por todo lo que nos dio. Por todo lo que se dio.

Díganme ustedes, pues, si no soy un sentimental. También he puesto flores en las tumbas de Felipe Carrillo Puerto y Alma Reed, en el panteón de Mérida, donde descansan, y en las de Abelardo y Eloísa en el cementerio del Père Lachaise, en París, lo mismo que en la garigoleada tumba de José Alfredo Jiménez en Dolores Hidalgo, Guanajuato.

Como dice la canción: mi gusto es, y quién me lo quitará. Contento he ido por la vida del brazo de esas dos buenas compañas, mi sentimiento y mi cursilería, y supongo que conforme la edad se me vaya acumulando me volveré más sentimental y más cursi todavía. Seré quizá como mi tío Refugio, que lloraba de emoción cuando veía en la tele los caballos de Domecq corriendo al galope por la orilla de la playa.

Y no me preocupa que vaya a ser así.

Para eso hay *kleenex*.

Veracruz es la sonrisa de México. Los jarochos son gente alegre, jovial y llena de ocurrencias.

Un cordial corazón de su alegría es La Parroquia. En ese entrañable café bicentenario se junta lo más veracruzano de lo veracruzano. Así como los hombres del medioevo peregrinaban a Tierra Santa, Roma y Compostela, así los mexicanos deberíamos hacer en nuestra vida al menos una peregrinación a La Parroquia. Yo la tengo como mi casa en Veracruz. Cada vez que por mi buena fortuna voy al Puerto, lo primero que hago es ir a La Parroquia; saludar a mis amigos los Fernández —a Felipe, esta vez última—, lo mismo que a don Pedro y don Fidel, meseros beneméritos; y beber a sorbos lentos mi lechero con acompañamiento de una bomba, que así se llama en Veracruz el pan que en otras partes recibe el nombre de volcán o concha.

El Antiguo Café de La Parroquia es escenario de homéricas bromas. Una de ellas es conocida como «El juez». De esa tremenda jugarreta hacen víctima los jarochos a algún inadvertido visitante. Dos comensales —toda la mesa está en el ajo ya— comienzan a hacer alarde de su fuerza física. Después de un intercambio de jactancias se desafían a jugar vencidas. Compiten por dos veces —cada uno de los contendientes en aquella simulada justa gana en una ocasión—, y luego, se acusan mutuamente de haber hecho trampa. Acuerdan jugar el desempate, y los presentes cruzan apuestas —cuantiosas algunas de ellas— en favor de uno o el otro. Sugiere alguien entonces: «Como ahora hay dinero de por medio, es necesario designar un juez». Todos coinciden en nombrar al recién llegado: no conoce a ninguno de los competidores, lo cual es garantía de imparcialidad. El forastero, halagado acepta aquel honroso cargo. Para entonces la mesa ha sido rodeada por un numeroso público —que también está en el ajo ya—, que simula gran interés en la contienda. Se le dice al juez que esté muy pendiente de que ninguno de los competidores haga trampa. Deberá contar hasta tres, y esa será la señal para empezar la justa. Se acomodan bien los contendientes; se toman con firmeza por la mano, dispuestos ya a probar su fuerza. Se hace un silencio profundo y expectante. El juez, solemne, poseído de su trascendental función, cuenta muy serio: «Uno... Dos... ¡Tres!...». Ha caído en la trampa. Cuando dice: «¡Tres!», toda la concurrencia grita a voz en cuello: «¡Chingue a su madre el juez!». Luego prorrumpen todos en una formidable carcajada, y celebran con aplausos el hecho de que —otra vez— la broma salió bien. El infeliz mortal que ha sido víctima de la pesada chanza queda mohíno y apesadumbrado. Durante varios días se le ve abatido, cogitabundo y cabizbajo, pues una mentada así doblega el ánimo más firme, origina un trauma como para ir con el psiquiatra, provoca disfunción eréctil y quita las ganas de seguir viviendo (se ha sabido de alguien que tras sufrir la broma se ha arrojado al mar).

Con el respeto debido a todos los señores párrocos de la Iglesia Universal diré que la mejor parroquia del orbe es la de Veracruz. Hablo del Café de La Parroquia, cuya excelencia y fama no son superadas por ninguna otra parroquia.

Digo eso a pesar de que soy permanente víctima de la profesional dicacidad de sus meseros. Pongo de ejemplo el diálogo que en una visita a La Parroquia sostuve con uno de esos méndigos jarochos:

—¿Qué me recomienda?

—No sé qué le guste.

—Me gusta todo.

—Entonces todo estará bueno.

—A ver: si usted fuera un cliente, como yo, ¿qué pediría?

—Pues mire: viendo cómo están los precios, pediría un descuento.

¿Quién puede con esa mendiguez? Yo no. Y di que me fue bien. Oí hablar de un señor ventripotente, es decir, de grande y prominente panza, que tomó asiento en una mesa.

—¿Qué le sirvo? —le preguntó un mesero.

—Orita nada —respondió el hombre—. Estoy esperando a unos cuates.

—¿No irán a ser triates? —preguntó el mesero con fingido interés fijando la vista en la abultada barriga del señor.

También corrí con buena suerte si se considera que en esta última estancia no fui víctima de uno de los espantables albures en que son diestros los meseros de ese benemérito lugar.

—Sírvame dos gorditas, joven.

—Con todo gusto, caballero. ¿No quiere que le ponga una picada entre las gordas?

Las picadas son unas ricas tortillas fritas en manteca a las que se añade una capa de frijolitos negros y luego salsa verde o roja.

Me cuentan de un cliente latoso, un cierto sujeto apellidado Díaz, —nombre común en Veracruz— que molestaba a los meseros con su talante altanero y descortés. Ellos le apodaron el Lunes, «es que es el peor de los Díaz», explicaban.

El Café de La Parroquia... He aquí otro de mis sitios de peregrinación. Ir al Puerto es un pretexto para ir a La Parroquia. Me gusta mucho su traza de café español; me gustan los ires y venires de sus meseros señoriales, todos con la lechera en una mano y la cafetera en otra; me gustan sus viandas y su panadería; me gustan los vendedores de billetes de lotería que ahí llegan con sus promesas de súbita fortuna, y los boleros decidores, y la gran flora y fauna de su clientela heterogénea. Me gusta, sobre todo, su veracruzano ambiente, o sea, su barullo, su risa, su cordialidad, su alegre despreocupación... El Café de La Parroquia, en Veracruz, es uno más de los muchos corazones que tiene este maravilloso país en que vivimos.

Este antiguo edificio tiene un sonoro nombre: se llama Las Atarazanas, y está en el Puerto de Veracruz. Ahí se carenaban los barcos y se arreglaban los desperfectos que habían sufrido en la navegación. Tiene anchos muros que han resistido la sal de los aires marineros y la más cruel sal del tiempo. En sus jardines crecen árboles enhiestos igual que mástil de navío.

«La rama» es una antigua tradición veracruzana. En los días de Navidad se organiza la gente en grupos de cantores y cantoras. Adornan una rama de árbol con listones, farolitos y guirnaldas, y llevándola en alto como estandarte colorido van cantando de casa en casa para pedir el aguinaldo. Los vecinos les dan golosinas o monedas para corresponder a la visita.

Las ramas cantan sones de alabanza a la Virgen María:

> Naranjas y limas,
> limas y limones,
> más linda es la Virgen
> que todas las flores...

En cada lugar se añaden a los versos tradicionales otros de encomio a la ciudad o pueblo de donde es el grupo de cantantes. Visten ellos el atuendo propio de su lugar de origen, y regalan productos regionales: vainilla de Papantla, café de Coatepec, puritos hechos en el Puerto...

Ahora en Veracruz se está estudiando la llamada «africanía», o sea, la influencia de los negros llegados de África. En algunas ramas es posible advertir ese influjo: el ritmo de la danza es africano, y africanos los instrumentos de la música: tambores, maracas, claves... Hay un instrumento de percusión que me sorprende, pues nunca lo había visto. Me pregunto si será africano o indígena. Es una quijada de res o equino que se toca golpeando uno de sus extremos con la palma de la mano, lo cual produce un sonido vibratorio difícil de describir, pero muy eficaz en el acompañamiento.

Una por una suben al escenario las ramas de las diversas regiones veracruzanas: Xalapa, Córdoba, Tuxpan, Alvarado... Luego el jurado se retira a deliberar. En ese momento, el gobernador me dice con perentorio laconismo: «Vámonos». Contesto: «Me gustaría conocer la decisión del jurado». Repite él: «No, vámonos. En estos concursos nomás el grupo ganador queda contento, y siempre se hace el desmadre».

Disfruté mucho, sin embargo, los cantos de las ramas. Tuve una sola decepción. En la actuación del grupo de Alvarado esperaba oír por lo menos un «¡Uta!», o cualquier otra demasía. No la oí. Lástima, porque ya se sabe que los alvaradeños son famosos por sus altisonantes expresiones. Me contaron de cierto señor de Alvarado, hombre de edad, respeto y condición, a quien un atrevido jovenzuelo tuteó con indebida confianza diciéndole cuando los presentaron: «¿Cómo te va, hermano?». Respondió el alvaradeño: «No me digas hermano, muchacho, porque van a creer que soy hijo de puta».

En cierta ocasión Lázaro Cárdenas acertó a estar en Alvarado. Salió a la plaza y llamó a uno de los pequeños lustradores de calzado para que le abrillantara los botines. Mientras el chiquillo estaba entregado a su trabajo pasaban los otros boleritos y le decían:

—¡No se te olvide!

Y respondía el niño:

—¡Ni a ti tampoco!

Intrigado el General por ese extraño diálogo, repetido una y otra vez, le pidió al niño la explicación de aquello. El niño le contó:

—Así nos recordamos la mamá, señor. «¡No se te olvide!», quiere decir: «¡Tizna a tu madre!». «¡Ni a ti tampoco!», significa: «¡Tiznas a veinte!».

A don Lázaro le hizo gracia la singular costumbre infantil, alvaradeña, y entabló conversación con el pequeño. Se enteró de sus aspiraciones, que eran ser algo más que un «bolero», y después de exhortarlo a estudiar mucho en la escuela le apuntó su nombre en un papel y se lo dio.

—Soy muy conocido en la Ciudad de México —le dijo—. Alguna vez sabrás quién soy. Ve entonces a la capital y búscame. Yo te ayudaré.

Siguió la conversación. Cuando el chamaco terminó su trabajo el General Cárdenas le pagó, y añadió al pago una propina generosa.

—Hasta luego —se despidió del niño—. Y no se te olvide.

—¡Ni a usté tampoco! —le respondió veloz el muchachito.

Mi vida es un constante andar. No estoy cansado todavía; el buen Dios me sigue dando fuerzas para ir por el camino. Ir con los jarochos es descanso, y le permite al viajero volver con nuevos ánimos al deleitoso ejercicio de correr la legua.

Cada que voy a Veracruz procuro tomarme unas horas para ir a Naolinco de Victoria. Este pequeño pueblo es un lugar como de cuento de hadas. Si Walt Disney viviera lo escogería para filmar ahí una de sus películas, pues el lugar parece trazado por sus dibujantes. Las casas, cuyos frentes miden apenas cuatro o cinco metros, tienen fachadas coloridas, y sus callejas se retuercen siguiendo cursos caprichosos.

La gente de Naolinco es cordial y hospitalaria. A los lugareños les gusta mucho que al pueblo lleguen visitantes. Se dedican a la industria de la piel; fabrican prendas de alta calidad: chaquetas, bolsos de mujer... Es una delicia ir por las tienditas de Naolinco y encontrar algo para ti o para regalar.

La palabra «Naolinco» es una linda palabra. Significa en náhuatl «las cuatro estaciones». Bien puesto el nombre, pues las diversas alturas que la geografía del municipio tiene, permiten gozar —o sufrir— todos los climas, desde el muy frío de la montaña hasta el muy caluroso de la selva. Si vas a Naolinco necesitas llevar ropa de abrigo, y a la media hora necesitas quitártela. Es como ir a otro hermoso lugar de México, este perteneciente a Tamaulipas. Me refiero a El Cielo, región de excepcional belleza y extraordinaria diversidad biológica, considerada por la Organización de las Naciones Unidas (ONU) como una de las reservas de la biósfera. Entiendo que en El Cielo están representados más de la mitad de todos los climas que los geógrafos consideran en el mundo. Cuando subes, vas empapado de sudor por el calor que en las tierras bajas hace. Al llegar a la cima tiritas por el intenso frío. En El Cielo no sabes si tomar cerveza helada o café muy caliente con coñac.

Pero vuelvo a Veracruz. Por el rumbo de Naolinco hay una caída de agua. Cierto señor iba a esa cascada y llenaba garrafones con agua que luego vendía como purificada. Las autoridades de salubridad lo requirieron, y le indicaron que lo que hacía no estaba bien. Aquella agua no era pura, le dijeron. Traía microbios y bacterias.

—¿Microbios y bacterias en esa agua? —exclamó el tipo con sincero asombro—. No puede ser. La cascada tiene cuarenta metros de alto. ¿A poco las bacterias y los microbios van a sobrevivir después del chingadazo que se dan?

Voy a Coatzacoalcos, preciosa ciudad rodeada de río y mar, en Veracruz. Desde que llego al hotel me asalta el gozo de vivir veracruzano:

—¿Quiere su cuarto con vista al mar o al bar? —me pregunta la chica, morena y garbosa, de la recepción.

Poco después, en el restaurante, el mesero al que he pedido la sugerencia de algún platillo típico me ofrece:

—¿Le doy unas picaditas?

Me resigno al albur. ¿Quién puede competir con esos insignes pícaros jarochos capaces de alburear al Padre Santo, si ocasión tuvieran para ello? Además, por la ventana del restaurante se mira todo el mar, ese maravilloso golfo al que ni los gringos le han podido cambiar de nombre, el gran golfo de México. Se mira también el malecón, que cada vez que hay norte desaparece bajo una arena como talco que el municipio tarda semanas en quitar solo para que el otro norte lo vuela a sepultar.

La playa está vacía, pues ya cae el crepúsculo. En ella están nomás una muchacha solitaria y un solitario pescador. La chica se ha sentado sobre una piedra grande; el pescador, con el agua hasta la cintura, arroja una y otra vez su pequeña red, y la recoge luego. ¿Qué hace la muchacha? Espera, lo mismo que todas las muchachas. ¿Qué hace el pescador? Espera, lo mismo que todos los pescadores.

Llega un muchacho, se detiene junto a la chica y entabla conversación con ella. Yo no oigo lo que dicen, pero lo adivino. Es el eterno «¿Cómo te llamas?»; «¿Dónde vives?»; «¿Estudias o trabajas?». Excepción hecha de la última expresión, tales palabras son las mismas que a Laura quizá dijo Petrarca.

Yo me concentro en las famosas picaditas, sabrosísimas incluso con albur, y pongo la vista en el gran disco del sol y de las nubes, y recuerdo los versos de Poncela: «El crepúsculo es siempre igual: el sol se esconde en el fanal de unas nubes incandescentes. El crepúsculo es siempre igual... ¡Pero los hay tan diferentes!».

Reluctante se marcha el sol por fin. Si por él fuera se habría quedado a ver el crepúsculo él también. El mar y el cielo se vuelven un acero que bruñe el perfil de las palmeras, todas, en Veracruz, propiedad de Agustín Lara. El pescador recoge su red. La muchacha se va con el muchacho. El pescador no ha pescado nada. La pescadora sí. Yo doy el último trago a mi cerveza. En el vino, dice el adagio latino, está la verdad. En la cerveza ha de estar por lo menos la mitad de ella. Con esa mitad me conformo. Para lo que se necesita la verdad, con eso suficiente.

Aquí estamos, en esta casa de Xalapa. La noche es veracruzana. Quiero decir que es cálida y es húmeda. «... Noche tropical, lánguida y sensual...», dijo San Agustín Lara, que no era veracruzano, pero siempre quiso serlo. No es el único: todos los mexicanos hemos querido alguna vez ser veracruzanos.

Cenamos ya, muy bien, y bebimos ya, mejor. También hemos conversado de todo, todos, y hemos reído de todos, de todo... Esperen un momento, que quiero preguntarle a este sentimiento quién es... Ya se identificó: es la felicidad... Disculpen la interrupción. Podemos proseguir.

Ahora vamos a cantar. Los dueños de la casa son también dueños de la música. Ella canta con una voz muy dulce que puede volverse de repente voz muy brava. Es fina y delicada esta preciosa dama, y es muy rubia. Se llama Sandra Lohr. Él toca la guitarra con maestría: es un virtuoso de ese instrumento que tiene la forma de la mujer y que es tan complicado como ella. Se llama Enrique Velasco. Por todo el mundo ha ido tocando la guitarra en nombre de México.

Escuchemos esta canción que Sandra va a cantar. La ha anunciado Enrique:

—«Las estrellas». Canción mexicana de principios del siglo, de autor desconocido... para nosotros.

La letra de esta canción es un pequeño poema sonriente y amoroso:

A cantar a una niña
yo le enseñaba,
y un beso en cada nota
ella me daba.
Aprendió tanto,
aprendió tanto,
que de todo sabía,
menos de canto.
El nombre de las estrellas
saber quería,
y un beso en cada nombre
yo le pedía.
¡Qué noche aquella,
qué noche aquella,
en que inventé mil nombres
a cada estrella!
Y luego se fue la noche;
llegó la aurora;
se fueron las estrellas;
quedó ella sola.
Y me decía,
y me decía:
¡Lástima que no haya estrellas
también de día!
Pasaron después los años,
pasó la vida;
se fueron las estrellas
se fue la niña.
Pero en mi senda,
pero en mi senda,

brilla siempre el recuerdo
de las estrellas...

Regreso de Xalapa y traigo conmigo esta canción. ¡Pobre del viajero que de su viaje no traiga una canción para cantar, y un recuerdo para recordar!

Pródiga es la naturaleza en Veracruz. Hablando de su tierra decía una señora cordobesa: «Aquí se mea un diabético y sale un cañaveral».

Yo, habitante de los desiertos coahuilenses, me emborracho en Veracruz de verde. Muy bien quisiera que esa riqueza natural fuera también riqueza humana, y que todos los habitantes del hermoso estado encontraran en su solar nativo el modo de ganar el pan, de modo que no tuvieran que dejar su patria chica para ir a otras tierras.

Viajo a ciudades fronterizas y oigo decir del número tan grande de veracruzanos que ahí viven, tantos que a veces hasta organizan su propio carnaval, simultáneo al que en el Puerto se celebra. Desde luego, la casa está donde se gana el pan, pero tan bella casa es Veracruz que sin haber nacido en ella yo la añoro, y siempre estoy queriendo regresar a ese lugar querido. Digan, pues, todos los veracruzanos lo que Agustín cantaba: «Algún día hasta tus playas lejanas tendré que volver».

Muchos motivos tienen los veracruzanos para sentir orgullo de su solar natío. Cuando viajo allá, traigo conmigo el gusto de las delicias del mar y de la tierra, y traigo también las voces de su canto, y el trino de sus arpas, y el taconeo de sus bailadores y bailadoras en la sonora tarima de madera.

He ido a la casa que tuvo Hernán Cortés en la antañona Villa Rica. La selva se ha apoderado de aquella recia fábrica hecha de enormes piedras traídas de muy lejos, en barcas que subieron por el río. Deambulaba yo solo por los aposentos cuando me salió al paso una mujer extraña de claros ojos verdes, cintura cimbreña, el cuello ornado de oro, las faldas hasta el suelo. ¿Qué súbita aparición era esa en la soledad de aquella casa fantasmal cuyos techos están formados por el cielo? Era una gitana, muchacha de una tribu que había acampado en las cercanías. Me habló en un español antiguo que casi no entendí. El pequeño burgués que siempre va conmigo se asustó un poco y apresuró los pasos. Ella rio con una risa alegre que avergonzó al burgués.

El guía nativo me contó la historia del Cacique Gordo. Me lo imagino, como a un moreno Buda colosal cuyo poder residía en las arrobas de su peso. Me dijo también el guía cosas de la Malinche, y del hechizo que puso en el conquistador.

Repetía constantemente el cicerone una expresión: «Cuál no sería su sorpresa...». Vio Cortés la gran ciudad indígena: cuál no sería su sorpresa... Le habló la Malinche en español: cuál no sería su sorpresa... Le entregó el Cacique Gordo su rescate en oro: cuál no sería su sorpresa.

Fuimos por un camino entre la selva para conocer el centro ceremonial, y nos salieron al paso las iguanas, grandes, quietas y mudas como esfinges del suelo. A una casi la piso, y no se movió; me miró nada más. Cuál no sería mi sorpresa.

Luego, ya de regreso, pasé a Boca del Río para escuchar las pícaras coplas de los cantadores. Las señoras se cubrían la cara con las manos para reír, sin que las vieran, las enormidades que decían en su canción los jaraneros.

Veracruz está en México, sí, pero es otro país dentro de México. ¡Cuántos países tiene este país! Todos somos vecinos distantes de todos. Menos diferencias hay entre un francés y un belga que entre un sonorense y un yucateco. Poblanos y veracruzanos son vecinos, pero se miran tan lejanos como si fuesen antípodas los unos de los otros. Igual sucede entre los de Campeche y Yucatán...

A un viajante de la legua, como yo, le es dable comprender —es decir, entender; es decir, abarcar— este inmenso país tan lleno de países. Ayer en Tijuana, en Quintana Roo mañana, el andarín recoge los variados acentos y matices de esa compleja geografía que no cabe en ninguna Geografía. Ya buscaré a la vida para darle las gracias por este México que es tantos Méxicos, y tantos mexicanos. Y mexicanas, sobre todo, porque ellas nos dan el remedio y el trapito: nos hacen mexicanos, y nos dan las ganas de seguirlo siendo.

❦

Volví de una gira por Veracruz. Estuve en el Puerto, en Xalapa y en Coatepec. Eso de andar la legua es oficio venturoso. Lo supo Gonzalo de Berceo; lo supo el Arcipreste de Hita.

En cada ciudad a la que voy tengo un lugar de peregrinación. En el Puerto de Veracruz ese santuario es La Parroquia. Ahí cumplo los tres rituales obligados de los parroquianos: tomar un lechero —café con leche servido en vaso de cristal—, comprar un billete de lotería y bolearse.

En Xalapa hablé, entre otras cosas, de la vinculación que une a esa ciudad con la mía. Dije a mi público que de Xalapa —que duda todavía entre escribir su nombre con equis o con jota—, salió don Luis A. Beauregard a fundar la Normal de Coahuila. Y hay otra coincidencia: la capital veracruzana es llamada «La Atenas del Sur», y la Ciudad de Saltillo ha sido conocida como «La Atenas del Norte». Ciertamente, reconocí ante los xalapeños, en el caso de mi ciudad ese título peca de inmodesto, pero los saltillenses tuvimos que adoptarlo en gesto de reciprocidad hacia los atenienses, que llaman a su ciudad «El Saltillo de Europa».

En Coatepec voy a la casa donde nació y pasó su infancia la exquisita poeta María Enriqueta (siempre que se hable de ella hay que decir «exquisita poeta»). Fue ella la esposa del distinguido historiador Carlos Pereyra, quien todavía, aun en su ciudad natal, sigue sufriendo esa terrible forma de castigo político que es el olvido.

La mamá de María Enriqueta se llamaba doña Dolores Roa Bárcena. Era dama muy empingorotada, y usaba lenguaje altísimo, prosopopéyico. En cierta ocasión fue a visitar a unas parientas que tenía en Xico. Llegó a su casa cuando las señoras salían a misa. Como doña Lola era de la familia, y había con ella gran confianza, las dueñas de la casa le pidieron que las esperara ahí. Le encargaron que si pasaba el hombre de la leña les comprara una carga, para lo cual le dejaron el dinero necesario, pero la apercibieron de que debía preguntar primero el precio de la mercancía, no fuera que el leñador, al verla forastera, encareciera su producto, el cual debía pagar a tanto más cuanto.

Se puso doña Lola en el balcón a esperar la llegada del leñador. Cuando este apareció se dirigió a él doña Lola desde lo alto del balcón. Lo hizo con estas palabras, o semejantes:

—Dime, rústico gañán: ¿en cuánto estimas el valor de la onerosa carga que tu paciente pollino lleva sobre sus fatigados omóplatos?

Claro que el leñador se quedó turulato, y no entendió una sola palabra de la ampulosa perorata que doña Lola le espetó.

Acapulco.

Desde la ventanilla contemplo la espléndida bahía, y luego el mar abierto, móvil inmensidad en la que se hundieron ya todas las metáforas, de modo tal que ahora solo se puede comprar el mar con el mar mismo.

Después miro otro océano, el de las nubes que cubren todo el cielo hasta donde los ojos pueden ver.

Y pienso que ayer las aguas del mar fueron nubes, y que mañana serán las nubes aguas del cambiante mar. Y entre el anuncio de que en este momento estamos iniciando nuestro procedimiento de aterrizaje y la visión de las luces de Monterrey que se aparecen, se me llega de pronto el pensamiento de la eternidad, de esa verdadera eternidad que la vida es, siempre la misma y siempre renovándose, y en ella nosotros siempre como parte de un universo que no conocemos todavía, pero en el cual estamos, y hemos estado, y estaremos.

Pocas bahías hay en el mundo tan hermosas como la de Acapulco.

Yo la conocí en el más maravilloso modo que esa hermosura se puede conocer. Estudiante de la Universidad Nacional Autónoma de México (UNAM), solía viajar «de aventón» los fines de semana, pues quería conocer mi país, y otro modo no tenía de hacerlo. En aquellos años se podía viajar de aventón; ahora no.

Una vez me sorprendió la noche (la noche siempre me sorprende) en un sitio llamado Tierra Colorada. Pocos vehículos pasaban ya por la solitaria carretera. Un amable oficial de la Policía Federal de Caminos le pidió al conductor de un camión de carga que me llevara.

El hombre me hizo subir a la caja del vehículo, que iba cargado con maíz en grano. Me dormí al punto, cansado como estaba. Horas después algo me hizo abrir los ojos. Me enderecé y vi frente a mí, a la luz del amanecer, a ese prodigio de belleza que es la bahía de Acapulco. Jamás he de olvidar esa visión.

Desde la altura del Templo de la Paz el panorama de Acapulco se ve maravilloso.

Otros lugares turísticos se han puesto más de moda al paso de los años, pero si mis cuatro lectores me permiten una perogrullada les diré que Acapulco es siempre Acapulco. Tiene una cierta magia que otros sitios no tienen; un encanto que, aparte de su hermosura natural, brota de su historia —de sus historias— y de su tradición.

En Acapulco visito a Johnny Weissmuller en el Hotel Flamingo, y como en un espléndido restorán, el Julio's, que no es de los turistas, sino de los acapulqueños. (La próxima vez pídele a tu taxista que te lleve ahí).

Acapulco luce de nuevo sus mejores galas. Tan pronto pueda, volveré otra vez ahí. Será como volver a mí otra vez.

Las grutas de Cacahuamilpa, en el estado de Guerrero, no fueron conocidas por «la gente de razón», sino hasta el año de 1834. Los lugareños ocultaban celosamente su existencia.

Un señor de Tetecala muy apreciado por los indios, don Manuel Sáenz de la Peña, mató en riña a un adversario suyo por pleitos de colindancias. Huyó del poblado y fue a refugiarse con sus amigos indígenas, que lo escondieron en la caverna prodigiosa. Fue don Manuel, entonces, el primer extraño que conoció las grutas y reveló después sus maravillas.

A fines del siglo XIX se hizo una excursión para que don Porfirio Díaz visitara las grutas. Lo hizo en compañía de numerosa comitiva, y los visitantes se entretuvieron jugando al tiro al blanco con sus pistolas. Los blancos eran las estalactitas y estalagmitas de la cueva.

A dónde no habrá ido este cronista pateperro, como pronuncian en Tabasco la expresión «pata de perro», que se aplica al que viaja demasiado. Ahora ha regresado de La Paz, en Baja California Sur. Ahí el mar tiene color de plata antigua, y el cielo es un bruñido espejo sin final.

Hay a distancia del norte una pequeña rada, y ahí sus anfitriones le muestran al viajero un fenómeno curioso que se produce a la caída de la tarde. Al romper contra los arrecifes las olas se revuelven en un extraño vórtice. Entonces la agitación marina cobra la apariencia de una larga y extendida cabellera negra que se diría la de algún gigante ahogado cuyo cuerpo empezara a emerger.

Desde luego, esa visión fantástica tiene su leyenda. Me cuentan que en Europa causaba admiración un espléndido collar que lucía doña María Amalia de Sajonia. Ese collar llevaba una perla enorme, del tamaño de un huevo de paloma, perla de rara perfección por su albura sin mancha y por su forma.

La perla provenía de La Paz, y alguna vez adornó con su belleza el pecho de una imagen de la Virgen que da su nombre a la ciudad, la Virgen de la Paz. Los padres franciscanos la pidieron a la Reina celestial a fin de llevarla a España como regalo a la Reina terrenal, esposa de Carlos III, y así obtener de ella y del monarca favores para sus misiones.

Fue un indio buceador quien encontró la perla. Se hallaba descansando de sus faenas cuando alguien le recordó que estaba cerca ya la fiesta de la Virgen. «Voy a buscar un regalo para la Señora», dijo el indio. Volvió a la bucería y se arrojó al mar. Poco después salió con una ostra de grandor inusitado. Frente a sus compañeros la abrió. Dentro estaba aquella perla preciosísima.

Otro buceador, envidioso de la suerte de su amigo, pensó que en ese mismo sitio habría de seguro otras perlas de igual tamaño y hermosura. Era hombre malo, comido por los vicios, sin fe y sin religión. Al grito de: «¡Ahora yo voy a buscar una perla para el diablo!», se lanzó a las aguas. Ya no volvió a salir. Su cuerpo jamás fue encontrado. El mar no lo quiso devolver. Esa tarde se observó por primera vez aquel misterioso oleaje negro que parece una larga cabellera de indio.

Algunas leyendas son tan reales que parecen historias, y algunas historias son tan fantásticas que parecen leyendas. En ellas está el alma del pueblo mexicano, alma sencilla como el agua y diáfana como el cristal.

Llego a Los Cabos invitado por los espléndidos señores y señoras de cuyas manos sale el azúcar que endulza la mesa de los mexicanos.

Apenas amanece voy a la playa a caminar. Asoma el sol en la comba del horizonte azul. De pronto se alza frente a mis ojos un blanco surtidor, y pasa cerca de mí la majestad de una ballena, lento galeón que lleva su cargamento de magia hasta el final del mundo. Miro cómo se eleva sobre la quieta superficie y se hunde luego en estallido de cristales al quebrar con su cola el vidrio de las aguas.

Quedo en suspenso ante la efímera visión. Y ahí, donde la tierra acaba y donde empieza el mar, hago en silencio una oración: que no se acaben las ballenas. Con ellas se acabaría un poco Dios.

Estar en Guanajuato es estar en la leyenda. Abajo de cada piedra hay una. Y piedras tiene muchas Guanajuato. Es ciudad esta de mineros, por más que haya dado a México mujeres y hombres que practicaron otras locuras diferentes, como la del arte o el toreo. Jorge Negrete fue nacido en Guanajuato, y también Juan Silveti.

Las leyendas son aquí una parte del patrimonio popular. En otras partes la gente vive de la pesca, de la madera o del carbón. En Guanajuato, la gente vive de las leyendas. Cada dueño de casa es propietario de la suya.

—Mi tía Flor se enamoró de un estudiante. En vacaciones el muchacho fue a su tierra, y allá murió en una riña de palenque. Mi tía Flor se marchitó. Al paso de los años se le nubló la mente. Cuando la estudiantina pasaba por nuestra calle ella salía y acercaba un farol al rostro de los muchachos, a ver si hallaba entre ellos aquel antiguo amor.

Y el mesero de Casa Valadez:

—Una vez que salí ya de madrugada oí música de orquesta ahí, en el Teatro Juárez, y vi salir un caballero y una dama como de tiempos de don Porfirio. A nadie le he contado esto, porque me tirarían a loco, pero de veras que los vi.

Al día siguiente llega uno a ese restorán, y al pasar entre las mesas alcanza a oír al mismo camarero:

—... y vi salir a un caballero y una dama como de tiempos de don Porfirio. A nadie le he contado esto, porque me tirarían a loco, pero de veras que los vi.

Estamos en Guanajuato, pues. Hay que ir al Callejón del Beso. Si vas ahí y no le das un beso a la mujer amada en el tercer escalón —en el tercer escalón del callejón, quiero decir, no en el tercer escalón de la mujer amada— sufrirás tres años de mala suerte. Llegamos, y hay una niña contando a un grupo de turistas la leyenda del Callejón del Beso, seguramente la más popular leyenda entre las mil leyendas que hay aquí. (Hasta el Pípila es una leyenda, según afirman los historiadores serios).

La niñita no tiene más de 7 años. Con voz monótona de escolar que recita la lección narra el triste suceso que al callejón dio fama:

—La hija del hombre rico se enamoró de un minero pobre. Todas las noches hablaban los dos por esos balcones. El papá de la muchacha le dijo que si la veía otra vez con el minero pobre la iba a matar. Ella no le creyó, porque era hija única. Pero una noche que estaba en el balcón, su padre le clavó un cuchillo en la espalda. El minero pobre, al ver que ella se estaba muriendo, le dio un beso en la mano. Por eso se llama el Callejón del Beso.

Hace una pausa la chiquilla para tomar aire y luego continúa:

—Ahora les voy a decir las clases de besos que hay.

Y empieza, con igual tono cantarín, a enumerar:

—Beso de palomita, con los piquitos juntos... Beso de sacristán, con la lengua hasta la campanilla...

Los besos van subiendo de color ante el regocijo de la gente que la oye:

—Beso de turista, con las manos en las petacas.

Y remata la pequeña:

—Y beso de jaula, con el pajarito adentro.

Los turistas sueltan la carcajada. Y ríe también la niña, jubilosa, sin saber por qué la gente ríe tanto, y su rostro tiene la inocencia de uno de los ángeles que viven en el altar del templo de La Compañía.

Hace años —¡ay, muchos años!— fui a Guanajuato en compañía de un querido amigo. Nos hospedamos en el Castillo de Santa Cecilia, que entonces se acababa de inaugurar y era la gran atracción turística de la ciudad. En el bar el mesero oyó nuestra conversación, y nos preguntó: «¿Son ustedes norteños?». «Así es», respondió mi amigo. Dijo el hombre, obsequioso: «Permítanme entonces ofrecerles un coctel Monterrey, cortesía de la casa». Fue y nos trajo sendos vasos de agua.

Yo no me canso de ir a Guanajuato. La Quinta las Acacias es uno de mis hoteles favoritos, y de seguro uno de los más bellos del país. Sus dueños adaptaron la mansión de la familia, una antigua casona porfiriana, y la convirtieron en hotel *boutique*. Antes gustaba lo grande y espectacular; ahora gusta lo pequeño e íntimo. Eso a mí me favorece mucho.

En Las Acacias las habitaciones son tan pocas que no tienen número: tienen nombre. Esta vez me tocó La Galereña. En la puerta está una placa donde se explica el nombre. La esposa de un minero pobre era asediada por el dueño de la mina. Un día, al llevarle el almuerzo a su marido, vio que el hombre la estaba esperando. Para esconderse buscó una grieta en la montaña, y se internó en ella. Encontró una veta riquísima de plata que hizo la fortuna de su familia. El marido vivió eternamente agradecido con el patrón por haber asediado a su mujer.

Siempre que voy a Guanajuato procuro ir a desayunar en la Casa Valadez, que está en el Jardín de la Unión, frente al hermoso Teatro Juárez. Esta mañana pido los huevos campestres, mirífico platillo que se compone de un par de huevos estrellados sobre dos tortillas fritas puestas en una cama de frijoles, con acompañamiento de rajas de chile verde y elote desgranado. Una delicia.

Mi anfitrión es originario y vecino de Guanajuato. Aquí mismo hizo sus estudios. «La vida del estudiante —me cuenta— era gratísima. Asistíamos a clases de ocho a diez de la mañana. Almorzábamos unas gorditas en la calle, y luego paseábamos por la ciudad. Después de comer regresábamos a clases, de tres a cinco de la tarde. Íbamos al cine, o a tomar una nieve en el Jardín. Después visitábamos a nuestras novias, de ocho a diez de la noche. Y luego les llevábamos serenata, pues todos formábamos parte de alguna estudiantina. A eso de la una o dos de la mañana nos íbamos a dormir». Le pregunto:

—Oiga: ¿y a qué horas estudiaban?

—¿Estudiar? —me pregunta con asombro mi anfitrión—. ¿Cómo íbamos a estudiar, licenciado, si éramos estudiantes?

Hay quienes no creen en las cosas del más allá. Yo más bien batallo para creer en las del más acá. Los hechos que se atribuyen a los aparecidos tienen mucha lógica: regresan para cobrar venganza por un injusto agravio; o para decir dónde enterraron la relación —o sea el tesoro—; o para pedir oraciones y sufragios a fin de que su alma pueda salir del purgatorio. En cambio, las acciones de los vivos —sobre todo de los demasiado vivos— generalmente no son nada razonables. A algunos hombres los mueve la ambición por el dinero; otros son empujados por ansias de poder; aquellos se dejan llevar por el afán de «yacer con fembra placentera», según dijo Berceo. Muy pocos apegan sus actos a los estrictos cánones de la razón, y esos pocos se aburren mucho, o son muy desdichados.

Por eso yo sí creo en las cosas del más allá. Jamás he tenido el gusto de ver una; pero tampoco he visto nunca un monje copto, y eso no significa que no existan los monjes coptos. Existen, bien que existen, y muchos viajeros los han visto.

Todo esto viene a cuento por algo que hace unos días escuché contar. En Guanajuato salí una mañana, muy tempranito, a caminar. El reloj de la iglesia de las capuchinas apenas acababa de sonar las seis; el día todavía no era día. Mis pasos me llevaron sin querer a una plazuela soledosa. Siempre mis pasos me han llevado sin querer a muchas partes, por no decir que a todas. Esa plazuela es el jardín de Florencio Antillón.

Paseé por los jardines de ese parque color de buganvilias, y luego fui a almorzar en el pequeño y grato comedor de Las Acacias. Un señor que estaba ahí tomando su café me dijo:

—Lo vi pasear por el jardín, y observé que se detuvo frente al monumento a Ibargüengoitia. ¿Ya sabe usted lo que pasó el día que llevaron ahí sus cenizas?

Le digo que no lo sé, y me lo cuenta.

Jorge Ibargüengoitia era hombre de espíritu jovial. Alegre y decidor, solía adornar su charla con buenas ocurrencias; tenía siempre una donosa frase a flor de labio. Sus malquerientes lo tildaban de frívolo, de poco serio, pero él también hacía broma de eso. Había en Guanajuato un señor que era antípoda de Ibargüengoitia. Solemne, pedantesco, pertenecía a la mamona especie de los que ponen cara seria como disfraz de su resequedad de mente y alma. Hablaba siempre mal de Ibargüengoitia, quizá porque en secreto lo envidiaba.

Cuando las cenizas del autor de *Los relámpagos de agosto* fueron llevadas a aquel parque, ese señor se vio forzado a asistir a la sencilla ceremonia. Acabado el acto se dirigió a su automóvil. Pero no había dado muchos pasos cuando tropezó y cayó al suelo. Se levantó echando sangre por la nariz y echando pestes por su majestad caída. Todos dijeron que el espíritu de Ibargüengoitia, en póstuma venganza, le había echado zancadilla a aquel prosopopéyico señor.

Yo no sé si quienes han llegado al otro mundo regresen a este con el único propósito de hacer caer a alguien que les caía mal. Me abstengo de juzgar: si no entiendo las cosas de aquí menos voy a entender las de allá. Mejor cada quién su vida, como dijo un malogrado autor. Y también, digo yo, cada quién su muerte.

En el barrio de Las Ranas, ciudad de Guanajuato, compré hace poco una preciosa imagen de San Cristóbal tallada por las manos de algún imaginero mexicano. O quizás guatemalteco, según me dijo el anticuario. Aparece el santo patrono de los caminantes en el momento de cruzar un río. Las aguas están representadas por azules rizos entre los cuales se ven algunos peces, una tortuga y una rana. San Cristóbal —que era gigante— ha arrancado una palmera de la orilla para usarla como bastón, y no perder pisada. Sobre el hombro lleva al Niñito Jesús, que le pidió lo pasara a la otra orilla. Conforme camina el gigantón, la leve carga se le va haciendo más pesada, hasta que casi lo rinde al llegar a la otra orilla. Y es que el Niño traía el mundo en sus pequeñas manos, y el mundo sí que pesa. La imagen lleva al pie esta inscripción:

Un poder tan sin segundo,
Cristóbal, reside en vos,
que, cargando al mundo Dios,
vos cargáis a Dios y al mundo.

Yo digo que San Cristóbal sigue protegiendo a quienes andamos en el camino, seamos traileros o conferencistas. A veces, sin embargo, nosotros mismos evitamos que nos dé su protección. Es cuando manejamos con imprudencia, o alcoholizados. Estoy seguro de que en estos casos San Cristóbal le pide a Diosito que lo releve de su obligación.

Cuando salgo a la carretera me persigno siempre. No es una señal supersticiosa: es un gesto que me sirve para recordarme a mí mismo que debo manejar con cuidado. Así les ayudo a las potencias celestiales, que, aunque sean potencias, no pueden hacerlo todo por sí solas.

En el Potrero de Ábrego la gente dice que si te miras frente a un perro bravo que te gruñe y te muestra los colmillos, bastará rezar un Credo para que el fiero animal se vaya y te deje en paz. Le pregunté a don Abundio si eso de rezar un Credo sirve para alejar la amenaza de los perros.

—Claro que sirve, licenciado —me respondió con voz llena de convicción—. Pero a condición de que traiga usted una piedra en cada mano.

Lo dicho: a Dios rogando, y con el mazo dando.

Cada vez que puedo voy en peregrinación a Dolores Hidalgo, Guanajuato. Me lleva ahí la figura de ese hombre venerable cuyo nombre los mexicanos aprendemos desde niños: José Alfredo Jiménez.

En Dolores, su pueblo adorado, está la tumba de ese cantor inmortal del amor y el desamor. Yo la visito siempre. Es una linda tumba: tiene un como sarape formado por azulejos coloridos en cuyos pliegues aparecen los nombres de las canciones del compositor. El sarape remata en un gran sombrero charro que da sombra a su lápida. Ahí se lee una inscripción: «La vida no vale nada».

Esa frase, más que doctrina, es un gemido desgarrado. No es verdad que la vida no valga nada. Ciertamente «comienza siempre llorando y así llorando se acaba», pero entre un llanto y otro hay momentos de luz, de inmenso gozo, de felicidad. Las canciones de José Alfredo, esas canciones que él solía sacar de su dolor, son parte hoy de nuestra vida y de nuestra alegría de vivir. Por ellas, y por mil cosas más, la vida vale mucho.

No me canso de dar gracias a Dios por haberme regalado el precioso don de la farándula. Con eso, como quien dice, me regaló la tierra, el aire y el mar con todos sus pescaditos. Diome, además, la ventura de poder encontrarme con mi prójimo, de enriquecer mi vida con la suya y de llenarme la mente con su saber, y el corazón con su bondad.

«He caminado leguas y leguas —escribió Valle Arizpe en su precioso libro de memorias— y me siento cansado y un poco triste...». Leguas y leguas he caminado yo también, pero ni la fatiga ni la tristeza han llamado a mi puerta todavía. Voy por todos los rumbos cardinales y ordinales de este hermoso país, y con los cinco sentidos lo disfruto. Veo sus paisajes, escucho sus canciones, gusto de sus manjares sabrosísimos, toco su piel y aspiro sus aromas. Y luego escribo acerca de lo que miro y oigo, de lo que como y bebo, y escribo también de la caricia y del perfume.

Pero no es esto lo que quiero decir. Lo que quiero decir es un decir que oí decir en Salamanca, Guanajuato. Esa ciudad, como todas las guanajuatenses, es rica en tradiciones. Sus habitantes cuentan cosas muy llenas de gracejo, y lo hacen con donaire y galanura.

Estaban hablando mis amigos salmantinos de un cierto sujeto simulador y vanidoso, de esos que se jactan de ser lo que no son. Uno de los amigos exclamó:

—¡Ay, madre, que muero virgen!

Los demás escucharon esa frase como se escucha algo conocido. Yo, que nunca la había oído, quise saber su origen. Y vino entonces el relato.

Había en Salamanca una muchacha que presumía de virtuosa y decente. Ni una ni otra cosa era en verdad, pues si bien ocupaba la mañana y la tarde en oficios religiosos, juntas de asociaciones piadosas, y apostolados varios, las noches las empleaba en otros menesteres de menos espiritualidad: tenía este novio y este otro; este y aquel amigo; y a todos daba más libertades que las consagradas por la Constitución.

Pero eso no lo sabía la gente, y menos aún lo sabía la mamá de la muchacha, orgullosa de la piedad de su hija, y ciega a sus devaneos.

A resultas de uno de aquellos devaneos la muchacha quedó en estado de buena esperanza, vale decir, embarazada. A nadie dijo de su preñez. Se las arregló para ocultar el embarazo los nueve meses que duró, y ni el ojo avezado de las cotorronas, que tanto gustan de averiguar vidas ajenas, alcanzó siquiera a sospechar que el vientre de la chica estaba rellenito.

Pero todo día se llega, y el de parir le llegó a la embarazada. Una noche, solas ella y su madre en la casa, la acometieron los dolores del parto. La mamá se asustó mucho por el súbito parasismo de su hija, y fue corriendo a llamar a las vecinas por ver si alguna de ellas conocía aquel mal, y su remedio. Acudieron presurosas las comadres, y bien pronto llenaron el aposento donde la parturienta sudaba y trasudaba con los trabajos de la parición. Vio ella a las vecinas, y quiso conservar ante ellas su fama de virtud. Fue entonces cuando dijo la famosa frase:

—¡Ay, madre, que muero virgen!

Ahora en tierras del Bajío se aplica esa expresión a la persona simuladora que trata de engañar a los demás. Cuando alguien presume de ser lo que no es, nunca falta alguien que le espete el expresivo dicho:

—¡Ay, madre, que muero virgen!

Y hasta ahí.

Ciudad con mucho genio, y en ingenios rica, es San Miguel de Allende.

El señor licenciado Leobino Zavala recuerda a aquel cura que en el sermón de la misa dijo que el poder de Dios es tan grande que «a su lado el de todos los presidentes del mundo vale puro cerote». (La Academia define esa palabra como «excremento sólido», con perdón sea dicho).

En la Santa Casa de Loreto el toque de ánimas se daba a las 7:30 p. m., en perpetua oración por el alma de los miembros de la familia De la Canal. En las demás iglesias las campanas tañían a las ocho. Los sanmiguelenses, entonces, llamaban al toque de Loreto «las ochito», o «las ocho chiquitas».

Todos los conventos de monjas tenían abadesa, pero el de la Purísima Concepción tenía solo abadesa vicaria, pues decían las religiosas que el puesto de propietaria correspondía siempre «a María Santísima, Nuestra Señora».

Cerca de San Miguel había una pequeña capilla —¿existirá todavía?— en tierras que fueron de los Sautto. Estaba dedicada al beato Sebastián de Aparicio, primer constructor de caminos que hubo en México, primer arriero, primer carretonero y primer charro del país.

Una leyenda cuenta que en el sitio donde está ahora esa capilla hubo una fragua. Llegó a ella fray Sebastián a lomos de un burrito, y le pidió al herrero que le pusiera herraduras a la bestezuela. Hizo el trabajo el herrador, y el franciscano le dijo: «Dios os lo pague, hermano». «¡Qué Dios ni qué Dios! —se molestó el herrero, que era hombre rudo, a más de avaricioso—. ¡Pagadme vos!». El fraile, humilde, le dijo entonces al pollino: «Ya ves, hermanito asno: este buen hombre quiere su dinero. Ninguno traemos nosotros para darle. Devuélvele, pues, sus herraduras y sigamos nuestro camino confiados en la Providencia del Señor. Dios proveerá». El burrito sacudió las patas y soltó las herraduras y los clavos. El herrero cayó de rodillas; le pidió perdón a fray Sebastián, y fue desde entonces caritativo y generoso. Él mismo construyó la capilla dedicada al beato.

De dos personajes de San Miguel de Allende quiero hacer particular mención.

El primero es un cierto don Jesús, rebocero de oficio y músico por afición; buen intérprete de tuba, trombón y contrabajo, instrumentos los tres de voz muy grave. En contraste, don Jesús enseñaba a silbar melodías tradicionales, o de moda, a los canoros pájaros —cenzontles y clarines— que las señoras tenían en sus casas. Padre de una hija, desde que la niña era pequeña don Jesús empezó a guardar los zapatos que después de usarlos ella iba desechando conforme crecía. Cada vez que a la muchacha, casadera ya, le salía un pretendiente, el rebocero lo llevaba a ver el enorme montón de zapatos que había acumulado, y le decía: «Si quieres casarte con mi hija tendrás que pagarme toda esta zapatería».

El otro personaje es don Miguel Correa Pérez, tesorero municipal que fue de San Miguel de Allende a finales del siglo XIX y principios del XX. En las noches de luna, tan pronto esta daba su claridad a las calles de la ciudad, salía don Miguel a su balcón y sonaba un silbato. A esa señal, los encargados del alumbrado público apagaban las farolas, cuya luz la lunar hacía innecesaria. Así se ahorraba el Ayuntamiento buenas sumas.

De aquel don Jesús y de este don Miguel deberían aprender la sana virtud del ahorro los actuales gobernantes y administradores de la hacienda pública, pues muchos de ellos con frecuencia olvidan que los dineros que manejan provienen del trabajo de la gente, y deben por lo tanto cuidarlos con esmero, y no dilapidarlos o hacer de ellos desvío para provecho propio o del bando político al que pertenecen.

Otra costumbre tenía don Miguel Correa, el tesorero municipal sanmiguelense. Guardaba en la caja fuerte de la Tesorería los pagos que recibía de los contribuyentes, y ordenaba en filas los billetes y monedas. Junto a cada montón ponía la estampita de algún santo, a fin de que cuidara la recaudación. Lo mismo deberíamos hacer nosotros.

Cortazar es una linda ciudad de Guanajuato. Muy bello es el paisaje que circunda a esa población. Le ponen marco la Sierra de Codornices, con su precioso Cerrito Colorado; el río de La Laja y las barrancas de Paila y Salitrera, en cuyo fondo crecen helechos con hojas más altas que un hombre alto.

Por ahí están las cuevas de Los Portales. Situadas a uno y otro lado del profundo barranco, esas grutas servían de sitio para una bella tradición que tuvo su mayor apogeo en los primeros años del pasado siglo. Cuando había luna llena se organizaban lunadas a las que asistía la más florida juventud del pueblo. Las cuevas de un lado de la barranca eran ocupadas por las muchachas; las del otro por sus jóvenes galanes. Ahí pasarían la velada; ahí dormirían. A la llegada de la noche se encendían fogatas. Esa era la señal para el comienzo de un concierto que, seguro estoy, solo se ha conocido en Cortazar. Con acompañamiento de guitarras empezaban a cantar los muchachos desde su lado del barranco. Desde el suyo les respondían las muchachas con otra canción. Toda la noche duraba ese diálogo de canciones, entonadas a veces por solistas —ella y él— que se cambiaban mensajes del corazón en el lenguaje que solo entienden los enamorados.

¡Qué hermosas deben haber sido aquellas noches de cantos amorosos! ¡Cómo se han ido perdiendo esas románticas costumbres de un ayer que con nostalgia rememoramos hoy!

❦

«El que busca mujer y va a Celaya, ahí se la halla». Tal dice un viejo dicho. Y dice bien. ¡Qué mujeres tan bellas hay ahí!

Mas no solo guapas mujeres hay en esa ciudad hospitalaria del Bajío. Ninguna pena es ir a ella, sino gozo, pero si alguna hubiera en el camino bien valdría la pena ir a Celaya aunque fuese tan solo a ver el espléndido púlpito que para San Francisco talló el sabio ebanista don Eutimio Rodríguez, en el que aparece el Poverello con el lobo de Gubbio y una oveja, símbolo de la paz y el bien que predicaba aquel segundo Cristo.

Se hallan en Celaya cajetas con el sabor que deben haber tenido los edénicos ríos que manaban leche y miel; delicias de cocina como esas inverosímiles pencas de nopal cocidas a la barbacoa y rellenas con los bravíos manjares de la tierra: chorizo, queso fuerte y chicharrón; señorial hospitalidad de gente buena que sabe que no hay frondas ni frutos si falta la raíz... Todas esas son galas de Celaya. A cada vuelta de esquina nos sale al paso don Francisco Eduardo Tresguerras, arquitecto que se construyó a sí mismo. Y en toda la ciudad vibra el aire de aquel pasado México hecho de religiosidad, vida del campo y apego a los valores que del padre y la madre se heredaban.

Pues bien: orgullo local es en Celaya la muy famosa Bola de Agua. Es un enorme depósito que don Perfecto Aranda, jefe político de la región, hizo construir e inauguró solemnemente en septiembre de 1910 para surtir de agua a la ciudad. El colosal tinaco lo hizo un ingeniero alemán. Dicen los celayenses que solo había otro igual en el mundo, el de Berlín, pero que la Segunda Guerra dejó sola a Celaya en el orgullo.

No hablaré de los aspectos técnicos de esa pequeña torre Eiffel. Me interesa anotar lo que en la placa de inauguración se lee: «Esta obra costó 161 520 pesos con 84 centavos».

¡Hasta los centavos se contaron al pagar y registrar el precio de la construcción! ¿Existe en nuestro tiempo ese rigor, ese cuidado escrupuloso en la realización de los trabajos públicos y en su valorización?

Se antoja imposible que pudiéramos volver a aquellos años en que los fondos comunitarios se manejaban con honestidad, no tanto por aquella «moral republicana» que los liberalistas proclamaban, sino por la honradez de las personas, que consideraban que se hacían irreparable agravio a sí mismos, a su nombre y a su familia, si se apoderaban de un solo peso mal habido.

Actualmente muchos malos políticos hacen y deshacen —mucho más lo segundo que lo primero— con los fondos que pertenecen a la comunidad porque derivan de su esfuerzo. Usan ese dinero para pagar campañas políticas; los aplican a la tarea de promover su imagen... A ellos les digo esto: si siguen actuando así yo me iré a vivir abajo de La Bola de Agua, y mi presencia ahí será recordatorio de las virtudes de ayer que ya no se usan hoy.

He ido una vez más a Guanajuato. Me acompaña, como siempre, Bibiano Berlanga Castro. No vive ya ese amigo queridísimo, compañero entrañable en tiempos de la juventud. ¿No vive? Digo mal. Tiene más vida ahora, en el recuerdo. Con él paseé las calles de esa ciudad hermosa, y cuando vuelvo a ella Bibiano camina junto a mí, como antes.

Me alojé donde siempre, en la bellísima Quinta las Acacias. Sus nueve habitaciones no tienen número en su puerta, sino un nombre que evoca a los antiguos moradores de la casa. Yo pido siempre el cuarto llamado De la Abuela. Me gusta porque da frente a la calle. En la mañana, al despertar, puedo abrir los dos grandes ventanales y ver desde el balcón el soledoso parque lleno de lirios en cuyos pétalos se desvanece un color casi de rosa. Alguna compañía teatral debería representar en esa plazoleta una de aquellas olvidadas piezas de los hermanos Álvarez Quintero, por ejemplo «Mañanita de sol».

Hoy me he levantado muy temprano, cuando apenas empieza a alborecer. He oído sonar las seis en el reloj que está frente a la iglesia de la Asunción. Bajo por la escalera de ornado pasamanos. Huele a café ya en la cocina, pero el comedor aún no está abierto. Cuando salgo a la calle me hace una caricia leve el airecillo que baja de la presa.

Voy al parque. Se llama Florencio Antillón en memoria de un militar guanajuatense que combatió a los invasores norteamericanos, y luego a los franceses. Después de larga vida —y tras haber sido gobernador del estado— murió en Celaya don Florencio. Camino por los andadores de la plaza. En la banca de aquel rincón dos amantes se besan. ¿Acaban de llegar o no se han ido todavía? Quién sabe. Y nada importa: para el amor no hay horas. Olvido sí hay, pero no tiempo.

Vuelvo sobre mis pasos para no perturbar su soledad. Y veo frente a mí un monumento pequeñito que llama mi atención. Es una lápida, una inscripción tan solo, hecha en mosaico. Dice esa inscripción: «Aquí yace Jorge Ibargüengoitia, en el parque de su bisabuelo, que luchó contra los franceses».

No puedo evitar una sonrisa. Ignoro si el epitafio lo hizo para sí mismo ese famoso escritor guanajuatense. Parece texto suyo, pues Ibargüengoitia era dado a las cosas del humor, y en esa frase hay algo de humorístico. Nada se dice del hombre que ahí yace, se dice, pero que no yace ahí; no se menciona su calidad de literato ni se ponen, como es costumbre, las fechas de su nacimiento y de su muerte. Se alude más al bisabuelo que al bisnieto. Parece broma o travesura esta curiosa lápida. Si Bibiano la hubiera visto habría soltado una de aquellas joviales carcajadas con que celebraba hallazgos como este. Yo, que no soy tan vital como él, sonrío solamente.

Ya está la luz del sol en las más altas ramas de los árboles. El reloj de la Asunción devana con lentitud siete campanadas. Regreso a Las Acacias, y ya está abierto el comedor para tomar café. Siempre acaba por abrirse una pequeña gloria.

Otro hermoso alojamiento es El Mesón de Jobito, en Zacatecas.

Una antigua vecindad situada en el corazón de la bella ciudad fue convertida en excelente hotel. Su espléndida arquitectura es mexicana, y zacatecana su cálida hospitalidad.

En la puerta recibe a los afortunados huéspedes la efigie —tallada en cantera rosa, desde luego— de Jobito, quien fue por muchos años el portero de aquella vecindad. A su lado, manso y al mismo tiempo alerta, se ve el fiel perro que lo acompañaba siempre.

Estoy en Zacatecas. Me ha llevado ahí una entrañable celebración familiar. Conmigo están mi esposa, mis hijos y mis nietos. David, el más pequeño, no despega la vista de la estatua. Me pregunta de pronto:

—Abuelo: ¿quién es el señor que está con Jobito?

Todos ríen.

Yo no.

El paso de los años me ha enseñado que son más sabias las preguntas de los niños que las respuestas de los hombres.

¿Quién es el jardinero de Las Trojes, hotel en el que estuve la última vez que fui a Aguascalientes?

Admirable varón ha de ser ese, y en estas líneas lo encomio y lo saludo. He aquí que en los pomposos jardines que plantó puso coyoles. Flor campesina es el coyol. En parte alguna lo había visto yo más que en la gala rural de los vergeles campiranos y ornando la cintura de esa soprano líquida que es la acequia de Arteaga, villa entrañable que estando tan cerca de Saltillo es todavía campo. Hace unos años busqué por todas partes camotes de coyol y los planté en el rancho, a lo largo de la línea de árboles que bordean el camino de mi casa. Cuando la primavera trajo flores —o cuando las flores trajeron a la primavera— fue como si a cada árbol le hubiera salido al pie un corro de bailarinas vestidas de rojo, de amarillo, de jaspe y solferino.

Los coyoles de Aguascalientes fueron para mí un encanto más en esa hermosa ciudad que tantos tiene. Doy gracias al jardinero ignoto de cuyas manos sabias salió el floral prodigio que hizo de la ventana de mi cuarto una pintura de Redon.

Hay jardines en México a los que voy como se va a un santuario. La Alameda de mi ciudad, Saltillo, es uno de ellos, el primero y el más querido, desde luego. Sus benévolas sombras fueron campo de mis encuentros primerizos con eso que don Federico Gamboa, autor de *Santa*, llamaba con púdico eufemismo «la dulce pasta», la carne femenina.

También la Alameda de Monterrey me dice algo. Frente a ella estaba aquel Café Lisboa —¿existe todavía?— de novedosas citas forasteras sobresaltadas por el temor de que llegaran el tío Refugio y la tía Conchita, que vivían a cuatro cuadras, por Modesto, y merendaban ahí volcanes y café con leche. Ellos no aprobaban amores que no hubiesen sido sancionados por las dos familias y no tendieran a fundar otra, y aquellos eran romances que duraban la eternidad de una sola noche.

La Alameda de la Ciudad de México es otro sitio de recuerdos. De ella arrancaba la Avenida Hidalgo, con sus insignes librerías de viejo. Enfrente estaba el Hórreo, benemérito restorán español con ínclita cantina donde se hablaba de toros, de política y de fútbol con acento en la «u». Cerca, el Trevi, lugar de cierta nota donde las niñas se dejaban invitar. Tú tomabas café (eras intelectual), y ellas malteadas de vainilla que saboreabas en secreto a pesar tuyo (eras intelectual).

En Guanajuato capital está el parque Florencio Antillón, por el camino a la presa de La Olla. Sus andadores parecen escenografía de una obra de los Álvarez Quintero. Vecino está el templo de La Asunción, cuyas esquilas tienen voz de novicia teresiana. Con ellas me despierto muy temprano —he dejado abierta la ventana de mi cuarto en Las Acacias para que entren las campanas—, y después de tomar un café en la cocina del hotel salgo a caminar por ese parque, de los muy pocos que aún quedan en el país que permiten a este escritor arcaizante que soy yo usar un adjetivo ya olvidado: recoleto.

Luego, en Morelia, me llama la plazuela de Las Rosas, frente al conservatorio de don Miguel Bernal Jiménez. En su memoria voy en peregrinación ahí. Me acompañan el espíritu de ese músico santo y los de Tata Vasco y don Miguel de Cervantes, cuyos bustos exornan y prestigian el entrañable paseo.

En Veracruz voy a la plaza, y en Oaxaca al zócalo. Una y otro tienen portales para beber y para ver. En el Puerto se oye el danzón; en la Antigua Antequera la marimba. Allá tomas café de Coatepec, y acá chocolate de El Marqués. O, si prefieres mayor intensidad, en Veracruz bebes ron, destilado de la piratería, y en Oaxaca apuras con apuros recio mezcal que sabe a tierra, materia de la que estamos hechos.

Mérida tiene el jardín de Santa Lucía. ¡En sus ojos me viera cada día!

Mérida, ciudad hermosa, ofrece regalos del cuerpo: su espléndida cocina, y dones del espíritu: la belleza de su canción. Pedí ir en jueves porque los jueves hay serenata en el jardín Santa Lucía. Tiene árboles y bancas esa plaza, como todas las antiguas plazas de las ciudades nuestras, pero tiene también asientos que se llaman «confidentes», para dos personas, novia y novio, claro. Por la forma de letra ese que tienen tales sillas, las parejas pueden hablar mientras se miran a los ojos. Así aman los humanos, únicas criaturas animales, hasta donde sé, que hacen el amor mirándose a los ojos, aunque en determinados momentos los cierren y en otros los abran de más, según.

Las serenatas de Santa Lucía empiezan a las ocho de la noche y terminan a las nueve en punto. Pero esa hora es hora de poesía y danza, de música jaranera y de canción. Los artistas actúan en un foro señoreado por las señeras figuras de los más insignes cantores yucatecos. De izquierda a derecha están, primero, el busto de Armando Manzanero (el de su padre don Santiago debía estar también) y el de Ricardo López Méndez, que escribió «México, creo en ti», declamatorio poema para declamar, pero que escribió también la delicada letra de algunas de las más íntimas canciones de la trova, entre ellas «Nunca», a la que Guty

Cárdenas le puso música. «Yo sé que nunca besaré tu boca...». Miel, miel pura. La boca y la canción.

Siguen luego las efigies de Ricardo Palmerín y Luis Rosado Vega, autores de «Peregrina», canción que les pidió aquel moreno apóstol de ojos verdes, Felipe Carrillo Puerto, para enamorar con ella a Alma Reed. La canción se estrenó al pie de la pirámide del Adivino, en Uxmal.

En el centro del foro está el venerado rostro de alguien allá muy conocido, y acá no, por más que en la península se le considera el padre de la canción yucateca: Cirilo Baqueiro Preve, llamado con su nombre de músico, Chan Cil.

Finalmente aparecen dos grandes cantores yucatecos, o yucatanenses, como el purismo quiere que se diga. El primero es Pepe Domínguez —José del Carmen Domínguez y Zaldívar—, autor de «El pájaro azul», «Granito de sal» y «Aires del Mayab»; el segundo es don Pastor Cervera, el que escribió «La fuente», canción que en su momento fue tildada de pecaminosa. Por una riña de casados su esposa le cerró a don Pastor la puerta de la alcoba, y él se vio en la necesidad de buscar en otro lecho lo que en el suyo no obtenía.

> Tú me niegas el agua de tu fuente,
> y por calmar mi sed me has condenado.
> Prefiero ser por tu alma ajusticiado
> que morirme de sed junto a tu fuente.
> Hiel, hiel pura. La fuente y la canción.

Estoy, pues, con el alma inundada por la canción y el verso. Mérida es una lluvia de oro, como el árbol magnífico que con los framboyanes florece. Ahí en Santa Lucía la noche se viste de mestiza y luce el terno tradicional de la mujer yucateca: jubón, hipil, fustán... Ninguna otra prenda debe traer si se juzga mestiza verdadera. Por eso la noche tiene algo de erotismo, de pasión lúbrica que late bajo la delicadeza de las cantilenas. Si no viviera yo donde tan bien vivo, viviría por lo menos un par de meses del año en Mérida. Y la mitad del tiempo la pasaría oyendo estas canciones que dicen del amor —es decir de la vida—, y de la vida —es decir del amor.

En el hotel de Mérida, un botones me conduce a mi habitación. En el elevador me hace la pregunta que el 100% de los botones hace:

—¿De dónde nos visita?

(Viajo tanto que cuando llego a mi casa me hacen esa misma pregunta: «¿De dónde nos visita?»).

—Vengo de Saltillo —respondo. Siempre que digo eso procuro que en mis palabras no haya tono de jactancia. Después de todo, ningún mérito hice para nacer ahí. Eso fue cosa de la Divina Providencia, que derrama sus mayores dones sobre quienes los merecemos menos.

—¿Y qué tal el calor?

He notado que en toda la república la gente piensa que en Saltillo hace muchísimo calor. Quizá la cercanía con Monterrey influye en tal idea. Nadie parece saber que, entre las dos ciudades, separadas solo por sesenta kilómetros, hay una diferencia de altura de un kilómetro.

—En mi ciudad jamás hace calor —suelo responder con la actitud pugnaz de quien rechaza un vil infundio—. La temperatura promedio de Saltillo es la misma que se registra en el Paraíso Terrenal.

—Ya entiendo —me dice este botones igual que me lo dicen los demás. Todos toman el dato como rigurosamente científico.

Llegamos a la habitación, y el muchacho hace lo mismo que hacen todos los botones: mostrarme antes que nada que el televisor funciona bien. Al parecer, eso es lo que demanda la mayoría de los huéspedes. A mí me interesa que funcione bien la lámpara del buró; la que me da luz para leer, para resolver mis crucigramas o para disputar titánicas partidas de ajedrez con mi tableta.

Cumplido el rito del televisor me dice el botones:

—Si algo más se le ofrece pregunte por mí en la recepción. No se le va a olvidar mi nombre. Me llamo Venustiano Carranza.

—Me parece haber oído antes ese nombre —digo yo procurando poner expresión seria.

—Es el de un señor que anduvo en la Revolución —me informa Venustiano—. Mi abuelo por parte de padre fue soldado de su ejército. Como también él se apellidaba Carranza hizo que mi papá me bautizara con el nombre de su jefe. Me llamo Venustiano, entonces, pero todos me dicen Tano.

—Gracias, Tano —le digo al tiempo que le entrego la propina.

¿Qué es lo mejor de Yucatán, esta tierra del faisán y del venado que dijo Mediz Bolio? Unos dicen que su cultura maya; otros, que su fantástica cocina; mis amigos bohemios declaran que lo más valioso es su trova, y algunos más hablan de la fantástica cocina yucateca, que comienza con la riquísima sopa de lima y no termina nunca.

Yo, por mi parte, creo que lo mejor de Yucatán es el ingenio de su gente, su sensibilidad, su innato don de la poesía, su jocundo sentido del humor. Voy a poner algunas muestras de ese ingenio. Las recogí en los cuatro días felicísimos que en Mérida pasé.

Don Ermilo Padrón López escribió la letra de la canción «Rayito de sol», a la que Guty Cárdenas puso música. Este mismo don Ermilo, prendado de Consuelito Velázquez, la autora de «Bésame mucho», le dedicó una quintilla que no sabría yo decir si es copla o madrigal:

Chelo: tu corazoncito
es un lindo cantarito
que no quieres estrenar.
Llénalo poco a poquito
con lo que me haces llorar.

En tesitura entre amorosa y humorística, don José Antonio Zorrilla Martínez, llamado «Monís», describió en cuatro versos su felicidad por un amor bien correspondido:

Estoy feliz, feliz con tu cariño,
que a diario es nuevo, luminoso y alto.
Estoy feliz, feliz como un sombrero
que cae al mar... y que se siente barco.

Anónima, finalmente, es esta fórmula en verso para curar el dolor causado por un amor perdido.

RECETA DE UN BUEN DOCTOR PARA LOS MALES DE AMOR

Se ponen al fuego dos
adarmes de indiferencia,
y cuatro gotas de esencia
de «Que vaya usted con Dios».
Se agrega una gota, en pos,
de Qué me importa molido,
y, todo muy bien hervido
con aceite de alegría,
se toma una vez al día
en la copa del olvido.

Cuando me porto bien Diosito me premia haciendo que alguien me invite a ir a Mérida.

En esta ocasión mis anfitriones me dieron a gozar las infinitas e inefables maravillas de la cocina yucateca, y además me regalaron una guayabera que envidiaría el Príncipe de Gales.

Disfruté las atenciones de la gente de Aeroméxico, merced a las cuales pude llevar conmigo la carga de hermosísimas hamacas que compré en El Aguacate.

Visité la antigua hacienda henequenera Misne, y la recia catedral emeritense, cuyas formidables columnas no podría derribar ni siquiera el mismísimo Sansón, aunque anduviera con la greña intonsa. Ahí encontré la imagen de Santa Cecilia, una de mis santitas más amadas, pues es patrona de la música y de sus desdichados amantes, a quienes nunca se entrega por completo.

Sentí mucho no haber podido darle un gran abrazo a ese cantor magnífico de Guty, Palmerín, Pastor, Zorrilla y Manzanero que es Tony Espinosa, el orgullo de Oxkutzcab.

En fin, gocé con plenitud a Mérida; me deleité con el dejo de su gente, que parece cantar al tiempo que habla; me repleté los ojos del cuerpo, y los del alma, con el color inédito de las flores de sus árboles, y va conmigo todavía el panorama de palmeras y veletas de la blanca ciudad.

Por todos esos regalos elevo aquí una acción de gracias.

Infinitas gracias doy al Cielo, que me hizo ser un sedentario nómada. Siempre tengo a donde ir. Pero —cosa mucho más importante— siempre tengo a donde llegar. Mi casa es un pequeño paraíso cuyo huésped permanente es la felicidad. Cuando estoy en los aeropuertos, o viajo en los aviones, o llego a hoteles que después ya no recordaré, pienso que volveré a esa casa donde me aguarda la perfecta compañera, y toda fatiga se me acaba, y toda soledad se vuelve compañía.

Otra cosa: como todo romero, soy comprero. (Pensé que estaba inventando esta palabra, pero no: «comprero» viene en el diccionario, y significa, claro, comprador).

Cada vez que voy a Mérida, si el tiempo lo permite, pido a mis anfitriones que me hagan el favor de llevarme a Tixcocob.

Tixcocob es una población cercana a la capital yucateca. Abundan en ella los jotitos, dicho sea sin ánimo de molestar. Hacen cada año un carnaval como el de Río, pero a la medida de sus posibilidades, con vestimentas de papel crepé. Coronan a su reina en el quiosco de la plaza principal, y le hacen un gran baile al que asiste todo el pueblo sin distinción de clases, ideología política o preferencias religiosas o sexuales. Yo digo que eso es saber vivir, no en el simple sentido de saber vivir, sino en el más profundo de vivir con saber.

En Tixkokob casi todos trabajan en la actividad principal de la localidad: hacer hamacas. Las mejores de Yucatán —que son las mejores de México y del mundo— salen de ahí, tejidas por manos al mismo tiempo fuertes y primorosas. Galas como para museo salen de esas manos.

Yo he comprado varias, sobre todo después de leer el útil y práctico manual escrito por Renán Irigoyen, mi colega cronista meridano de felicísima memoria. Ese manual se llama *HamacaSutra*, y en él se prueba indubitablemente el hecho —bien sabido por todo habitante del sureste— de que en una hamaca se puede hacer lo mismo que en una cama puede hacerse, y hasta más.

Viaja el cronista a Campeche, la antigua ciudad amurallada, y deambula por sus calles, cosa que siempre suele hacer cuando se encuentra en otra población. Sus pasos lo llevan a una librería de viejo. En los estantes encuentra un libro cuyo nombre le llama la atención: *Fábulas Científicas Vegetales*.

Al cronista las fábulas le gustan. En su casa aprendió algunas: «A un panal de rica miel dos mil moscas acudieron...». Después, en el Colegio Zaragoza, aprendió otras: «En casa de un cerrajero entró la serpiente un día...». Conoce el escribidor las fábulas de Iriarte y Samaniego, de Bretón de los Herreros, de don Ventura de la Vega y don Gregorio Torres Quintero. Alguna vez, de la mano de su maestro de latín, profesor Ildefonso Villarello, tradujo aquella fábula de Fedro que comienza: *Personam tragicam forte vulpes viderat*... «Una astuta zorra vio una máscara de la tragedia...».

El autor de este curioso libro que ya dije, *Fábulas Científicas Vegetales*, es campechano, y es también de Campeche. Su nombre, largo y sonoroso es este: don Nazario Víctor Montejo Godoy. He aquí los oficios que tuvo don Nazario: médico, profesor, músico, botánico, dramaturgo, pintor, poeta y zoólogo. Acerca de él José María Lavalle escribió estas palabras:

> ... Como todo hombre cabal, su capacidad crítica era grande y llena de rectitud. Nunca se cansó de fustigar lacras y defectos, muchos de ellos hijos de la ignorancia. Lo hacía con la severidad del buen padre que castiga enseñando y enmendando errores con amor y desinterés...

Interesante personaje debe haber sido don Nazario. Sin embargo, a mí no me habría gustado conocerlo, pues de seguro habría fustigado mis lacras y defectos, y eso a nadie le gusta, aunque el fustigador fustigue con amor y desinterés.

Pero ese es otro cantar. El que me ocupa es el contenido de las fábulas del señor Montejo. Así como La Fontaine hizo hablar a los animales —ese mismo milagro lo he visto en otras partes—, don Nazario hace hablar a las plantas, a las frutas y legumbres, a los árboles. Tiene un sabroso diálogo entre un árbol de mango y otro de aguacate: los dos se duelen de que la gente de hoy corte sus frutos antes de madurar, con lo que se pierde mucho del buen sabor y cualidades de esos sabrosos alimentos. La gente de antes sí que sabía hacer las cosas: esperaba a que el fruto cayera de maduro, y entonces se lo comía. El árbol de mango hace la anotación de que, antes de dejar caer sus frutos, dejaba caer sus hojas, a fin de que sirvieran de colchón para que el fruto no sufriera daños al caer.

En sus viajes encuentra siempre el cronista libros raros, pintorescos y curiosos. Los compra siempre, y tiene de ellos una variada y rica colección. Leerlos es siempre deleitoso. Y más compartir con alguien la lectura.

Campeche, la ciudad, es un deslumbramiento. Su sol es sol marino; su mar —un poco caribe, un poco golfo— es un sereno espejo por el que nadan los delfines y los cardúmenes de lizas como aves que volaran por un inmóvil viento.

Todo en Campeche tiene vocación de mar. Los señores salen los sábados en sus veleros como en otros lados salen a jugar al golf. Pervive en las murallas el recuerdo de antiguas piraterías, y tienen los restaurantes nombres de bucaneros y corsarios: Lorencillo, Laffite, Morgan... Apuntan los cañones al horizonte como si aún aguardaran la súbita irrupción de los navíos bandoleros.

La Organización de las Naciones Unidas para la Educación, la Ciencia y la Cultura (Unesco) declaró a Campeche parte del patrimonio cultural de la Humanidad. Eso entusiasmó a los campechanos y los hizo más campechanos aún. Las calles son una colorida sucesión de casas cuyas fachadas tienen todos los colores —pastel— del arcoíris, y cuyos patios se abren a la mirada de los visitantes.

Hay tesoros aquí que en otras partes no se encuentran. Miren ustedes estos collares que compré. Están hechos de coral negro. Esa oscuridad y ese brillo solo es posible hallarlos en ojos de mujer. Uno de los collares tiene cuentas de color verde. Ojo de Tigre, se llama la piedra. El tigre es por acá el jaguar, que tiene mirada de esmeralda. El otro collar tiene cuentas azules. Pregunto al vendedor el nombre de la piedra, y me lo dice: lapislázuli. Esa palabra, hermosa, aparece en las novelas orientalistas de Flaubert, Gautier, Loti...

Platico con un señor que tiene 90 años, y me cuenta de la vez que hizo a pie el camino entre Campeche y Champotón, porque había norte, no podía ir en barco, y quería ver a su novia. Dos días tardó en el recorrido; la vio 15 minutos y luego regresó, también a pie.

—Me casé con ella. Duramos casados 64 años, pero aquellos 15 minutos los recuerdo más.

Es hora de comer. La Pigua es el restorán más visitado. Pido lo mismo que otras veces: los camarones cubiertos con ralladura de coco y el pámpano con salsa de cilantro. Es alta cocina campechana. Es alta cocina mexicana. Es alta cocina aquí y en China.

Hay en la playa la estatua de una muchacha que mira hacia la mar. El mar, masculino para nosotros, es femenino para los poetas y para los marineros. Cuando Lara cantó aquello de «Hay en tus ojos el verde esmeralda que brota del mar...», el músico poeta no estaba cantando como poeta, sino como músico. Gabilondo Soler, Cri-Cri, fue marinero —y fue también astrónomo, lo cual es ser también un poco poeta— por eso dijo: «Un barquito de cáscara de nuez, adornado con velas de papel, se hizo hoy a la mar para lejos llevar gotitas doradas de miel...».

He actuado en el hermoso teatro que lleva el nombre de un cierto cuñado de don Antonio López de Santa Anna, que gobernó muy bien esta región. He ido a cenar después en San Francisco, el barrio marinero. Aquí es obligado pedir jamón claveteado —es decir, sazonado con clavo y otras especias varias— y tomar refresco de chaya con piña. He dormido como un rufián dichoso. Y he regresado trayendo conmigo la campechanía de los campechanos, y el brillo de su coral negro y de su sol.

En Campeche vivió un niño de nombre Celestino. Su madre lo llevaba por las tardes a jugar a la lotería en casa de las vecinas del lugar. No jugaba el niño, pues tenía apenas 4 años, pero la señora no lo podía dejar solo, y lo llevaba entonces, y lo sentaba a sus pies en una sillita.

Cierto día una de las jugadoras, mujer muy cutufosa —«cutufosa» significa en Campeche fatua, presumida— arriscó la nariz y dijo oliendo el aire:

—Percibo un ingrato tufo en el ambiente.

La mamá de Celestino pensó que su hijo había aligerado el vientre, y a fin de comprobar si era fundado su temor alzó al chiquillo, lo volteó y acercó su nariz a la parte trasera del chamaco. Fue entonces cuando el niño pronunció una frase que ha perdurado a lo largo de los años, como las frases de Confucio, San Agustín o Napoleón. Preguntó con enojo Celestino:

—¿Qué nada más yo tengo fundillo?

La frase ha perdurado, ya lo dije. En Campeche, hasta nuestros días, cuando alguien siente que le están echando la culpa de algo que no hizo, da voz a estas palabras:

—Como dijo Celestino: «¿qué nada más yo tengo fundillo?».

Si hay damas presentes, o personas de respeto, la enunciación se limita a la primera parte de la frase: «Como dijo Celestino...», y ya no se declara lo demás. Pero todos —y todas— saben bien lo que sigue.

Don Carmen Barahona, comisario ejidal, fue a Champotón, Campeche, y en un corralón de la Presidencia Municipal vio una reja muy buena tirada ahí como basura. Recordó que la reja de la cárcel del ejido estaba ya en muy malas condiciones, de modo que le pidió al alcalde que le regalara aquella. Accedió el edil, pero le dijo que solo se la llevarían hasta el entronque de la carretera. De ahí hasta el ejido tendría él que conseguir alguien que se la llevara.

Estuvo de acuerdo el bueno de don Carmen, y recibió en el entronque la pesada reja. Llamó a unos ejidatarios que trabajaban cerca y haciendo uso de su autoridad les ordenó que cargaran la reja y la llevaran hasta el sitio de la cárcel.

Agitados y sudorosos iban los del ejido cargando sobre los lomos la famosa reja, cuando un borrachito a quien todos apodaban la Chincha acertó a pasar por el camino. Con mucho interés preguntó a los cargadores qué era aquello que cargaban, a dónde llevaban su carga y con qué objeto. Se lo informaron los ejidatarios sin dejar de afanarse en el traslado.

—Pos cómo serán pendejos —sentenció la Chincha—. Esta reja va a servir para que los encierren, y todavía la van cargando.

Se vieron unos a otros los rancheros; clavaron una mirada acusadora en don Carmen Barahona, y luego uno de ellos preguntó a sus compañeros:

—¿Cómo ven?

Respondieron a coro los demás:

—¡Chingue a su madre!

Y así diciendo dejaron caer la reja. Esto sucedió, me cuenta Tomás Arnábar Gunam, en el cuarenta y tantos del pasado siglo. La reja sigue ahí.

Hubo un concurso en Champotón, de Campeche, a ver quién contaba la mayor mentira.

—Había en Champotón dos caballeros...

¡Premiado! En Champotón jamás ha habido caballero alguno.

Le fueron a decir a don Alfonso Durán que alguien andaba hablando muy mal de él.

—Qué bueno —respondió—. De los pendejos ni quien se acuerde.

En una sesión del Club de Leones champotonero alguien propuso hacer un baile el Sábado de Gloria.

—Pero cerciórense muy bien de que caiga en sábado —sugirió alguien— porque si el Sábado de Gloria cae entre semana no va a ir gente al baile.

El presidente del Patronato Proreconstrucción de Champotón pronunciaba un discurso muy fogoso:

—¡A Champotón hay que amarlo con todo el corazón, hay que llevarlo en la sangre, no como muchos que nomás se toman cuarenta tragos y empiezan a decir que Champotón esto, que Champotón lo otro...!

Pide la palabra el Chato Vargas, regidor del Ayuntamiento y manifiesta su sentir:

—Dichosos aquellos que después de tomarse cuarenta tragos pueden decir esto y lo otro, que yo con esa cantidad caigo bien pedo abajo de la mesa.

El padre Cristóbal, franciscano, párroco de las Mercedes, instaba al profesor Ernesto Bárcenas a que se casara, pues era empedernido solterón. Siempre le contestaba el maestro que el matrimonio no se había hecho para él. Pero un día conoció a una linda champotonera, se prendó de ella y finalmente la llevó al altar. Los casó el padre Cristóbal, quien después de pronunciar a los novios los votos matrimoniales los declaró casados, y luego pronunció devotamente la fórmula ritual: «Lo que Dios ha unido que no lo separe el hombre». Se volvió enseguida hacia el maestro y le dijo:

—¿No que no, cabrón?

«Las cosas de Champotón hay que dejarlas como son, y las de Hecelchakán hay que dejarlas como están».

El señor Zaragoza tenía una pescadería en el mercado. Un día llegó con él don Félix Ramírez, dueño de una tlapalería, y vio sobre el mostrador del señor Zaragoza un hermoso cangüay, pez parecido al cazón.

—Póngamelo, por favor —dijo al pescadero.

Este puso el cangüay en la balanza, para pesarlo.

—¡Oiga, no! —protestó con energía el comprador—. Pésemelo sin la cabeza y sin la cola.

—Oiga, don Félix —le contestó Zaragoza—. Supongamos que voy a su tlapalería a comprar un metro de alambre, pero le exijo que sea de la parte de en medio del rollo. ¿Me lo vendería usted?

Y así diciendo le pesó todo el pescado y se lo cobró. Don Félix no atinó a contrariar aquel razonamiento, y pagó el precio sin chistar.

Este mismo don Félix le puso a su camioncito en la defensa: «Viejo, pero puedo». Los muchachillos de la calle le añadieron: «... zurrar».

Un diputado a quien por flaco y estirado le decían Chileseco fue a visitar cierto poblado de su circunscripción. Nadie acudió a recibirlo.

—Ya no se acuerdan de mí estos ingratos —declaró con acento dolorido.

Con él iba su mamá. Al dirigirse al hotel vieron en una pared un letrero que decía: «¡Tizne a su madre el Chileseco!».

—¡Mira, hijito! —prorrumpió alegremente la señora—. ¡Sí se acuerdan!

En Campeche hay una estatua que tiene una canción y una canción que tiene una estatua. La canción y la estatua se llaman «La novia del mar». En la playa una muchacha de bronce espera la llegada del pescador al que ama. El viento le agita los sueños y el cabello.

En Campeche está la imagen de un Cristo negro al que veneran los marinos. Dice la tradición que cada vez que alguien ha pretendido sacar al Cristo de su pequeño templo para llevarlo a otro mayor los brazos de la imagen se han alargado de tal modo que ha sido imposible hacer pasar la imagen por la puerta.

En Campeche se dan los mejores camarones de este mundo, y el pescado más fresco, comprado a la orilla del mar cuando todavía aletea el mar y cuando todavía aletea el pescado.

En Campeche hay recuerdos de piratas, de ricos hidalgos novohispanos, de mujeres apasionadas, frailes, encomenderos e indios.

Algo de mí quedó en las murallas de Campeche, y en mis murallas queda el recuerdo de esa ciudad cristiana y marinera que sabe a sol y a sal.

Huitzilac es uno de los muchos lugares que en México evocan al colibrí. El nombre náhuatl de esta avecilla es «*huitzitzillin*», y «Huitzilac» quiere decir algo así como «en el agua donde hay colibríes». Los españoles, que no conocían al colibrí, lo llamaron «tominejo», palabra que es dos veces diminutiva: el tomín era una monedita de plata, y eso les pareció a los recién llegados el colibrí: una pequeña moneda plateada que volaba.

Huitzilac es un poblado de Morelos. En sus cercanías tuvo lugar uno de los mayores crímenes de esa sangrienta sucesión de muertes que fueron las luchas revolucionarias. Por órdenes de Álvaro Obregón fue asesinado ahí el general Francisco R. Serrano, rival suyo en la carrera por la Presidencia, y con él todos sus acompañantes. Fue gran político Obregón, y fue también gran asesino.

Dos personajes cuya memoria guardo con afecto estuvieron en Huitzilac. Uno de ellos también murió en aquel sitio fatal; el otro, salvó la vida milagrosamente. El que murió fue un poeta de Saltillo: Otilio González. El que salvó la vida fue un extraordinario, versátil y colorido señor de Tabasco: don Francisco J. Santamaría.

Otilio era muy joven cuando perdió la vida. Tenía 32 años. Su muerte fue absurda. Se hallaba por casualidad en la estación de Buenavista, y llegó el grupo que iría con el general Serrano a celebrar su santo en Cuernavaca. Lo invitaron a unirse a ellos; le dijeron que regresarían temprano el mismo día. Él aceptó la invitación. No regresó con vida; fue de los que cayeron en la emboscada traicionera. Una leyenda trágica se tejió tras su muerte: la joven esposa de González estaba encinta cuando murió el poeta. Al nacimiento del hijo la madre bautizó al niño con el nombre de Claudio. Así se llamaba el hombre que consumó el crimen de Huitzilac: general Claudio Fox. Hizo eso aquella recia mujer para que el niño no fuera a olvidar nunca el nombre del asesino de su padre, y lo vengara. Ignoro si esta leyenda es verdadera, pero tiene el oscuro dramatismo de una tragedia griega.

Don Francisco J. Santamaría es uno de mis personajes favoritos. Tabasqueño, escribió el mejor diccionario de mexicanismos que hay (él escribía «mejicanismos», como don Alfonso Junco). También es autor de un curioso opúsculo al que puso resonante nombre: *Mi escapatoria célebre de la tragedia de Cuernavaca*. Ahí narró cómo en la oscuridad de la noche, cuando era llevado por el monte con los demás detenidos a ser asesinado, fingió que se le había desatado la cinta de un zapato y se inclinó a atársela al amparo de un arbusto. Los sicarios pasaron junto a él sin verlo, y Santamaría se escabulló entre las tinieblas.

Con el paso de los años don Francisco llegó a ser gobernador de Tabasco. En ese tiempo tuvo un chistoso altercado con otro ilustre tabasqueño, el poeta Carlos Pellicer. Para ampliar una calle Santamaría afectó un solar, propiedad de las tías del escritor. Este fue a reclamarle su acción al gobernante. Se hicieron los dos de palabras, y Pellicer le mentó la madre a don Francisco, tras de lo cual abandonó violentamente la oficina. Salió Santamaría al balcón, y cuando Pellicer apareció en la calle le gritó con voz estrepitosa: «¡Chote, chote!». Esa palabra es un vocablo del sureste que significa «homosexual».

Viven en los aposentos de mi corazón muchos lugares mágicos de México.

Son bellos lugares esos, ciertamente, pero hay en ellos un algo más que me los vuelve mágicos. Hay lugares hermosos que, sin embargo, no tienen magia ante mis ojos. La tienen Chicomostoc y Guadalupe en Zacatecas, Álamos en Sonora, Parras en Coahuila, Guanajuato. Tiene magia el centro de la Ciudad de México, y la tienen también Chichén-Itzá y Mérida en Yucatán, Mocorito en Sinaloa, Pátzcuaro en Michoacán.

Pues bien: a mi lista de nombres mágicos sumo otro: el de San Cristóbal de las Casas, la antigua Ciudad Real construida en el vértice de ese deslumbramiento que se llama Chiapas, pronunciando bien el diptongo si me hace usted favor.

Escribiré alguna vez de San Cristóbal. De Chiapas escribiré también. Ahora no puedo, porque es difícil escribir cuando está uno recién enamorado.

Los tonaltecos, habitantes de Tonalá, en Chiapas, son gente llena de historias y ocurrencias. Hablar con un tonalteco es igual que abrir una caja de hipérboles, desmesurados símiles y peregrinas fantasías.

De mis viajes saco siempre provechosas enseñanzas. Los cinco sentidos se me llenan con las cosas de México. Unas son para verse; para escucharse otras; para catarse aquellas; para palparse algunas más, y todavía hay muchas que pertenecen a ese sentido lopezvelardiano, el olfato.

Otro regalo obtengo de mi caminar. Puedo asomarme al paisaje del ingenio mexicano, presente en todas partes de este país hermoso que es el nuestro. En mi último periplo chiapaneco —«periplo» es palabra pedantesca, pero sonora, y eso la salva— escuché una veraz historia que no resisto la tentación de narrar hoy.

Hubo una boda en Tonalá. De esto hace varios años, quizá muchos. Me explicaron quienes compartieron conmigo ese relato que la fiesta de bodas, banquete y consecuente baile, todo lo cual se llama «la vuelta», no se llevaban a cabo sino hasta que el novio había comprobado fehacientemente la doncellez de su desposada. Una vez hecha la comprobación, el novio daba aviso a su padre —que era quien pagaba el gasto— de que el convite y festejo se podían ya celebrar, pues la muchacha había probado ser virgen.

Pues bien: en aquella boda que se estaba celebrando los asistentes esperaban con ansiedad el tal anuncio. Apareció de pronto el padre del recién casado, y después de subir a una silla tomó la palabra e hizo esta declaración:

—De parte mía comunico a la envitación que no habrá vuelta. La novia pagó mal, y me remito al parecer de m'hijo, que fue el que me dio la precisión.

Con asombro y enojo al mismo tiempo el padre de la novia fue hacia su hija, la tomó del brazo y atropelladamente la condujo a una habitación privada a fin de hablar con ella. Regresó al punto, subió a otra silla y proclamó con firme voz:

—De parte mía comunico a la envitación que sí debe haber vuelta. La novia, que es mi hija de toda la vida, no pagó mal. Así me lo ha jurado, y yo la creo, y me remito a las órdenes del doctor Fulano, aquí presente, para que haga el examen o prueba que convenga a fin de que aparezca la verdad.

Puesto en la precisión de intervenir, pues así se lo demandaban no solamente los padres de los recién casados, sino la concurrencia toda, el médico fue a donde estaba la muchacha.

—Dime la verdad, hija mía —le demandó con acento paternal—, pues si no me la dices me va a dar mucha pena tener que examinarte. ¿Eres señorita o no?

—Señorita soy —dijo ella terminante—, y requeteseñorita; y examine usté sin vergüenza ni cuidado lo que deba examinar.

Así autorizado, el galeno hizo el correspondiente examen. Y encontró que, en efecto, la muchacha decía la verdad: su doncellez estaba intacta.

—Entonces —pregunta el facultativo—, ¿el que no te cumplió fue el novio?

—Sí que cumplió —dice ella—. Pero andaba muy tomado y...

Se inclinó la novia sobre el médico y le dijo unas palabras al oído.

Tras escuchar esa reservada declaración salió el médico del aposento, subió a la silla y con solemnidad profesional dijo a los circunstantes:

—Señoras y señores: de mi parte comunico a la envitación que sí habrá vuelta. La novia pagó bien. Lo que sucede es que el novio envainó mal.

Hay en el sur de la república dos pueblos vecinos. Vecinos son, y por lo tanto enemigos el uno del otro. Los llamaré Amaneo el Alto y Amaneo el Bajo, para no dar lugar a confusión. Los dos son lugares muy católicos, donde la religión se practica con mucha devoción. Con demasiada, quizá, debo decir. Algún narrador menos dado que yo a los eufemismos hablaría de fanatismo.

El santo patrono de Amaneo el Alto es San Prócoro. Su imagen preside el altar mayor de la parroquia lugareña. En ella aparece el mártir con traza dolorida, la mirada puesta en las alturas, portando en la derecha mano el hacha con que —según la piadosa tradición— le cortaron la cabeza antes de ahorcarlo.

En Amaneo el Bajo es venerada Santa Dulia. *El Flos Sanctorum* —vida de los santos— dice que esta doncella nació en Numidia, en el siglo tercero de nuestra era. Ofreció al Señor la perfumada flor de su virginidad, pero su padre la prometió en matrimonio a un centurión. Ella le pidió a su celestial Esposo un milagro que evitara aquellos desposorios. La víspera de sus bodas se le cayó a Dulia su hermosa y larga cabellera rubia, y su cabeza quedó monda y lironda, igual que hueso de aguacate. El centurión no quiso ya casarse con la pelona joven. Se buscó otra de melena leonina, y se fue con ella. Por todo eso las muchachas de Amaneo el Bajo se cortan las trenzas para la fiesta de la santa —el 2 de julio— como señal de devoción. El boticario, sin embargo, que es librepensador, dice que lo hacen para poder lucir después peinados a la moda, y no el trenzado campesino que les imponen sus mamás.

Santa Dulia y San Prócoro son causa de la tremenda enemistad que hay entre los dos pueblos de mi historia. Los de Amaneo el Bajo afirman que Santa Dulia es más «milagrienta» que San Prócoro. Los de Amaneo el Alto dicen que los milagros de Santa Dulia son de vieja; que para milagros de hombre los de su santo patrono, Procorito.

Un día las dos imágenes fueron llevadas en peregrinación para pedir la lluvia. Se encontraron las procesiones en el puente, y ninguna quiso ceder el paso a la otra. Los de Amaneo el Bajo alegaban que Santa Dulia era mujer, y por lo tanto debía pasar primero. Los de Amaneo el Alto sostenían que San Prócoro era mayor en años que la muchachuela. Suyo era, por lo tanto, el derecho de paso. Lo que a la discusión le faltó en luz le sobró en calor, y aquello terminó en una sarracina de la cual dieron cuenta los periódicos. Hubo heridos por golpe de cruz o candelero, y una señora alteña malparió por el coraje que hizo al escuchar las formidables maldiciones que los de Abajo le gritaban a San Prócoro.

El obispo, sabio varón que fincaba su fama de prudente en la práctica de no hacer nunca nada, se vio en la necesidad de intervenir. Llamó a los dos párrocos y les ordenó que de una vez por todas arreglaran aquel pleito que a mayores cosas podía conducir. Así apremiados se reunieron los padrecitos en secreto, y después de mucho deliberar concibieron entre ambos una idea tan peregrina y desaforada que merece párrafo especial. Por eso pongo aquí punto y aparte.

¿Qué crees que se les ocurrió a los señores curas de Amaneo el Alto y Amaneo el Bajo para acabar con la rivalidad entre los devotos de San Prócoro y Santa Dulia? Se les ocurrió nada menos —y nada más— que casar a los santitos. Esas sagradas nupcias, supusieron, seguramente darían fin a los pleitos entre las dos comunidades. Así hacían los reyes de las naciones enemigas que deseaban alcanzar la paz. Casaban a la hija del uno con el hijo del otro —o viceversa— y de ese modo se ponían en buenos términos. A veces, debo decirlo por respeto a la verdad, los pleitos se hacían más duros y enconados después de tales matrimonios, como sucedió cuando Pipino el Breve se casó con Juana la Grande, pero eso es culpa de la historia, y no de la institución matrimonial.

El párroco de Amaneo el Alto fue el primero en plantear a sus feligreses la cuestión. Les expuso la idea de la boda, y les preguntó su opinión sobre el asunto. La cofradía de San Prócoro se reunió en sesión plenaria, y ahí deliberaron los cofrades. No les pareció mal el proyecto. El santo era ya señor de edad, consideraron, y de seguro no le saldría otra oportunidad como esta. Además, Santa Dulia era muchacha de buen ver. ¡Aquellos ojos suyos, tan azules; aquellas redondeces que bajo la túnica se adivinaban! Así, dieron su consentimiento al desposorio. *Ipso facto* el padre nombró una comisión para que fuera al pueblo vecino a pedir la mano de la doncella para San Procorito.

Faltaba lo más difícil, sin embargo. Antes de proceder a esa petición el señor cura de Amaneo el Bajo tenía que obtener el visto bueno de sus fieles. Los juntó en el salón de actos de la parroquia, y les manifestó la idea de casar a Santa Dulia con San Prócoro. Aquel matrimonio sería muy ventajoso, declaró. El santo era señor de buenas costumbres, respetable, y si bien era cierto que estaba ya algo entrado en años eso era prenda de formalidad. Además, a juzgar por sus vestidos, era hombre de posibles —el san sin el son no vale nada—, y eso ayudaría a dar mayor lucimiento a la fiesta de Santa Dulia que, como muy bien sabían ellos, cada año costaba más, sobre todo en el renglón de las flores y la pólvora.

Los abajeños oyeron en silencio las argumentaciones de su párroco. No olvidaban los fieros combates que habían tenido con los devotos de San Prócoro, a quienes juzgaban infieles o paganos. Nadie habló. Las palabras del cura fueron recibidas por un silencio tan denso que se podía partir con un cuchillo. Y ahí había varios.

—Necesito que me den su respuesta ahora mismo —los conminó el párroco—. Mañana van a venir los de Amaneo el Alto a pedirnos la mano de nuestra patrona celestial para San Prócoro.

Los feligreses se miraron unos a otros. Finalmente, haciéndose intérprete de la voluntad de todos, uno de ellos le pidió al cura que los dejara solos a fin de discutir más libremente el caso. Al término de la deliberación le llevarían su respuesta.

El sacerdote accedió. Se fue a la casa parroquial a esperar el resultado de aquel solemne cónclave. Pasó una hora; pasaron dos y tres. Cerca de la medianoche, cuando el padre desesperaba ya, llegó la comisión encargada de darle la contestación. Preguntó el párroco:

—¿Qué pensaron, hijos, acerca del matrimonio de Santa Dulia Virgen con San Prócoro Mártir?

—Señor cura —respondió solemnemente el portavoz de la feligresía—. Con el mayor respeto, hemos determinado que preferimos ver a la santita metida a puta que casada con ese cabrón.

La raíz de México es hispánica, y por lo mismo también es católica. Tan unidos están esos dos términos que a veces se confunden.

¡Válgame el Santo Niñito,
ya agarraron a José!...

Así dicen los iniciales versos de un corrido que se llama «Los dos amigos»; el Santo Niñito ahí nombrado es el Santo Niño de Atocha, venerado en Plateros, muy cerca de Fresnillo, Zacatecas.

La pequeña imagen es muy milagrienta, si me es permitido usar esa expresión de pueblo. Niño andariego es el zacatecano, y además travieso, pues por las noches se sale del templo sin permiso de su mamá y echa a caminar por todos los rumbos comarcanos. Tan es así que acaba el año con los guarachitos desgastados, y es menester mandarle hacer un nuevo par.

Lo que yo no sabía es que muchas señoras en trance de dar a luz se ponen bajo el amparo de ese Santo Niño. Si el niño o niña nace con bien, y si la parturienta sale sin daño de su apuro, esas piadosas madres pagan la manda haciendo bautizar a su niño con el nombre de Manuel, o de Manuela, si es niña. Y es que el nombre del andarín de Atocha es Emmanuel. Así que ya sabemos: si nos presentan en Zacatecas a un Manuel, o a una Manuela, a lo mejor es fruto —entre otras cosas— de la devoción que suscita el taumaturgo Santo Niño de Atocha.

Hasta los incrédulos creen en el Niñito. Hace algún tiempo hubo sequía larga en Zacatecas. El Gobierno del estado hizo trámites tendientes a conseguir la lluvia: mandó un oficio a la Secretaría de Agricultura; contrató a un grupo de danzantes; trajo de Pecos, Texas, un avión cuyo piloto bombardea las nubes con una sustancia exótica que hace a las nubes liberar su carga líquida... Todo en vano. Desesperado ya, el gobernador hizo una peregrinación a Plateros, y de rodillas le pidió al Santo Niño de Atocha el milagro de la lluvia. Tuvieron que traerle un paraguas al señor, pues cuando todavía estaba rezándole al Niñito cayó un aguacero de esos que le mojan a uno hasta el píloro.

Yo he ido a Plateros varias veces. En cierta ocasión compré ahí un interesante libro que se llama *Cien modos de decir que no*. Son respuestas que las muchachas deben aprenderse de memoria para decirlas a sus novios cuando estos les pidan una prueba de su amor, o sea, aquellito. Las respuestas van desde un simple, lacónico y escueto «No» —respuesta número uno— hasta una espaciosa y especiosa homilía en que la doncella esgrime argumentos de varios Padres de la Iglesia para negar el tesorito. Ignoro de dónde sacarían tales argumentos los mencionados Padres. Supongo que a ellos nadie les pidió ese tesoro. Por mi parte yo he conservado el libro, y lo tengo, por sí o por no, a la mano. Nunca sabes lo que el futuro te puede deparar, y es bueno estar apercibido.

El espíritu de Saltillo, su alma, radica en la devoción al Santo Cristo de la Capilla, tesoro de arte, de tradición, de fe.

La leyenda —esa parte más verosímil de la Historia— cuenta que cierto incierto día apareció en la villa una mulita a cuyos lomos iba una gran caja de madera. Se echó la bestezuela en el lugar donde los pobladores hacían sus ejercicios de armas, y nadie pudo hacer que se quitara de ahí. Abierta aquella caja se encontró en su interior la bella imagen de Jesús en la agonía de la muerte, imagen cuya serenidad iguala a la del Cristo de Velázquez y cuya belleza tiene la hondura de la fe.

El 6 de agosto es celebrada en mi ciudad la fiesta del Señor de la Capilla. Una muy hermosa le construyeron mis antepasados saltilleros, santuario para la devoción del pueblo. Mucha gente ve en ese Cristo un símbolo de fe, por más que el patrono de la ciudad es el apóstol Santiago, el mismo de Compostela; no el guerrero, sino el manso peregrino de la venera y el bordón.

A mí me ha sido dada la gracia del misterio. Tengo la fe del carbonero, y de ella no me apartan mis constantes apartamientos ni mis claudicaciones cotidianas. Cuando los historiadores dicen que el Santo Cristo fue llevado a Saltillo en 1608 por Santo Rojo, un comerciante que lo compró en la feria de Xalapa, yo le hago una caricia en los cansados lomos a la mulita legendaria, y le digo que no se crea, que ella es la historia, y lo demás es cuento. Y este día, el más grande de mi ciudad, el 6 de agosto, hago lo que mis padres y mis abuelos, y los de ellos: llego al Santo Cristo con los peregrinos. Luego me fundo en la verbena popular con ese grande Yo que es la gente, y entre ella me pierdo para encontrarme.

Hay en las cosas ciertas mucha incertidumbre. En estas otras cosas, las de fe, existe una verdad que no necesita de razones para tener razón.

Hay dos veneradas imágenes de Cristo que reciben culto: en Ciudad de Guadalupe y en Bustamante, Nuevo León. Esos Cristos son considerados como «hermanos» del Señor de la Capilla de Saltillo: una misma leyenda los une, que afirma que los tres habían llegado al mismo tiempo a estas tierras del norte, a lomos de sendos burrillos peregrinos que después de dejar su milagrosa carga habían desaparecido.

No son esos dos Cristos nuevoleoneses los únicos hermanos del Cristo de la Capilla. Otro hermano tiene, este casi gemelo, en el poblado de Zacatecas que se llama Mazapil.

Es Mazapil un sitio de mineros que viven de sacar de las entrañas de la tierra mercurio, plomo, cobre y zinc. Alta ciudad es esa, no solo por sus prestigios antañones —fue avanzada de conquistadores— sino también porque está a más de 2 300 metros sobre el nivel del mar. En la sierra de Mazapil hay un picacho de tal manera alto que las gentes le dan el muy adecuado nombre de El Temeroso, que así llaman en los campos del norte a lo temible.

Ahí, en Mazapil, se venera un Cristo que guarda asombrosa semejanza con el Señor de la Capilla, hasta el punto de que se dirían ambos salidos de las manos de un mismo imaginero. Se sabe que el culto a esa imagen arranca de fecha circumcirca de aquella en que se comenzó la devoción al Santo Cristo de Saltillo. Esta ciudad y Mazapil han tendido desde hace muchos años vínculos de estrecha relación; Alberto del Canto, el fundador de la capital coahuilense, ganó la vida a veces apresando indios que luego vendía para que sirviesen como esclavos en las minas de Mazapil. Hasta nuestros días, los diccionarios o textos de geografía dicen que Mazapil está a tantos kilómetros de Saltillo —150 más o menos—, y no de Zacatecas.

Una singularidad muy especial distingue al Cristo de Mazapil del de Saltillo. Por algún fenómeno que nadie ha sabido explicar cabalmente, la imagen que se venera en Mazapil se está encorvando. El rostro del Cristo aquel se inclina hacia adelante y su espalda se curva notoriamente. Los piadosos adoradores de la imagen sí saben razonar lo que sucede: el peso enorme de los pecados de los hombres, que carga el Crucificado sobre sí, ha doblado su espalda y la sigue doblando cada día más. De nada sirvió que alguna vez se pusiera una varilla de hierro sosteniendo por el mentón al Cristo Santo: el grave peso de los humanos yerros lo siguió doblando, de tal manera que doblada quedó también la fuerte varilla férrea con que inútilmente se quiso detener la encorvadura.

Otros Cristos hay de cuerpo curvo. Este cronista vio en la bellísima Catedral de Barcelona el Cristo llamado «de Lepanto», que don Juan de Austria llevaba en la nave capitana al enfrentarse a los turcos la flota de la cristiandad. Un infiel disparó su arcabuz contra el Cristo, pero este, con reflejos que solo se pueden calificar de milagrosos, arqueó el cuerpo hacia un lado para no ser herido por la bala, y así arqueado se conserva hasta hoy.

No arqueada, sino recta y muy firme, se mantiene la fe que une a los pobladores de Saltillo y Mazapil en torno de sus Cristos. Que así siga por los siglos de los siglos, amén.

Jalisco tiene tres vírgenes. Debe haber más, supongo. Pero no estoy hablando de vírgenes terrenas, sino de las celestes, de Vírgenes, con uve mayúscula.

Las tres vírgenes que tiene Jalisco son la de San Juan de los Lagos, la de Talpa y la de Zapopan. Las he citado por riguroso orden alfabético, para que no haya sentimientos. A estas tres vírgenes les dicen «Las Comadres», y ya se sabe cómo son las comadres de sensibles.

La devoción a la Virgen de Talpa inspiró a Francisco Rojas González uno de sus más bellos cuentos, aquel del niño tuerto que sufría porque en la escuela sus compañeritos se burlaban de él. Le decían «el poca luz», «farol apagado», y otras burletas propias de los niños, que son más crueles aún que los adultos. Todos los días el chamaquito tuerto llegaba a su casa llorando. O semillorando, si se me pide precisión. Su pobre madre se afligía. Llevó a su hijo al santuario de la Virgen y llorando le pidió a la Señora que le hiciera el milagro de que su hijo ya no fuera tuerto. Al salir de la iglesia un cohetón estalla en el ojo bueno del pequeño y lo deja ciego. La madre vuelve al templo y se postra de rodillas ante la sacra imagen. Con lágrimas de felicidad le agradece a la Virgen el milagro que le acaba de hacer: su hijo ya no es tuerto; ahora es ciego. De un tuerto se burlan todos, pero de un ciego nadie hace burla jamás.

La segunda Comadre es la Virgen de San Juan de los Lagos. De las tres Comadres ella es la que tiene más devotos. Pero, ¡cuidado! Esta

Señora goza fama de vindicativa, quiero decir de vengadora. Si le pides un milagro, y a cambio le haces una promesa —por ejemplo, dejar de fumar, o no ver ya nunca a Fulanita—, y ella te hace el milagro, y tú no le cumples la promesa, entonces la Virgen te envía una desgracia enorme, como casarte con Fulanita. Hay muchachas que se llaman Sanjuana —hay que decirles Sanjuanita— porque sus mamás se las prometieron a la Virgen de San Juan. Si en vez de Sanjuana les hubieran puesto Janice, Jeanette o Jean, la Virgen se habría enojado mucho y habría hecho caer sobre las desdichadas una terrible pena: forúnculos en la región glútea, o qué sé yo. Lo mejor es tener formalidad y cumplir la manda.

La Virgen de Zapopan es objeto de la devoción de todos los jaliscienses por igual, de los tapatíos, sobre todo. Su fiesta es el 12 de octubre, el mismo día que en España es festejada la Virgen del Pilar. A la última procesión de la Virgen de Zapopan acudieron dos millones de personas. Y sin embargo los de Zapopan son humildes, y dicen que su Virgen es la tercera en la devoción nacional. La primera, desde luego, es la Guadalupana, y la segunda es la Virgen de San Juan de los Lagos.

—Si yo no hubiera nacido en Saltillo me gustaría haber nacido en Orizaba.

Tal dije en esa ciudad de Veracruz a la que fui en cumplimiento de mi jubilosa vocación de cómico de la legua.

Claro, cuando hablo en Monterrey digo:

—Si yo no hubiera nacido en Saltillo me habría gustado nacer en Monterrey.

También he dicho, según la ocasión:

—Si yo no hubiera nacido en Saltillo me habría gustado nacer en Mérida.

—Si yo no hubiera nacido en Saltillo me habría gustado nacer en Guadalajara.

—Si yo no hubiera nacido en Saltillo me habría gustado nacer en Chetumal.

Y he dicho igualmente:

—Si yo no hubiera nacido en Saltillo me habría gustado nacer en Atotonilco.

—Si yo no hubiera nacido en Saltillo me habría gustado nacer en Camahuiroa.

—Si yo no hubiera nacido en Saltillo me habría gustado nacer en Ajijic.

No digo eso por adulón, ni para congraciarme con el público de cada lugar. Lo digo porque es un pretexto para decir que nací en Saltillo, circunstancia de la cual me jacto en todo tiempo y lugar y a la menor provocación.

Dicen que el lugar donde uno nace es accidente. Por circunstancia accidental don Fernando Soler nació en Saltillo; por accidente doña María Grever nació en alta mar.

En mi caso tengo la certidumbre de que mi nacimiento en Saltillo no fue cosa de azar, sino alto designio de la Providencia. El buen Dios, en su sabiduría infinita, se dijo algo como esto:

—Desdichada criatura esta. No va a tener nada de qué jactarse: ningún mérito, ninguna virtud, ninguna cualidad. Voy a hacer que el pobre nazca en Saltillo, para que tenga algo de qué presumir.

Así se explica mi nacimiento aquí, bendito sea Dios.

Tengo, entre otras muchas cosas, una hipótesis.

Una hipótesis, para decirlo claramente, es una suposición. «Supongando que...». Dice la gente del Potrero. Al decir eso está proponiendo una hipótesis.

Para convertirse en tesis una hipótesis se debe comprobar. Esta hipótesis mía es de fácil comprobación, y por tanto la asiento desde ahora como tesis. No debería yo decir entonces, con cierto asomo de timidez, que tengo una hipótesis. Debería afirmar que tengo una tesis, y hacer esa declaración con la solemnidad, firmeza y certidumbre con que los matemáticos expresan profundidades tales como: «Una cosa no puede ser y no ser al mismo tiempo» o: «El todo es mayor que una de sus partes».

Mi hipótesis —mi tesis— es la siguiente: «En Saltillo empieza el mundo, y en Saltillo acaba».

No se piense que esa manifestación es hiperbólica, o fruto del amor que el escritor siente por su solar nativo, y que declara en todas partes, pues quien está en amores no debe silenciar su amor. Es cierto: amo a Saltillo por mil y mil razones —en total dos mil—, entre las cuales están lo mismo la catedral y el Santo Cristo que la insigne cantina El Águila Viva, donde apuré mis chíngueres primeros, o el famoso congal llamado El Cadillac, donde bailé por primera vez «Amor perdido». Y luego el Café Viena y La Canasta; la Benemérita Normal y el Ateneo glorioso; el recuerdo de todos los personajes saltilleros que han dado genio y figura a la ciudad; el pan de pulque de la familia Mena; el inefable chicharrón de aldilla que preparan los señores Alanís: las enchiladas de por el rumbo del panteón; los tamales de doña Coy; el Cerro del Pueblo y la Sierra de Zapalinamé; la poesía de Acuña, Otilio, García Rodríguez y Saldívar; y por supuesto, con muchas otras cosas más, la Alameda.

Pero decir por eso que ahí comienza el mundo y ahí acaba sería egoísta y exagerada explicación. Y lo que digo no es hipérbole: es verdad sostenida con rigor científico, y demostrable en condiciones de laboratorio, como querían los positivistas. He aquí la comprobación de esa mi hipótesis.

Clávese una estaca en la Plaza de Armas, y átese a ella un cordel. Tomando ese cordel con ambas manos échese a caminar, siempre en una misma dirección, hasta darle la vuelta entera al mundo. Al final se llegará indefectiblemente a la estaca que se clavó al principio —la de la Plaza de Armas—, a la cual se atará el cordel con nudo ciego, para que ahí quede como demostración indubitable, indiscutible, irrefragable e incontrovertible de que en Saltillo empieza el mundo, y ahí acaba.

Debo decir desde luego, para consuelo de otras ciudades que en el mundo existen —Londres, Roma, París y las demás—, que también en ellas se puede clavar la estaca y hacer la prueba del cordel. Eso significa que en todas partes empieza el mundo, y en todas partes se termina, pues la Tierra —hasta donde se sabe— es más o menos esférica, y las esferas, aunque lo sean más o menos, empiezan en todas partes, y en todas partes tienen fin. A pesar de lo antes dicho, no cabe duda de que el mejor principio y el final mejor se encuentran en Saltillo. Quiero decir que ahí empecé la vida, y ahí me gustaría terminarla.

Al cronista le gusta su ciudad. La recorre de cabo casi a rabo, y encuentra en ella inéditos lugares. Anduvo por el rumbo del poniente, allá donde al Cerro del Pueblo se le miran, digamos, las espaldas. La parte del mundo en donde Saltillo se levanta está hecha de diversos materiales. De tierra, desde luego. Pero también de tepetate, como en la colonia de Lourdes; y de almendrilla, como en el Ojo de Agua; o de aluvión, al norte.

Pues bien: al poniente Saltillo es puro barro. Barro puro, el mejor de este lado del Sistema Solar. Don Vito Alessio Robles comparaba el trigo de Arteaga con los mejores de la Ucrania. Yo creo que el barro de Saltillo es semejante, y aun superior, a los famosos caolines de Pekín; a las tierras cerámicas del Limoge francés; a aquellos polvos legendarios con que los artesanos de Tanagra hacían sus figurillas diminutas, con brillos y sonido de cristal.

Del barro saltillero se hacen ladrillos. Cada uno está garantizado por una eternidad.

Todo hacia el poniente de Saltillo es barro puro. La tierra tiene una suave tonalidad rosada. No es el rojo violento de Zacatecas; ni el erizado ocre de Sonora. Es un color de rosa desvaído, como el de un coral de tierra. Hecho a andar, echo a andar por un camino, y cada paso mío levanta una nubecilla de polvo finísimo. Es barro saltillero. Es oro en polvo. Camiones, tráileres enteros salen de ahí para llevarlo a sitios tan lejanos como Mexicali. Hasta allá se sabe que como el barro de Saltillo no existe otro.

Ahora el piso de barro está de moda. Yo hice un cuento:

> ... Este era un hombre que tenía una casa con piso de barro. Cuando tuvo dinero quitó el piso de barro y puso uno de mosaico. Pasaron los años; tuvo aquel hombre más dinero, y entonces quitó el piso de mosaico de su casa y puso uno del material que llaman paladiana. Después el hombre tuvo más dinero: quitó el piso de paladiana y puso uno de parqué. Con el tiempo aquel hombre tuvo más dinero. Entonces quitó el piso de parqué y puso piso de mármol. Pasó el tiempo. El hombre hizo más dinero. Hizo mucho dinero. Y entonces, finalmente, quitó el piso de mármol y le puso a su casa piso de barro.

Hay en Saltillo un gremio de ladrilleros dueños de una gran tradición. Quienes lo forman son parte de la tierra: de padres a hijos pasan el barro y el oficio. Forman esos ladrilleros una gran familia hecha de muchas familias. Toman el barro, lo mezclan con el agua y fabrican ese «ladrillo de mano» que tiene la belleza —más bella aún por imperfecta— de todo aquello que se hace sin intervención de la máquina. En hornos centenarios, también hechos de barro, ponen a cocer sus ladrillos, que sirven para construir casas a la medida del hombre, hechas del mismo material que él.

Antier fui a caminar las veredas de mi adolescencia, cuando iba por el Cerro del Pueblo a buscar... ¿A buscar qué? A buscarme a mí mismo, entiendo ahora. Ahí estaban todavía esas veredas, las mismas de mi ayer. Podré seguir buscando. Las querencias quitarán, pero las veredas cuándo.

Ahora hay un camino para subir al cerro de los tlaxcaltecas. Se asciende por la espalda del cerro, no por el pecho como hacíamos nosotros. En lo alto hay una cruz, y la gente va a ella en peregrinaciones. Más cerca, en la falda, está un pequeño altar de la Guadalupana.

Apenas hace unos cuantos años no había nada atrás del Cerro del Pueblo. En él terminaba la ciudad por el poniente. Se veían piedras, nomás, y una populosa república de lagartijas. Algunos magueyes servían para recordar los antecedentes pulqueros de nuestros padres indios. Más allá estaba el ejido Palma Gorda, famoso por su pastorela, y luego se llegaba a los Padres Santos. Pese a su nombre ese lugar fue albergue de casas nada santas en tiempos en que a las autoridades de Saltillo les dio por el puritanismo, peligrosísima tendencia que puede arrastrar al hombre a los abismos insondables de perversidad.

Ahora tras el Cerro del Pueblo se tienden y se extienden más de veinte colonias populares. Hay una cuyas calles tienen nombre de flores: Gladiola, Rosa, Margarita. Otra se llama Josefa Ortiz de Domínguez, pero todos la llaman sencillamente «La Josefa». Aquella tiene un hermoso nombre: Puerto de la Virgen. Camino por entre las casas. En la puerta de una de ellas, humilde y pequeñita, me salen al paso el amor y la vida: llega un joven obrero que viene seguramente del trabajo. Su esposa lo recibe afuera, y se estrechan los dos en un abrazo como si no se hubieran visto desde hace dos eternidades. Luego, ella levanta al pequeño hijo y se lo entrega a su hombre, y entran los tres en la casa. En la mansión, más bien. En el palacio.

Me tomo un refresco en una miscelánea. La miscelánea ya no se llama, como se acostumbraba antes, Las Quince Letras, nombre que tiene precisamente 15 letras. Esta se llama Juani's. Está en el primer cuarto de la casa. Tras unas cortinas estampadas de flores se encuentra la recámara, y al final la cocina. En la recámara está el Nacimiento. Seguirá ahí hasta el día 2 de febrero, fecha en que se hará «la levantada».

Voy de regreso a Saltillo.

—¿Y qué aquí no es Saltillo? —me pregunta mi acompañante, algo picado.

No cabe duda: Saltillo está cambiando. El Cerro del Pueblo es viejo, como todos los cerros. Y sin embargo reverdece.

Porque así me lo dicta el corazón yo encomio a mi ciudad en forma que algunos dirían hiperbólica. La otra noche tuve un sueño. Soñé que me moría, y que, por la misericordia del Señor, también muy hiperbólica, todas mis culpas me eran perdonadas. Me veía ante las puertas del Cielo, formado en la fila de los bienaventurados que esperaban ser admitidos en la mansión celeste. San Pedro, que tiene las llaves del Reino, interrogaba a cada uno de los recién llegados.

—¿De dónde vienes?

—De Roma.

—Puedes pasar. ¿Y tú?

—Yo de París.

—Pasa también. ¿De dónde vienes?

—De Atenas.

—Puedes pasar también.

En eso me llegaba mi turno. Me preguntaba San Pedro:

—Y tú, ¿de dónde vienes?

Le respondía yo:

—De Saltillo.

Entonces el portero celestial se rascaba la cabeza y me decía con gran preocupación:

—Ah, caray, señor. Pase usted, a ver si le gusta lo que tenemos acá.

Dijo el poeta que los sueños sueños son. Yo digo que no todos, y que el mío se ajusta a la verdad. Ciertamente mi ciudad es un pequeño paraíso. El paisaje es hermoso, benigno el clima, hospitalarios los saltillenses, y muchas las oportunidades para prosperar y ver crecer en paz a nuestros hijos.

Saltillo es una afortunada conjunción de cosas buenas del pasado con lo mejor de la modernidad. La traza urbana es colonial: su catedral se cuenta entre las más hermosas que hay en México, y las viejas casonas saltilleras conservan el estilo precioso de lo antiguo. Guarda aún mi ciudad las galas de su tradición: el hermoso sarape saltillero, el pan de pulque famosísimo, los increíbles dulces, la rica gastronomía de sus cocinas y sus restoranes... Pero es también Saltillo una ciudad moderna, asiento de empresas de rango internacional que aquí han alcanzado grados de excelencia por la calificada mano de obra que la región ofrece.

Saltillo es ciudad culta. Conserva el orgullo de ser «La Atenas del Norte», como se le ha llamado. Sus universidades e institutos tienen prestigio nacional: hablar del Ateneo Fuente, de la Escuela Normal y el Tecnológico, de la Universidad Agraria «Antonio Narro», y de tantas universidades más, es hablar de lo mejor de la educación en México.

Por eso, y por muchas cosas más, la ciudad de Saltillo es considerada una de las cinco ciudades mexicanas que mejores condiciones ofrece para una vida buena. Quienes llegan a Saltillo, mexicanos y extranjeros, dicen que es un privilegio vivir en una ciudad como esta, que ofrece al mismo tiempo la tranquilidad que no disfrutan ya los habitantes de las ciudades grandes y las ventajas de una población progresista en la que nada falta. Y todo esto que digo no es elogio: es estadística.

Quiero terminar como empecé: con el relato de otro sueño, continuación del anterior. Iba yo por el Cielo y veía a los bienaventurados que gozaban de la presencia y la vista del Señor. Estaban, claro, llenos de felicidad. Me llamó la atención, sin embargo, ver a un grupo de hombres y mujeres. Estaban atados, impedidos de todo movimiento.

—¿Por qué los tienen así, si esto es el Cielo? —le pregunté a San Pedro con asombro.

Me contestó él:

—Es que son de Saltillo. Si no los tenemos amarrados se nos devuelven.

Cosa muy rara son los sueños, eso es cierto. Pero los sabios dicen que los sueños son un reflejo de la realidad.

El valle de Saltillo... Se le divisa todo desde Zapalinamé, la madre sierra que lleva el nombre de uno de aquellos «bravos bárbaros gallardos» que nunca se redujeron al yugo de los españoles. Grande y luminoso es ese valle. En él tiene su asiento una santísima trinidad de poblaciones: al norte está Ramos Arizpe; por donde el sol levanta se halla Arteaga, y en el centro se encuentra mi ciudad, Saltillo.

Arteaga y Ramos... No muchos metros hay entre un lugar y el otro, y sin embargo, son tan diferentes como dos gotas de agua. Ramos Arizpe lleva el nombre del esforzado campeón del federalismo mexicano. En España fue puesto en cárcel por mandato del cretino rey Fernando VII, pues andaba propalando la nefanda herejía de que la soberanía nacional reside en la voluntad del pueblo y no en el caprichoso arbitrio de los reyes. Cuando después de varios meses de durísima prisión le fueron a preguntar sus jueces si aún pensaba igual, Miguel Ramos Arizpe les respondió con enconoso acento:

—No sé si las cosas han cambiado. Déjenme salir a la calle a ver cómo anda el mundo, y luego les contestaré.

Igual de empecinados y voluntariosos son los habitantes del lugar que ahora se llama como aquel terco señor. Tienen su propio modo de hablar. Y hasta de oír. Una señora que tenía sirvienta malhablada le gritó un día en alusión a su forma de hablar, como soldado:

—¡Recluta!

—¡Así me han hecho sus hijos! —respondió la maldiciente, que confundio la voz «recluta» con otra menos militar, pero de igual terminación.

Los ramosarizpenses son muy trabajadores. Hacen de todo, desde empanadas de nuez hasta automóviles. Un comarcano se jactaba de la industriosa actividad de las señoras de Ramos Arizpe. Decía con orgullo:

—Nuestras mujeres hacen tamales, chorizo, jamones, pan de huevo...

Y replicaba con altanero desdén uno de Arteaga:

—Nosotros a nuestras viejas las queremos pa otra cosa.

Unos vecinos de Ramos Arizpe viajaron hace tiempo a la Ciudad de México. Hicieron el viaje en automóvil. El último día de su estancia en la gran ciudad, ya cuando se disponían a emprender el regreso, decidieron ir a Xochimilco. Pasearon por los canales en una trajinera; ahí mismo en la pequeña lancha comieron y bebieron bien y oyeron la música de los mariachis. Al desembarcar en el atracadero uno de los ramosarizpenses le preguntó al hombre de la trajinera:

—Oye, tú: ¿por dónde se sale a Ramos?

¡Pensaba que todo el mundo sabía dónde está Ramos Arizpe!

Yo no le tomo a mal esa creencia: para todo aquel que ama a su tierra el centro del mundo es el lugar de su nacencia. Recuerdo el caso de aquel veracruzano que fue a Londres. Abrió la ventana del cuarto de su hotel y vio la densa bruma que cubría a la ciudad. Luego, comentó pensativo:

—Hay norte en Veracruz.

Carácter empeñoso ha sido siempre el de los habitantes de Ramos Arizpe. Conseja antigua nos habla de una costumbre de los patriarcas que con austera virtud y reciedumbre poblaron esa tierra. Solían ellos, dice la leyenda, tomar en brazos a sus hijos cuando apenas llegaban al año primero de su edad y luego, sin aviso ninguno ni advertencia, lanzarlos a lo alto del alto techo de sus casas. Si el tierno infante lograba agarrarse de las vigas y sostenerse ahí, quedaba salvo, y su padre lo bajaba con amorosa solicitud y con orgullo. Si le faltaba industria al niño y no conseguía asirse al salvador morillo, su padre lo veía caer cruzado de brazos —el padre, claro— y estrellarse en el suelo con estrépito. No se había perdido mucho, en cuanto que el angelito no había dado trazas de poseer la habilidad y fuerza que luego requeriría en la vida.

Desorbitada leyenda es esa, como desorbitada también es la que afirma que el temple de quienes pueblan Ramos es tal que con la fuerza sola de su cabeza pueden parar un tren a topes. Así, se cuenta, han detenido trenes grandes y máquinas de vapor. Eso se dice de Espiridión el Manco, que varias veces consumó esa hazaña, con grave demérito para la eficacia del sistema ferroviario nacional.

Otras proezas de muy distinta especie consumó el Manco Espiridión, como aquella vez que llegó a Ramos un circo lucidísimo, con muestra profusa de serpientes, el Hombre Fuerte, la Mujer Araña y —atractivo mayor entre esos todos— la Cabeza Parlante.

Estaba privada la pobrecita del resto de su cuerpo por haber desobedecido a sus padres. No le pareció bien a don Espiridión tamaño corte por tan corto pecado, y motejó a la cabeza con muy rotundos adjetivos por haberse dejado separar de su cuerpo así nomás, lo cual era muy grande pendejada, así le dijo. La cabeza no toleró muy bien aquel maltrato, y prorrumpió a su vez en voces insultantes, diciendo al Manco que a poco él estaba muy completo, y que nomás se le acercara, que ya vería cómo de fuerte dentellada, única arma ofensiva que por su desobediencia le quedaba, lo privaría de aquella parte de su cuerpo que más a su alcance le pusiera, lo cual era fuerte amenaza, pues la dicha cabeza estaba sobre una mesa de muy menguada altura que apenas si llegaba a la entrepierna de don Espiridión.

Montó en cólera el Manco al oír aquel desaforado descomedimiento, y arremetió contra la cabeza lanzándole terribles golpes con el agudo gancho piratesco que por mano tenía, y entonces, ¡oh, milagro! Se vio a la cabeza recuperar de pronto su perdido cuerpo, pues uno muy entero se levantó de abajo de la mesa y echó a correr llevándose la mesa en los hombros, con el mantel ignominiosamente arrastrando por el polvo, como triste bandera derrotada. Dueño del campo quedó aquel Manco Espiridión, y muy ufano de su arrojo triunfal y su victoria. Una epopeya más para la saga de Ramos Arizpe.

❦

Soy de Saltillo, claro. Mas mi raíz está en Arteaga. De Palomas vinieron mis abuelos. Todos cuatro, paternos y maternos, nacieron en ese umbral de la montaña. Tengo casa en la villa. Pequeñita, pero ya lo decían los antiguos: *Magna, aliena, parva; parva, propria, magna*. «Casa grande, ajena, es pequeña; casa pequeña, propia, es grande».

En aras y arras de ese amor por Arteaga sacaré en estas páginas un pequeño rosario de memorias.

Tiempos de mucha dificultad eran aquellos, y, para muchos, calamitosos tiempos. Acababan de entrar en vigor, y en rigor, las decantadas Leyes de Reforma salidas del caletre de don Benito Juárez y su cohorte de liberales puros. No podemos imaginar ahora, en esta época civil, la tormenta levantada por esos ordenamientos, calificados por muchos de heréticos, sacrílegos y demoníacos. Los sagrados derechos de la Iglesia —sobre todo el de las primicias y los diezmos— eran salvajemente conculcados; las propiedades de la Santa Madre sacadas a pública almoneda; abatidos los privilegios de los jerarcas, antes intocables.

Las buenas gentes de Palomas se hacían cruces delante de tan enormes novedades. Ninguna duda había: se iba a acabar el mundo; era llegado el Anticristo, sí. En la plaza, al salir de la misa, formaban corros los vecinos y con parsimoniosa gravedad cambiaban opiniones. En las tertulias de las casas las señoras mostraban sus escándalos con grandes ayes y azorados oyes. ¿Que ahora se debían llevar las criaturas al Gobierno para avisarle que habían nacido? ¿Que ya el panteón no iba a ser tierra sagrada, sino bruta, como para herraderos? ¿Que ya no se le iban a dar al padrecito los diezmos de las cosechas, las primicias de los ganados?

Le preguntaban todos a don Miguel Treviño, abogado de los que dicen «huizacheros», escribiente en la notaría de San Isidro y litigante en el juzgado municipal; le preguntaban qué leyes eran aquellas, tan fuera de razón. Y don Miguel abría los brazos, consternado, y confesaba lleno de apuro que no sabía nada, que nada entendía. «Al tiempo —farfullaba—. Hay que dejarlo todo al tiempo».

Había salido un decreto en el cual se prescribían las solemnidades de las llamadas «fiestas patrias». El 5 de Mayo y el 16 de Septiembre debería erigirse en la plaza principal de cada población un altar adornado con banderas y ramas de cedro y de laurel, y colocar en él las más o menos veras efigies de los héroes. Reunidos los vecinos en torno de ese altar cívico se dirían discursos alusivos al fasto.

Eso del altar no le gustó mucho a don Antonio Dávila Peña, alcalde a la sazón de Arteaga. En su opinión no debía haber otro altar que el de la iglesia. Era católico devoto don Antonio, buen cristiano, y un altar en medio de la plaza le pareció cosa de herejes. Menos todavía le cuadró lo del discurso: seguramente a él le endilgarían el primero.

Llegó el 15 de septiembre, fecha que nunca en Palomas —vale decir Arteaga— se había celebrado antes. Ni don Antonio ni el secretario del Ayuntamiento, Jesús Cárdenas, se acordaron del altar, discursos, desfile de todas las fuerzas vivas y las demás también, bandera en el palacio municipal y vivas a los héroes que nos dieron Patria.

Se les fue en blanco el señalado día. Andaba don Antonio en su rancho, Las Laderas; se había ido a Saltillo don Jesús. Ni por aquí les pasó don Miguel Hidalgo, ni su grito, ni nada.

Llegó a la capital del estado la noticia de que en Palomas no se había celebrado la fiesta de la Independencia. ¡Ah! Seguramente eso era obra de «la reaición».

A los tres días se presentó en el poblado un piquete de 25 soldados mandados por el mismísimo jefe de las armas de Saltillo. Tomaron presos al alcalde y a su secretario, los pusieron entre dos filas y los hicieron ir por toda la calle de la acequia, desde la partición hasta el tanque de la Cruz, así llamada la antigua alberca de Arteaga. Les dijeron que los iban a fusilar por cangrejos, por mochos. ¿Por qué no habían festejado a los héroes?

Protestaba con vivas instancias don Antonio; sudaba y trasudaba el secretario. Todo era inútil: impertérrito, el jefe de las armas buscaba un sitio bueno para la ejecución.

Qué ejecución ni qué ojo de hacha. No era tal el propósito del mílite. Apenas quedó atrás la última casa, el jefe les puso una buena regañada a los asustados munícipes. Luego, a fin de que la reprensión se les grabara bien, ordenó a un cabo que les diera a ambos una muy competente cintareada, la cual disposición cumplió muy bien el hombre, quien con la parte plana de su espada quitó el polvo a los lomos del alcalde y de su secretario.

Nunca más olvidaron los dos las fiestas patrias. Contaban los vecinos que apenas pasaba el 5 de Mayo se ponían los dos a preparar los festejos del 16 de Septiembre. Con propia mano dibujaba don Antonio el patrio altar. Don Jesús, por su parte, se ponía a preparar su discurso.

Lo ensayaba con gran vehemencia en el patio de su casa. Oía los ensayos su vecina, doña Carmen Flores de Cepeda, y de tanto oír el discurso se lo aprendía de memoria. Lo recitaba a sus comadres luego, en las meriendas, y así cuando llegaba el esperado día y el orador subía a la tribuna un coro de mujeres memoriosas iba acompañando en voz alta su peroración.

En Arteaga, ahora lo sabemos, se inventó la poesía coral.

Alguien debería publicar un gran libro, un colosal estudio, una monografía de tamaño heroico que dijera más o menos esto:

> ... Arteaga es una vasta región del mundo situada entre los meridianos tal y tal y los paralelos tal y tal; longitud fulana; latitud mengana; a tantos más cuantos metros sobre el nivel del mar. (Aquí se diría de cuál mar).
>
> Tiene tal número de habitantes, entre los cuales se cuentan don Abundio, que declinó la invitación a beber un vaso de vino caro porque, dijo, después le iba a dar mucha lástima ir a mear, y el loco Toño, que para suicidarse se colgaba por la cintura de un mecate que amarraba en la rama de un álamo, y cuando alguien le preguntaba por qué no se ataba la soga en el pescuezo, respondía: «Porque me hogo».
>
> En Arteaga se producen las mejores manzanas de este mundo. Toda otra manzana —incluida la del Paraíso Terrenal— comparada con una de Arteaga sabe a una mezcla de aserrín, engrudo, masa y migajón de pan. También se dan en Arteaga trigos de muy alta calidad: don Vito dijo una vez que los trigos de Arteaga podían compararse con los mejores de la Ucrania.

> Arteaga ofrece al visitante paisajes hermosísimos. Hay ateos que con una sola visita a Arteaga se curaron de esa penosa enfermedad del alma, el ateísmo. Algunas partes de Suiza pueden compararse con los parajes arteaguenses, aunque ciertamente pecó de exagerado el agente de turismo suizo que para encomiar a su país hizo poner en Berna este letrero: «Suiza: la Arteaga de Europa».
>
> En Arteaga hay montañas tan altas como el Everest, aunque —debemos aceptarlo— no tan conocidas. Esas montañas son: La Viga, el Pico de Santa Rosa; Las Ánimas, el Coahuilón. Cuando las luces de Monterrey están encendidas, desde esa conocida ciudad se pueden ver las montañas de Arteaga.
>
> Los invitamos a visitar a Arteaga. Los espera la típica y tradicional hospitalidad arteaguense. Lleguen después del desayuno; traigan su comida y concluyan la visita antes de la hora de cenar...

Alguien debería publicar toda esa información. Porque sucede que en cierta ciudad del noroeste del país encontré a uno de mis lectores y sin aviso previo, sin advertencia alguna, me espetó esta pregunta:

—Oiga, señor Catón: ese lugar que tanto cita usted en sus columnas, y que alaba tanto, esa Arteaga, ¿realmente existe?

Sentí como si me hubiesen traspasado el corazón con una espada. Apenas acerté a responder con gesto agrio:

—Señor mío: pregúnteme usted si existen Venecia, París o Nueva York. Pero, por favor, no me pregunte si existe Arteaga.

Existe, claro. Con su gente, montañesa y por lo tanto orgullosa de sí, individualista; con sus montañas y sus pueblos; con sus huertos de manzanos y sus paisajes maravillosos. Existe Arteaga, claro. Si no existiera Arteaga no existiría una parte muy importante de este mundo.

Ahora voy a decirte lo que compré en el tianguis que se pone en Arteaga los domingos. Compré:

1. Unas gorditas de nata.
2. Un litro de aguamiel.
3. Seis peines de ixtle como aquellos con que la madre de mi madre, mamá Lata, fregaba los trastos de la cocina.
4. Una impresión de La Última Cena hecha sobre una piedra laja de color azul oscuro, casi negro.
5. Un adorno de madera para colgarse en la pared, con la imagen de un ancianito y una viejecita, los dos con cabello de algodón, y abajo una leyenda que dice: «Mis abuelitos son encantadores».
6. Una preciosa escultura de Fernando Cepeda Fierro, cuyas figuras de animales, talladas en madera, son parte ya de lo mejor que Arteaga ofrece a sus visitantes. Modesto es este artista, pero sus obras recogen una tradición que en Estados Unidos y en Europa es considerada entre lo más importante del arte popular. Las piezas de Fernando Cepeda son ya muy apreciadas; el tiempo les irá dando más valor.

A mí me gustan mucho los mercados sobre ruedas, las pulgas, los tianguis de los pueblos, pues forman parte entrañable de la vida mexicana. En ellos encuentras maravillas, fruto de Dios y del trabajo de los hombres, como dice el ritual de la misa. Por ejemplo: ¿cuánto tiempo hacía que no miraba yo ese suculento gozo de la infancia que se llama quiote?... «Los mexicanos comen madera», dijo cierto extranjero la primera vez que vio a alguien comer ese exótico manjar. Pues bien: en el mercado de Arteaga había quiote en abundancia, traído seguramente de la sierra, y había flor de palma, y cabuches, y orégano, y menta y laurel, y manzanilla y otras yerbas.

Había también duraznos y ciruelas; verduras; flores; aves canoras, de ornato y similares; cachorros de razas conocidas y no tanto; discos y películas de la muy conocida marca Morgan; fayuca de toda especie; antigüedades; fierros; ollas de peltre; vestidos y zapatos; joyas de fantasía fantásticas; dulces, y las galas de la panadería serrana hecha de maíz y trigo.

Y para comer había enchiladas, gorditas, sopes, tamales, elotes. Y buñuelos, churros, *hot cakes* enmielados y enchocolatados. Y cabrito, carnitas, asado, puchero con hueso tutanero (así le dicen). Y algodones de azúcar color de rosa y azulinos. Y manzaní. Y aguas frescas de todos colores y sabores. Y tantas y tantas delicias que al lado de este mercado el Jardín del Edén queda en desierto.

Arteaga, o sea, Palomas, es villa quieta y soledosa. Pero eso entre semana. Los domingos llegan miles y miles de familias venidas de todas partes y otras más. El peso de tanta gente hace que la altura de Arteaga sobre el nivel del mar baje el domingo unas cinco o seis pulgadas. Caída la noche esa flotante población desaparece, y la altura geográfica de Arteaga vuelve a ser otra vez la que registran los mapas del Instituto Nacional de Estadística y Geografía (Inegi).

Alguna vez visita el mercado que en Arteaga se pone los domingos. Sentirás a Arteaga. Sentirás a México. Y te sentirás tú.

Si el Cielo del buen Dios quiere ser Cielo, que tenga entonces un mercado mexicano. Si no, no será Cielo.

Yo he ido a mercados en muchos países de este mundo. Ningunos son como los nuestros. Y no hablo de los muy grandes de la capital —la Merced, el Hidalgo, el Sonora—; hablo de los mercados de cualquier población de la república, y aun de los pequeños tianguis de los pueblos. Tienen tanto color, tal ritmo y tan variada música de voces y de ruidos que quién sabe por qué ningún compositor ha hecho con un mercado mexicano lo mismo que hizo Ketèlby con su mercado persa.

Fui al mercado de la Madre, allá en Saltillo Oriente. Precioso barrio es ese, lleno de tradición y remembranzas. No iba en busca de la una ni de las otras, sino de cosas para el comer de cada día. Y las hallé, sabrosas, de grande calidad y muy baratas. Miren este tomate purpurino, y estas cebollas majestuosas, y estos orondos melones perfumados, y esta prócer sandía que ahora es en mi mesa la «roja y fría carcajada del verano» que dijo don José Juan Tablada.

Miren ahora cosas de más saber y más sabor: esta nata de leche, evocadora de gulas infantiles amorosamente satisfechas por la abuela; y este berro que magnifica aun a la ensalada más plebeya; y miren estas insólitas verdolagas, y estos nopales suculentos, y esta cuajada albísima que rechina entre los dientes al morderla... ¿Dónde más se pueden hallar estas delicias, preguntaría yo si no tuviera la boca hecha agua?

Ahora vengan para acá. Voy a enseñarles algo que compré también. Pero antes pondré música. Es una canción que canta como los propios ángeles Victoria de los Ángeles.

> Del cabello más sutil
> que tienes en tu peinado
> he de hacer una cadena
> para traerte a mi lado.
> Una alcarraza en tu casa,
> chiquilla, quisiera ser,
> para besarte en la boca
> cuando fueras a beber...

La canción es de García Lorca. Yo se la oí en persona a aquella gran soprano cuyo nombre puse arriba. Estaba ella en Monterrey —años cincuenta del pasado siglo—, y hubo un ciclón en Tampico que dejó muchos damnificados. Los artistas que participaban en la temporada de ópera ofrecieron un concierto a fin de recaudar fondos para las víctimas de aquel desastre. En esa ocasión Eduardo Arizpe y yo, que nos contratábamos como acomodadores para poder asistir a las funciones, oímos esa canción interpretada por Victoria de los Ángeles. Se acompañó ella misma —¡oh maravilla!— en la guitarra.

Pues bien: yo me compré en el mercado de la Madre una alcarraza como la de García Lorca. ¿Qué es una alcarraza? Es en España lo que en México llamamos «botellón»; un recipiente de barro que deja rezumarse el agua, y le da su sabor, y la hace fresca. Mi botellón es panzudo; tiene dibujos en color cinabrio de pájaros y flores. Lleva dos como ganchos adosados, hechos del mismo barro, para colgar ahí dos tacitas y beber. Yo ya bebí, y el agua me supo al cielo y a la tierra.

Vayan ustedes al mercado de la Madre en Saltillo. Encontrarán ahí cosas muy buenas, y gente más buena aún. Y —quién sabe— a lo mejor encontrarán también un botellón de barro con pájaros y flores y una canción cantada por Victoria de los Ángeles.

En tiempos de mi papá las señoras no iban al mercado. Las compras las hacían los señores. No había súper, claro, de modo que el mercado Juárez era el único sitio para surtir las cosas del mandado.

¿Por qué los señores iban al mercado? Porque descendemos de españoles y árabes, y los hombres preferían la molestia de ir todos los días al mercado antes que exponer a sus esposas e hijas a las miradas y rudos piropos de los comerciantes, o —peor aún— al asedio de algún salaz tenorio. Por eso los señores de Saltillo iban al mercado, porque venimos de Fernando el Católico y de Boabdil. Las únicas mujeres que se veían ahí eran las criadas, capaces de aguantar aquellos atrevimientos varoniles.

La compra del mandado se hacía todos los días, especialmente la carne, pues entonces no había refrigeradores.

A mí me gustaba ir al mercado con mi padre, sobre todo los domingos por la mañana, pues ese día tocaba una banda cuya música me encantaba oír. Estaban los músicos en una especie de tapanco situado al centro del recinto, y así sus interpretaciones se escuchaban hasta el último rincón.

Quizá de ahí viene mi afición a los mercados. Los considero pequeños paraísos, sobre todo los mercados mexicanos, tan pródigos en aromas y colores. En las ciudades a donde voy procuro ir al mercado. El de Oaxaca y el de Guanajuato son los que me gustan más. Este último lo diseñó Eiffel, el mismo de la torre.

Asisto, maravillado y sorprendido, al tianguis del barro que los habitantes de los 11 pueblos de la sierra michoacana hacen en Uruapan con motivo de la Semana Santa.

Barro, barro prodigioso de los indios, cuyas manos parece que acarician cuando lo modelan. Barro versicolor, polícromo. Barro negro, y amarillo, y rojo, barro gris, ocre barro. Y barro azul, y verde, y decorado con mil figuras mágicas, y pintado con tintas sacadas de la tierra, o de los árboles, o de insectos ignotos.

Ahí los sabios alfareros, los artistas de minucioso pincel, y sus mujeres, y sus niños de rostros hermosísimos y ojos más grandes que toda la redondez del mundo. En ellos, que no en nosotros, está México en toda su profunda verdad y su grandeza.

Aconsejado por mi amigo de Uruapan, regateo. Uno ya se hizo a regatearlo todo.

—¿Cuánto cuesta esa espléndida *Última Cena* con apóstoles que comen rebanadas de sandía?

—Cuesta mil, señor.

—Doy quinientos.

—Llévesela por setecientos, y es barata. Le sale a cincuenta pesos cada apóstol y cien pesos Jesucristo.

La Patria, como Dios, está en el cielo, en la tierra y en todo lugar. Pero en los mercados más.

Además de santero soy también pulguero. Me gusta ir a las pulgas, esos deliciosos mercaditos donde se encuentran todas las naderías. Uno de mis predilectos en Monterrey es el de la colonia Florida, por el rumbo de Revolución. Gente de mala leche le llama «el mercado de la Jodida», pues se venden ahí cosas de segunda, y aun de tercera y cuarta. Pero todas son de primera, y a veces, entre la quincalla y rocalla que ahí abundan, se topa el visitante con alguna perdida antigüedad o con algún objeto curioso de esos que se compran solo por el temor de arrepentirse luego de no haberlos comprado.

Me gusta mucho ir al mercadito de la Jo... de la Florida, en Monterrey. La gente que ahí vende es gente buena, y es buena gente la gente que ahí compra. Yo encuentro cosas que me sirven mucho porque no sirven para nada. Compro una vieja pipa, aunque no fumo... Compro una moneda antigua, aunque no soy coleccionista de monedas... Compro el retrato desvaído de una muchacha de principios del pasado siglo, aunque no sé quién es...

Cuando llego a mi casa veo las cosas que compré e invento fantasías sobre ellas. La pipa perteneció a un rico señor que se arruinó. La muchacha es la mujer que lo amó en su juventud, y a la que él no desposó por ir en busca de riqueza. La moneda es lo único que al final quedó de aquel rico tan pobre...

Las cosas dicen cosas al que las sabe oír. Yo compro cosas que no sirven para nada. Ellas, agradecidas porque las compré, me cuentan cosas que me sirven mucho.

El otro día volví a ir al mercadito de la Florida. Lo mejor para llegar a él es irse en taxi, pues se corre el riesgo de no hallar estacionamiento: funciona únicamente los jueves y los sábados por la mañana, de modo que siempre está muy concurrido. Ahí se almuerza bien; cierta señora vende unas gorditas de arrumas que solo en San Francisco de los Romo, cerca de Aguascalientes, he probado. Las arrumas son los asientos que quedan en el cazo después de que se fríen los chicharrones. Colesterol químicamente puro, y por lo mismo tentador. La palabra «arruma», supongo, viene de «arrumar», vocablo usado impropiamente en vez de «arrumbar».

Tomé un taxi, pues, para ir al antedicho mercadito. Y me llamó la atención una imagen que el taxista tenía puesta sobre el tablero de su coche. La imagen era la de una calaca —pido perdón a doña Muerte por usar ese terminajo que sirve para designarla— vestida con largo manto que la cubría de la cabeza hasta los pies, y que llevaba la tradicional guadaña con que la muerte va segando vidas igual que el segador la mies.

Le pregunté al taxista qué imagen era aquella, y me dijo que era la Santa Muerte. Muy milagrosa, añadió. Él le debía la vida. Estando en un barrio malo de Los Ángeles, cuando andaba de mojado, unos tipos le dispararon tiros de pistola con intención aviesa. Él invocó a la Santa Muerte, y pudo ver cómo las balas se frenaban al llegar a él, y caían luego a sus pies, inofensivas.

En muchas partes veo ya imágenes de la Santa Muerte. La Iglesia quita unos santos y la gente inventa otros, no por apócrifos menos favorecidos. Los narcos tienen su propio santo, Jesús Malverde, objeto de un culto multitudinario en Culiacán. En un pueblo de Chiapas se venera a la *Gioconda* de Leonardo con el nombre de Nuestra Señora de Nequetejé. De ella habló Rojas González. Cuando un cura recién llegado pretendió quitar a la *Mona Lisa* del altar, la gente ya lo andaba linchando, y eso que ni siquiera había cámaras de televisión.

Yo soy santero. Siento una extraña devoción por los santitos, en estos tiempos en que la Iglesia, con motivo de haberse vuelto «cristocéntrica», tiene muy olvidados, y casi puestos en el desván de los trebejos, a esos buenos ejemplos de humanidad que son los santos. Incluso a más de uno expulsó del santoral sin otro pretexto que el de no haber existido nunca. En ese caso están San Jorge y San Cristóbal.

En fin, debo reconocer que esto de los santos es cosa que tiene muchos asegunes. El pueblo, sin embargo, no reconoce límites cuando se trata de rendirles culto. Ya lo dice un refrán muy mexicano: «Échenle copal al santo, aunque le jumeen las barbas». De cualquier modo, a mí me gustaría más que nuestra gente le rindiera culto a la Santa Vida, y no a la Santa Muerte.

Otro mercado al que me gusta ir es al de Villahermosa. En ningún otro lugar del país he visto tal cantidad de puestos dedicados a la venta de artículos de magia: amuletos, pociones milagrosas, misteriosos talismanes, jabones esotéricos, figuras para ahuyentar la mala suerte y atraer la buena.

Quienquiera que conozca la historia regional de aquel estado se explicará tal abundancia de artículos mágicos, y no extrañará que el pueblo crea en ellos. Sucede que durante mucho tiempo Tabasco fue dominado por Tomás Garrido Canabal, furibundo fanático al revés, o sea, perseguidor acérrimo de la Iglesia católica y los curas.

La gente siempre tiene necesidad de creer en algo. Cuando Garrido le quitó al pueblo su fe en las cosas del catolicismo, todos volvieron los ojos a la magia, a la superstición popular. Hasta nuestros días prolifera ese lucrativo comercio de raras cosas de magia negra y blanca: inciensos, velas, ajos con listones, pájaros disecados, líquidos de todos colores; una balumba, en fin, de quincalla extravagante con supuestos poderes sobrenaturales.

Garrido Canabal, aquel dictador tabasqueño, no era tabasqueño. Nació en territorio de Chiapas. Le echaron en cara su origen forastero la primera vez que se lanzó como candidato a diputado.

—No nací en Chiapas —se defendió—. Nací en la mera raya de Tabasco.

Eso fue suficiente para que los ingeniosos tabasqueños le pusieran un mote: el Rayado.

Muchas historias se cuentan de Garrido. Era muy mujeriego. En una alta ceiba hizo construir una especie de nido de cemento forrado por dentro con mullidos algodones, sedas, terciopelos y brocados. En ese nido, entre las frondas y al compás del trinar de los pájaros, hacía el amor con las daifas que le brindaban sus favores. Sin embargo, mostraba un extraño puritanismo que le hizo prohibir el alcohol y los bailes en todo el territorio bajo su dominación.

«Hay gente pa to», solía decir Cagancho, el inmortal torero. Es cierto: hay gente para todo. Hasta para hacer el amor arriba de los árboles, como aquel tiranuelo de Tabasco.

Visitar el mercado de Villahermosa es experiencia muy interesante. De los tres pisos que el mercado tiene dos y medio están dedicados a la venta de objetos esotéricos: amuletos, hierbas, incienso, pájaros disecados... Yo me compré un jabón de nombre «Cortacaminos», el cual defiende de la maledicencia, y otro llamado «Eva», que previene contra las acechanzas de mujer. El «Cortacaminos» sí sirve.

No soy supersticioso, pero creo que algunas cosas pueden traerme mala suerte. Para conjurarla, me compré un jabón color verde petróleo que se llama «De los siete poderes», y que sirve para evitar la mala suerte. Con él me bañé al regresar de Villahermosa. Por mala suerte quedé pintado todo de color verde petróleo. Es fecha que no puedo volver a mi natural color.

Los hombres somos seres de razón, dicho sea, sin exagerar. Por eso creemos en las supersticiones. El número 13, por ejemplo, es ominoso. Trece fueron los comensales en la Última Cena del Señor, y desde entonces el numerito corre con mala fama por el mundo.

No hay quien no tenga una superstición, así sea la superstición de no tener supersticiones. Mi amigo ateo se burló de mí cuando miró la vela que enciendo el primer día de cada mes para pedir a la Divina Providencia los inadvertidos milagros de la casa, el vestido y el sustento. Me dijo que ese es un rito mágico, una imitación extralógica de mis antepasados, y usó terminologías de Levy-Strauss que no entendí. Una semana después visité a mi amigo en su tienda y vi sobre la puerta una ristra de ajos con moños colorados.

—Es para conjurar la mala suerte —me dijo.

Todos la conocen como Doña Mar. Y no habrá poder humano que logre hacerle confesar la tragica verdad que esconde tras nombre tan poético: que en realidad se llama doña Mardonia.

Tiene un local en el Mercado de las Artesanías, con una historia diferente para cada artículo que vende. Esa guitarra de Paracho la fabricó un sordomudo que toca muy bien «de oído». Las vetas rojas en esa vasija de Oaxaca se deben a que los alfareros amasan el barro con sangre de mujer doncella. Compre usted esta cobija de Texcoco: podrá salir con ella al campo y cubrirse muy tranquilo, pues se sabe que cobijas como esa resisten bien el rayo.

Suelo visitar de vez en cuando a doña Mar, no tanto para comprarle algo, sino para verla cómo vende. Trata a los turistas como si en cada venta quisiera recuperar algo de lo perdido en la guerra de Texas.

La última vez sí le compré algo. Un mosaico con estos versillos picarescos:

> Por el trabajo que hiciste
> me cobraste cuatro reales.
> Chinita, no seas ingrata,
> yo puse los materiales.

Mi oficio de juglar y cómico de la legua —prestigioso mester, y deleitable— me ha llevado... iba a decir «a todos los rincones de México», pero se me vino de pronto la verdad de que México no tiene «rincones». Hasta la última aldea es sala de una casa mayor, morada de todos donde ninguno es huésped de segunda.

Mis ires y venires me han llevado a todos los puntos cardinales —y teologales— del país, entre ellos al rumbo por donde queda Sombrerete, Zacatecas. Los fundos mineros —Durango, Parral, Cananea, Concepción del Oro, Guanajuato, Real de Catorce, Álamos, Pachuca— tienen un especial modo de ser que los distingue de las ciudades agrícolas o industriales.

En Sombrerete late el señorío que da a los pueblos la minería, esa aventura llena de venturas y desventuras promovida —decían los antiguos mineros— por un extraño demonio cuyo nombre es Xipe, capaz de inspirar altas locuras, enormes despropósitos y búsquedas inacabables.

¡Qué lindo lugar es Sombrerete, y qué bonito hablan los sombrereteños! Usan un «bien» ponderativo que nadie más posee: «Hace bien calor», —suelen decir. Y tienen un enfático «vengá» que es todo un lujo: «Lo que te digo es cierto, vengá». Sombrerete está rodeado de cerros por todas partes, menos por arriba y por abajo. Cada cerro tiene en cima una cruz. «No sabemos —me dijo una señora— si las pusieron nuestros antepasados para que el diablo no entrara aquí o si las pusieron nuestros vecinos para que el diablo no saliera de aquí».

De veras: ir a Sombrerete es conocer un bello sitio mexicano.

En la región carbonífera de Coahuila escuché este cuento:

—Señor, necesito que me dé permiso de faltar a la chamba una semana.

El gerente de la Hullera daba buen trato a los mineros, pero un permiso de una semana era demasiado.

—Puedo darte 72 horas, Donaciano.

—Muy bien, señor. Perfectamente. Muchas gracias.

Pasado el tercer día al gerente le extrañó que Donaciano no se hubiera presentado a trabajar.

—¿Y Donaciano? —preguntó al capataz.

—No sé, jefe. No ha venido.

Qué raro... Donaciano era uno de los trabajadores más cumplidos y responsables de la Hullera. Pasaron cinco días, y seis, y una semana. Y de Donaciano ni sus luces. «Ya se hizo igual que todos», imaginó el gerente. Pensó que de seguro el operario andaría borracho por ahí. Pero un asomo de duda le quedaba todavía.

—Si llega Donaciano —ordenó al capataz— dígale que se presente de inmediato en mi oficina.

—Muy bien, jefe.

> Pasó un día más, y otro, y Donaciano no llegó. Al siguiente día, cuando ya nadie lo hacía en el mundo —o al menos en la Hullera— llegó el tal Donaciano como si nada hubiera sucedido, y pidió sus aperos para trabajar.
>
> —No, Donaciano —le dijo el capataz—. Ve a la oficina con el jefe. Quiere hablar contigo.
>
> Ya en la gerencia:
>
> —¿Qué andas haciendo, Donaciano?
>
> —¿Cómo que qué ando haciendo, señor? Pos vengo a trabajar.
>
> —No, Donaciano. Aquí ya no tienes trabajo.
>
> —¿Que ya no tengo trabajo? —dijo el minero, boquiabierto—. ¿Por qué, señor?
>
> —¿Cómo que por qué? —se irritó el jefe—. Te di tres días de permiso, y tú te tomas nueve.
>
> Donaciano se sorprendió.
>
> —Perdone, jefe. Usted no me dio tres días de permiso. Me dio 72 horas.
>
> —Por eso —dice el gerente—. Setenta y dos horas son tres días.
>
> —¡Ah, no! —dice el minero—. De mis días nada más ocho horas son de usted. Ocho son las horas que le trabajo. Usted me dio 72 horas de permiso. A ocho horas cada uno, son nueve días. Usted no me puede dar permiso sobre las horas que son mías. Me lo dio sobre las que le pertenecen a la Hullera. Esas fueron las horas que me tomé. Ni una más ni una menos.

Según me cuentan, el gerente se obstinó en despedir a Donaciano. Y Donaciano —según también me cuentan— se obstinó en sus razones y presentó una demanda ante los tribunales del Trabajo por despido injustificado. La ganó.

La historia la escuché en Múzquiz, preciosa región de Coahuila que da riqueza lo mismo del suelo para arriba que del suelo para abajo.

A mí me gustan los pueblos y ciudades nacidos de las minas. Hago la relación de aquellos en que he estado y se me llena el recuerdo de visiones: Parral, Guanajuato, Zacatecas, Real de Catorce, Pachuca, Concepción del Oro, Real del Monte, Cananea... y Álamos, maravilla en la mitad de nada.

Visité ese prodigio que se llama Álamos, Sonora. Con él viajé una tarde por el áspero paisaje de la tierra erizada de ocres peñascos y órganos que se alzan de la tierra como retando al cielo.

Álamos es un fundo minero. En los pasados siglos tuvo bonanzas y grandeza. La ciudad es hermosa. Tiene uno de los kioscos más bellos que hallar se puede en toda la república, y un vasto templo de paredes blancas que reflejan como espejismo los soles del desierto. Su edificio municipal es recio, hecho de piedra, pero hay en el poblado calles recoletas y casas llenas de gracia como muchachas núbiles.

También hay una desgracia que quizá sea gracia: algún norteamericano descubrió ese rincón, y llamó a otros, y estos trajeron más, y ahora lo mejor y más bello del lugar es propiedad de extraños.

Esa es la desgracia. La gracia es que los recién llegados restauraron la perdida belleza del poblado y lo han llenado de bienes de cultura, y lo cuidan como lo que es: una pequeña joya inverosímil.

Estuve en Real del Monte, mineral que a sus antiguas glorias de la plata añade ahora las más presentes del turismo. Igual que Zacatecas, Real del Monte descubrió súbitamente su belleza, la remozó y la muestra con orgullo a quienes visitan ese sitio de ingleses y españoles buscadores de oro.

Llega uno al Real y entra en conversación con sus ilustres sombras. La primera que sale al paso es la del rico señor Romero de Terreros, el fundador del Monte de Piedad. En trance de casar a su hija —relata una leyenda— don Manuel envió una carta al rey de España en la que lo invitaba a ser padrino de la boda. Si venía, le haría embaldosar con barras de plata todo el camino de Veracruz al Real, y podría llevarse las baldosas como recuerdo de su viaje. Desmesurada parece la leyenda, pero he visto que mientras más hiperbólica parece una leyenda más se acerca a la Historia.

Saludan también al visitante los fantasmas de los mineros muertos. Dolientes sombras son que vagan para siempre, pues los hombres murieron en los derrumbes de las minas y sus cuerpos jamás fueron sacados para darles cristiana sepultura. Otros espectros nos miran, igualmente de mineros. Son los de aquellos cuyos pulmones se volvieron piedra por obra de la silicosis. O son los de esos otros —19— que cayeron al fondo de la mina desde quinientos metros de alto cuando se rompió el cable de la calesa que los subía a la superficie al término de la jornada.

Esos fantasmas mudos van contigo cuando caminas por las callejas empinadas y por los recoletos callejones. Se ven sus sombras en las fachadas coloridas, pintadas con cien colores que no conoció Newton: cinabrio, magenta, añil, agua del Nilo, cobalto, aurora, ultramarino, reseda, jacinto, gules, berilo, calcedonia, siena, borgoña, tabaco, bermellón... En Real del Monte hay una iglesia con dos torres gemelas que en nada se parecen: el cura pensaba que las torres debían ser de piedra; el pueblo las quería de cantera. Resolvió el obispo aquella disensión mandando que de piedra fuese una torre, y de cantera, la otra. ¿Para qué pelear?

Más allá abre sus dos persianas la cantina. Esta es la principal, pero hay media docena más. Son muchas, dirán unos. Son pocas, digo yo. No porque me gusten las cantinas —que algo me gustan, no lo niego— sino porque sé que hubo un tiempo, cuando el mayor auge de la plata, en que llegó a haber trescientas cantinas en el Real.

Sigue la peluquería, conservada como estaba hace más de cien años. El sillón, de madera, parece trono pontificio. Ahí se sentaban aquellos señorones que conocían la ciencia de la plata, sapientes alquimistas que con mercurio separaban el rico mineral de las mil impurezas que lo acompañaban. Cada señor era dueño de un huevo de plata sólida que dejaban en la peluquería como cosa sin gran valor, y que el peluquero les metía en la boca para redondearles los cachetes y rasurarlos con más facilidad.

En Real del Monte se registró la primera huelga que hubo en el continente americano. A fin de obtener más plata los dueños de las minas fijaban una cuota diaria de entrega a los mineros. Cubierta la tal cuota podían ellos seguir trabajando: la plata que sacaran se dividiría en dos partes: una para el dueño de la mina y otra para el trabajador. Pero los propietarios, que repartían la ganancia, ponían en su montón la plata y en el de los mineros las piedras sin valor. Se negaron entonces ellos a bajar a las minas, y solo regresaron cuando se nombró un árbitro que dividiera las ganancias en forma equitativa.

Los mineros de Pachuca depositaban sus barras de plata en la Casa de Beneficio. Ahí les entregaban un pliego de recibo que se convertía en papel moneda cuando era partido en dos: una mitad la llevaba consigo el dueño de la plata; la otra, se quedaba con el custodio de las barras. El dueño de estas podía usar su mitad como dinero en efectivo. A cada una de las mitades se le llamaba «pachuco», por el nombre de la ciudad donde la plata era depositada.

Pasaron los años, pasaron muchos años, y en tiempos de la Segunda Guerra Mundial hubo escasez de moneda fraccionaria en nuestro país. El Banco de México autorizó entonces que los billetes de un peso pudieran ser cortados a la mitad. Cada una de las dos partes, obvio es decirlo, valía cincuenta centavos. A la media parte de un billete de un Peso se le llamaba «pachuco», quizá por influencia de aquel recuerdo de la minería de plata. Tal es la explicación, al menos, que dan en Pachuca a los «pachucos».

La plata que salía de las minas de Real del Monte era la mejor plata del mundo, no agraviando a ninguna otra del planeta. Su ley era la más alta; salía casi pura, en su estado nativo, natural. Por eso en cada barra se grababa como seña de calidad la marca de su origen: «Pachuca». En tierras de Europa y Asia —hasta allá iba a dar la plata mexicana— esa palabra era pronunciada «Pachoca». Y luego «pachocha». De donde ese vocablo pasó a significar dinero. No se usa tanto ya ese término, quizá porque ya no hay tanta pachocha como antes, pero de vez en cuando aún lo oigo.

A cada paso encuentro cosas mágicas en México, nuestro mágico país.

La Catedral de Colima se construyó toda de cantera, menos la cúpula y las bóvedas. Se hicieron estas con ollas de barro, pequeñitas, que los constructores emplearon por su ligereza.

¿Habrá otro templo en el mundo, me pregunto yo, con su techumbre y domos hechos de cántaros tramados entre sí? ¿Habrá otra catedral así, labrada con una arquitectura tan peregrina y frágil? Suele temblar la tierra ahí, en Colima, y aun así los sabios constructores desafiaron al terremoto con ese encaje de ingrávidas artesanías.

Pongo en mi lista de prodigios a esa leve catedral, la de Colima, cuya altura está hecha de barro, el mismo material con que se construyó la terrena estatura de los hombres.

El italiano Fulcanelli escribió un libro que se llama *El misterio de las catedrales*.

El título es sugestivo y acertado. En efecto, cada catedral tiene un misterio. Y no hablemos de las antiguas catedrales europeas: Notre Dame de Victor Hugo; Compostela de los peregrinos; Laón, en cuyas torres están, de piedra, los bueyes milagrosos que volando subieron a lo alto las pesadas cruces. También las catedrales mexicanas están llenas de misterios: en la Metropolitana de la Ciudad de México hay una campana prisionera cargada de cadenas por haber dado muerte a un hombre; a la luz de la luna la de Durango proyecta la acabalada sombra de una monja.

En la Catedral de Tampico me topé con otro misterio. Su piso está decorado con esvásticas. La cruz gamada, famosa como emblema del nazismo, aparece por todas partes en el suelo, labrada con granito.

¿Cuál es la causa de la presencia del símbolo de Hitler en una catedral? Pude preguntar, pero no lo hice. Preferí traer conmigo uno más de los muchos misterios de las catedrales.

Quien concibió la obra de la Catedral de Saltillo debe haber estado loco. Imaginó un templo giganteo cuyas enormes proporciones no cuadraban con la pequeñez de la ciudad. Compárese, por ejemplo, esta catedral con la de Monterrey. A mis amigos regiomontanos yo les digo con el mayor respeto y la más grande caridad cristiana que su catedral cabe adentro de la mía con todo y cura, obispo, arzobispo y cardenal.

¿Cómo empezarían nuestros antepasados la construcción de aquella ingente fábrica? Seguramente primero cavaron un foso enorme para los cimientos. Los árboles, se sabe, tienen de raíz lo mismo que de fronda tienen. A cada árbol acompaña otro árbol, subterráneo. Los árboles se miran a sí mismos como en un espejo puesto a sus pies. No voy a decir, claro, que los cimientos de la catedral tengan igual profundidad que la altura del templo. Afirmar eso sería desmesura. Pero tengo la certidumbre de que esos cimientos han de ser más hondos que los de las casas de interés social.

Diré ahora —nadie lo ha dicho antes— cómo se hicieron los cimientos de la Catedral de Saltillo.

Se necesitaban piedras, muchas piedras desde luego, para la cimentación. El cura párroco del templo dijo a los saltillenses que cada vecino —y vecina— debería aportar tantas piedras como pecados tuviera. Por cada piedra que llevara le sería perdonado un pecado: venial, si la piedra era pequeña; mortal, si la piedra era de competente dimensión.

Los lugareños se pusieron de inmediato a juntar piedras. Hombres y mujeres por igual se aplicaron al trabajo. Curiosamente, todos buscaban piedras grandes. Las señoras bajaban por la pendiente del Ojo de Agua empujando enormes rocas. Cuanto más ricos eran los vecinos, mayores eran las piedras que llevaban. El mismo señor cura llevó muchos y grandes peñascos; la gente se admiró al ver el número y tamaño de sus aportaciones.

Se acabaron las piedras que había en el valle de Saltillo, y los saltillenses tuvieron que ir a buscarlas más allá. Todos necesitaban muchas piedras, se veía a las claras. En su búsqueda de materiales pétreos llegaron casi hasta Monclova por el norte y a Matehuala por el sur; a Monterrey por el oriente y por el occidente más allá de Parras. Quedó la vasta región sin una piedra ni para tirarle a una liebre. La gente traía sus contribuciones líticas como podía: en carretas, a lomo de mula o cargándolas en las espaldas. Pero nadie quedó sin dar su óbolo. Para realizar obras como esta todo mundo aporta su granito de arena. No así en el caso de la Catedral de Saltillo: ahí todo mundo aportó su piedrotota.

Bien pronto se reunió todo el pedrisco que se necesitaba para la obra, y mucho más. Surgió entonces un problema: ¿qué hacer con las piedras que habían sobrado? Los constructores las fueron a tirar al oriente de la población. Así se formó la Sierra de Zapalinamé.

Los geólogos atribuyen a esa formación orográfica una mayor antigüedad, y dicen que es de hace millones de años, o por ahí. No hay tal. La edad de la sierra es la misma que la de la catedral, y debe fijarse con acuerdo a los datos —hasta ahora inéditos— que en este texto de carácter rigurosamente histórico he tenido el honor de consignar.

Hermosa iglesia, y singular, es la del Santo Madero, en Parras. Construida en lo alto del cerro nombrado del Sombreretillo, es gala y símbolo de la bellísima ciudad.

Dicen las antiguas crónicas que cierto padre Gurrola plantó una cruz en la cima de ese promontorio cuando corría la tercera década del antepasado siglo. Después el sacerdote Feliciano Cordero hizo construir ahí una capilla que atrae ahora la devoción de los parrenses y la admiración o curiosidad de los foráneos.

No alude el nombre «Santo Madero», a alguno de los miembros de esa antigua y conocidísima familia a la que perteneció el Apóstol de la Democracia. El Santo Madero es la Santa Cruz, cuya gran fiesta se celebra el 3 de mayo.

Famoso es ese templo, entre otras cosas por la vasta colección de retablos que los fieles han dejado ahí, ingenuas muestras de agradecimiento por los favores recibidos después de invocar la Cruz donde el Señor compró a precio de sangre nuestra salvación.

Algunos de esos retablos mueven a risa, y los parrenses hacen gala de ellos. Uno, por ejemplo, lo puso una madre llena de piedad: «Doy gracias al Santo Madero —reza el texto del retablo— porque llegaron los revolucionarios y se llevaron a bastantes muchachas, pero a mi hija no». En el retablo aparece la fotografía de la joven: es corcovada, bizca, tiene los pelos erizados, la nariz roma, la boca torcida, unos sobre otros los escasos dientes, y un lobanillo velloso en el mentón. Quien mira ese retrato se explica el milagro de que los feroces mílites hayan dejado en paz a la desventurada.

Otro retablo muestra la imagen de un chiquillo frotándose la panza con gesto de dolor. Y dicen las letras que acompañan a la pintura: «Doy gracias al Santo Madero porque mi hijo se tragó tres monedas de a peso, y las echó después cuando hizo caca. En señal de gracias pongo aquí las monedas, que puede besar quien sufra el mismo apuro, para obtener favor».

Hay una tabla con la pintura de una muchacha vestida de novia. «Doy gracias al Santo Madero —dice ese retablo— porque mi hija se casó de blanco, pues no salió embarazada en la inundación de Tampico». Quien mira tal retablo se pregunta qué diablos tiene que ver la inundación de ese lejano puerto con el hecho de que esa muchacha se haya casado de blanco. Sucede que las jóvenes parreñas que por esos días dieron un mal paso, contaron que el niño o niña que traían en brazos era una pobre criaturita cuyos padres habían muerto ahogados cuando se inundó ese puerto, y ellas, por lástima, la habían adoptado.

Un expresivo retablo, entre los más piadosos, presenta a una mujer desnuda sobre una cama. Por la ventana de la habitación salta hacia afuera un hombre. Dice el exvoto: «Doy gracias al Santo Madero porque Nacho pudo salir de mi cuarto sin que lo viera mi marido».

Era yo reportero —es decir, era yo periodista— y me invitó monseñor Felipe Torres Hurtado a visitar la iglesia del Santo Niño de Peyotes, en Villa Unión, Coahuila. Tenía proyectado aquel visionario señor convertir el pequeño santuario en sitio de peregrinación, sobre todo para la devoción de los paisanos, es decir, de los mexicanos que viven en «el otro lado».

Fui allá, y tuve como alojamiento un pequeño aposento, casi una celda monacal, en lo alto de la iglesia, junto al campanario. Todas las mañanas me despertaba la sonorosa voz de la esquila parroquial. Yo la oía llamar a la primera misa, y me parecía que con su voz se despertaban todos los seres y las cosas de este mundo y los otros.

Hallé en un viejo libro unos versos latinos. En ellos habla una campana, y nos dice lo que hace:

Laudo Deum verum.	Alabo al Dios verdadero.
Plebem voco.	Llamo al pueblo.
Congrego clerum.	Reúno a los clérigos.
Funera plango.	Lloro en los funerales.
Fulgura frango.	Disipo al rayo.
Sabbata pango.	Proclamo las fiestas.
Est mea cunctorum	Es mi voz
terror vox daemoniorum...	el terror de los demonios...

Ya las campanas no hablan como antes. Ya no creemos que sirven para alejar la amenaza de los rayos y para conjurar a los demonios. Ya no se escucha el Angelus, ni se detiene la gente para persignarse y recordar que el ángel del Señor anunció a María...

A veces, sin embargo, el viajero afortunado encuentra en su camino la voz de una campana.

El beato fray Sebastián de Aparicio, antes de ser fraile y ser beato, se divertía mancornando toros bravos, es decir, los derribaba tomándolos con las manos por los cuernos. Por eso se le considera uno de los fundadores de la charrería mexicana, y aunque no es santo, sino solamente beato, se le venera como patrono de los charros, y su protector.

Yo visito a fray Sebastián de Aparicio siempre que voy a Puebla. Está de cuerpo presente, incorrupto, en una capilla del bello templo de San Francisco. Centenares de devotos lo visitan cada día, y en un cuaderno anotan sus peticiones. Yo una vez escribí una, y se me concedió.

Ahora tengo en la casa del Potrero un bello cuadro de Sebastián en el que aparece guiando una carreta, pues también es considerado fundador de la arriería en México, primer transportista, primer carrocero y primer constructor de caminos en nuestro país.

Cuando alguien se porta bien Diosito lo lleva a Puebla. Así me pasa a mí, que de vez en cuando veo recompensados mis efímeros conatos de virtud con una visita a esa ciudad hermosa.

«Para lenguas y campanas, las poblanas», dice un decir de México. No sé de las murmuraciones, pero sí del murmullo matutino y vesperal de las mil campanas, esquilas y esquilones que ponen su canción en el solar de Puebla, junto a los volcanes. Yo no sabía que Puebla mereció de la Unesco la designación de «Ciudad Musical», parte de un muy selecto grupo al que pertenecen no muchas ciudades, entre ellas Salzburgo, Viena, Prades y otras famosas por su música o por sus festivales musicales. Puebla tiene uno maravilloso: el Concierto de las Campanas. Cuando se toca ese concierto, una vez en el año nada más, la ciudad enmudece, se aquieta todo ser y toda cosa, y obedeciendo a una partitura común y a una sola dirección los campaneros poblanos hacen repicar sus campanas en una sinfonía de una hora en que se escuchan desde las grandes campanas madres de la catedral hasta las pequeñas esquilas monjiles de los viejos conventos de capuchinas, clarisas, teresianas...

Yo hice viaje especial hace algún tiempo para escuchar aquel concierto peregrino. Desde un balcón abierto al aire oí las voces de esas claras sopranos, graves contraltos y broncíneas *mezzos*, las campanas de Puebla. Cantaban aquí cerca y allá lejos una canción eterna y pasajera, voces de siglos que en un instante sonaban sobre las cúpulas y los tejados y en el siguiente se perdían por la Malinche o el Popocatépetl.

¿Habrá otra ciudad del mundo, me pregunto, con un concierto así? ¿Cómo será la partitura para tocar esa música, ese instrumento que cubre toda una ciudad? Cada campanario un intérprete; cada campana una nota; el valle una sala de conciertos.

Casi todas las cosas de la vida son muy olvidables. Dolor y amores son materias que en el momento de vivirlas parecen ser de mármol y con el tiempo se descubren de arcilla. Yo he olvidado muchas cosas que debería recordar. No olvido, sin embargo, ese concierto de campanas, y lo recuerdo cada vez que voy a Puebla.

Esta vez llego a un hotel que en el pasado siglo fue convento. El hotel es pequeño, pequeñito. Se llama El Mesón del Sacristán, y tiene seis o siete habitaciones nada más. Cada una fue celda, no sé si de un monje o de una monja. La ventana, que da a la calle, tiene un vano donde se puede sentar una persona para leer de espaldas al claror del día. Ahí me siento cuando apenas empieza a amanecer, porque mi viaje empieza muy temprano. Mi equipaje es ligero —siempre es ligero el equipaje del que viaja mucho— y está dispuesto ya. La hora es incierta: aún es de noche, pero ya no es de noche; ya es de día, pero no es de día aún. Suspendido en esa incertidumbre me siento incierto, ahí, junto a la ventana de aquella celda que supo ayer de eternidades y hoy es posada en la que nada posa. De pronto, en la iglesia vecina, suena la primera llamada de la primera misa. Aquí y ahora suena esa campana, pero su son no es de este lugar y de este tiempo, sino de todos los espacios y todas las edades. Me devuelve a mi ser esa campana y salgo al nuevo día revestido con una canción que dura para siempre.

No me canso de viajar a Puebla. Ahí gozo de la cordialísima hospitalidad de los poblanos.

Hay dos Pueblas: la de siempre, relicario de México y de América, y patrimonio de la humanidad; con sus recias casonas y conventos; sus portales; su zócalo; sus templos; su Barrio del Artista —de ahí traje obras espléndidas de la maestra Lurzhat González y del maestro Raymundo Cisneros—; su Parián, su Barrio de los Sapos; su Alfeñique; sus joyas carolinas; su talavera y su inefable gastronomía, con dulces que se deslíen en la boca como un beso. De esa ciudad hidalga es símbolo eterno su catedral, tan hermosa que de ella se dice que fue construida por los ángeles. Ni de la basílica que San Pedro tiene en Roma se ha dicho eso.

Pero hay también otra Puebla; la moderna; la de magníficas vialidades y grandes centros comerciales; la que mira al futuro con confianza. Ir a Puebla es visitar algo de lo mejor que tiene México, y enriquecerse con la amistad de buenos mexicanos.

Es bien sabido que, en la ciudad de Tehuacán, Puebla, hay manantiales de aguas cristalinas que desde hace mucho tiempo se han vendido embotelladas. Pues bien, en cierta ocasión un importante diario de la Ciudad de México publicó la noticia de que esa ciudad había sido tomada por fuerzas revolucionarias, mientras que en el norte los rebeldes se habían visto obligados a salir de Aguaprieta, Sonora. El titular de esa noticia decía así: «Revolucionarios tomaron Tehuacán y evacuaron Aguaprieta».

Antiguas crónicas hablan de un pequeño lugar del sur de la república, villorrio apartado de las ciudades grandes, recostado en las faldas de una de esas montañas de nombre mexicano, junto al afluente de un río cuyo nombre conocen nada más los estudiosos de libros de geografía.

Pacífico era el pueblo, conservador, tradicional. Sus vecinos, buenos «católicos cristianos», como decía el señor cura García Siller, de felicísima memoria, se dedicaban a la agricultura y pequeña ganadería, y conservaban aún las costumbres de sus antepasados. No los inquietaban las cosas del mundo exterior, y solo por algún viajante de comercio o por algún periódico de la capital, que llegaba con retraso de días, se enteraban de lo que sucedía en el país y el mundo. Como ecos distantes oían noticias de guerras y revoluciones, de magnicidios cometidos en las altas personas de los reyes, los príncipes o los potentados, o escuchaban hablar de quiebras financieras, de estrepitosas bancarrotas, de alzas y bajas de precios. Ellos como si nada: vivían la vida patriarcal de aquellos tiempos idos que unos decían de Maricastaña y otros llamaban «los años de la canica», sin explanar a cuál canica aludían con tan curiosa expresión.

Ningún problema había nunca en aquel pueblo. Digo mal: había uno. Los curas párrocos de la iglesia no duraban. Llegaba uno y al poco tiempo se iba. Venía otro, y tampoco hacía huesos viejos en el encargo parroquial. La prebenda era buena, rendía estimables estipendios, jugosos diezmos, primicias atractivas... El clima del lugar era propicio; de buen natural era la gente. Y sin embargo, no duraban los curas. Llegaban y al poco tiempo se iban. El señor obispo llamaba a uno de sus sacerdotes y le decía:

—Prepárese Su Paternidad, pues le voy a encomendar la parroquia del pueblo tal.

Nomás decía Su Excelencia el nombre del lugar y los señores curas se angustiaban, pues conocían la fama de aquel sitio. ¿Qué sucedía allí? ¿Por qué no duraban los padres en la iglesia? Nadie lo sabía. Y sin embargo los lugareños tenían fama de ser buenos, apacibles, mansos y aun amorosos.

Allá iba el nuevo cura, como va el cordero pascual al sacrificio. Y en efecto, ni siquiera había acabado todavía de deshacer su equipaje cuando allá va la carta, a la cabecera de la diócesis, firmada por todos los vecinos: el nuevo señor cura no servía; debía el señor obispo mandarles otro de más luces, mayor ilustración, que conociera mejor los sagrados textos y tuviera más ciencia para explicar con amplitud mayor las cosas de la Palabra Santa.

Se avenía el señor obispo siempre a la petición de aquellos comarcanos, pues de ellos recibía buenos obsequios y finas atenciones. Y mandaba a otro párroco. Y sucedía lo mismo de la pasada vez; lo mismo de siempre. Otra vez llegaba la carta perentoria signada por todos los vecinos, sin excepción alguna, incluidos los más piadosos, en que el poblado demandaba la dimisión del nuevo padre y el envío de otro.

Un día el señor obispo hizo llamar a uno de sus más viejos sacerdotes, ya casi en estado de retiro, y le dijo las palabras fatales:

—Prepárese Su Paternidad, pues le voy a encomendar la parroquia del pueblo tal.

Ganas le dieron al padre de responder que a ese lugar no iba ni de Papa, pero por santa obediencia no respondió. Volvió a su casa y empezó a disponer sus cosas para marchar a aquel curato que nadie quería.

Llegó, pues, a la desventurada parroquia y preguntó al cesante cuál era la razón de que los comarcanos no permitieran que ningún padre durara en el pueblo. Mientras hacía su equipaje el cura saliente, le explicó:

—Mire, Su Paternidad: aquí todos los vecinos son buenos católicos, gente de mucho bien y poco mal. Son de natural pacífico, amables, bondadosos. Y son humildes, poco ilustrados, pues no necesitan más ciencia que la de cultivar la tierra y esperar la lluvia que nos envía Dios. Pero hay entre ellos un hombre revolvedor e inquieto. Tampoco él es de mala fe, pero se cree más sabio que los otros, y todos lo tienen en esa estimación. No sabe nada ese buen hombre, pero cree que todo lo sabe y no admite que pueda haber alguien que sepa más que él. A mí me dijo que en mis sermones nunca paso de cuatro evangelistas, Mateo, Marcos,

Lucas y Juan, y que aun de esos cuatro libros solo alcanzo a decir: capítulo 2, versículos del 6 al 15, así. No sé qué espera el criticón, el caso es que nomás empezaba yo a hablar él comenzaba a mover la cabeza con desaprobación, y al verlo, todos se salían, y ahí va la carta a Su Excelencia con las firmas pidiendo mi renuncia y el envío de otro cura.

Se quedó el recién llegado meditando todas esas cosas en su corazón y tratando de dar con el intríngulis de la cuestión. Al día siguiente se presentó a decir su primer sermón. Subió al púlpito y pronto descubrió, sentado en la primera fila y mirándolo con expectantes ojos críticos, al sabidor del pueblo, según se lo había descrito su colega. Sin verlo se dirigió a toda la congregación:

—Lectura del Santo Evangelio número 154 según San Melquiades; capítulo cincuenta mil, versículos del 781 al 922.

Una expresión atónita se dibujó en el rostro del sapiente. Jamás había oído hablar del Evangelio de San Melquiades, ni sabía que tuviera más de cincuenta mil capítulos, todos con tal abundancia de versículos. Todo el pueblo fijaba la mirada en él, esperando su señal acerca de la calidad del nuevo cura. La expresión de asombro se convirtió en otra de admiración. Volvió la vista el sabio a la asamblea e hizo movimientos afirmativos de cabeza como hacían en las películas mexicanas los señores de edad cuando empezaba a cantar Pedrito Infante para significar que lo hacía bien. En ese momento supo el nuevo cura que había triunfado del enemigo malo y que podía volver a la ortodoxia, pues tenía asegurada su permanencia en aquella pingüe parroquia que tan buenos estipendios rendía a quien la servía bien.

De este cuentecillo, perteneciente a la más vieja tradición, derivo una enseñanza. Hay quienes creen que la sabiduría consiste en saber muchas cosas. Se equivocan. La verdadera sabiduría consiste en saber lo que necesitas y en aplicar ese conocimiento en el momento justo. Lo demás es oropel.

«... Chapultepec es uno de los sitios más hermosos de México y acaso del mundo...».

Con justificado orgullo escribió esas palabras don José María Roa Bárcena, escritor del antepasado siglo. No exageraba: el añoso bosque de Chapultepec, con sus sabinos o ahuehuetes, sus manantiales, el lago que estos forman, y sus umbrías calzadas, es un sitio de extraordinaria belleza natural. Ya desde antes de la Conquista los poetas encontraban inspiración en él, y fue siempre sitio preferido de descanso y recreo para quienes vivían en sus inmediaciones. El rey Itzcóatl lo usó como ameno lugar para sus expansiones, y los monarcas de Tenochtitlan tuvieron en él espacio para sus memoriales: solían hacer grabar sus efigies en las rocas del cerro.

Don Bernardo de Gálvez, cuadragésimo noveno virrey de la Nueva España, tuvo la idea de construir en lo alto del collado una especie de casa de campo, idea que le acarreó dificultades con el rey de España por los muchos dineros que destinó a la realización del proyecto. Comenzó la obra, que no pudo ver concluida tanto por aquellos problemas como por la brevedad de su Gobierno, que duró solamente de junio de 1785 a noviembre de 1786. Terminada años después, la edificación sirvió para el recreo de los virreyes, que la utilizaban a manera de los llamados «sitios reales» de España. Luego de que don Agustín de Iturbide dio a México su emancipación e independencia, se instaló ahí el Colegio Militar, y después se estableció, anexo, un observatorio astronómico.

El bosque de Chapultepec estaba unido a la Ciudad de México por dos calzadas, la de Belén y la de San Cosme, y por un acueducto cuyos restos pueden verse todavía, que llevaba las aguas del bosque hasta la capital. Tenía el tal acueducto 904 arcos y medía cerca de cuatro kilómetros desde la alberca o toma de agua hasta su final, que era el precioso Salto del Agua, en la antigua plazuela de San Juan de Letrán.

Muchas leyendas se tejieron en torno del bosque, y muchos sucesos ocurrieron en él que conmovieron a los habitantes de la ciudad. Entre esos hechos estuvo el famoso episodio que se llamó de «la loba de Chapultepec», que nos llegó en la narración del ilustre polígrafo don Joaquín García Icazbalceta. El año de 1824 una loba salida nadie supo de dónde se introdujo en el bosque, y atacó a la familia del guardia. Este, llamado Ignacio González, acudió al oír gritos desgarradores, y se encontró con el horrible espectáculo de la carnicería que entre los suyos había hecho el animal. La fiera dio muerte a la madre del guardabosque, señora de 70 años; a un hermano de él, de 34; a una hermana de 26 años, y a tres niños de 11, 6 y 5 años. La loba se volvió contra el guardabosque, que hubo de hacerle frente con las manos, pues iba desarmado. Hubiese sido muerto por el salvaje animal, que le infirió tremendas heridas, si no es porque una hermana le alcanzó una navaja con la cual pudo degollar a la loba.

Cuando vino a México el infortunado Maximiliano de Habsburgo hizo del castillo su casa de verano, y oficialmente añadió a Chapultepec el nombre de «Miravalle», pues sus sentimientos al estar ahí le evocaban los que experimentaba en su castillo de Miramar. Luego sirvió, ya en el siglo XX, como residencia de los presidentes. Ahora es museo de Historia.

Dicen que Ciudad de México es un monstruo.

Jamás lo ha sido para mí. Cuando estudiante me recibió amorosa y abrió para mí, munífica y espléndida, su gran caja de dones. Ahora que la visito, más grande ella y aún más estudiante yo, se me sigue entregando y me regala todo el tesoro de sus maravillas.

La última vez que viajé a esa ciudad que es toda nuestra, de los mexicanos todos, ella me dio la bienvenida con una mirada azul de jacarandas. Conforme descendía el avión, la capital iba volteando a verme con aquellos ojos —con aquellas ojeras— de desvelo.

¿De quién estaría enamorado Dios cuando inventó el color que tiene la flor de jacaranda? Igual a ese color no hay otro: he pensado que el color jacaranda se escapó del Paraíso para que los humanos tuviéramos idea de las hermosuras que había en ese edén.

El avión descendió con lentitud en el aeropuerto de Ciudad de México y yo miré por la ventana una larga y florecida jacaranda. Fue como si a la ciudad le hubiesen salido ojeras después de una noche de vigilia sobresaltada por íntimas voluptuosidades. Bello color y hermoso nombre, construido con andamiaje de aes. ¿Conocerían este nombre, el de la jacaranda, Huidobro o Barba Jacob? Decirlo es como cantarlo: Jacaranda, canción en A mayor. Cuando amanezca la otra vida tiene que amanecer en horizontes color de jacaranda, que es femenino color. Abriré yo los ojos y miraré esa ojera de entre azul y buenas noches, y sabré entonces que me he salvado para siempre.

Quienes no aman a la gran capital de nuestro país es porque no la conocen ni le han sentido nunca el corazón. Lo tiene, tan grande como ella. Yo llego a la Ciudad de México y siento su abrazo, que es el de todo México, pues en ella viven mexicanos que han llegado de todas partes a hacer su vida ahí.

No se puede amar a México sin amar a su capital con un enorme amor a su medida.

En esa gran ciudad oye uno maravillas. Esta vez escuché la historia del hombre que llegó a la mejor tienda de artículos musicales de la capital y pidió que le mostraran el gran piano de concierto que se exhibía como la más preciada joya de la casa.

El dueño conocía al músico: sus obras se apreciaban bien. Había oportunidad ahí de hacer negocio. Seguramente el hombre no tenía dinero —los artistas nunca tienen—, pero podría comprometerlo a que le pagara el piano con música, y así lo tendría a su servicio durante varios años.

El músico aceptó el trato: podría llevarse el piano y pagarlo —«poco a poco», le dijo el de la tienda— con sus partituras. Se fijó el precio del piano (altísimo) y el de las partituras (muy bajo), y el convenio se firmó.

Un mes después el músico ya había pagado el piano. El comerciante, estupefacto, recibía diariamente una o dos partituras de la más alta calidad: una hermosa canción; una pequeña pieza para piano que era una maravilla; una obra de sorprendente brillo para la guitarra. El músico se llamaba Manuel M. Ponce. El nombre del comerciante no lo sé.

Yo amo a la Ciudad de México. La amo como a una giganta, con miedo de que al hacerle el amor me rompa las costillas y partes más apreciadas aún. Viví en la capital cinco años de mi juventud, cuando ella todavía era ciudad y cuando yo todavía era yo. Entonces no se conocía la palabra «esmog», y la espléndida visión de los volcanes era regalo cotidiano. El Popo y el Ixta se esforzaban en parecerse a los almanaques de Jesús Helguera. El Valle de México era un inmenso cromo con las diafanidades de Velasco y el dramatismo de Atl.

Ahora la capital es temible y adorable. Voy a ella, y cuando puedo aparto dos o tres horas y recorro los sitios amadísimos, en el Centro

Histórico. Deambulo sin rumbo y sin itinerario. Entro a comer en figones sospechosos; meriendo en un café de chinos; desayuno chocolate con churros en El Moro, por San Juan de Letrán. (Yo no digo nunca Eje Lázaro Cárdenas. Es cosa de principios, sabe usted. O, quizá, ya de fines).

La cabra tira al monte. Yo, quién sabe por qué, tiro al montón. Allá voy otra vez, a ese sucio paraíso multitudinario que es el centro de la gran urbe portentosa. Mis pasos me llevan a la plazuela de Loreto, donde Manuel Tolsá, el gran escultor de *El Caballito*, levantó un templo cuya cúpula se parece a la de San Pedro en Roma. En él se venera una preciosa imagen pequeñita: el Santo Niño Muevecorazones. Si tu patrón no te quiere aumentar el sueldo, el Niño le moverá el corazón. Si tu novio te hizo un niño, el otro le moverá el corazón al inconstante y se casará contigo. No hay corazón que el Santo Niño Muevecorazones no pueda conmover.

Cerca está el antiguo convento de Santa Teresa la Nueva (¿Cuál sería la Vieja?). En tiempos de la Colonia la madre superiora se enteró de que la gente les decía a las enclaustradas «monjas chocolateras», y de inmediato añadió a la Regla de la orden una prescripción por la cual quedaba prohibido tomar chocolate en el convento, para evitar murmuraciones. Las hermanitas hicieron una revolución, destituyeron a la superiora, derogaron la disposición y siguieron tomando chocolate.

El convento fue destinado a la Escuela de Ciegos que fundó en 1870 don Ignacio Trigueros. Este benemérito señor gobernó la ciudad, si es que alguien la puede gobernar. Durante su gestión fundó la Escuela de Sordomudos y la Escuela de Ciegos, y en ambas instituciones implantó los más modernos métodos que entonces se conocían en el mundo para tratar a los que ahora son llamados «minusválidos» o «discapacitados», antes sencillamente designados como «muditos» y «cieguitos».

En cierta ocasión don Juan de Dios Peza visitó la Escuela de Ciegos y en el libro de visitantes escribió —improvisándola— una décima que yo no conocía pero que cuento ahora, pese a su brevedad, entre lo mejor y más profundo salido de la pluma del celebrado autor de «Reír llorando». He aquí esa décima. Leerla con detenimiento es aprehender —aprender— su hondo sentido.

Yo llamo «ciego», aunque ve,
al que niega y al que ignora.
El ciego busca su aurora
en la Ciencia y en la Fe.
Sin ojos ve a Dios, lo ve,
pues Dios es luz penetrante.
El escéptico, ignorante
que ofusca en sombra el deseo,
le dice a Dios: «No te veo»,
¡cuando lo tiene delante!

Yo amo a la Gran Ciudad de México, la antigua Tenochtitlan, el centro antiguo de la Nueva España.

Monstruosa niña, ternísima giganta, la capital de mi país es a un tiempo temible y adorable. Para mí no ha tenido jamás sino violentas dulcedumbres. La viví de estudiante —cinco años anduve en ella con libros bajo el brazo—, y la revivo ahora que tantas veces voy, andante de la legua, a esa gran compañía de soledades.

Jamás me deja la Ciudad de México volver sin un regalo. El último que me hizo fue maravilloso. Camino del aeropuerto, de repente, al ir subiendo el automóvil un paso a desnivel, volví la vista a la derecha sin saber por qué y se me presentó la Mujer Dormida con su inocente desnudez de nieve cubierta por el rojo cuerpo del atardecer. Ardía en crepúsculos la luz del Iztaccíhuatl. Un instante nomás duró el prodigio, pero un instante eterno. Si en la hora final me pasa frente a los ojos ese largo desfile de milagros que es mi vida, por ahí pasará la fugaz, duradera visión de la nívea mujer acariciada por las llamas.

En Ciudad de México había muchos salones para aprender a bailar. Se llamaban academias de danza. La más famosa era la Metropólitan, que tenía una pista donde cabían trescientas parejas. Otra de mucho prestigio era la Academia Simer. Su propietario, un señor apellidado Remis, simplemente escribió su apellido al revés para dar nombre al establecimiento.

¿Cómo funcionaban esas academias? El aspirante a bailarín pagaba una cuota de inscripción, que iba a parar al dueño del negocio. Se le asignaba una maestra, y esta le daba clases varios días a la semana, según pidiera el cliente, a tanto la hora. Una vez cursada la enseñanza elemental, el estudiante se especializaba en los diversos ritmos: tango, danzón, fox-trot, guaracha, samba... Y ya graduado pasaba al salón grande a bailar con las muchachas disponibles.

¿Quiénes eran esas muchachas? Eran chicas de clase media baja que iban a los salones a fin de ganar un poco de dinero para solventar sus gastos o ayudar a cubrir los de su casa. No confundamos: no eran mujeres fáciles, y menos aún prostitutas. Eran muchachas sencillas a quienes casi siempre acompañaban sus mamás. Recibían diez centavos por cada pieza que bailaban. De esas danzas salieron muchos noviazgos y muchos matrimonios.

A más de los estudiantes de la academia también eran admitidos bailadores libres. Debían pagar la entrada, que era de un peso «con derecho a guardarropa». Ese derecho permitía a los asistentes dejar encargado su sombrero o su abrigo.

No era barato el precio de admisión. Un peso cobraban las mujeres que en la calle de San Juan de Letrán ofrecían su cuerpo a los transeúntes. Tal arancel se mantuvo durante mucho tiempo, hasta que salió la canción «Aventurera», del músico poeta Agustín Lara. Las dichas señoras escucharon aquello de: «Vende caro tu amor...», y subieron la tarifa a dos pesos. Eso sí: «por una sola cosa», pues eran putas decentes, no como las que llegaban de París a trabajar en el barrio pecaminoso de Cuauhtemotzín, que era la zona de tolerancia de la capital. Las francesas cobraban cinco pesos «por las tres cosas». No sé cuáles serían esas tres cosas. Si alguien conoce el dato le ruego que me lo proporcione, a fin de estar en posibilidad de informar debidamente a los lectores.

Voy muy temprano por las calles del Centro Histórico de la Ciudad de México. Es clara la mañana, y fresca. El airecillo de la noche aún no acaba de dejar el sitio a los humos pestíferos del día.

Voy tranquilo. No vuelvo la mirada a cada paso para observar si alguien me sigue.

Recorro los sitios entrañables. En el Zócalo siento la grandeza mexicana, y en el Palacio Nacional veo su pequeñez, pues el recinto no tiene ya estatura de niño y de dedal, como dijo con ternura el poeta de Jerez, sino estatura enana, podríamos decir hoy con amargura. Entro en la catedral, y la sensación de paz se hace mayor porque está casi solo el vasto templo, y como no hay oficio religioso se siente más —igual que en el desierto— la presencia de Dios.

Recuerdo ahí otros versos del jerezano, eco pretérito de lo que ahora es:

> Mejor será no regresar al pueblo,
> al edén subvertido que se calla
> en la mutilación de la metralla...

Y pensando en el regreso me persigno.

Hay dos hermosos panteones en Ciudad de México que me gusta visitar. Uno es el de San Fernando, al lado del templo de ese nombre; otro es el del Tepeyac, cerca de la Basílica de Guadalupe.

En este último cementerio reposa la parte mortal de don José de Jesús Cuevas. Fue abogado este señor, y católico muy bueno. (Una cosa no quita la otra). En tiempos de don Porfirio las circunstancias lo llevaron a ser elegido diputado en condiciones no muy claras. Por exigencia de su partido hubo de acudir a la Cámara a rendir la protesta constitucional. Pero cuando se le hizo la pregunta de rigor él respondió con voz clara y robusta:

—¡No protesto!

«Hombres de este temple», escribió un comentador, «solo se encuentran una que otra vez, y eso con linterna».

Es cierto.

Y sin embargo, sé de otro hombre igual. En el cerro llamado del Judío, que señoreo sobre Real del Monte, se encuentra el viejo cementerio donde descansan los ingleses venidos en busca de la plata. Están ahí esas tumbas del siglo antepasado cuyas lápidas ostentan los nombres de los aventureros que cambiaron las brumas de su país natal por la neblina que se hace hilos en El Hiloche, hermoso bosque umbrío entre las minas.

Todas las tumbas están orientadas hacia la misma dirección: hacia Inglaterra. Todas, menos una. Sucede que llegó un payaso inglés a Real del Monte. Venía en el circo de Ricardo Bell. Ahí contrajo unas calenturas perniciosas. Ya en la agonía de la muerte pidió con débil voz que lo enterraran en el Panteón de los Ingleses.

—Pero no quiero —dijo— que mi tumba se oriente hacia Inglaterra. Quiero que apunte hacia la dirección contraria.

—¿Por qué? —le preguntaron los presentes, imaginando alguna historia trágica. Y respondió él con su última sonrisa:

—Por payaso.

Me habría gustado conocer a ese hombre. Sabía él que incluso en la presencia de la muerte se puede sonreír.

El suceso que me dispongo a contar le sucedió a un señor que conocí en los años en que fui a estudiar —es un decir— en la Ciudad de México.

Una de las primeras cosas que me llamaron la atención cuando llegué a la Ciudad de los Palacios —es otro decir— fue que allá los señores, quiero decir los hombres, usaban paraguas. En Saltillo no. El paraguas era para uso de mujeres; si un varón traía paraguas era visto con ojos de sospecha. Los hombres debían aguantar la lluvia a cuerpo descubierto. Empaparse, calarse hasta los huesos, hacer gallardo menosprecio de la gripe o catarro que de la mojadura podía derivar, todo eso era indudable prueba de masculinidad.

Por el contrario, en la Ciudad de México el paraguas era prenda común en los varones. Ya se sabe que en las grandes metrópolis se relajan las costumbres. Cada señor llevaba el suyo. Los había comunes y corrientes, y en versiones abreviadas que cabían bajo el brazo, y aun en el portafolios. Por primera vez en mi vida empecé a sentirme raro, pues entre tantos emparaguados yo no traía paraguas. Terminé comprándome uno, pero no lo llevaba a Saltillo en época de vacaciones, no fuera que alguien pensara que al contacto con la gran capital se había debilitado mi varonía.

Es pues el caso que a un señor que trabajaba en la agencia Dunn and Bradstreet, donde igualmente trabajaba yo —otro decir—, se le descompuso su paraguas. Todo artilugio fabricado por el hombre tiende a descomponerse, según demostró Murphy. Oyó decir aquel señor que en cierta paragüería de la colonia Roma reparaban paraguas descompuestos, y una tarde, al salir del trabajo, llevó el suyo. Al regresar a su casa en el tranvía, ya para bajarse, tomó inadvertidamente el paraguas de la señora que iba al lado. La mujer gritó furiosa al tiempo que lo agarraba por el brazo:

—¡Ladrón! ¡Sinvergüenza! ¡Deme mi paraguas!

El desdichado señor bajó del tranvía apenadísimo, entre las miradas de reprobación de los pasajeros.

No dijo en la oficina lo que le había sucedido, pero sí comentó que había hallado a alguien que componía paraguas. Quién más, quién menos, todos tenían en su casa un paraguas descompuesto, o en vías de descomponerse, y él se ofreció amablemente a llevar los paraguas a la paragüería. Con ocho o diez subió al tranvía que lo dejaba ahí. ¡Horror! En el tranvía iba la misma señora de la vez pasada. Lo vio la mujer, vio los paraguas, y luego le dijo con voz llena de rencor:

—Hoy te rindió bien el día, ratero desgraciado.

❦

«Amo a la mujer, y la temo». Así dijo lord Byron. Esas palabras podría yo decirlas en relación con la Ciudad de México. La amo intensamente, con ese amor que los recuerdos magnifican, pero cuando salgo de mi lugar para ir a ella siento un vago temor, una zozobra que va conmigo a todas partes. Y eso que con frecuencia viajo allá, con más frecuencia que quisieran el ánimo y el ánima. No es lo mismo estar en Saltillo, ciudad amantísima y amable, o en el Potrero de Ábrego, memoria y anticipación del Paraíso, que en ese desalmado hacinamiento de almas llamada Ciudad de México. Aun así, amo a la giganta, por las evocaciones que guarda para mí entre sus grandes tetas y sus fornidos muslos. En ella viví años germinales, los de la juventud. Cursé estudios lo mismo en

Mascarones que en Ciudad Universitaria (CU), y conocí todavía aquella bohemia hirsuta que resistía el acoso de los tiempos en las cantinas de Santa María la Redonda. Ni siquiera había nacido aún la Zona Rosa, ayer cursilería *à la mode*, hoy pintada de púrpura encendida. Los siglos se medían por sexenios. El Primer Magistrado era todopoderoso, y el Partido Revolucionario Institucional (PRI) eterno. Yo vivía en Mixcoac, con calles empedradas que parecían almanaque de Jesús Helguera. Salía de la función de Bellas Artes, tomaba «el tren» y caminaba luego hasta mi casa —mi departamento—, y no me seguían las sombras de los recelos ni del miedo. El centro de mis vagancias era el centro, sobre todo las calles de Hidalgo, con sus libreros de viejo y de más viejo. Ahí la churrería El Moro, donde una vez oí cantar a Luis Pérez Meza, que entró con mariachi y todo y luego pasó el sombrero entre la concurrencia a fin de recoger dinero que los artistas enviarían a los damnificados por las inundaciones en Tampico. Ahí la librería Zaplana; ahí el Cine Teresa, que entonces exhibía películas de Europa; ahí cafés de chinos y vergonzantes hotelitos de entrada por salida; ahí aquellas insignes taquerías con tacos de oreja, trompa y buche, de maciza y —nombres que en el norte no se oían— de nana y nenepil...

Recuerdo el Versalles. Eran los años cincuenta del pasado siglo...

En esa sala se exhibían películas rusas, que no se podían ver en ninguna otra parte por causa de la Guerra Fría. En el Versalles vimos *Cuando pasan las grullas*... Ahí vimos *La balada del soldado*... A veces se interrumpía la proyección por algún corte en la película. Cuando eso sucedía el público en otros cines gritaba con enojo «¡Cácaro!». En el Versalles gritaba: «¡Kakaróff!».

Un día la interrupción duró más tiempo del acostumbrado. La gente empezó a protestar con mayor vehemencia. El encargado de la proyección asomó la cabeza y explicó en alta voz: «Señores: la película es rusa y el proyector es americano. ¿Cómo quieren ustedes que esto marche bien?».

Recuerdos del Cine Versalles, en Ciudad de México, años cincuenta del pasado siglo...

Cuando a la calle de San Juan de Letrán le asestaron el burocrático nombre de Eje Central Lázaro Cárdenas, en ese momento, creo, empezaron a morir el ánima y el estilo de la Ciudad de México.

¡Qué calle aquella, colmada de historia y de leyendas! Alcancé a ver todavía a sus insignes prostitutas. Gran memoria dejaron de sí los pachucos, «cinturitas» o chulos de Letrán. El de mayor leyenda fue Pepe Cora, hermano de Susana, la conocida actriz. Este Pepe Cora fue el verdadero y auténtico Suavecito, que luego inmortalizó en el cine Víctor Parra. Medía más de dos metros de estatura, pero se movía con movimientos pausados y sinuosos, como de serpiente, y hablaba con voz dulce, sin subir nunca el tono. De eso le vino, quizás, el remoquete. Con el tiempo se convirtió el Suavecito en guardaespaldas de Cantinflas, que disfrutaba haciéndolo narrar las aventuras de su pasado oficio borrascoso.

En la calle de San Juan de Letrán había carpas. La más celebrada, a la que todavía alcancé a ir, era la México. Ahí salía —figura principal— una señora gorda, la única bailarina que he visto bailar sin mover los pies. Se plantaba la robusta señora, rica en carnes, en el centro del escenario; empezaba a sonar la música y ella —sin moverse de su lugar, puesta de perfil— empezaba a agitar las carnes del vientre, y las ubérrimas ubres, y todas las adiposidades de su cuerpo —sobre todo las de la geografía posterior—, y así, mirando a la distancia y sin enmendar el terreno, hierática como los buenos toreros, aquella furcia bailaba en una fantástica y arrebatada agitación de carnes que el público saludaba con grandes ovaciones. Artista sin par era aquella señora, y bailarina de gran mérito. Yo la comparo con Ana Pavlova. Claro, dentro de su especialidad.

Al final de la función se presentaba «una bonita acuarela musical con actuación de toda la compañía». El público pedía «La llorona». Era una canción de coplas picarescas:

Si tu marido es celoso
dale a cenar chicharrón,
a ver si con la manteca
se le quita lo ca... lla, mujer calla,

deja de tanto llorar,
que al cabo toda la noche
nos vamos a desquitar.

Niñerías todas estas, si se comparan con lo que hoy se oye.

¿Por qué las ciudades de México me dejan prendado y prendido, como a los místicos las vírgenes? Me enamoré ayer de Oaxaca a la primera vista, y a la segunda me enamoré aún más. Voy transido de amor por Zacatecas, por Morelia, por Mérida, por Puebla, por San Cristóbal de las Casas, por Álamos de Sonora, por Veracruz, por la monstruosamente hermosa capital de México... Y ahora héteme aquí rendido sin capitulaciones a Tlaxcala.

Llego a Tlaxcala en tarde humedecida, y una súbita saeta de amor me parte el alma. Cuando entré en ella por la puerta chica —ninguna puerta grande tiene esa ciudad diminutiva, ni la de la plaza de toros— me poseyó esa sensación que los franceses llaman *déjà vu*. Supe que ya había visto esa ciudad: su plaza recoleta ornada por lirios desmayados sobre sí mismos; la cuesta empedrada bajo los árboles basilicales; aquella fuente pomposa de donde brotan las aguas vivas que cuando murió dejó el grande Xicoténcatl chico...

Y es que estaba yo en la casa donde vivieron los abuelos de mis tatarabuelos. Ahí nació la estirpe tlaxcalteca de la que estoy hecho por mitad; quizá la mitad más grande, como dijera el tonto roque. Fui y vine por Tlaxcala. Más fui que vine, pues no regreso todavía de aquella andanza por las callejas que conoció Cortés y vio doña Marina al pie de los dos mágicos volcanes: uno, hombre y humo, que son lo mismo; el otro, mujer y sueño, que lo mismo son.

Tlaxcala es una ciudad a la exacta medida de los hombres. Es la capital más pequeña del más pequeño estado del país. Dicen los sabios urbanistas que donde hay más de cien mil gentes juntas empiezan a morderse las unas a las otras, o a hacerse cosas todavía más feas. En Tlaxcala todos se saludan, y eso es muy bonito. En Tlaxcala todos te saludan, y eso es más bonito aún.

Mínima y dulce, así es Tlaxcala. En una hora se le ve, y queda tiempo para verse también uno. Tlaxcala tiene un poquito de Saltillo, a cambio de lo mucho que Saltillo tiene de Tlaxcala. Descubro algunas ventanas con rejas emplomadas como las que se ven todavía en mi ciudad —¡gracias a Dios!— en abundancia. Si una de esas ventanas tlaxcaltecas se hubiese abierto de repente, y tras de sus postigos me hubiese saludado una modosa señorita saltillera de las de antes, yo me habría quedado como si nada, pues lo habría reconocido todo.

Las casas de Tlaxcala están pintadas de un color que no sé qué color es. Rojo ladrillo; terracota oscuro; el que llaman chedrón; ocre subido; café rojizo; rojo acafetado; bermellón... Pregunté a la muchacha de la tienda de qué color es la pared. Respondió con sencillez:

—Manchado.

Pregunté al librero en la esquina de la plaza de qué color es la pared. Contestó:

—Manchado.

Pregunté al joven intelectual que pasaba con *La Jornada* bajo el brazo de qué color es la pared:

—Manchado —respondió como con extrañeza de que alguien no supiera qué color es tal color.

Ahora traigo el alma pintada de ese color: manchado. Pero no es manchado ese color: es el color que tiene el corazón.

—El suelo le quema a uno los pies, licenciado. Es como si estuviera usted parado en la azotea del infierno.

La maestra me cuenta de su reciente excursión a Amecameca, en las estribaciones del Popocatépetl. Quería esa profesora visitar el sitio llamado El Paso de Cortés, pues por ahí entró el arrojado don Hernando cuando llegó de Veracruz al Valle de México y se detuvo maravillado ante el espléndido paisaje de «la región más transparente del aire».

Dice la maestra que el Popo tiene estremecimientos como de gigante vivo puesto a asar. Los habitantes de la vecindad, empero, no se mueven. Siguen en su quietud de siglos, quietud hecha de abuelos, bisabuelos y tatarabuelos. No le tienen miedo al volcán. Ya lo conocen; don Goyo es muy su amigo. «Don Goyo» es el nombre que los lugareños le han puesto al Popo a fin de no decirle Popo, pues eso se les hace una falta de respeto.

A lo que le tienen miedo los vecinos del volcán es a los deslaves de lodo que el calentamiento de la superficie puede provocar. La posibilidad de una erupción no les preocupa, así como a los pasajeros del *Titanic* no les preocupaban los icebergs. Es que no han visto la película *Volcano* ni han leído *Los últimos días de Pompeya*. Si vieran y leyeran no andarían tan despreocupados: una erupción cutánea es inquietante, pero una erupción volcánica debe inquietar más.

El Chorrito es un bello lugar de Tamaulipas. Ahí se venera una imagen de la Guadalupana. Está en el techo rocoso de una pequeña gruta a la que llegan peregrinos venidos de lejos y de cerca.

Algunos dicen que esa imagen es imagen divina labrada por mano humana. Otros aseguran que es imagen humana labrada por mano divina. Quién sabe... En cosas de religión el saber calla. Lo que sí sé es que la capilla de la Virgen inspira recogimiento y devoción. Yo me encuentro en ella. Quiero decir que en ella me hallo, siendo que llegué perdido.

Voy luego al salto de agua que da nombre al lugar, y me parece que estoy en un bautismo que me lava el alma y me la deja clara como la de un niño. El que no sabe nada cree mucho. Y a lo mejor creer es otra forma de la sabiduría.

He ido a Tula, ciudad de Tamaulipas, y he sentido la magia de este sitio.

En Tula nació la cuera, lujo tamaulipeco y mexicano que no tiene par. En Tula hay ventanas ferradas, y cornisas que hablan de prestigios pasados, y callejas losadas con piedra, y memorias de pianos cuya música salía por los balcones. «En cada casa un piano y en cada piano una mujer hermosa», escribió Othón cuando pasó por Tula. Doce pianos había en ese pequeñísimo lugar.

Digo mis cosas en la Casa de la Cultura, con arcos ojivales y recios muros de cantera. Oigo la música de José Matilde y la canción de Ana Soledad, que tiene hermosa alma y bella voz. Disfruto la conversación de tultecos de corazón que aman a su tierra y a su gente con entrañable amor...

Y luego regreso a mi ciudad en compañía de dos amigos buenos, que de seguro habrán de recordar igual que yo ese viaje por el desierto y la montaña, bajo la bendecida lluvia del verano.

Hay un poblado en Tamaulipas que goza de mucha fama por sus locos. Dicen las malas lenguas que El Pollo Loco se anuncia ahí como «Pollo de la región».

Un señor originario y vecino de ese lugar me contó el otro día de un loquito que se la pasaba sentado en la parte más alta de una barda de adobe, en un solar baldío de la ciudad. Cuando una mujer pasaba por ahí el orate se quitaba ceremoniosamente el sombrero y la saludaba con respeto. Pero si era hombre el que pasaba, el loco hacía ademán de sacar una imaginaria pistola de la funda, le apuntaba desde la altura al transeúnte con el índice y el pulgar de la mano derecha, y luego remedaba con la voz el ruido de un disparo. Al parecer el supradicho loco había visto alguna vez una película de vaqueros, y el filme lo impresionó de tal manera que dio en imitar el gesto de los pistoleros del Oeste.

Un hombre pasaba todos los días por donde estaba el loco, y este le hacía el consabido disparo. En una de esas veces el loco echó mano, como siempre, a su imaginaria arma e hizo con la voz el ruido de la bala: «¡Bang!». Al otro se le ocurrió, por broma, hacer él también el movimiento de sacar una pistola, y con la mano le disparó a su vez al demente: «¡Bang!». Sucedió entonces algo insólito: el loco se desplomó desde lo alto, y con estruendo de grande costalazo cayó de lomos sobre el suelo, donde quedó todo molido y derrengado, pues no era poca la altura de la barda.

Muy asustado corrió el hombre a dar ayuda al infeliz. Cuando llegó junto al orate le dijo este con dolorido tono de reproche:

—¡Cómo eres ingrato! ¡Yo nunca te tiré a dar!

En los pueblos oye uno cosas de mucha sustancia y sabrosura. En uno del norte de Coahuila me contaron de este ingenioso señor dueño de una tienda en la cual ofrece objetos de la más disímbola naturaleza. Tenía una vez un tololoche, que así se llama en lengua popular el contrabajo. Y decía el señor hablando del tololoche aquel:

—Está curado.

Alguien le preguntaba con curiosidad:

—¿Cómo que está curado?

—Sí —explicaba el comerciante—. Ha tocado lo mismo en la iglesia que en el congal. Sabe de todo.

Este mismo señor, cuyo nombre no pongo aquí por no tener licencia para ello, solía decir:

—¡Qué raras son las mujeres! Cuando me casé no me gustaba ninguna, nomás la mía. Ahora me gustan todas, menos la mía.

Hace muchos, muchos años, cuando este mundo aún olía a nuevo, el Señor fue a las tierras en que hoy se encuentra Múzquiz, de Coahuila.

Recorrió con detenimiento sus hermosísimos parajes: la vega por donde fluye su cascada, las altas sierras que fingen castillos en el horizonte, el río que acaricia con mansedumbre al valle, las umbrías arboledas, y contempló largamente el claro cielo de albas nubes y sol esplendoroso.

El Espíritu, que andaba por ahí —el Espíritu anda por todas partes—, vio al Señor y le preguntó:

—¿Qué andas haciendo?

Y respondió el Señor:

—Es que voy a hacer el Paraíso, y estoy tomando ideas.

Torreón, ciudad la principal de La Laguna y orgullo de mi natal Coahuila, es una población muy joven. Tiene apenas poco más de cien años. De la arena surgió, como los espejismos. Fue fruto del oro blanco: el algodón, y fue fruto también del oro negro: el ferrocarril.

Gente muy de trabajo, y generosa, son los laguneros. Tienen pródigo el corazón, y pródigo también tienen el bolsillo. Saben ganar el dinero, y lo saben gastar. Mis queridos paisanos saltilleros fruncen un poco el entrecejo cuando digo que hay una forma fácil de saber si estos cuatro señores que están comiendo en un restorán son de Torreón, de Monterrey o de Saltillo. Si cuando llega el mesero con la cuenta los cuatro se la disputan para pagarla cada uno, esos señores son de Torreón. Si sacan una calculadora para dividir la cuenta entre los cuatro, son de Monterrey. Y si en el momento en que el mesero viene con la cuenta los cuatro se levantan apresuradamente para ir al baño, son de Saltillo.

Y es que el carácter de los saltillenses tiene linaje montañés, de gente que por vivir aislada ha de bastarse con lo muy poco que tiene, y administrarlo cuidadosamente. El lagunero, en cambio, recibía cada año del padre Nazas el don de la fortuna, y así, como agua, se le iba de las manos, al cabo que a vuelta de año le llegaría otra. En trabajosa lucha para hacer que el desierto diera fruto se forjó el talante de los laguneros, del cual he sido yo beneficiario, pues siempre he gozado de su afecto, su hidalguía y su largueza señorial.

«Zumbido» es el nombre que en el norte reciben las casas desafinadas —o sea, de mala nota—, esas que en más castizos términos se llaman burdeles o mancebías. El zumbido de más timbre y nota en Sabinas, Coahuila, era en los años de la Revolución el de doña Juana Gudiño, previsora mujer que invertía en la compra de ganado menor, cabras y borregos, todos los ingresos que obtenía en la operación de su establecimiento.

Cuando llegaron por primera vez los carrancistas a Sabinas, el jefe de la tropa anunció a doña Juanita que por la noche visitaría su casa en compañía de sus oficiales. Una condición ponía el atildado militar para otorgar el honor de su visita: doña Juana debía llevar a sus muchachas a bañar al río, de modo que por la noche estuvieran limpias y bienolientes.

Cumplió la señora aquella disposición, y condujo a sus pupilas al río para que se lavaran el ajetreado cuerpo. Solo que la visión del baño, semejante a las descripciones de Teócrito o de Longo, excitó la imaginación y algo más de los lugareños, que contemplaron el idílico baño de aquellas pecatrices náyades. Y cuando llegaron los mílites a refocilarse, rijosos por la larga abstinencia de toda clase de carne, encontraron la casa de doña Juana llena de una ansiosa clientela que hacía fila ya, contra todas las prevenciones de la dueña, frente a las puertas de las accesorias y que por nada habrían permitido que cualquier otro, civil o militar, se adelantara. Retiráronse atufados y de muy mal humor los militares, y nadie sabe cómo se las arreglaron aquella noche los desventurados. Mejor no averiguarlo.

Sin hacienda, ricos.
Sin blasones, godos.
Entre sí parientes,
y enemigos todos.

Con esa cuarteta describió allá por el siglo XVIII un visitador del virrey a los pobladores de Cotija, Michoacán. Al decir «enemigos todos» quería significar que los cotijenses andaban siempre enemistados entre sí, lo cual se explica por otros versos alusivos:

Vámonos para Cotija,
ahí son buenos cristianos:
para no perder la sangre
se casan primos hermanos.

Y es cierto, pues tres o cuatro apellidos —Valencia, Guízar, Oceguera— son los que privan en aquel solar.

Bella ciudad es Cotija, de las más bellas que hay en Michoacán, tan abundoso en ciudades de hermosura. Con su Cañaveral y su laguna de San Juanico; con su Cerrito Calabazo y el otro que es y que se llama Verde; con sus Ojos de Agua donde el agua es más agua que el agua de otros lados; con su Virgen del Barrio; con sus Cristos y sus cristeros, es Cotija lugar rico en lugares y sitio rico en gente. Ahí nacieron, entre otros cotijenses distinguidos, Pepe y Tito Guízar, artistas de la canción popular; don José González Torres, emérito político panista, candidato a la presidencia de la república; José Rubén Romero, el ingeniosísimo autor de *La vida inútil de Pito Pérez*.

De ascendencia cotijense fue Cantinflas, cuya madre nació ahí. Don Venustiano Carranza tuvo antiguas raíces en aquella ciudad michoacana: cuando un señor de Cotija llamado Antonio Carranza tuvo problemas de deslindes en una vasta propiedad que poseía fue a la Ciudad de México a hablar con don Venustiano, a la sazón presidente de la república. Don Venus le dijo que se consideraba de ascendencia cotijense, y lo ayudó a su cabal satisfacción.

Levítica población es Cotija, Michoacán, de espíritu sacerdotal. Me dicen que es la ciudad del mundo que más obispos ha dado a la Iglesia católica en proporción al número de sus habitantes. No sé si el dato se ajuste a la verdad, pero sí puedo decir que aun ahora se respira en Cotija un aire aarónico. De profundísimo catolicismo, las familias cotijenses han visto como máxima gloria tener un hijo sacerdote. En los pasados tiempos todos los niños eran enviados a un seminario con la esperanza de que alguno de ellos perseverara en los estudios y llegara a ser nuevo luminar del cuerpo místico de Cristo. Eso hacía que las muchachas de Cotija fueran muchas y pocos sus posibles novios, lo que daba a la población un triste aire romántico de *Doña Rosita la Soltera*.

Hace algún tiempo el nombre de Cotija se escuchó en todo el orbe católico, pues cotijense es don Rafael Guízar y Valencia, obispo que fuera de Veracruz y nuevo beato mexicano. Muy buen lugar ocupará en el Cielo, pues era muy bueno, y muy amplio lugar también, pues era muy gordo: llegó a pesar 220 kilos. En tiempos de la persecución religiosa llegó a Michoacán el general Joaquín Amaro. Todos los curas se disfrazaron de algo para no caer prisioneros. El único que no se pudo disfrazar de nada fue don Rafael. ¿Cómo encubrir aquella tremenda humanidad? Lo hizo llevar Amaro a su presencia. Sin asustarse, el padre Guízar conversó con él de asuntos varios y luego le arrancó la promesa de que los sacerdotes no serían molestados. Al final de la charla le dijo Amaro dándole una gran palmada en la barriga:

—Usté me gusta para obispo, padrecito. Y para Papa me gustaría también, pero no lo podrían cargar.

Y es que entonces se acostumbraba llevar al Papa en la silla gestatoria.

En Xilitla, verde corazón de la huasteca potosina, pasea todavía el fantasma del inglés loco que puso en medio de la selva un jardín de flores pétreas, lunático Gaudí.

Y otro fantasma pasea también: el de don Pedro Rosa Acuña. Se bebió la vida a tragos de aguardiente. No hay aguardiente tan ardiente como el aguardiente que se bebe ahí. Lo fue quemando por dentro, más que el sol que lo quemaba por fuera, hasta que un día, ardido de aguardiente, don Pedro Rosa Acuña buscó un buen árbol y bajo su sombra se acostó a morir.

No se murió del todo. Era huapanguero, y los buenos huapangueros solo se mueren un poquito. Canta todavía con son huasteco don Pedro Rosa Acuña cuando el son huasteco canta «El Querreque», que es el huapango que él compuso.

Por la huasteca potosina pasean muchos fantasmas. Pero hay tanta vida en la huasteca potosina que no sabe uno si esos fantasmas están de veras muertos.

Por favor, no me hablen.
No me despierten; no me muevan.
Déjenme seguir en el prodigio hasta donde me
alcancen las fuerzas de la recordación.
Vengo del interior de una esmeralda.
Vengo de una región de nubes que parecen
montañas y de montañas que parecen nubes.
Vengo de conocer la magia verde.
Vengo de ver idolillos que ríen con una risa
eterna; vengo de escalar las locuras de un loco
Gaudí inglés; vengo de oír leyendas hechas de
caña de azúcar y café.
Estuve en la huasteca potosina.
Dejen que siga adormecido en esa maravilla.

> Después hablaré de ella. Cuando despierte.
> Cuando despierte...

El cronista acaba de llegar de Chihuahua. Los tarahumaras, o tarahumares, veneran una planta cuyo nombre nada más ellos deben y pueden pronunciar. Se llama «jícuri». Virtudes taumaturgas tiene el jícuri. Macerada y comida, la planta produce un éxtasis que dura varios días, en los cuales el venturoso que la comió tiene visiones inefables y experimenta goces del cuerpo nunca conocidos. Puesto bajo el cinturón, el jícuri protege a quien lo lleva del ataque de bestias u hombres malos. Si se le lleva a las cacerías es prenda segura de buen éxito: el venado se acercará manso al percibir su olor, y sin moverse dejará que el cazador lo mate.

El jícuri es planta pudorosa; su honestidad y recato es de doncella. Por eso no se le puede tener en la cueva o la casa, pues, aunque sea de noche sus ojos verán en la oscuridad cosas que no debe mirar. Así, el jícuri se ha de guardar en la troje, dentro de un jarro o chiquihuite.

Planta sagrada, no se le puede perder ni robar. Si ratas o tlacuaches se la comen, el negligente dueño sentirá para siempre los dientes de aquellos animales en su corazón. Si alguien que no tiene jícuri roba el del vecino, el ladrón se volverá loco a los tres meses. Para evitar esa demencia debe invitar a todos a una fiesta. Ahí declarará su robo. En desagravio, al jícuri le ofrecerá tesgüino, y aquel a quien robó la planta le entregará un buey.

El jícuri es planta divina. El Padre Dios, cansado de las maldades que veía, decidió cambiar de casa: dejó la tierra y se fue al cielo. A fin de compensar su ausencia, y para hacer menor la pena de los hombres, ahora tan solos en este bajo mundo, les dio el jícuri.

> A mí que no me pinten angelitos negros.
> Que no me pinten, tampoco, angelitos blancos.
> A mí que me pinten angelitos tarahumaras.

He aquí que fui a la Sierra de Chihuahua, y lo más hermoso que encontré en ella no fueron las montañas de niebla, ni los bosques sin tiempo, ni las altísimas cascadas. Lo más bello fue el rostro de los niños tarahumaras.

Los vi en el tehuecado, que así se llama allá la escuela, y los miré en las estaciones del tren, y hasta en las cuevas donde viven, y ahora los llevo en mí con su sonrisa de luz y sus enormes ojos negros, con su minúscula majestad de pequeños reyes y reinas de este mundo.

No soy ingenuo, créanme ustedes, ni me engaño: sé del trasfondo de pobreza, de dolor, de enfermedad, de tantos y tantos males que ensombrecen la vida de los tarahumaras. Pero por encima de ese desolador paisaje, la angélica sonrisa de los niños y la luz de sus ojos son triunfo de la vida, y promesa de que la vida seguirá.

A mí también me parecía cursi, chabacana, risiblemente patriotera, falsa, la expresión «Como México no hay dos».

Luego empecé a viajar. Y aprendí una cosa: que como México no hay dos.

Vivo ahora en un perpetuo deslumbramiento. Estoy enamorado de mi país. Voy arrobado por sus paisajes: el austero desierto de Sonora; los altos pinares del altiplano; las selvas y bosques de niebla de Chiapas; los fértiles valles del Bajío; las cañadas de la Huasteca; el espléndido cielo de Oaxaca. Y voy lleno también de las maravillas hechas por los hombres: las pirámides de nuestros primeros padres; los palacios y templos que España erigió en México; el policromo prodigio multiforme de nuestra artesanía; las bellas bellas artes; las nobles ciudades señoriales.

Antes, cuando alguien decía aquello de «Como México no hay dos», no faltaba quien le respondiera burlón: «¡Cómo se ve que no has viajado!».

Ahora, si alguien me dice que no es cierto eso de que como México no hay dos, yo le respondo:

—¡Cómo se ve que no has viajado por México!

II. DE FONDAS, CANTINAS... Y OTROS SITIOS

Solía decir Santa Teresa, sabia mujer que comía muy bien a la hora de comer:

—Cuando Cristo, Cristo; y cuando pisto, pisto.

El pisto era un guiso muy sabroso hecho con huevos, cebolla y tomate, pimientos, y otros aderezos que se freían juntos.

Lo mismo digo yo en mi andar por los gozosos caminos de la legua: cuando hay que trabajar, a trabajar; y cuando hay que disfrutar, a disfrutar.

Mis disfrutes consisten en ver lugares; hablar con gente; comprar cosas de artesanía regional; buscar libros que hablen de la historia, leyendas, tradiciones, costumbres y modos de hablar de la localidad... Y comer y beber. No necesariamente en ese orden.

En cuestión de comidas tengo un principio inalterable: de lo bueno, poco. Pero añado: y de lo poco, mucho. Quiero decir que no me mido en gustos, y en gastos menos, pues desde el tiempo de micer Gonzalo de Berceo, el juglar tiene derecho a cambiar sus palabras por un plato de condumio y un vaso de buen vino.

Soy siempre invitado, y como mis anfitriones saben que gusto de la buena mesa, entonces se esmeran por ofrecerme las mejores galas de la cocina comarcana. Yo me dejo querer, naturalmente. El abad de lo que canta yanta.

Muchas cosas me gustan de nosotros los mexicanos, entre ellas una muy principal: de todos los pueblos que conozco este es el más sabroso; en ninguno se viven las fiestas con tanta plenitud. Hasta la de Muertos es fiesta muy viva.

El México de maíz es generoso; nos prodiga sus dones con bondad. Qué bien lo dijo Tata Nacho: «Así es mi tierra: abundante y generosa». Y más bellamente aún lo dijo Ramón López Velarde: «Patria: tu superficie es el maíz...».

¿Habrá estudiado alguien en México la gran democracia del maíz? Por todo el territorio nacional extiende Centéotl su munificente reinado de tortillas, gorditas, sopes, tostadas, peneques, garnachas, tlacoyos, panuchos, memelas, tlayudas, flautas, salbutes, chalupas, tacos, pemoles, enchiladas, pambazos, totopos, bocoles, tecoyotes, tintines, pellizcadas, picaditas, nachos, quesadillas, molotes, zacahuiles, penchuques, chilaquiles, migas y cien mil sabrosísimos etcéteras.

En casa de ricos y de pobres hay tortillas. En casa de pobres y ricos hay también tamales. De dulce, de chile y de manteca; de todo hay igual que entre la gente. Tamales en casa del potentado; tamales en casa del humilde. Rellenos de carne de puerco o pollo, de queso, de frijoles, dulcísimos tamalitos «de azúcar» con su recaudo de piñones, pasas, almendra, coco o nuez...

Yo he comido los tamales que se hacen en toda la república. Los de Oaxaca y Chiapas son los más reputados. Permítaseme la inmodestia —apoyada en datos susceptibles de comprobación científica— de afirmar que a los tamales saltilleros o de Ramos Arizpe, aquellos no les llegan ni a las hojas. A las pruebas —y a las probadas— me remito.

Los tamales son como el pan: se pueden comer a mañana, tarde y noche —sobre todo a mañana y a noche— y nunca enfadan ni dan en cara o caro. De eso no pueden presumir la perdiz, el faisán, el caviar o el pato a la naranja. En el mercado de la Merced dijo un mecapalero:

—Ahora me voy a echar mi pato a la *orange*.

Quería decir que iba a comer un Gansito Marinela acompañado de un refresco Orange Crush.

El día que me muera adminístrenme por favor una media docena de tamales. Si no me enderezo en la cama para pedir más, entonces sí ya puede el médico certificar mi defunción.

Igual que las estrellas del cielo, los tamales no se le deben contar a nadie. En una cena le dice la anfitriona al invitado:

—Sírvase otro tamalito, compadre.

—No, gracias, comadrita —responde este—. Ya me he comido seis.

—Se ha comido ocho, compadre —le aclara la mujer—, pero de cualquier modo sírvase otro.

Eso no fue solo una falta de educación: fue una falta grave contra la caridad.

Don Antonio de la Villa, asturiano que hizo de México su segunda Patria, conoció al poeta José Zorrilla, autor de *Don Juan Tenorio*. De la Villa era entonces un niño cuya familia tenía trato con la de Zorrilla, pues su casa y la del escritor eran vecinas.

En sus memorias cuenta don Antonio que «... el poeta era un gastrónomo, verdadero sibarita. Sus aficiones nacieron en México, donde estuvo allá por el año de 1862. Zorrilla se perecía por los tacos, enchiladas, tortillas y mole, cuyos secretos se llevó a Madrid, adiestrando a su cocinera para que los sirviera a sus invitados...».

Como se ve, de las magnificencias de la cocina mexicana no escapó ni el celebérrimo autor del Tenorio.

La ciudad de Guanajuato ha cambiado desde los tiempos en que, director yo del Ateneo Fuente, llevaba cada año a un grupo de muchachas y muchachos al Festival Cervantino. Esos festivales eran un gozo del espíritu.

En Guanajuato voy a una librería de viejo que está cerca de la plazuela de San Roque. Encuentro ahí un libro delicioso, por su edición y por su contenido. Contiene recetas de dulces mexicanos. Nuestro país, de sobra está decirlo, es rico en cosas ricas. Los postres de México son infinitos en número e insuperables en sabor. De ellos han hablado insignes comilones: Alfonso Reyes, Joaquín García Icazbalceta, don Artemio de Valle Arizpe... José Fuentes Mares entrega en su libro *Nueva guía de descarriados* un sabio itinerario para los que gustamos de comer bien y de beber mejor.

Ahora me doy cuenta de que todos esos señores que cité eran conservadores, de derecha. En efecto, los liberales, y con ellos los hombres y mujeres de la izquierda, no saben de los placeres de la mesa. Y si no, fíjense en la cara de don Benito Juárez, por citar un ejemplo nada más. En sus retratos la dispepsia se ve a las claras, con síntomas de úlceras, gastralgias, colitis y otros mayores males sólidos y líquidos. Igual se veían don Vicente Lombardo Toledano y don Lázaro Cárdenas, Dios los tenga en Su Santo Reino.

A la gente de la derecha, en cambio, le gusta comer bien. «Comer hasta reventar —decía un padrecito—, que todo lo demás es gula». Y yo, que no soy de derecha, sino de centro, digo: «En tratándose de comida, de lo bueno, poco». Pero añado: «Y de lo poco, mucho».

¡Qué sabrosuras hay en ese antiguo libro tan sabroso que en Guanajuato hallé! Enuncio algunas de las dulcísimas galas que presenta, de nombres peregrinos:

Melones lecheros
Asado de peras
Huevos nevados
Bavaroise de tuna
Caramelos de café con leche
Capulines dulces
Bigotes de arroz
Almendras endiabladitas
Betises de cacahuate
Uvas taurinas
Invierno de sandías
Turroncitos de la Virgen

Con solo escribir esos fantásticos nombres se me hace agua la boca.

¿Me creerá usted si le digo que existe un postre que se llama «Frijoles almibarados en coñac»? Como su nombre lo indica, es un dulce hecho a base de frijoles. He aquí la receta:

> Se ponen a cocer los frijoles en agua clara, después de remojarlos durante la noche. Cuando estén bien cocidos se muelen muy bien y se mezclan con una poca de leche, polvo de canela, yemas de huevo y azúcar al gusto. En una sartén, con bastante manteca, se van friendo cucharadas hasta que doren; se colocan en un platón; se les da un baño de almíbar perfumado con coñac, y se adornan con almendras y pasas. Finalmente se sirven y se comen.

¡Frijoles y coñac en una misma receta! ¿Podrá verse tal cosa en otra parte a más de México?

En un otro libro de cocina impreso en la capital guanajuatense a fines del siglo XIX, aparece una receta de Navidad muy original. Se servía en la mesa un gigantesco huevo duro, enorme, como puesto por alguna colosal ave mitológica. El tamaño del huevo dejaba estupefactos a los comensales, y más cuando el tal huevo era partido y aparecía en el centro la yema, igual que aparece al cocer un huevo de gallina.

El procedimiento para hacer ese manjar era sencillo. Se juntaban las claras de una buena cantidad de huevos de gallina y con ellas se llenaba una vejiga —hoy sería un globo— que se metía en agua hirviendo, procurando darle forma ovoide. Aparte, en otra vejiga —esta redonda— se cocían las yemas. Formado el gran huevo con todas aquellas claras endurecidas se introducía en él la yema así formada, y el resultado era aquella maravilla gastronómica que asombraba y divertía a nuestros antepasados.

En la época de Navidad, mi esposa hace los mejores buñuelos de este mundo y los otros. Si en el Cielo hay buñuelos, un jurado imparcial tendría que darles el segundo lugar a esos buñuelos celestiales.

Un año, sin embargo, ella me acompañó en uno de esos viajes que yo llamo «de trabajo» y ella «de farándula». Para que hubiera buñuelos el primer día de posadas, mi esposa se los encargó a doña Chencha, que vive en Arteaga, hermoso pueblo mágico situado a unos cuantos kilómetros de mi ciudad, Saltillo. La buena señora haría los buñuelos en nuestra casa. La cita era a las ocho de la mañana. A las 7:30 a.m., doña Chencha —que tenía 80 años— estaba ahí, lista para hacer su trabajo.

Comí luego sus buñuelos, y los del Cielo pasaron automáticamente al tercer lugar. Le dije:

—Doña Chencha: tendrá que venir usted a hacer otros buñuelos para el Año Nuevo.

Y ella me respondió al tiempo que se terciaba el chal con la elegante modestia que tienen las señoras arteaguenses:

—Si le gusta lo malo...

Estos buñuelos son leves como el aire y frágiles como la vida. Te los llevas a la boca y sientes solo una vaga insinuación de dulcedumbre.

En ellos hay sabiduría de siglos. La harina se amasó con agua en que durmieron un rabito de calabaza, un poco de tequesquite y la tela de dos o tres tomates de fresadilla. Por esa alquimia misteriosa, la masa del buñuelo se extiende en las rodillas mujeriles hasta alcanzar la transparencia de la luz.

Estos buñuelos son casi azúcar, casi canela, casi pan. Y son casi recuerdo: saben a niñez. Cuando los pruebo soy otra vez el que ya no soy, y vuelven a estar conmigo los que se fueron ya.

Loado sea el Señor por estos buñuelos milagrosos. Sin ellos la Navidad no sería Navidad.

Murió doña Coy en mi ciudad.

Tenía 90 años. Toda su vida la dedicó a una humildísima tarea: hacer tamales. Nadie los hacía tan buenos y tan sabrosos como ella. En la mesa del rico, igual que en la del pobre, los tamales de doña Coy eran un lujo.

Para poder disfrutar esos tamales debía uno estar suscrito a ellos. Cada familia tenía una fecha, y la cuidaba como se cuida la acción de un distinguido club. La de nosotros era el primero de diciembre. Llegaban ese día, puntualmente, las grandes ollas repletas de aquellas inefables maravillas que daban sabor de gloria a nuestra Navidad.

Sentí tristeza cuando supe que había muerto doña Coy. Esta sencilla mujer fue dueña de la dignidad de quien se esfuerza en hacer bien lo que le toca hacer. A su familia dejó una noble herencia: la del trabajo cumplido cabalmente. En su casa se va a seguir haciendo lo que ella hizo, y en la nuestra seguiremos guardando la memoria de esa bendita señora que recibió de Dios el don de hacer mejor la vida de su prójimo con la pequeña grandeza de un manjar humilde que en sus manos se hacía majestuoso.

Mi segundo pecado favorito es la gula.

Debemos aprender a comer bien, pues comer es el último pecado de la carne que podremos cometer. Y eso si Diosito nos ampara de los pedestres males de gastritis, dispepsia, acidez estomacal y otros ajes del vientre o la barriga que ensombrecen la vida de los hombres.

Como a veces escribo de comida, tengo fama de ser gran comilón. A donde voy me hacen probar los condumios de la tierra. Tengo ya conocido todo el vasto menú de la gastronomía mexicana. He comido desde chango hasta víbora de cascabel, pasando por iguanas, armadillos, hormigas y gusanos, huevos y huevas de esto y lo otro, y partes de animal que no son para ser dichas aquí, por si hay algún lector con escrúpulos de estómago.

Miren, si no, lo que comí en Iguala. En una ocasión fui a esa ciudad del estado de Guerrero, cuna del Plan que dio su libertad a México y cuna también de la bandera mexicana, y mis anfitriones me dijeron que me iban a llevar a degustar uno de los platillos típicos que Iguala tiene.

Pregunté qué platillo era ese. Antes no preguntaba lo que me iban a dar, y por omitir dicha precaución me sucedieron cosas que tampoco son para contarse. Mis anfitriones igualtecos me dijeron que íbamos a comer pichones.

Yo imaginé al punto un plato con suculentas avecillas al modo de aquellos pequeños pájaros cuyo nombre ahora se me escapa, que Brillat-Savarin comía poniéndose un pañuelo sobre el rostro para taparse los ojos y que nada lo distrajera de gozar el mirífico sabor de aquel estupendísimo manjar. Me relamí, pues, por anticipado.

Me sirvieron la anunciada vianda. Y he aquí que los tales pichones resultaron ser palomas domésticas, de esas que abundan en las plazas de nuestras ciudades. En aquella, esas palomas son llamadas «pichones», del mismo modo que en inglés se llaman *pigeons*.

No era la primera vez que las comía yo. En mis días de estudiante tuve en Texcoco un buen amigo que trabajaba en un elegante club de tiro de la Ciudad de México. Los deportistas practicaban el tiro al pichón, y los pichones eran eso: palomas. Las mataban a tiro de escopeta. Mi amigo juntaba los cuerpecillos yertos de las palomas victimadas y los llevaba a su casa. Aquella casa era de pobres. La mamá de mi amigo, después de espulgarles con cuidado a las palomas las postas del escopetazo, las guisaba en todos los modos y maneras en que un pájaro así puede guisarse, y esa era la comida de la familia durante la semana.

Agradecí en Iguala el convite de pichones, desde luego, pero ya aquí en confianza no recomiendo mucho ese platillo. Evoco a don Juanito de la Peña, llamado el Toca por sus alumnos de Química en el Ateneo. Decía en su clase aquel simpático maestro: «El plomo es un metal pesado, oscuro y venenoso. Y no es que esté yo hablando mal del plomo: lo que pasa es que el plomo es así». Pues bien; la carne de la paloma casera es dura, prieta, correosa y sin sabor. Y no es que esté yo hablando mal de la paloma: lo que pasa es que la carne de la paloma es así.

La gula es culpa sabrosísima, segunda en la lista de mis inclinaciones. Por eso debemos cultivarla con esmero y prepararnos para el día en que la gula será el último pecado de la carne que podremos cometer. Llegarse a la comida es un buen habito cuyo cumplimiento no es posible omitir sin riesgo de la vida. Pero comer es cosa de natura, en tanto que comer bien pertenece a la cultura, y adquiere categoría de arte excelso si se tiene la sensibilidad para gozarlo.

En tratándose de comer, los mexicanos podemos aplicar a nuestra cocina la frase guadalupana: *Non fecit taliter omni nationi*: «No hizo cosa igual en ninguna otra nación». ¿Dije «nuestra cocina»? Dije mal: debí haber dicho «nuestras cocinas», pues muchas y muy variadas hay en México, distintas unas de otras como si fueran de países diferentes. ¿Qué va de la cocina de Puebla a la de Yucatán, o de la oaxaqueña a la veracruzana? Aun el desértico norte, tan escaso en frutos de la tierra, ofrece manjares deleitosos.

En la Ciudad de México hay lugares ocultos donde muchos deleites nos aguardan para ponernos en estado de éxtasis. Ahí todas las invenciones mexicanas: las de maíz, que ya mencioné; y luego la dulce panadería de buñuelos, hojarascas, puchas, mamones, alamares, conchas, morelianas, chamucos, cuernos, campechanas, molletes, polvorones, marquesote, picones, apasteladas, cuchufletas, monjas, volcanes, cuernos, orejas, trenzas, roscas, turuletes, peteneras y mil y mil delicias más. Y junto a lo vernáculo y lo criollo, todas las cocinas de hoy en día: altas y más altas, de autor, de fusión y confusión, con toda la imaginería de sabios señores y señoras que en la cocina ofician su alto ministerio.

En Hermosillo tuve la pena de conocer a un sonorense vegetariano.

—Señor mío —le dije con dolorida voz—, ser vegetariano en Sonora es como ser ermitaño en París.

Y es que la carne de Sonora es de primera, sin agraviar a la que se da en Chihuahua o en Coahuila. Algo hay en las tierras sonorenses, o algo no hay, el caso es que el sabor de su carne es exquisito.

Se hace en Hermosillo una delicia culinaria: los percherones. Un percherón es como un burrito, pero elevado a la décima potencia.

Se toma una de esas enormes tortillas de harina llamadas «sobaqueras», por la forma que tienen las mujeres de hacerlas, deteniéndolas bajo el brazo para extenderlas con ambas manos. Se le da a la tortilla una embarrada de frijoles, otra de crema y una tercera de guacamole, y luego se le pone la carne, partida en pequeños trozos, con una generosísima ración de tomate, cebolla y chile, todo asado.

Según el gusto, se le puede añadir también queso, papas, jamón, tocino, y todos los sabrosos etcéteras que se deseen, como pedazos de aceituna, espárragos, apio... El límite es la imaginación.

Luego se dobla la tortilla sobre sí misma a modo de hacer con ella un envoltorio y que no se salga ni un ápice o gota de su contenido. Por último —conclusión natural de todo lo anterior— te comes ese percherón, cuyo gigante nombre está muy bien justificado.

Aunque seas de muy buen diente, con uno tienes. (Si eres nomás de diente, a secas, con uno cenas, almuerzas y algo te queda para la comida).

Se come bien en Sonora, de eso no cabe duda. En algunas partes hay buena carne, y en otras, buen pescado. Los sonorenses disfrutan de las dos cositas, pues tienen ganado en la tierra y en el mar... Comer hasta reventar; que todo lo demás es gula.

Campeche es hermosísima ciudad. Está en la lista de los sitios pertenecientes al patrimonio de la humanidad. Sus murallas, recias paredes que protegían a la rica población contra el ataque de piratas, son un collar de piedra que ciñe a la ciudad igual que una hermosa faja se enreda al talle de una mujer airosa.

Me gusta ir a Campeche por muchas y variadísimas razones. Una de las principales y mayores es La Pigua, el restorán campechano más tradicional. Si vas a Roma debes por fuerza visitar la Basílica de San Pedro. Y si a Campeche vas debes por fuerza visitar La Pigua. Ahí se comen los sabrosísimos guisos campechanos, sobre todo el pan de cazón, delicia que no tiene parigual, o la mítica y legendaria hueva de liza, manjar al cual se atribuyen miríficas virtudes en cuanto a la potencia de los varones se refiere. Yo no pido pan de cazón. Siempre pido hueva de liza. Por el sabor, sabe usted.

Jamás dejo de ir a La Pigua cuando a Campeche voy. Y no soy el único: el afable propietario del establecimiento, don Francisco Hernández, a quien sus coterráneos llaman con afecto Francis, tiene una extensa galería fotográfica en la cual figuran notables personajes de muchas nacionalidades que han ido a degustar las delicias que en su cocina se preparan. Ahí, reyes y príncipes; ahí, presidentes y primeros ministros; ahí, altos jerarcas religiosos; ahí, artistas de fama, ilustres escritores, gente de la farándula sonora, del cine, radio, teatro y televisión.

La última vez que fui a La Pigua me sirvió don Francisco un gran banquete que ni Vatel habría podido confeccionar. Entre los seis o siete platos que formaban el espléndido menú había uno que encomié lleno de entusiasmo. Era un arroz servido en copo, una de cuyas mitades se aderezaba con pequeños camarones y la otra se pintaba de negro con la tinta de ricos calamares. Tanto elogié el sabor de ese magnífico platillo, con voz tan encendida alabé su artística presentación, que Francis anunció a los comensales que en adelante ese arroz llevará mi nombre distintivo, pasando a llamarse «Arroz a la Catón».

Gran distinción es esa, semejante a un título honorífico, a una preciosa presea o decorada condecoración. No es el primer manjar en ser bautizado con mi apelativo. El restorán El Charro, situado sobre la Carretera Nacional, muy cerca de Santiago, Nuevo León, sirve un insigne guiso llamado «Piernil de cerdo». Un buen día apareció ese nombre gramaticalizado: «Pernil de cerdo». Yo puse el grito en el cielo, en la tierra y en todo lugar por aquel desafuero cometido contra la tradición, por aquel desacato a Su Majestad el Uso. Mi voz fue oída por los dueños del establecimiento, que mandaron hacer otros menús. En ellos apareció, como uno de los platillos principales, el «Piernil de Catón».

Benditas sean las bondades del Señor y de mi prójimo, que llenan mi vida con tantos dones que todos los vocabularios de la Tierra no serían suficientes para agradecer.

Uno de los más bellos sitios de Veracruz es El Encero, la hacienda que fue de don Antonio López de Santa Anna. Muy bellamente restaurada, la casona donde vivió este señor tan singular es ahora objeto de la admiración de todos los que llegan ahí.

En verdad El Encero no debería llamarse así, sino El Lencero. El primer propietario del sitio fue un soldado español apellidado Lencero, que construyó ahí una venta o posada para el servicio de los viajeros que hacían el camino entre Puebla y Veracruz. Lencero es mencionado en la *Historia Verdadera de la Conquista de la Nueva España*, la gran obra de Bernal Díaz del Castillo, quien dice que después de ser bravo soldado este Lencero sintió la vocación religiosa y profesó en la orden de los Mercedarios.

Siempre que voy a Veracruz les pido a mis anfitriones que me hospeden en el hotel de mayor tradición en la ciudad: el Diligencias. Es fama que en una de sus habitaciones compuso Agustín Lara su inmortal canción:

> Yo nací con la luna de plata,
> y nací con alma de pirata...

Ya me conocen bien en ese hotel, y me dan siempre un cuarto con vistas a los portales y la plaza. Por la noche, antes de conciliar el sueño, escucho la música de los danzones, y oigo sonar las horas en el reloj acompasado de la catedral.

En las mañanas salgo a caminar. Voy por las calles del comercio. Los aparadores de las tiendas de ropa están llenos de vestidos espectaculares. Son de luciente seda casi todos, en colores brillantes: rojo fuego, azul ultramarino, fucsia —aquí decimos «fiucha»—, amarillo chillón, verde esmeralda... Todos están bordados con hilos de oro y plata, con lentejuelas o chaquira, y llevan aplicaciones de plumas, piel o encajes. También se exhiben accesorios: boas para enredarse al cuello; guantes que cubren todo el brazo; bolsas hechas con exóticos materiales; abanicos pintados a mano que parecen pintados a pie, y mil y mil reconditeces sugestivas: medias de malla; eróticos ligueros y ligas con un adorno de rosa o corazón; brevísimas pantaletitas que por delante cubren poco y por atrás absolutamente nada... Son los atuendos que lucirán en el Carnaval las *drag queens*, hombres que gustan de vestir como mujeres. De todas partes llegan, atraídos por la sonriente liberalidad de la fiesta mayor de Veracruz, y con ellos —o ellas— las tiendas en febrero hacen su agosto.

Caminando, caminando, llego a la esquina de Zaragoza y Esteban Morales. Voy a varios museos, y a mí los museos me dan hambre. Veo una fonda pequeñita que tiene un sonoroso nombre: El torbellino. Los torbellinos siempre me han atraído, de modo que me acerco. En la pared hay un letrero anunciador: «Hueva de nácar».

¡Hueva de nácar! La palabra «nácar» pertenece a la poesía: dientes de nácar, frente de nácar, manos de nácar, etcéteras de nácar... La palabra «hueva», en cambio, está muy cerca de lo sicalíptico. ¿Cómo puede haber hueva de nácar? Extraña combinación es esa; curiosa mezcla del Aretino y Bécquer.

La tentación me vence. No es raro eso: invariablemente la tentación me vence. Entro, ocupo una de las contadas mesas del local y pido la carta a la muchacha que me atiende. Te diré cuál fue mi orden: Arroz con un huevo frito montado. Un coctel —grande— de ostión y caracol. Hueva de nácar. Frijoles con plátanos. Postre (flan de la casa). Café.

Nada diré del arroz, del coctel, de los frijoles, del postre y del café. ¡Ah, pero de la hueva de nácar! ¿Qué decir de ese inefable manjar paradisíaco? La hueva de nácar está formada por pequeños huevecillos —haz de cuenta criadillas diminutas— que se sirven con pico de gallo y con tortillas, para con ellos hacer tacos. Platillo tan delicioso y tan difícil de encontrar, que solo el azar puede llevarte a él, no recuerdo haber disfrutado en mucho tiempo.

Cada vez que Diosito bueno me lleve a Veracruz iré a El Torbellino. Hay lugares para comer, y lugares para que te vean comer. El Torbellino pertenece a la primera especie, la de los sitios para comer bien. A mi lista de pequeños paraísos añado este donde por primera vez gocé la nacarada maravilla de la hueva de nácar.

En Orizaba hay un restaurante que se llama La Bella Napoli. Mi buena fortuna me condujo ahí. O fue San Pascual Bailón quien dirigió mis pasos hacia esa catedral del buen comer. San Pascual Bailón es el patrono de los cocineros. Dice una antigua copla que he visto grabada en azulejos en las cocinas poblanas:

¡Ay, señor San Pascualito,
mi santo Pascual Bailón,
yo te ofrezco este guisito
y tú ponle la sazón!

El día de San Pascual Bailón, 17 de Mayo, nació don Alfonso Reyes, un escritor del cual no gusto mucho, pero que me es simpático por dos aficiones que tenía: las mujeres y la buena mesa. Quizá del santo de su onomástico le vino ese gusto, el del yantar, que dio al regiomontano una noble pancita de canónigo, una sonrisa beatífica y un natural afable que lo hizo grato a todos los que lo trataron, incluidos sus colegas. Y ya se sabe que en el gremio de los escritores hay envidias y mezquindades a granel.

No sé entonces si fue el hado o una buena hada quien me llevó a La Bella Napoli. Ahí comí un platillo que hace de todos los manjares de Brillat un mal potaje de habas. El tal plato tiene nombre sugestivo: se llama «Jaibas desnudas». Desnudas llegan al plato esas jaibas, como sirenas. Me explicaron mis anfitriones que de tiempo en tiempo las jaibas cambian su caparazón, como las sierpes, la piel o su cornamenta los venados. Cuando su nueva cubierta aún está blanda, las jaibas son sacadas de su elemento líquido y llevadas a la cocina benemérita. Ahí son cocinadas en una salsa que debe ser invento de dioses paganos, únicos capaces de crear esa delicia.

Así servidas las jaibas se comen completas, sin dejar nada, con pinzas, caparazón y todo lo que de una jaiba hace una jaiba. En Tampico, es muy cierto, hay jaibas muy sabrosas. Las come uno en sopa, rellenas, al natural. Pero estas de La Bella Napoli son otra cosa. Manjar igual no he conocido en parte alguna.

Unos vecinos de mesa escuchan mis expresivos comentarios acerca de las jaibas desnudas y me preguntan de dónde vengo. Yo se los digo.

—¿De Saltillo? —repite uno—. ¡Ah! ¡La tierra del arroz huérfano!

Yo había oído decir que Saltillo es la tierra de Acuña, del sarape, del perón y el membrillo, pero he aquí que ahora Saltillo es la tierra del arroz huérfano. A todas partes ha llegado la fama de esa estupenda vianda inventada en La Canasta por Graciela Garza Arocha, edénica invención que en el mundo no tiene parigual.

Gracias le doy a Dios por el don tan precioso de la vida. Si yo no hubiera nacido, no habría gozado de esos manjares que se nos aparecen de pronto y que hacen de este valle de lágrimas, aunque sea por momentos, un gozoso jardín de las delicias.

No hay saltillense que no cite con agrado el apellido de la familia Nakasima. Quienes ya peinamos canas (o no peinan nada ya) recordamos la antigua Nevería Nakasima —así se escribía entonces el apellido—, en su local de la calle de Aldama.

¡Qué nieves servía en aquellos años el señor Nakasima! Eran un banquete preciadísimo a que nos convocaban nuestros padres únicamente en ocasión de cumpleaños, terminación de estudios o fasto de primera comunión. ¡Así era de lujoso el agasajo!

La más popular y económica de las delicias que se servían en la Nevería Nakasima era el «*Sundae*». Así se escribe el nombre: *Sundae*. No debe escribirse *Sunday*. Sucede que el inventor de esa sabrosa combinación, americano él, era hombre muy religioso, y como el domingo es el día del Señor no quiso dar el nombre de Sunday a un frívolo platillo hecho de nieve, y puso «*Sundae*».

Si la escarcela estaba más llena, entonces pedíamos un rascacielos, frágil edificio níveo hecho con cierto utensilio que daba a la nieve forma de cuadros, distintos a las redondeadas porciones que salían del instrumento con que se servían los helados.

Y si se nadaba en la abundancia, quiero decir, si traíamos mucho dinero —un peso cincuenta, o algo así— entonces se pedía el Paricutín.

Cuando uno pedía ese prodigio fabuloso todas las conversaciones se suspendían. La gente volteaba a verlo a uno con envidia, y las miradas se clavaban, ansiosas, en la puerta por donde saldría la mesera llevando, con igual recogimiento y fervor con que el sacerdote llevaba la custodia o el viático, aquella invención maravillosa. El Paricutín era un monte de nieve coronado por un cubito de azúcar. En el momento clave ese cubito era rociado con alcohol, y luego se le prendía fuego, de modo que el níveo volcán llegaba a la mesa de su afortunado poseedor llevando una espléndida erupción de llamas.

Con aire de millonario que solo por compasión permite que otros admiren su riqueza, el dueño del Paricutín esperaba un rato antes de destruir esa maravilla. La flama se apagaba finalmente por sí sola, y entonces el *gourmet* de nieves tomaba el azúcar quemada con alcohol que había quedado y la consumía golosamente. Como en el matrimonio, lo mejor venía al principio.

Enseguida comía la nieve, exquisita, claro, como todas las que hacía el señor Nakasima, pero para los niños lo mejor era aquello del azúcar con alcohol, porque como sabía a vino, para nosotros tenía el inquietante sabor de lo prohibido.

Hacía también coronas fúnebres el señor Nakasima, que los saltillenses llamaban, sin eufemismos, «coronas de muerto». Como era muy cuidadoso en cumplir bien sus encargos, jamás le pasó lo que a aquel otro hombre que hacía también esas ofrendas. Un señor que enviudó le encargó una corona para su difunta esposa, y le pidió que pusiera en ella (en la corona) una banda o listón grueso que dijera «Descansa en paz», por los dos lados.

El florista puso en el listón: «Descansa en paz por los dos lados».

Unas homéricas tortas de ternera (lonches, decimos en mi ciudad) vendía don Teodoro Kalionchiz, griego él. En los cuarenta era el suyo famoso restaurant donde se comían buenas viandas y se bebía mejor café.

Esquina de las calles de Allende y Manuel Pérez Treviño, que así se llaman hoy. Ahí, en el Kalionchiz, se juntaban los saltillenses a desayunar pan de azúcar que sopeaban en café con leche servido al gusto en vasos de muy grueso cristal. Ahí comían los rancheros ricotes que recién acababan de vender su maíz en la ciudad. Y ahí por las tardes se hacían tertulias substanciosas para comentar las incidencias de la guerra, sugerir estrategias infalibles y presentar recomendaciones para su rápida terminación.

Sobresaliente restaurant ese Kalionchiz, su máximo atractivo, sin embargo, era su fuente de sodas, legendaria. Daba a la calle y se atendía a los clientes en la acera, sirviéndoles sobre una monolítica cubierta de muy liso granito. Tenía la fuente aquella los adelantos últimos del confort americano. De brillantes espitas con remate de porcelana en que se leían palabras misteriosas —*Strawberry, Lime, Root Beer*— el encargado hacía salir la justa cantidad de esencia de sabor, y luego con agua de soda que manaba de un sifón llenaba el vaso hasta su borde mismo, dejando apenas sitio para que sin derramar gota cupieran los dos popotes, entonces todavía novedosísima invención.

Todos esos manejos, cumplidos como solemne rito, eran seguidos por la clientela transeúnte con profundísima atención. Pero eso no era nada: aún seguía lo mejor. Ponía el colmado vaso el encargado sobre la pulida cubierta de granito y luego, ¡oh, maravilla! Lo impulsaba con gracioso y elegante movimiento de brazo, de manera que el vaso, ancho de boca, estrecho de fondo, recio y luciente como prisma, se deslizaba en perfecto equilibrio hasta detenerse exactamente frente a su comprador. Ni una sola gota caía, ni una mirada sola echaba el autor de tal prodigio al vaso, seguro de que había quedado en el punto preciso donde había querido él.

Ah, aquel artista anónimo, asombroso, malabarista sin igual, artífice de un trabajo ordinario que ennoblecía hasta darle alto rango de hazaña o de obra artística absolutamente original. La gente iba a la fuente de sodas del Kalionchiz no tanto por degustar el grato sabor de la bebida refrescante de zarzaparrilla o de limón, sino más bien por admirar con boca abierta la pericia extremada de su dispensador. Por eso, cuando no había clientela, aquel que ahí llegaba no se ponía frente al empleado de modo que pudiera entregarle en la mano su refresco. Aunque la barra estaba sola, se iba al extremo opuesto, lo más alejado posible del despachador, y ahí esperaba el envío portentoso de su vaso, que se deslizaba otra vez grácil con el impulso preciso y precioso de aquel certero brazo infalible, y que llegaba suavemente hasta posarse frente a él.

Cosas pequeñas de México... Se hacen grandes y bellas con la belleza grande de la recordación.

Me gusta caminar por las calles de mi ciudad a la hora de comer.

En mi ciudad quedan aún aromas: el de las calles recién regadas, muy por la mañana; el olor de las panaderías, al que López Velarde atribuía santidad; el efluvio de los añosos árboles de la Alameda, casa de amores juveniles que si pudiera hablar, ¡ah! ¡Cuántas cosas no callaría!

Camino por las calles, y de las casas salen perfumes gratísimos. Juego conmigo mismo a adivinar qué manjares esperan al padre y a los hijos cuando regresen de trabajar y de la escuela. Imagino el humillo del cálido puchero, la sopa que hace recordar a la abuela, la picante delicia del guisado casero, los increíbles dulces de la tierra.

Y lleno la nariz y el corazón con tanto aroma y me deleito y regocijo con la abundancia de esos dones y llego a casa y los encuentro todos para mí como un milagro que cotidianamente se repite.

Si hubiera Premio Nobel de Empanadas yo pediría a la Academia Sueca que otorgara esa máxima presea a las empanadas de tomate de La Josefina, en General Cepeda, Coahuila.

Mirificas —o sea, maravillosas, admirables— son esas empanadas. ¿Quién puede concebir un pan de dulce elaborado con tomate? Es cierto que con todo va el tomate, menos con el chocolate, pero igualmente cierto es que el tomate no parece hecho para figurar en algo como estas empanadas que pertenecen —digo yo— al sabrosísimo reino de la repostería.

Y, sin embargo, las empanadas de tomate son un prodigio de cocina, una de las muchas y muy variadas delicias gastronómicas que puedes degustar en La Josefina, restorán de larga tradición y fama bien merecida. Ahí se sirve un caldillo de carne seca que ni en Ciénega de Flores, Nuevo León lo he comido igual. Hay barbacoa de carnero: si la probaran, todos los vegetarianos del planeta renunciarían a su convicción. Y te ofrecen un jocoque tan rico que se parece al que hacía mamá Lata, mi abuelita, en su estufa de leña.

Pero esas empanadas de tomate son punto y aparte. En ninguna otra parte del país las he encontrado, y vaya que voy a todas partes del país, y en todas busco galas de gula lugareña o exóticas creaciones de esa que ahora llaman «cocina de autor». Sólo en La Josefina es posible hallar aquella peregrina invención cuyos dos ingredientes principales, el trigo y el tomate, aparecen dibujados en la etiqueta de las bolsitas donde se expende ese manjar.

Las empanadas de tomate se pueden comer lo mismo a la temperatura ambiente que calentándolas un poco en el comal. En las dos formas sin riquísimas. Yo las prefiero calientitas, pero es cuestión de gustos. Con leche, café o chocolate son un maná del cielo. Si por un mal potaje de lentejas Esaú dio su primogenitura, por una empanada de tomate de La Josefina habría dado... No sé qué habría dado.

A más de sabrosas y baratas estas empanaditas de seguro merecerían la aprobación de nutricionistas y expertos en dietas, pues no contienen ningún elemento artificioso desaconsejable: todo en ellas es naturalito. Además, son riquísimas en fibra, al fin hechas de trigo.

Ahora bien: ¿dónde está La Josefina? Está bastante cerca de Saltillo, tanto, que se puede pensar en hacer viaje especial para desayunar o comer ahí. Tomas la carretera a Torreón, y antes de llegar a la casilla de cobro te desvías a tu mano derecha, por la libre. Al llegar al entronque con la carretera a General Cepeda —poco después de pasar una gasolinera— ahí está La Josefina. El menú es amplísimo, variado, y con precios que no quitan el apetito, sino antes bien lo aumentan. Además de los suculentos condumios de la mesa, encontrarás también delicias para llevar a casa, como las ya citadas empanaditas de tomate, el sabroso jocoque antes citado, dulces, cajetas, mermeladas y otros panes igualmente merecedores de alabanza. Encontrarás también —rareza singular en un restaurante caminero— muy bellas acuarelas de excelente factura, e igualmente de precio razonable, que adornan las paredes, pero que se hallan a la venta. Dos he comprado ya que a mi familia le gustaron mucho.

Pero lo dicho: cuando haya Premio Nobel de Empanadas, yo propondré las empanadas de tomate de La Josefina.

Hace unos años fui miembro del jurado en el Concurso Nacional de Chiles en Nogada que se efectuó en Puebla. No sé por qué, pero tengo fama de comilón, de hombre que goza los placeres de la mesa. Mis familiares contaban que una vez mi tío Fernando adivinó cuál era el muslo derecho y cuál el izquierdo de la gallina que se sirvió en mole. La gallina era de casa, y el tío Fernando explicó que, al pararse la gallina en una sola pata, según acostumbran las gallinas, esta lo hacía siempre sobre la derecha, cuyo muslo era por tanto ligeramente más duro que el de la pata izquierda.

Cervantes narró el caso de dos expertos catadores a quienes dieron a probar un cierto vino. El primero declaró que el vino tenía un cierto sabor metálico. El otro dijo que más bien sabía a cuero. Meses después, cuando el vino se agotó, alguien encontró en el fondo de la barrica una pequeña llave atada a una correa de piel.

Desde luego yo no podría consumar esas hazañas, de modo que no me explico qué fue lo que movió a los organizadores de aquel concurso de chiles en nogada a invitarme de jurado. ¡Con qué gusto, con qué deleitación cumplí la honrosa —y sabrosa— encomienda! Junto con los demás miembros del jurado probé, uno tras otro, 12 chiles en nogada elaborados por las manos sapientísimas de otras tantas señoras poblanas, herederas de la gloriosa tradición que hace de Puebla una de las grandes metrópolis coquinarias de México y del mundo.

Describir el sabor —los sabores— de aquel tricolor platillo paradisíaco es empresa ante la cual mi pluma se detiene. Habría que requerir la péñola de mi ilustre paisano don Artemio de Valle Arizpe para exaltar la barroca arquitectura, la exacta combinación de todos aquellos elementos aparentemente disímbolos, y sin embargo armónicos, en la precisa mezcla de los ingredientes: las manzanas, las peras, los duraznos, el plátano macho, las almendras, las pasas, las aceitunas y alcaparras, el clavo de olor, el acitrón, la cebolla (una), los dientes de ajo (dos), los huevos, el vinagre, la harina, la manteca, el queso, la leche, el migajón, el vino, la nuez de Castilla (y la otra, que llaman «encarcelada» allá), la sal y azúcar pesadas hasta la millonésima de gramo, y sobre el chile (poblano, por supuesto) la púrpura real, cardenalicia, la grana de la granada, el verde de las hojas de perejil y el blanco de la albísima nogada con que se figuran los tres colores de la bandera mexicana.

Han pasado años de eso, pero el recuerdo me sabe a gloria todavía, y llevo aún el deslumbramiento de aquel manjar maravilloso. Siempre daré gracias a mis amigas y amigos de Puebla por haberme brindado el gozo no merecido de ese deleite inenarrable. Por su causa, la gula llegó a ser —aunque solo por ese día— mi pecado favorito.

He dicho que hay dos clases de restoranes: aquellos a donde vas a comer y aquellos a donde vas a que te vean comer. Los primeros son los mejores.

Cuando voy a Aguascalientes me gusta ir a dos restoranes de esos a donde vas a comer. El primero es elegante; se llama Andrea. El otro, popular, es la tradicional Cenaduría San Antonio. Pues bien, en Termópolis, como llamaba a Aguascalientes un escritor magnílocuo, hice un hallazgo que nunca habría esperado hacer: un espléndido restorán de comida yucateca. Se encuentra en un costado de la pequeña plaza donde está la Escuela Morelos. Entras en ese restorán y te parece estar en Mérida. Ahí desayuné unos inefables huevos motuleños. Si los académicos suecos no se hicieran los suecos, fundarían el Premio Nobel de la Cocina Universal; los primeros platillos en ganarlo serían las empanadas de tomate de La Josefina, de General Cepeda, y estos huevos motuleños de La Mestiza Yucateca, de Aguascalientes. Describirlos es imposible, por eso les apliqué el adjetivo «inefables». Lo inefable es lo que no se puede decir con palabras.

En ese restorán degusté otra gala de cocina que hacía mucho tiempo no probaba: el jocoque. No estoy hablando del yogur, ni del jocoque árabe; estoy hablando del jocoque tradicional, del nuestro, que se hace con leche bronca en un jarrito de barro que se deja sobre la estufa o al lado de los rescoldos del fogón, para que se haga —como el jocoque— de la noche a la mañana. (Al rancho de un político local la gente le decía El Jocoque, porque se hizo así, de la noche a la mañana).

Ya es difícil encontrar jocoque, pues casi ya no se halla leche sin pasteurizar. Eso nos priva de una delicia gastronómica que, además, lleva en sí recuerdos de la infancia, pues antes en todas las casas había jocoque, preparado con la leche que sobraba cada día. Te diré de un platillo con sabor de paraíso: a los frijoles les ponías un poco de jocoque, y aquello era una maravilla. Ni en el Maxim's servían algo tan excelso.

Otras cosas de mucha sustancia y entidad hay en los desayunos de La Mestiza Yucateca. Ahí puedes probar el tradicional atole blanco hecho de masa. Ese atole era bebida de recién paridas, que lo tomaban a fin de tener más leche para sus criaturas. El tal atole era considerado insípido, y para darle sabor se le ponía azúcar o piloncillo, o un poco de canela en raja o espolvoreada. También a los niños pequeños se les daba atole blanco, «para criarlos». A los hombres no les gustaba mucho, y nada más lo tomaban cuando andaban maluchos del estómago, o si convalecían de alguna enfermedad. Por eso había un dicho que usaban los señores de edad a quienes el médico les ordenaba moderación en la comida o les imponía alguna rigurosa dieta que ellos desechaban. Rezaba el dicho: «Más vale un año de asado de puerco que no dos de atole blanco».

Cuando vayas a Aguascalientes no dejes de ir a La Mestiza Yucateca. Ya verás que me agradeces la recomendación.

Los habitantes de Tlaxcala reclaman como suya la invención de las memelas, tortillas de maíz de mayor espesor que las ordinarias y además de distinta forma, pues la memela no es redonda, como la tortilla, sino de forma elíptica, alargada. Al hacer una memela la tortillera la voltea a lo largo, tomándola por una de las puntas. De ahí el nombre de una suerte del antiguo toreo a la mexicana: el diestro (tenía que serlo, y mucho) se tendía en la arena, de espaldas, y con los pies hacia el toro aguardaba la embestida del burel. Al llegar la fiera, el torero apoyaba los pies en el testuz del animal, cuyo impulso lo hacía dar una maroma hacia atrás, de modo que caía de pie. ¿Algún torero de ahora se atrevería a hacer una memela de estas?

Oaxaca es un deslumbramiento que empieza con una copa de mezcal y culmina con la visión de Monte Albán. Entre ambos extremos están la historia de Oaxaca y su leyenda; sus maravillas de arquitectura; su artesanía y arte; sus preciosos atuendos; su música; el habla de su gente... Y, sobre todas las cosas, su cocina, con esas siete maravillas del mundo que son sus siete moles, con su cecina y su tasajo, su quesillo, sus chapulines y gusanos, sus tamales, tlayudas, chalupas y memelas, su chocolate y su dulcísimo pan de dulce...

Hablé de esa gastronomía edénica en una conferencia que di, y al terminar, en la sesión de preguntas y respuestas, un ceñudo señor —predicador, supongo, de alguna de las mil y una sectas que hay en México— me dijo que lamentaba saber que había ido yo a Oaxaca a cometer pecado de gula.

—Amigo —le contesté—. Venir a Oaxaca y no incurrir en gula es cometer un pecado mayor que el de la gula; mayor aún que todos los pecados capitales juntos: el gran pecado de la pendejez.

Muchos buenos lugares hay en Oaxaca para comer bien. A mí me gustan dos: La Casa de la Abuela y El Biche Pobre. El nombre del primer restorán es conocido; el del segundo requiere explicación. En Oaxaca el calificativo «biche» se aplica a quien es rubio y de ojos claros. El término, perteneciente al habla popular, equivale a la voz norteña «borrado». Pues bien: había dos hermanos gemelos, biches los dos. Uno fue a la Universidad y se hizo abogado. El otro, poco afecto al estudio, puso una taquería. El licenciado comenzó a medrar con su carrera. El otro seguía vendiendo tacos. La gente llamó entonces al abogado el Biche Rico, y al taquero lo apodó el Biche Pobre. Mas vino a suceder que la buena sociedad empezó a gustar de los guisos del vendedor de tacos, y este, como suele decirse, se fue para arriba. Puso un restaurancito, y después un restauransote con el cual se hizo rico, más rico aun que el abogado. Con orgullo, el fortunoso taquero bautizó a su establecimiento con el nombre que el pueblo le aplicó: El biche pobre.

En ambos sitios, El Biche Pobre y La Casa de la Abuela, se come muy bien. Pero a mí me gusta más ir al mercado. Ahí puedes degustar gusanos y chapulines; hay cecina y tasajo, y gallina en cualquiera de los siete moles que a Oaxaca han dado fama. También, obvio es decirlo, se expenden ahí tamales de todos los colores y sabores, y hay empanadas, y tlayudas, y chalupitas, y memelas, y tostadas, y la gran variedad de quesos oaxaqueños, y la profusa panadería lugareña, pues cada región tiene su propio pan, y todos llegan a este mercado, y puedes sopear los deliciosos panes en el ardiente chocolate hecho en agua o en leche que ahí se sirve muy temprano por la mañana, o para la merienda de la tarde. En Oaxaca, bendito sea Dios, se pasa uno la mitad del tiempo comiendo. Y la otra mitad desayunando y cenando.

Las frutas que se venden en el mercado de Oaxaca decuplican las que en otras partes se consiguen. Aquí encuentras ciruelas que son ciruelas y ciruelas que no son ciruelas, sino otro fruto que solo aquí he comido, de agradable gusto ácido. También hay esa fruta con nombre y sabor de paraíso que es el maracuyá. Y están el mamey y la guanábana, la chirimoya y el nanche, el zapote y el chicozapote, y otras diversas frutas más con las cuales se confeccionan las nieves sabrosísimas que se hallan junto a la iglesia de la Soledad. Yo me pregunto si la gente va al templo a visitar la doliente imagen de la Virgen o a comer la exquisita nieve del lugar. A las dos cosas va, seguramente, que buen arte es saber armonizar las cosas del espíritu con las que al cuerpo atañen.

No me canso de ir al mercado de Oaxaca y de llenarme todo con su sabor y sus aromas, con el color de sus flores, el lujo de sus atuendos y el arte de sus artistas artesanos. Aunque vaya varios días, siento que mi estancia dura solo un instante. En lengua zapoteca la palabra «colibrí» se dice «biulú», que significa algo así como «lo que se va y se queda». Se van los días en Oaxaca, pero queda su memoria como un regalo que el viajero, ya en su casa, desenvuelve morosamente para mejor gozarlo.

Conozco tres chorizos beneméritos que bien podrían presentarse en una exposición universal. Eso no quiere decir que yo haga menos a los otros: cada chorizo tiene su propia personalidad, su buqué propio, y todos en mayor o menor medida pueden aducir algún mérito especial.

El chorizo de Cedral es bravo y áspero, como la naturaleza de los parajes donde se cría y da. Se le compra frente a la plaza del pueblo, con chicharrones que se fríen en un gran cazo que llena todo el ancho de la banqueta y además media calle. Para comprar esas delicias, se hace un alto en la ruta que lleva de Saltillo a Real de Catorce, tras almorzar en un insigne restaurante que se llama El Chamuco. Siempre que voy a visitar a San Panchito, de cuya imagen soy férvido devoto, aprovecho la peregrinación para desayunar en El Chamuco y para traer chorizo de Cedral. Una cosa no quita la otra. Decía Santa Teresa: «Cuando Cristo, Cristo; y cuando pisto, pisto».

El chorizo de Múzquiz es tierno y suave, igual que el aire de los Cinco Manantiales. También son famosos ahí los dulces. Y las mujeres, desde luego. En tiempos del internado normalista alguien decía que traía novia de ahí. «¿Y es guapa?» —le preguntaban—. «Es de Múzquiz». Ya no necesitaba decir más. Igual con el chorizo. Y con los dulces. Si son de Múzquiz no necesitan más recomendación.

El tercer chorizo catedralicio tiene marca: Las Sevillanas. Es de Matehuala. Poner aquí su nombre va a sonar como a publicidad. No lo es. El buen paño en el arca se vende, y el buen chorizo igual. Cuando voy en avión de San Luis a Monterrey y pasamos sobre Matehuala, ganas me dan de decirle al piloto que haga un aterrizaje sobre la carretera 57 en breve escala para comprar chorizo de Las Sevillanas.

Quien esto escribe tiene fama de comilón. Y a mucha honra. Entre las mil variadas bendiciones que del buen Dios he recibido se cuenta la de un estómago capaz de digerir piedras, y eso, aunque no sean de buena calidad. Ventaja grande es esa: el estómago, escribió Cervantes, es «la oficina donde se fragua la salud del cuerpo». Por eso el estómago es mi segundo órgano favorito.

Tengo lo que se llama un buen estómago. Su bondad, sin embargo, no estriba tanto en la eficiencia cuanto en la pluralidad, actitud suya absolutamente democrática ante todo lo que puede comerse o ser bebido. En los pasados tiempos se aplicaba una frase popular a quien comía de todo: «Tiene panza de músico».

Y es que los músicos, por causa de su oficio, se veían en la necesidad de comer lo que les dieran en las fiestas, desde un manjar sabroso y exquisito, hasta el más plebeyo de los escamochos. Se les formaba así un estómago como de rumiante —sea dicho sin agravio—, demoledor y poderoso. Recordemos una vez más al Oaxaquita, uno de aquellos músicos callejeros que en el Saltillo de ayer había, hombre a quien todos apreciaban por su bondad y sencillez. Cuando acababa de tocar en su violín las mañanitas, el cumpleañero o su familia lo invitaban a pasar:

—¿Qué quiere, Oaxaquita? —le preguntaban—. ¿Almuerzo o desayuno?

—Las dos cositas —respondía él con franciscana humildad.

Y daba buena cuenta del chocolate con pan de azúcar del desayuno, y de los huevos con chorizo del almuerzo.

Si se trata de comer también doy cuenta buena yo de todo lo que al frente me pongan. A veces esa disposición me coloca en circunstancias especiales. Quienes me invitan a perorar en las diversas regiones del país conocen mis aficiones gastronómicas y se esmeran por obsequiarme y darme a conocer las delicias locales de su mesa. La lista de las cosas que he comido dejaría patidifuso y turulato a Brillat-Savarin, el más grande glotón que ha pisado figones y cocinas en el mundo. Narraré aquí una de mis experiencias.

Fui a Toluca. Esa ciudad es famosa por sus chorizos, desde luego. Los hay de colores que en otros lados no conocemos, variopintos, que en otras ciudades nos maravillaría ver. Pero tiene Toluca otros manjares desconocidos aun para los toluqueños que no cultivan este arte magnífico, el del *gourmand*. (Brillat distinguía *gourmand*, buen gastrónomo, de *gourmet*, buen catador de vinos). Y fue en Toluca donde tuve una experiencia que no sé si calificar de feliz o desgraciada. Me inclino, pese a todos los pesares, a suponer que fue feliz.

Me dijo mi anfitrión:

—Por sus artículos en el periódico sabemos que a usted le gusta comer bien, y que le agrada probar nuevos platillos. Lo vamos a llevar a que coma algo muy especial. Es una comida regional que no muchos conocen, y que le va a gustar.

Llegamos a una pequeña fonda atendida por una buena señora, amable y regordeta.

—Doña María —dijo el invitador—, le presento a don Armando Fuentes. Está de visita en Toluca. Prepárele por favor un cran.

Yo nunca había oído hablar de ese platillo, cran. Su nombre me pareció de origen indio, y pregunté en qué consistía el manjar. La respuesta de mi anfitrión, evasiva, me dejó en las mismas.

—Usted pruébelo, licenciado. Le va a gustar. Al final le diré qué fue lo que comió.

La misteriosa contestación me intrigó mucho. Pero de mí jamás se ha dicho que le haga el feo a nada comestible. Así, tenedor y cuchillo prestos ya en entrambas manos, me dispuse a recibir aquel exótico platillo.

¿Qué sería eso de «cran»? Mi anfitrión en Toluca me había dicho que era un platillo que casi nadie conocía, pero que valía la pena degustar. Y ahí estaba yo, en aquella pequeña fonda toluqueña, esperando a que doña María, la dueña del establecimiento, acabara de preparar en la cocina aquel exótico guiso prodigioso hecho especialmente para mí.

Elevé una plegaria silenciosa a San Pascual Bailón. San Pascual, ya se sabe, es el santo patrono de los cocineros. Su patronazgo cubre también los Congresos Eucarísticos. Se explica: la eucaristía es el mejor manjar. Recordemos que, en el día de su fiesta, el 17 de mayo, nació don Alfonso Reyes, uno de los más grandes comilones que en México han comido. A él no lo conocí, pero sí a Salvador Novo y a José Fuentes Mares, ambos famosos catadores de viandas y de vinos. Novo tiene un largo ensayo sobre el taco, mexicanísimo manjar, texto en el cual incluye un apartado donde enseña cuál debe ser la posición que debemos asumir cuando de pie comemos tacos. Por su parte el chihuahuense Fuentes Mares escribió un libro deleitoso llamado *Nueva guía de descarriados*, manual de gastronomía al modo del que en su tiempo concibió Brillat.

Todos tres —Reyes, Novo, Fuentes Mares— tenían la devoción de San Pascual. Yo la comparto. No soy capaz de hacer ni un huevo tibio, pero aun así merecí el honor de que mi malogrado amigo Sergio Recio me convocara para formar parte de su Club del Gourmet, prestigiosa asociación que funcionó en Saltillo allá por los sesenta. De él era socio el arquitecto Gómez Lara, cuyas paellas superaron a las mejores de Valencia y su lechón al horno rivalizó con los de Cándido en Segovia. También era socio el licenciado Bibiano Berlanga Castro, autor de una *pizza* de cebolla que merecería estar en el Louvre al lado de las grandes obras artísticas del mundo. Omar Sánchez aportaba un excelso puchero de res a la manera antigua de Saltillo, con añadidura de membrillo, perón y ubre de vaca. Sergio, por su parte, fue el primero que en Saltillo guisó las quesadillas de huitlacoche y flor de calabaza, ahora de moda en todas partes. A mí, por excepción, me permitían llevar un condumio no preparado por mí, sino por mi mujer, cuya fama de insigne guisandera me amparaba.

Pues bien: aquellas reuniones empezaban siempre con una oración a San Pascual para pedirle su patrocinio sobre el cocinero de turno, quien era el que recitaba la oración famosa: «San Pascual, San Pascualito, mi santo Pascual Bailón: voy a hacer este guisito, y tú ponle la sazón». Si muchos actuales cocineros supieran este rezo, se quitarían la viciosa costumbre de decir «el sazón» en vez de «la sazón», como debe ser, pues la palabra «sazón» es femenina.

Pero me he ido por los cerros de Úbeda. Sucede que, en la comida, como en el amor, una cosa lleva a otra. Estaba hablando yo de la experiencia que en Toluca tuve cuando me llevaron a comer un platillo que al parecer nada más ahí se conoce, y que se llama «cran», palabra cuya misteriosa etimología averigüé hasta después de haber degustado el tal platillo. Mientras esperaba a tener frente a mí aquel manjar tan ponderado me preguntaba qué sería ese tal cran y a qué sabría. En eso estaba pensando cuando apareció doña María y puso ante mí el manjar prodigioso, cuya sabrosura tanto me había ponderado mi amigo de Toluca, con el mismo ademán con que Velázquez debe haberle mostrado *Las Meninas* a Felipe IV.

Consistía tal manjar, el decantado cran, en unas como rodajas de carne blanquecina guisadas en especiosa salsa verde. El aspecto, en verdad, no era muy atractivo, pero la salsa despedía un incitante aroma difícil de resistir. Estaba de por medio, además, el honor del buen *gourmet*, que no rehúye ningún reto de mesa. Si a la misa llaman tres veces, a la mesa nomás una vez llaman.

Esgrimí, pues, con determinación cuchillo y tenedor y me dispuse a entrar en aquella *terra ignota*, el cran. Un último escrúpulo, quizás el instinto de conservación, me llevó a preguntar:

—¿Qué es?

—Coma usted. Le va a gustar.

Empecé, pues. Aquello era una delicia. No recordaba haber comido nunca guiso igual. Se desleía en mi boca la carne como si fuera de cordero lechal, sabrosa vianda propia de cocina de ángeles. La salsa tenía la cualidad que las buenas salsas han de tener: no ocultar ni disfrazar el sabor de la carne, como hace el *curry* inglés, sino realzarlo para mostrar mejor su calidad.

—¡Qué sabroso está esto! —dije con entusiasmo—. Ya díganme qué es.

—Cuando termine, licenciado.

Ataqué otra vez con denuedo, como cruzado frente a los muros de Jerusalén. Bien pronto di cuenta de aquel platillo suculento. La ración había sido grande, pero más grandes fueron mi gusto y mi apetito.

—¿Quiere más? —me preguntó doña María.

—No, gracias. Quedé muy satisfecho.

Se inclinó sobre mí quien me invitaba y me dijo en voz baja:

—El platillo es afrodisíaco.

—Está bien, doña María. Sírvame otra vez. Un poco más que la anterior, si es tan amable. Como que me volvió a dar hambre.

Y allá viene la ración segunda, más rica aún que la anterior.

No dejé nada. Con pan rebañé el plato sin dejar huella del guiso que llevó. Si el plato hubiera tenido dibujada en el fondo alguna figurita seguramente la habría borrado yo.

—Ahora sí —pedí con el derecho que da el deber cumplido—. Díganme qué fue lo que comí.

Una sonrisa picaresca apareció en los labios de doña María.

—Licenciado —me preguntó mi invitador—. ¿Ha comido usted alguna vez criadillas de toro?

—Desde luego.

—Esto era lo demás.

Ganas me dieron de decir como en las telenovelas: «Ahora lo comprendo todo». O también, como en las viejas comedias españolas:

«Ahora caigo». Me expliqué entonces la misteriosa actitud del anfitrión; la pícara sonrisa de doña María y el tan curioso nombre del platillo: «cran». Tal vocablo, derivado de la palabra inglesa *crank*, servía para designar una manivela con la cual se hacían arrancar los motores de los antiguos automóviles.

Aquí acaba la historia del día que me dieron cran. No me arrepiento de esa extraña experiencia gastronómica. Si comemos riñones, menudo con pata, hígado y lengua, menos desdoro hay en comer partes que aun en los toros son llamadas «nobles».

Yo, lo he dicho muchas veces, soy un irredento comilón. No me dejará mentir la rotunda panza de canónigo que luzco con orgullo, esa ventripotente curva que ninguna prenda, ni aun la más holgada guayabera, alcanza ya a disimular. Con la edad te acartonas o te ajamonas. Me alegra estar en el segundo caso.

En su infinita sabiduría, Diosito me concedió un estómago bien cumplidor. Quienes me invitan a dar conferencias saben que tengo ese pecado, el de la gula, y cuando viajo me ofrecen manjares ricos y variados.

En Nogales probé el pozole de milpa, una olla inverosímil en la que cabe todo lo que en una olla puede caber: carne de pollo, de puerco y res; arroz, garbanzos, habas, ejotes, maíz tierno, papas, zanahorias, nopalitos; en suma, toda la verdulería nacional.

A veces me preguntan:

—Y díganos, licenciado: ¿cuáles son los platillos típicos de Coahuila?

Les respondo:

—Tenemos tres: carne asada término medio, tres cuartos y bien cocida.

Lo que digo no es cierto, desde luego. Al decirlo incurro en vasconcelismo, pues ya se sabe que Vasconcelos hablaba de un norte salvaje en el que solo se comía carne asada. Yo tengo para mí que Vasconcelos, a pesar de haber vivido en Piedras Negras, jamás comió cabrito. De otra manera no se explica una curiosa afirmación que hace en *La Tormenta*:

«... (De Saltillo) regresamos otra vez a Monterrey para compartir la gira de Villarreal (el general Antonio I. Villarreal) por algunas aldeas de Nuevo León; entre otras su tierra, Lampazos [...] Lampazos es célebre por el cabrito asado, versión norteña del cordero de Castilla...». Ningún parecido hay entre el cabrito norteño y el cordero castellano.

Uno de los personajes de la cultura mexicana por quien mayor estimación he sentido es don José Alvarado. Insigne figura de las letras él, chambón aprendiz de periodista yo, escribí artículos en su defensa cuando la ultraderecha regiomontana lo embistió villanamente y terminó por echar abajo su noble rectorado en la Universidad Autónoma de Nuevo León. Él correspondió con generosidad: cuando le dije que tenía un libro en preparación me ofreció hacer el prólogo. Lo escribió con exceso de bondad. Así, con excesiva bondad, me trató siempre.

Pues bien: por mi maestro de Teoría de la Historia, doctor Manuel Ceballos, supe que Pepe Alvarado polemizó con Vasconcelos a propósito de la cocina norteña. El gran nuevoleonés rebatió la manida afirmación vasconceliana según la cual la civilización termina donde comienza la carne asada, y dijo que la fritada de cabrito «es uno de los guisos más cultos de la historia». Y eso que Alvarado conocía solo la fritada nuevoleonesa, que si hubiese probado la de Saltillo —sobre todo la que hace mi mujer— algo de más elogio habría escrito.

Quizá por las rectificaciones de don Pepe atemperó Vasconcelos su actitud. Llegó a confesar que le gustaban mucho las tortillas de harina. A mí también me gustan. Más, desde luego, que *La raza cósmica*.

He probado en mi vida magníficos cabritos, preparados en muy diversas formas. Como les decía, la fritada que hace mi señora es benemérita, digna de un cardenal. No: de un pontífice. Renacentista, por más señas. El cabrito guisado que se come en la otrora Villa de Santiago en Nuevo León, hoy Santiago a secas, es verdaderamente suculento. El que hacemos al ataúd no tiene parigual.

En el Potrero de Ábrego lo comemos en manera que en ninguna otra parte he visto nunca. El cabrito, sacadas ya sus vísceras, es envuelto en su propio cuero —este se anuda por las patitas— y se mete en las brasas del fogón. Ahí se va cocinando lentamente hasta ser una rica barbacoa *sui generis*. Platillo tan delicioso no conoció en sus mejores tiempos Savarin.

Dicen que de los españoles judaizantes que llegaron al norte recibimos herencias muy diversas: ese pan que todavía se hace, que llamamos «cemitas» y que acemitas se llaman en verdad; palabras tales como «güerco», que nos sirve para designar a un muchachillo; y, sobre todo, ese manjar sabroso que es el cabrito al pastor y que, judío o no, es vianda exquisita sobre toda ponderación. A su propósito recuerdo un letrero que vi alguna vez en cierta fonda:

> Tacos de cabrito, 50 centavos.
> Tacos de cabra, 75 centavos.
> También hay tacos de a peso.

Es bien sabido que la mejor comida china no se come en China, sino en Mexicali. Si a ti te gusta el juego debes ir a Las Vegas; si te gusta el jazz debes ir a Nueva Orleans; si te gusta el arte debes ir a Florencia... Y si te gusta la comida china no debes ir a Beijing o a Cantón: debes ir a Mexicali.

La cadena de cafés Starbucks —el nombre está sacado de la novela *Moby Dick*— proclama con orgullo que en Vancouver hay dos calles en cuyas cuatro esquinas se ve un café de Starbucks. Guadalajara se jacta con ufanía igual de su famoso barrio de Las Nueve Esquinas, y afirma que en cada una hay una birriería. Pues bien: en cada esquina de Mexicali hay ocho o diez restoranes de comida china, y ahí nadie ve eso como algo extraordinario.

En uno de mis viajes encontré un excelente restorán al que antes no había ido. El nombre del establecimiento no suena mucho a chino: se llama nada menos y nada más que El rincón de Panchito. Parece nombre de taquería. Pero es el más chino de los restoranes chinos que pueda uno hallar.

A los naturales de Mexicali no se les llama mexicalenses. Se les llama «cachanillas», por una cierta hierba que abunda por allá. El lexicón de la Academia no registra el vocablo todavía. Tampoco lo recogió don Francisco J. Santamaría en su profuso *Diccionario de mejicanismos* (con jota escribe la palabra este otro Panchito). La palabra «cachanilla» es de género neutro; se aplica por igual a hombres y mujeres. Pero hay otra especie de gentilicio para nombrar a los varones cachanillas, al menos a los de edad adulta: se les llama «huevos fríos» —con perdón sea dicho—, por la costumbre tradicional e inveterada que tienen de llevar en la entrepierna, cuando van manejando, una botella o lata de cerveza helada.

En Mexicali abundan los chinos, y uno se siente un poco raro por no tener ojos rasgados. Cuando firmé los ejemplares de uno de mis libros en la Feria del Libro de la Universidad de Baja California, uno de cada diez apellidos no era chino. Un González y un Pérez por cada veinte Lees o Wongs. Estoy exagerando, claro, pero no mucho.

A los chinos antes se les llamaba «chales». Don Luis Gutiérrez, gran revolucionario, asistió a un banquete de diplomáticos en la Ciudad de México, y le tocó sentarse junto al embajador de la Emperatriz viuda, un hierático mandarín ataviado con las lujosas sedas chinescas. Sacó su petaquilla de tabaco aquel llano y bonísimo don Luis, y se dispuso a terciar su cigarrito de hoja. Pero antes, con gran cortesanía, la tendió hacia el embajador y le dijo: «¿Fumas?, chale».

Se cuenta de un chino de Mexicali que hizo un viaje a la capital de la república. El taxista lo trajo paseando una hora, y finalmente lo dejó en su hotel, que estaba a media cuadra de la central camionera, y le cobró una tarifa estratosférica. A su regreso a Mexicali el viajero narró la tropelía de que había sido objeto, y la explicó hablando con su tono oriental: «Abusan de uno polque le notan el acento nolteño».

De otro chino de Mexicali oí hablar, al que un forastero le hizo por burla esta pregunta:

—¿Es cierto que ustedes los chinos abren los ojos hasta los veinte días de nacidos, como los perritos?

—No sé si sea cielto —respondió el chino—, pelo conozco pendejos que en toda su vida no los ablen.

La palabra *gourmet* es muy impresionante. Una vez alguien me dijo: «Licenciado: es todo un *gourmet*». Me impresioné tanto al oír eso que se me atragantaron los chilaquiles.

Pensamos generalmente que para disfrutar de una comida excepcional debemos ir a sitios lejanos. No es así: la buena comida, como la felicidad, está muy cerca de nosotros. Mis amigos tampiqueños, por ejemplo, abren la boca boquiabiertos cuando les digo que Tampico es una de las cinco ciudades mexicanas donde mejor se come. (Las otras cuatro serían la Ciudad de México, Puebla, Mérida y Oaxaca). Y, ¿qué decir de las delicias saltilleras? Para no mencionar más que una especialidad, declaro bajo juramento que los mejores tacos del país —y por lo tanto del planeta, y por lo tanto del Universo— se comen en Saltillo. Si se trata de tacos mañaneros, los de Los pioneros no tienen rival en todo el mundo. Si se trata de tacos nocturnos, nadie en ninguna parte podrá superar a los tacos de Checo. Y esto lo dice alguien que ha comido tacos en toda la república, desde el extremo norte de la península de Baja California hasta el extremo sur de la de Yucatán.

Tiempo habrá, si Dios quiere, para hacer el catálogo de las diversas catedrales y basílicas que tiene en Saltillo el arte de la gastronomía. Déjame invitarte hoy a un recorrido de *gourmets* por tierras aledañas. Vayamos por el rumbo de la Carretera Nacional, allá por la Villa de Santiago, Nuevo León.

A los habitantes de Santiago se les llamaba antes «panzas verdes». El nombre les venía de una fábrica de hilados y tejidos que existía ahí —¿existe todavía?—, cuyos trabajadores mostraban siempre en la región de la cintura las manchas de un tinte verdoso que se usaba para teñir las telas.

En Santiago se comían unos tacos supereminentes. Los confeccionaba Tavo, cordial señor que tenía su restorán frente a la plaza, al lado de la preciosa iglesia jacobea. A ese templo se subía por una empinadísima escalera de no sé cuántos peldaños. Cuando había casamiento, los infelices novios agotaban todas sus fuerzas en el ascenso de aquella escalinata everestiana, de modo que las noches de bodas de los santiaguenses se caracterizaban por el profundo sueño de cansancio en que caían los desposados. En los funerales, como el ataúd era subido en forma casi vertical, el cuerpo del finado se deslizaba hacia abajo de la caja, y luego, al abrir el ataúd en el panteón para echar la última mirada al ser querido, ya no se le veía, pues había quedado acurrucadito en la parte inferior del féretro, que entonces se veía vacío, cosa de magia, sobrenatural.

Pero como dice el dicho: el muerto al hoyo y el vivo al bollo. Tavo preparaba unos insignes tacos, entre los cuales la obra maestra era un taco espectacular: un chile jalapeño, convenientemente desvenado para atenuar en lo posible su picor, se rellena con carne, atún o queso, se lamprea, y se sirve luego en tortilla, como taco. ¡Una delicia!

¿Alguna vez has ido a Los Cavazos? Este poblado se halla sobre la Carretera Nacional, a unos cuantos kilómetros de Monterrey. En verdad no es un poblado, sino un conjunto de tiendas artesanales abiertas a ambos lados de la carretera. Ahí puedes hallar cosas diversas: muebles de ratán, fuentes y otros objetos de cantera, macetas, adornos para la casa, flores naturales y de las otras, santitos... También puedes comer un delicioso pan de maíz que te preparan a la vista en un *dutch oven*, artilugio que por acá se llama «acero», especie de cacerola de metal grueso con tapa, que se pone entre brasas de carbón o leña. Recordemos al viejo revolucionario que narraba cómo su mula torda venció en una carrera al legendario Siete Leguas, el caballo que Villa más estimaba.

—Y le ganó por una a cero.

—¿Cómo por una a cero, don Fulano? En las carreras no se anotan así los resultados.

—No me entendió usted, licenciado. Un día estábamos haciendo el almuerzo cuando llegaron de pronto los federales. Mi general Villa saltó sobre su caballo, el Siete Leguas, y yo monté en mi mula torda. Pero antes saqué el acero de la lumbre y se lo eché en las ancas. Al sentir el fierro ardiente corrió la mula tan aprisa que dejó atrás al Siete Leguas. Por eso digo que le ganó por un acero.

Visita tú Los Cavazos uno de estos días. Eso sí: no vayas en sábado o domingo, porque hay tanta gente que el regreso a Monterrey se vuelve una odisea. Haz el viaje entre semana. O, si tienes que ir en fin de semana, ve temprano y vuelve antes de que la muchedumbre inicie en masa su retorno.

Entre los muchos restoranes de la orilla busca el que se llama El Tío Poncho. Está al final de la hilera, a tu derecha yendo de poniente a oriente. Es una palapa grande, con estacionamiento al fondo. El restorán del Tío Poncho es un sentido homenaje a la cocina regional. ¿Qué encontrarás ahí? Te lo diré: un puchero de res insigne, un asado de puerco eminentísimo, unos chiles rellenos superiores, y otros diversos guisos preparados al modo casero, que es magnífico. Disfrutarás también, si no tienes pleito con el colesterol, unas gorditas de manteca que en pocos sitios ya se encuentran, recuerdo de cocinas de ayer que ya no existen hoy. Todo eso en un *buffet* profuso y abundante. Y, además, barato.

¿O quieres otro tipo de comida? Bien, entonces sigamos por la carretera hasta llegar a El Cercado. Busca, ahora a tu mano izquierda, el Mesón de la Pizza. El nombre del establecimiento no dice todo lo que hallarás en ese restorán italiano, excelentísimo. Ahí, sus amables anfitriones se desviven por ofrecerte lo mejor de su espléndida y original cocina. Hay ensaladas celestiales, y hay pastas cardenalicias, y pontificales postres. Es el sabor de Italia en El Cercado, Nuevo León.

Una vez, cuando en mi otra juventud me dio por viajar de aventón a muchas partes, fui a caer en un pequeño pueblo de Jalisco llamado Pihuamo. Gente muy buena, campesina, me recibió una noche en su ranchito, y dormí un sabroso sueño en la bodega del maíz. Me despertaron en la madrugada los sonoros mugidos de las vacas que pedían ordeña. Me levanté, y en la oscuridad que todavía no disipaba la luz del nuevo día encaminé mis pasos al corral. El señor de la casa, al verme, trajo un jarro de regular tamaño, en él puso la leche que salía caliente, humeante de la ubre de la vaca que estaba ordeñando. Luego, puso en el jarro una tablilla de chocolate, y terminó de llenarlo con un generoso chorro de alcohol puro de cana. Dijo el hombre al hacer esto ultimo: «Un chingazo de lo bueno, joven, paque le sepa». Perdón por la palabra, pero no hay otra mejor para significar una dosis generosa de algo. Terminada su obra, el señor meneó el jarro a fin de que se mezclaran bien aquellos ingredientes, y me lo tendió con la grave cortesía de los rancheros cuando ofrecen algo.

Hacía un frío del carajo. De la sierra bajaba un viento de lobos capaz de hacer tiritar a los demonios del infierno. La neblina llegaba al suelo. Yo estaba helado hasta... no diré hasta dónde, pero estaba helado. Le di un trago a aquel mágico elixir, y fue como darle un trago al sol, o por lo menos al fuego que ardía ya en el fogón de la cocina de la casa. Un calor dulce me poseyó todas las fibras corporales, y después las del alma. Jamás he bebido cosa alguna que me haya hecho sentir tan bien, y vaya que he bebido muchas cosas a lo largo de la vida, y vaya que muchas veces me he sentido bien. Si yo pudiera confeccionar esa mirífica poción en el exacto modo en que la elaboró aquel demiurgo campesino, la patentaría, y de seguro me haría millonario en dólares vendiéndola en las heladas regiones de Alaska y Canadá.

Otro líquido parecido a ese, pero de inferior calidad, recuerdo haber bebido en farragosas farras en la Ciudad de México. Por las esquinas de San Juan de Letrán, calle cuyo precioso nombre se cambió por la estólida designación de «Eje Central Lázaro Cárdenas», había hombres callados que vendían un raro bebistrajo al cual atribuían poder vigorizador, especialmente en lo que atañe al menester erótico. Esa bebida estaba hecha con partes iguales de leche de vaca y leche Nestlé. Se calentaba la mezcla en una parrilla de gas y se le añadían un par de cucharadas de chocolate en polvo, entonces grandísima novedad. A continuación, el vendedor volvía la vista a todas partes, receloso, y luego, volteándose hacia la pared a fin de no ser visto, le añadía al líquido un chorrito de alcohol. (Era muy poco, por eso ahora no dije «chingazo»).

Muy recordadas son también las famosas «veladoras de Santa». Esta señora —todos le decían Santita— inventó en la capital otro notabilísimo brebaje compuesto de té de canela, jarabe de diferentes frutas y alcohol de botica. Ella o su cantinero ponían una hilera de vasos sobre el mostrador, los llenaban de corridito y luego les prendían fuego a todos con un solo cerillo. El mesero servía las veladoras en las largas mesas comunitarias donde los clientes se acomodaban. Para apagar la lumbre ponías la mano sobre el vaso, con gesto elegante de conocedor. No era raro ver, mezclados como pariguales entre los parroquianos del establecimiento, a Cantinflas, Jorge Negrete o Agustín Lara, y ocasionalmente a gente menos importante, como algún presidente de la república.

En este punto dejo de escribir. Se me ha hecho agua la boca con estos sápidos recuerdos. Es ya la una de la tarde, y voy a tomarme un tequilita en homenaje a aquellos insignes brebajes de mi ayer.

Se discutía qué tequila es el mejor. Alguien recordó, naturalmente, la sabida expresión según la cual el mejor tequila es el que más te gusta. La frase tiene un gran contenido de verdad. Sucede que un tequila de precio reducido, o regular, te gusta mucho, mientras que otro con precio de coñac no te satisface. «Compro tequila, no botella» —decía un conocedor haciendo alusión a los lujosos pomos en que esos tequilas caros se venden ahora.

En aquella conversación que digo oí una frase que me pareció sumamente razonable. Cuando a un buen bebedor le preguntamos cuál, a su juicio, es el mejor tequila, él respondió con una frase para ser inscrita en bronce eterno o mármol duradero: «El tequila es como la mujer: la mejor es aquella a la que estás acostumbrado».

¡Qué perla de gran sabiduría! Al paso de los años nos amoldamos a los seres y a las cosas —a la esposa, a los amigos, a la almohada—, y esa amable costumbre se vuelve parte de nuestra naturaleza. En aquellos años en que estrenar zapatos era martirio doloroso había un anuncio de calzado en que un hombre le manifestaba su amor a su mujer en los siguientes encendidos términos: «¡Te quiero más que a mis zapatos viejos!».

Con el tequila sucede igual. Por una razón u otra empezamos a tomar tequila de una marca, y en tal manera nos habituamos a ella que los demás tequilas nos parecen aguados o rasposos. Si ese tequila no es de los caros, o de los que están de moda, no falta quién pregunte con desdén mal disimulado:

—¿Por qué tomas ese tequila?

Y uno tiene que inventar explicaciones más o menos plausibles: «Es el que tomaba mi papá, y yo también lo tomo, en su memoria», «Me trae recuerdos de una novia que así se apellidaba, Orendáin», «Era el preferido de John Wayne», «Un trago de este tequila me salvó la vida. Me lo dio un pastor cuando estaba a punto de morir congelado en la montaña».

Todo eso, desde luego, será mentira grande, pero nos librará de la insana curiosidad ajena.

La verdad es aquella que arriba quedó inscrita: lo mejor es aquello a lo que nos hemos acostumbrado ya. Tal verdad se aplica lo mismo a la comida y la bebida, que al amor y la religión. Eso de la costumbre y sus bondades me hizo recordar a aquel señor, ya entrado en años, que fue a una casa de mala nota, burdel, lupanar o mancebía, vulgo congal. La daifa, cuyos servicios contrató, se esforzaba en vano por poner al añoso señor en aptitud de hacer obra de varón. Tras largo rato de ímprobos cuanto inútiles esfuerzos por parte de la esforzada maturranga, el valetudinario cliente le dijo a la muchacha:

—Ya no te mortifiques, linda. A esta chingadera nomás mi señora le entiende.

En Guadalajara conocí a un señor que hace su propio tequila. Me dijo con orgullo:

—Mi tequila es el segundo mejor de todos los que existen.

—¿Ah, sí? —le pregunté con interés—. ¿Cuál es el primero?

—Todos los demás —me respondió—. Quienes los hacen dicen que su tequila es el mejor. Y yo no me voy a poner a discutir con ellos. Me conformo con el segundo lugar, que es muy bueno y no lo reclama nadie.

Sabio señor es este. Su franciscana humildad, su noble filosofía del segundo sitio, lo libran de muchas discusiones ásperas e inútiles.

Se puso de moda, pero antes era muy mal visto eso de tomar tequila. En tiempos de la Revolución los generales bebían coñac, especialmente Henessy. Luego, tras el alemanismo, entró en boga el whisky. «Dame un escocés», se oía en el bar del Regis, en El Patio, en todos los «echaderos» —la expresión la inventó Carlos Denegri— de la nueva familia revolucionaria.

Únicamente los mariachis bebían tequila. En las películas de Pedro Infante el tequila se tomaba por galones. Una de las botellas de la marca Cuervo se llama todavía «infantita», pues era la que Pedrito traía siempre a mano.

¿Ver en aquellos años a una dama con una copa de tequila? ¡Nunca! Las señoras bebían una poción llamada «Medias de seda», pues aún no se conocían las margaritas o la piña colada. Tampoco eran tequileros los señores: el tequila no confería estatus. La bebida nacional era menospreciada. Mi sabio maestro don Antonio Guerra y Castellanos solía disgustarse cuando alguien celebraba con una carcajada alguna de sus ingeniosidades. Decía, elegante y despectivo: «La sonrisa es la burbuja del champaña: La carcajada es el eructo del tequila».

Pero de pronto los extranjeros nos mostraron que el tequila es algo de mucha consideración. Ya todos lo conocen, menos los académicos de la Lengua Española. En su copioso diccionario los sabios peninsulares definen al tequila diciendo que es «Una bebida mexicana semejante a la ginebra». ¡Háganme ustedes el refabrón cavor! ¿En qué demonios se parecen el tequila y la ginebra, aparte de que con los dos puedes ponerte hasta atrás, y más allá si quieres? Esos señores de la Lengua no tienen paladar. O no han probado el tequila. O no conocen la ginebra.

Hoy se emplean procedimientos que jamás habíamos conocido, y que no dejan de ser heterodoxos, como beber el tequila en copa coñaquera, tomarlo helado, mezclarlo con refresco de cola o de toronja, o con agua mineral. A mí no me gustan esos extraños usos. Yo pido siempre mi tequila solo, a la temperatura ambiente, en copa tequilera. Y doble, lo cual es costumbre muy recomendable que ahorra esfuerzo y tiempo.

Precioso don mexicano es el tequila, rico fruto de dioses y de diosas. De esa planta mirífica, el agave, sale una bebida igualmente milagrosa que vivifica el cuerpo y pone tibiezas en el alma. Noble y magnánimo, el tequila no causa a quien lo bebe esos quebrantos y duras penitencias que otros caldos motivan y provocan. Democrático bien por excelencia, el tequila es para todos los gustos y para todos los gastos. El rico y el que no es rico lo alcanzan por igual; y las damas lo gozan con la misma fruición que los varones. En el tequila nos igualamos todos; en su disfrute todos somos uno.

Y, ¡qué nuestro es este recio y suave prodigio embotellado! Dar un traguito de tequila es beber un sorbito de México. En su sabor va todo el sol, y toda la clara lluvia, y todo el suelo, y el cielo de la Patria. Y van sus letras y su música; su prosapia; sus alegrías y sus añoranzas. El tequila es México en estado líquido. Quiero decir en estado de gracia. Como el agua, pero en sabroso.

Hablar del tequila es hacer la biografía de Jalisco, centro cordial de la república, su vértice espiritual. Las cosas que un extranjero ve como más mexicanas son las cosas jaliscienses. El mariachi... El atavío del charro... Y el tequila, que es de Tequila, que es de Jalisco, que es de México, que es del mundo.

Alzo mi copa de tequila y brindo. Tengo aquí el mejor tequila: quiero decir el que me gusta más, el mismo que bebía mi padre, en cuya memoria bebo cuando bebo como bebía él, con salud para el cuerpo y para el alma. Hago como este amigo mío con el que a veces suelo ir a comer. Le pregunta el mesero:

—¿Qué le sirvo, señor?

—Tráeme un tequila.

—¿De cuál le traigo?

Y con muy recia voz dice mi amigo:

—Del mejor que tengas. Que sienta el cuerpo que no lo trae cualquier pendejo.

Don Eduardo Ontañón escribió un libro delicioso, ahora joya de coleccionistas. Se llama la tal obra *Manual de México*. Es una especie de instructivo para los españoles recién llegados a nuestro país, a fin de ayudarlos a aclimatarse en él y a comprenderlo. Se les inicia en los misterios de la comida, del habla popular, de los usos sociales, y se les advierte acerca de costumbres españolas que en México son inadmisibles. La primera admonición es sobre la blasfemia: común en España, acá no solo no se emplea, sino que expone a quien la usa a una absoluta reprobación social.

El más lindo capítulo del libro —al menos así lo pienso yo— es el dedicado a los nombres de los comercios, y muy especialmente de las pulquerías. Esos nombres le sirvieron al escritor para arriesgar una tesis sociológica:

> ... En cualquier país el nombre de un establecimiento comercial puede ser un medio más o menos sugestivo para atraerse a la clientela. Aquí es el resultado libre, fiel y enjolgorizado de la fantasía popular. Leyendo esos letreros en las calles de los pueblos, en los rincones de las pequeñas ciudades, en la inquietud de las ciudades mayores, y hasta en el ajetreo de la capital, se piensa decididamente que al mexicano no le interesa atraer clientes para hacerse rico: le interesa más jugar, sonreírle a la vida y reírse de ella, gozarla. Llegaría a creerse que el dueño de un comercio popular lo abre y mantiene porque se le ha ocurrido un título ingenioso y quiere lucirlo. Todo lo demás —las ventas, la ganancia— son detalles accesorios...

¡Cómo se divirtió don Eduardo Ontañón coleccionando en México nombres raros de pulquerías y tiendas! El primero que cita es aquel muy famoso de «Los recuerdos del porvenir». Me aventuro a pensar que del libro de Ontañón sacó la escritora Elena Garro el título para su novela de ese nombre.

Otros nombres de pulquerías recogió don Eduardo:

> Los antiguos apaches
> El Parlamento inglés
> La Providencia reformada
> La diosa del mar
> El gran tigre
> Las glorias de Victor Hugo

El sueño de oro
La fuente embriagadora
Pos tú dirás
Pulmex
La cascada de rosas
Ya la encontré
Ella lo amaba
Ave sin rumbo
Las bodas de Lola
Otelo
Mírame bien

Yo, como don Eduardo Ontañón, también soy coleccionista.

Colecciono amigos buenos y buenos libros —casi es lo mismo, porque un amigo bueno es como un libro, y un buen libro es como un amigo—. Colecciono recuerdos. Y colecciono, también, buenas cantinas. No tabernas de vicio donde el vino se bebe a los hombres en vez de que los hombres se lo beban a él. Cantinas buenas, de esas de tradición, muy señoriales, serias, sosegado reposo en las fatigas, sitiales de amistad reconfortante, suscitadoras de nostalgias, último refugio de masculinidad.

La joya de mi colección era el Hussong's, en Ensenada, Baja California. Ahora tengo otra. Se llama Tolos, y está en el viejo corazón de Monterrey.

Ahí usted bebe una cerveza que podría enfriar el África completa, con desierto del Sahara y Ecuador. Ahí usted come unas criadillas que por su celestial sabor han de ser las del Tauro de la constelación. Y, sobre todo, ahí escucha usted la música del «Conjunto del Recuerdo»: tres violines comparados con los cuales los de Stradivarius son leña para quemarse en el fogón, un bajo sexto que más bien es bajo décimo por su armoniosa abundancia, un contrabajo que sin ninguno pone los puntos sobre la i de la preciosa música.

—Maestro: ¿se saben «Nola»?

Se la saben. Y yo la última vez que escuché «Nola» fue en una interpretación al piano hecha por la señorita Paquita Ramírez en el Saltillo de los años cincuenta.

—Maestro: ¿podrían tocar «Los millones de Arlequín»?

Pueden. Y esa pieza ya no se escucha nunca desde que la Lotería Nacional dejó de usarla como tema de sus programas en la radio.

—Soy de Saltillo, modestia aparte. Por favor tóquenme el pasodoble «Armillita».

Y rompe el quinteto a tocar un pasodoble que el cronista no conoce.

—Disculpe usted, maestro. Eso no es «Armillita». Yo quiero oír el pasodoble que el gran Agustín Lara compuso en honor del Maestro de Saltillo.

—Perdone, caballero: el pasodoble a que usted se refiere no se llama «Armillita». Se llama «Fermín». Este que le acabamos de tocar es «Armillita», escrito antes que el de Lara por el compositor Fulano.

Bendito sea Dios. Ya quisiera uno aprender en la universidad todo lo que se aprende en las cantinas.

Tolos. Santiago Tapia y Platón Sánchez. Monterrey. Y esto no es un comercial, pues ni siquiera he visto jamás al dueño de esa cantina benemérita. Tampoco, no agraviando, he visto nunca a nuestro Padre Eterno. Pero si yo supiera la dirección del Cielo la daría. ¿Y sería eso un comercial?

Yo tengo una colección de espléndidas cantinas a las que considero imitación a escala humana del paraíso terrenal. Acabo de añadir una a mi joyel. La Fuente, se llama, y está en Guadalajara, domicilio muy reconocido.

A espaldas del Congreso local está La Fuente, pero a pesar de eso se bebe muy a gusto. Alguien quiso cerrar la cantina por su proximidad con el Congreso. A una voz los tapatíos pidieron que mejor cerraran el Congreso.

Mi amigo me dice que va a mostrarme cómo se me lee en Guadalajara, y me pide que le señale a cualquiera de los que beben en la barra. Yo apunto a uno, y él me lleva a su lado y de buenas a primeras le pregunta:

—¿Usted lee a Catón?

—Sí —responde.

—¿Le gusta lo que hace? —vuelve mi amigo a preguntar.

—Lo que escribe me gusta —responde sin parpadear el tipo—. Lo que hace no sé.

Esa sabiduría solo puede darla el buen vino que se bebe en La Fuente, domicilio muy reconocido, de Guadalajara.

De las cantinas se dicen cosas malas. Y no les falta razón a quienes tal mal dicen. Recuerdo triste de mi niñez es haber visto a muchas pobres mujeres esperando en la noche y el frío a que el esposo, el hijo, o hasta el padre, saliera de la cantina para llevarlo a su casa y evitar que cayera al suelo de borracho, y ahí quedara hasta el siguiente día, o que se lo llevaran los gendarmes, con el consiguiente pago de multa que mermaría aún más el ya mermado ingreso familiar.

En abono de las tabernas, sin embargo, debo decir lo que se dice de la Iglesia cuando alguien habla de la conducta de algún mal sacerdote: no es la Santa Madre la responsable de esas desviaciones: son algunos de sus miembros los que se van por el camino malo.

Debe decirse igual de las cantinas. No debemos culparlas de la embriaguez o el alcoholismo; son algunos de sus parroquianos quienes caen en tales extremos perniciosos. Hasta en los más exclusivos y elegantes clubes del mundo —el Oxford de Londres, el University de Nueva York, el Club de Banqueros en la Ciudad de México— hay borrachitos que andan de mesa en mesa diciendo las cosas que todos los borrachines del mundo acostumbran a decir, cada uno en su correspondiente lengua; expresiones como: «Mi estimado», «Mi distinguido», «Con todo respeto», «Entonces ¿me desairas?», y otras semejantes.

Si no se abusa de ellas, las cantinas son instituciones beneméritas. Así las juzgo yo. Por principio de cuentas la cantina es ya uno de los pocos lugares en que el varón puede encontrarse con sus pares sin la presencia de la mujer. Lo femenino es grato siempre, pero hasta de lo grato debe uno descansar de vez en cuando. La cantina tradicional es coto masculino. No me refiero al *ladies bar* de los hoteles, ni a las modernas cantinas de hoy en día. Hablo de la auténtica cantina mexicana, con sillas de alambre y puerta de persianas, si es posible.

—Quiero que me hagas una casa —le dijo en la cantina don Acisclo, el ricachón de aquel pueblo, al Tonto Licho, el loco del lugar.

Al decir eso les guiñó el ojo a sus amigos. Ellos sonrieron, cómplices de la broma. Y es que Licho decía ser, a más de médico y abogado, ingeniero, arquitecto y albañil.

—Se la hago —respondió Licho— si me invita una cerveza y me da cien pesos de adelanto.

—La cerveza aquí la tienes —contestó don Acisclo tendiéndole una—. Pero has de saber que quiero que la casa me la construyas en el mar. Si te doy los cien pesos, ¿cómo sabré que cumplirás el trato?

Ofreció Licho:

—Lo cumpliré si usté cumple su parte.

—Muy bien —aceptó el rico—. Aquí tienes el dinero. ¿Cuándo empiezas la casa?

Replicó el loco embolsándose el billete:

—Cuando me arrime usté los materiales.

Loco quizás era el tal Licho. Pero tonto no.

En la región carbonífera de Coahuila no hay tabernas cerca de las minas. Están prohibidas por la ley. Hay, sí, muchas refresquerías. Extrañas, por cierto, son esas refresquerías, pues en ellas no hay refrescos. Se vende cerveza —bastante—, tequila, brandy y ron. Pero un refresco no lo consigue usted ni para medicina.

En mis recuerdos hay varias cantinas. La Ópera, en la Ciudad de México, un ejemplo. Los sábados por la tarde se llenaba de burócratas con gusto por haber salido de la chamba y disgusto por tener que ir a su casa. De media en media hora se rifaba un pollo rostizado, entonces muy grande novedad. Todos los parroquianos participaban, esperanzados, en la rifa, pues no es lo mismo afrontar al regreso las iras de la esposa con las manos vacías que ofrecer como don propiciatorio un pollo rostizado.

La cantina El Porvenir, de Tampico, se hizo famosa por su letrero de publicidad en la fachada: «Aquí se está mejor que enfrente». Y es que enfrente está el panteón municipal. Un moralista anónimo pagó de su peculio otro letrero, entre admonitorio y filosófico, que hizo poner en el muro del cementerio: «Aquí están los que estuvieron enfrente». Cosa muy rara era pasar por esa calle principal del puerto y encontrar de repente aquel inusual *Memento mori*.

La Prosperidad, de Mérida, es una cantina que tiene fama nacional en Yucatán. Su nombre ha llegado al extranjero, o sea, a nosotros. Esa preclara institución recogió una veta singularísima de los yucatecos escasamente conocida allende sus fronteras. Es una veta de sicalipsis pornográfica, que viene desde mediados del siglo XIX y que, por obvias razones, no ha tenido mucha difusión. Representante principal de esa escuela de goliardos, de pícaros decidores de majaderías, es el poeta popular Pichorra, autor de versos tabernarios que los sabidores recitan entre copa y copa de xtabentún y que hacen soltar el trapo de la risa a quienes los escuchan. En esos versos se dicen cosas que no son, como decía el otro, para ser decidas. Yo me sé algunos de memoria: «... Preguntas qué es amor, niña querida...», y a veces los recito, cuando es propicia la ocasión. Algunos que los oyen se sorprenden, y me preguntan cómo es posible que la misma tierra que vio nacer a Guty y Palmerín, a Mediz Bolio y Luis Rosado Vega, a Peón y López Méndez, haya podido dar la vida a un tan grandísimo bellaco literario como ese tal Pichorra, cuyos versos harían ruborizar hasta a un diputado federal.

—Son arcanos de la creación artística —respondo yo fusilándome el título de una obra de Zweig.

En La Prosperidad hay variedad artística. Sale siempre una pareja de cómicos —él y ella— que entablan diálogos de subidísimo color. La gente escucha aquellas demasías mientras bebe, y las celebra con aplausos y grandes carcajadas. Cuando yo voy a La Prosperidad creo de pronto estar en la primera escena del Cyrano, de Rostand, o en una de aquellas «corralas» españolas en que se representaban los pasos de Lope de Rueda o Juan del Encina.

Los moralistas reprueban a esa cantina, y a todas las demás. Yo, que procuro no ser moralista, detestable oficio, me río un poco de esas reprobaciones y las juzgo aire perdido, eco, humo de pajas. De la cantina puede decirse lo mismo que de la Iglesia dijo el apóstol Pablo: siempre perseguida, pero jamás vencida.

En las cantinas de antes —no sé si en las de ahora— había siempre disponible una dotación de huevos duros que compraban los borrachines, a quienes el cantinero exhortaba a comer algo si tanto estaban bebiendo.

En una de esas cantinas había hace mucho —en los felices tiempos cuando había monedas de uno y dos centavos—, el letrero anunciador de aquella mercancía:

HUEVOS DUROS:	5 ctvs.
Por el huevo en sí:	1 ctvo.
Por cocer el huevo:	1 ctvo.
Trabajo, desgaste y desgüanguilamientode la gallina:	2 ctvs.
Comisión para el gallo:	1 ctvo.
TOTAL:	5 ctvs.

La Poblanita, fonda y cantina, no está en Puebla: está en Oaxaca. Su propietaria, doña Gloria Toledano, tenía en su establecimiento un letrero grande que a la letra dice: «Aquí se viene a tomar, no a hacerse pendejo».

Conocedora de la vida, doña Gloria trataba con cristiana caridad a los crudos. Llegaban ellos a su local muy de mañana, con actitud contrita —no hay hombre más humilde que un crudo—, y ni siquiera le decían lo que me dijo a mí un borracho de Saltillo: «Le pido que me trate con respeto y consideración, pues ando crudo. Soy animal sagrado».

Doña Gloria acogía con maternal solicitud a los que sufrían heridas de noche anterior y les administraba sin costo, por pura humanidad, un infalible elixir hecho por partes iguales de mezcal e infusión de poleo, mirífica hierba que en Oaxaca se conoce con el nombre de «hierba del borracho».

Yo digo que doña Gloria Toledano llegará a los altares algún día, pues ejercía una forma de caridad tan grande como aquellas que cumplieron la Madre Teresa de Calcuta o San Vicente de Paul. En efecto, el crudo es un enfermo de alma y cuerpo. Sus sufrimientos son acerbos, y sus dolores infinitos. Dice una frase conocida: «Come, bebe y sé feliz, porque mañana morirás». Hay que añadir: o desearás estar muerto. «¡Opéreme, doctor!», clamaba un crudo. En vano suplicaba el infeliz, pues la cruda no es mal que pueda remediar el escalpelo.

Entre los muchos dones que de Diosito he recibido está el de no haber sabido nunca lo que es una cruda. He incurrido en noctívagos excesos, claro, pero jamás he pagado por ellos más precio que el de la consumición. Suele decirme don Abundio: «El vino, licenciado, hay que saber mearlo». Con eso quiere significar que el acto de beber ha de cumplirse con prudencia. En mi caso esa prudencia consiste en no mezclar bebidas, y en tomarlas de modo que ellas no me tomen a mí.

Además, casi siempre tomo tequila, y ese mágico néctar tiene entre sus muchas virtudes la de no provocar daño mortal, o sea, cruda. Por eso, agradecido, escribí aquella «Oda al tequila» que anda ahora en todas partes. Apareció en la revista mensual que publican los tequileros de Jalisco. Les voy a enviar a esos magníficos señores unos versos anónimos que acabo de encontrar, también dedicados al tequila. Helos aquí:

Néctar bendito de Dios,
regalo de los magueyes,
que lo mismo das favor
a proletarios que a reyes.
A ti, que me haces cantar
en mi pena, yo te pido:
si no la puedes curar
ayúdame a echarla a olvido.
Tequila, precioso don
salido de los agaves:
yo te rezo esta oración
para que nunca te acabes.

Como buen mexicano, además del tequila, también me gusta el mezcal y el sotol. De vez en vez me tomo un par de copas de un sabrosísimo sotol que se hace en Parras de la Fuente, solar amado de mi natal Coahuila, de donde salen no solo vinos tan buenos como los mejores que la Europa da, sino también esta bebida recia nacida en el desierto.

Aquel sotol que dije, cuyo espíritu todavía me anda por el cuerpo, tiene un lindo nombre: El Mejicano, así, escrito con jota, como querían don Alfonso Junco y don Francisco J. Santamaría.

Beber ese sotol es como beberse el desierto coahuilense con toda su bravía belleza, con toda su hondura y su misterio.

En lo nacional andamos mal, pero en La Nacional se está muy bien.

La Nacional es una insigne cantina de Monterrey. Se halla en un sitio de mucha tradición, la esquina de Madero con Carvajal y de la Cueva, y tiene una barra espléndida, de aquellas de antes, y una contrabarra cuyo inventario requeriría seis despachos de contadores públicos. La gente que ahí trabaja es gentilísima, y las viandas que se sirven son dignas de figurar en los libros de Brillat-Savarin.

En ese precioso recinto nos juntamos la otra noche a recordar a Lalo González el Piporro.

Hablamos del Piporro, cantamos del Piporro y reímos con el Piporro. Fue una festiva fiesta, y no una solemne ceremonia, la que hicimos para evocar con su familia a ese querido amigo supuestamente muerto. Vive Lalo. Vivirá para siempre en el recuerdo y el amor.

El 19, bar, estaba cerca de la Catedral de Cuernavaca. Era obispo don Sergio Méndez Arceo, aquel que celebraba misas con mariachi. Tenía tanta fama El 19 que sus parroquianos debían hacer fila frente a su puerta para poder entrar. Salía el cantinero y anunciaba:

—Uno.

Eso quería decir que había sitio para un cliente. El que ocupaba el primer sitio de la fila pasaba entre las miradas de envidia de los otros. Poco después asomaba de nuevo el cantinero.

—Dos —decía con laconismo.

Y dos entraban en el bar.

La cantina se llamaba El 19 porque en sus mesas cabían justamente 19 bebedores.

Llegó el viajero a Cuernavaca. Fines de los años cincuenta, o principios de los sesenta del pasado siglo. Méndez Arceo tenía el don de la propaganda, y además contaba con la amistad de Julio Scherer, director de *Excélsior*, entonces el mejor periódico de México. Todos los domingos don Julio enviaba a un reportero a que «cubriera» la misa de su amigo. Porque esa misa era noticia: en sus homilías el obispo hacía referencia a alguna cuestión de actualidad, y sus opiniones tenían sitio siempre en la primera página de aquel influyente diario.

Ahora no es domingo, y el viajero pregunta por el señor obispo. Está ocupado, le informa un sacerdote joven, pero puede volver en una hora y entonces Su Excelencia lo recibirá. El visitante, pues, dirige sus pasos al azar. Es buen guía el azar: lo lleva de la mano al 19. La fila frente a la puerta del bar no es larga hoy, pero de cualquier modo llama la atención del forastero. ¿Qué clase de cantina es esta, se pregunta, capaz de hacer que la gente haga cola para entrar en ella?

Se forma, pues, el viajero con los otros, y a poco escucha la palabra mágica: «Uno».

La palabra se refiere a él. Entra y halla sitio en la barra. Algo advierte de inmediato: el absoluto silencio que reina en el lugar. Nadie habla; todos beben sus copas sin hablar. Se diría que aquel bar es de cartujos. Todos ven con mirada de reprobación a uno de los bebedores, pues hizo ruido al poner su tarro sobre la mesa.

¿Qué sucede? Sucede que la concurrencia está escuchando canto gregoriano. El dueño de la taberna, sentado en un extremo de la barra, pone los discos en una tornamesa, y los hermosos cantos se oyen, diáfanos y claros, por las bocinas que están en la pared. Arrobados, los bebedores oyen aquellas maravillas. Cuando una termina alguno de los presentes pide otra en respetuosa voz que apenas se oye.

—*O salutaris Hostia*, por favor.

—*Vexilla Regis*.

—*Alma Redemptoris Mater*, si es usted tan amable.

—*Adoro te devote*.

—¿Tiene *Sub tuum praesidium*?

El viajero está encantado con el canto. Y está asombrado. Vuelve por la noche al 19, cumplida su entrevista con don Sergio, y espera a la hora de cerrar. Solo entonces se atreve a preguntar al hombre de los discos cuál es el origen de ese prodigio que ofrece al mismo tiempo espíritus de la tierra y celestiales. Es alemán el dueño de la taberna. Responde con pesado acento germano, y hay en su voz un dejo de hosquedad:

—Méndez Arceo llevó el mariachi a la catedral. Yo traje el canto gregoriano a la cantina.

Famoso borrachín de Saltillo era el tal Pancho. Sus embriagueces no tenían fin. Sin embargo, él afirmaba que una sola vez se había emborrachado, a los 18 años. Añadía que la borrachera que traía ahora, a los 40, era la misma.

Cae que no cae iba Pancho todos los días desde el Lontananza, en la calle de Victoria, al Cuauhtémoc, por Allende, y luego al Jockey, frente a la Plaza de Armas. Remataba su cotidiana peregrinación en Los Bajos, famosa cantina que estaba en el sótano del Hotel Coahuila, de donde no podía ya salir a causa de la escalera empinadísima, que a esas alturas —o bajuras— se le hacía a él más difícil de escalar que el Anapurna o el Everest.

Nunca traía dinero Pancho, pero bebía de todo. Caía en gracia a unos; inspiraba lástima a otros; lo apreciaban bien todos. El caso es que no le faltaba nunca quien le invitara «la otra». En el peor de los casos, cuando no hallaba a nadie, los cantineros le obsequiaban «las toñas», infame bebistrajo que resultaba de vaciar en un recipiente lo que quedaba en las copas de toda la clientela. En ese inmundo pote se revolvían horriblemente sobras de tequila y de ron, de cerveza y de brandy, de aguardiente, ginebra y vil mezcal.

A un misionero norteamericano le dio por redimir al pobre Pancho. Se apesadumbraba el buen predicador de verlo ir por las calles «midiendo paredes», como solían decir los saltillenses que hacían los borrachos tambaleantes, pues en ellas se iban deteniendo para no caer, y parecía que las iban midiendo a brazadas. Le dolía al piadoso yanqui ver a aquel hombre sin ventura perdido en los humos de su borrachera, inútil para todo lo que no fuera buscar las copas con que saciaba su irreprimible sed.

Una vez el americano se enteró de que Pancho, que hacía un rato le había pedido unas monedas «para comida», con la promesa firme de que no las gastaría en beber, se había ido en derechura a una cantina. No tuvo empacho el misionero en entrar a aquel lugar de vicio, pensando que ahí hallaría ocasión de ejercitar su ministerio. Halló a Pancho, en efecto, en compañía de otros briagos a quienes con júbilo había invitado con el dinero recibido. «Una de cal por las que van de arena», habría pensado.

—Pero, hombre, Pancho —le dijo el misionero después de exhortarlo inútilmente a salir de la taberna—. ¿No saber ousté que el vino ser muy malo? Apenas ayer leer yo en *Atalaya* que cada año morir cincuenta mil americanos víctimas del alcohol.

—Pos eso allá los gringos —replicó Pancho—. ¡Yo soy puro mexicano!

Salió el misionero meneando tristemente la cabeza, y todavía al salir oyó que en la radiola comenzaban a sonar los acordes de la conocida canción «Amor perdido». También escuchó un grito destemplado de borracho que proclamaba a voz en cuello:

—¡Viva México, cabrones!

Ciertamente la patriótica proclama no hacía juego con la canción.

A mí me gustan mucho las cantinas.

Las cantinas cantinas, quiero decir, no esos modernos establecimientos a los que pueden entrar también mujeres. Las cantinas, pienso yo, igual que los conventos del Monte Athos, deben ser lugar exclusivo de varones. Para tratar con damas hay otros sitios más privilegiados.

Esto que voy a contar ahora es el réquiem para una cantina. Era una de mis favoritas. Por tres razones iba a ella siempre que podía. La primera, por la atención personal —personalísima— de su propietario. Era hombre gordo, simpático, jocundo. Te recibía como amigo, y te trataba como hermano. La segunda razón era el conjunto de cuerdas que de 12 a 4 de la tarde, y de 8 a 12 de la noche, tocaba en el lugar. Lo formaban cinco viejecitos (violín primero, violín segundo, flauta, cello y bajosexto) que tenían un repertorio más amplio que el de Plácido Domingo. Yo gustaba de ponerlos a prueba. Les pedía cosas tan raras como «Los millones de Arlequín», o «Los caballos panzones», y todo lo tocaban con la misma naturalidad con que hubiesen interpretado «La cucaracha» o «Solamente una vez».

La tercera razón por la que iba yo a esta cantina merece parágrafo especial. Eran las insignes criadillas que ahí se preparaban y servían a los golosos clientes, ávidos de gustar aquella maravilla a cuyo mirífico sabor se añadía la certidumbre de que propiciarían los ímpetus eróticos del venturoso comensal.

Pues bien: un día acudí a esa cantina lleno de ilusión, y ya no la encontré. Hallé, sí, un tugurio en penumbra, hedentinoso y sucio, donde un par de daifas nalgonas y ventrudas atendían a una caterva de borrachos que maldecían y hablaban incoherencias. Escapé de ahí como alma que lleva Dios, cuya prisa por llegar al Cielo debe ser mayor que la de alma que lleva el diablo.

Días después un amigo me contó la causa de la decadencia y caída de aquel benemérito lugar, cuya desaparición me causó más pena que el final del Imperio Romano. El dueño de esa cantina a la que tanto nos gustaba ir amaba a su señora madre con amor que algún deslenguado llamaría edípico. Tanto la quería que no se casó nunca a fin de no tener mujer que compitiera con la que le había dado la vida. La miraba con adoración; la atendía como a una diosa. Cierto día murió la señora, y el hombre se hundió en un abismo fatal de abatimiento. (Eso del abismo fatal de abatimiento no es mío; se lo leí a don Constancio C. Vigil). Empezó a beber, cosa que nunca había hecho a pesar de ser cantinero. Se sentaba en las mesas con los clientes, y lloraba a lágrima viva su desgracia. A los viejitos músicos les pedía que le tocaran la sentida canción que dice: «Por el amor de mi madre me voy a quitar del vicio». Cuando ellos terminaban de tocarla se las pedía otra vez, y otra y otra...

La cantina se volvió un perpetuo funeral. Y a nadie le gustan los funerales, excepción hecha del dueño de la funeraria. El conjunto ya no tocaba «Los jacalitos», «El circo», «La cacahuata» o «Evangelina». Tocaba nada más «Por el amor de mi madre me voy a quitar del vicio». Y —lo peor de todo— ya no había criadillas. Los clientes dejaron de ir; el negocio se vino abajo, y el pobre huérfano acabó por venderla a precio vil a un lenón.

Esta es la historia, pues, de una desgracia. La narro con tristeza, y bien quisiera que estuvieran aquí los viejecitos para que acompañaran este escrito con las notas del vals «Dios nunca muere», de don Macedonio Alcalá, oaxaqueño. Dios nunca muere, es cierto. Las cantinas, por desgracia, sí.

De todas partes vengo y a todas partes voy.

No sé si algún cantor argentino haya dicho eso, pero yo lo digo ahora. Ando en la legua siempre, y en esa ruta venturosa me lleno la pupila con el paisaje espléndido de este país, el nuestro, tan lleno de hermosuras. Y me lleno las cuatro salas en que está dividido el corazón con el cariño de la gente. Y —también esto hay que decirlo— me lleno la barriga con las innumerables maravillas de la cocina mexicana (de las mil y una cocinas mexicanas) y de los infinitos bebestibles que el mexicano sabe hacer.

Pocos países habrá que tengan una cocina tan variada y rica como la nuestra.

La verdad, México está para comérselo. Y para bebérselo también.

III. INGENIOS Y FIGURAS

No hay pueblo en todo México que no tenga un personaje en quien encarnan el genio y el ingenio del lugar. Crecen las poblaciones, y en ese crecimiento se pierde el estilo de la gente y no queda memoria ya de sus hechos y sus dichos. Por eso en cada lugar pequeño debería haber un «coleccionista de humanidad», alguien que hablara con la gente mayor y recogiera el testimonio de lo que fue el pasado. ¡Qué de tesoros quedarían así guardados para siempre!

Historiadores muy serios —los imagino solemnes, circunspectos, mesurados y parsimoniosos hasta en el momento de realizar el acto supremo del amor— afirman que hay una «microhistoria», una especie de historia milimétrica referida a lo que con cierto desdén algunos llaman todavía «el interior» o «la provincia».

Ese concepto, el de la microhistoria, tiene tufos centralistas y capitalinos. Deriva quizá de la llamada *Petite Histoire* de los franceses parisinos, para los cuales fuera de París todo es Tarascón. En opinión de los teóricos de la microhistoria lo que ha pasado en Monterrey, Guadalajara, San Luis Potosí, Morelia y León —y hasta en Saltillo, ¡hágame usted favor!— es microhistoria. Solo pertenecen a «La Historia» los hechos sucedidos u originados en la Ciudad de México por gente que actúa ahí o que de ahí salió. De esto se desprende, por lógica, una consecuencia: hay historiadores y hay microhistoriadores. Si usted escribe de don Benito Juárez o de Ocampo es un historiador; pero si estudia a Luis Terrazas o Evaristo Madero es microhistoriador.

Yo digo que todo es relativo. Nos lo enseñó aquel sabio señor a quien le preguntó un amigo:

—¿Cómo está tu esposa?

—¿Comparada con quién? —respondió él.

Claro, comparado con Juárez, don Evaristo Madero es microhistoria. Pero, a lo mejor comparado con Carlomagno, Napoleón, Lenin o Churchill, don Benito Juárez viene siendo microhistórico, con todo y su respeto al derecho ajeno. El que haya pasado por la escuela en cualquier lugar del mundo sabrá quién fue Napoleón Bonaparte, pero si a un niño de Estados Unidos, Ecuador, Suecia, Zaire o Paquistán le preguntan quién fue el Benemérito de las Américas se quedará patidifuso y boquiabierto sin saber qué contestar. Entrevisté una vez a Truman y me habló de Jaidelgo, gran héroe mexicano. Exprimí la memoria tratando de recordar a ese prohombre desconocido para mí. Era Hidalgo, pronunciado a la gringa por don Harry.

¿Cómo fijar el límite entre lo que es historia y lo que constituye microhistoria? ¿Habrá que decir, por ejemplo: «Historia es todo hecho que influya en la existencia de un millón de personas para arriba. De ahí pa'bajo es microhistoria»? ¿O proponer: «Si a un personaje se le conoce en más de 16 estados de la república es histórico; si no, es microhistórico»? En su raíz original la palabra «historia» significa «búsqueda, averiguación». ¿Dónde dice que tal investigación deba ser de cosas grandes, y quién fija el tamaño?

No incurro en herejía y sacrilegio, por lo tanto, si impugno el dogma de la microhistoria y digo que toda acción humana susceptible de averiguación y merecedora de ser inscrita y recordada es historia, así sea la campaña de Julio César en las Galias o la participación del tío Manuel en la batalla de Hediondilla de Abajo.

En mis tiempos de estudiante en Estados Unidos conocí la labor de un grupo de esos buscadores. Formaron una asociación llamada *The Red*

Fox —La Zorra Colorada, traduciría yo con sabor de pueblo—, y sacaban semestralmente una revista con ese mismo nombre. En ella recogían el folclor oral de las diversas comarcas del país: la aldea de pescadores en Maine; el campamento minero en West Virginia; aquella comunidad perdida en las montañas Ozark... De ellos aprendí que la gente común es verdaderamente el pueblo, y que el pueblo es verdaderamente eso que llamamos Patria. Desde entonces me gusta oír y recoger anécdotas de personajes pintorescos.

«Voy a mear y pue' que obre», contaba el Chaparro Tijerina que así decía una señora de su pueblo al levantarse de la mesa para anunciar que iba «al común».

Ernesto el Chaparro Tijerina era nativo de Los Herreras, Nuevo León. Yo fui su amigo muchos años, y su amistad me enriqueció la vida. En eso consiste la amistad verdadera —¿acaso hay de otra?—, que enriquece por igual a quienes de ella participan.

A Ernesto le gustaba conversar. A mí también. A Ernesto le gustaba comer sabroso. A mí también. A Ernesto le gustaba el buen tequila. A mí más. Ernesto estaba perpetuamente entusiasmado, en asombro continuo y permanente actitud de adoración ante el eterno femenino. Comparto ese arrebato, igual perplejidad y el mismo arrobamiento. Y ambos sentíamos el mismo amor por nuestros respectivos terruños, de los que hablábamos quitándonos la voz el uno al otro.

Sin mengua de su amor por Los Herreras, Ernesto quería bien a Saltillo. Ahí pasó su luna de miel, marido joven con esposa más joven todavía. Recordaba el Chaparro —y lo he narrado ya— cómo llegaron los dos a la terminal de los autobuses Monterrey-Saltillo, esquina de Padre Flores y Abbott. Le preguntó él a un chofer de sitio cuál era el mejor hotel de la ciudad, y el sujeto le respondió que era el Arizpe.

—Llévenos allá.

Media hora después, y luego de muchas vueltas y revueltas por calles lejanas y apartadas, el chofer los depositó en el Hotel Arizpe Sáinz. Cuando llegaron a la habitación, la joven desposada se asomó por la ventana y vio un gran patio con autobuses de pasajeros.

—Mira, Ernesto —dijo—. Ahí está el autobús en que vinimos.

El chofer los había traído dando vueltas por toda la ciudad, para cobrarles más, y el hotel se hallaba en la misma cuadra de la terminal de autobuses. Sus ventanas daban al estacionamiento de la línea. Recordaba el Chaparro:

—Y para colmo el motor del autobús estaba haciendo: prrrrrrrrr, prrrrrrr, prrrrrrr, como burlándose de mí.

A pesar de esa ingratísima experiencia Ernesto no cayó en injustas generalizaciones, y tenía de los saltillenses buen concepto. De su gente, la de Los Herreras, contaba anécdotas desaforadas. Cierta tía suya vio por primera vez una victrola funcionando y exclamó estupefacta:

—¡Ah, chingao! ¡Una cómoda con cerebro!

Volví a la casa en Monterrey donde nos reuníamos en noches de bohemia en torno de Ernesto Tijerina. Muchas veces ahí cantamos muchos vinos y bebimos muchas canciones. Escribo esto en memoria de aquel tan buen amigo, de aquel Chaparro tan grande.

Estoy en Hermosillo. Ahí conozco a Jesús Terán Morales. Fue profesor de escuela este nuevo amigo mío. Se jubiló en 2002, después de 39 años y tres meses de servicios. Ahora se dedica a un quehacer gozoso: rescatar las tradiciones de los pequeños pueblos de Sonora donde vivió con su familia, o que conoció a lo largo de su largo magisterio.

Publicó un bello libro Chuy Terán. Se llama *Me lo contaron... Lo cuento*. En él recoge anécdotas regocijadas; sucesos trágicos o hilarantes; relatos de los ancianos memoriosos... Me dedicó así ese libro: «Para Catón, de parte de un bisoño rescatador de historias pueblerinas que lo admira por su humorismo y su humanismo».

La obra está llena de relatos divertidos. Uno de ellos habla del tiempo —mediados del pasado siglo— cuando llegaron misioneros protestantes a evangelizar a los campesinos de las pequeñas comunidades sonorenses. Unos por interés, otros por sincera convicción, muchos se convirtieron a la nueva fe, de modo que pronto hubo bastantes «aleluyas», como se les llamaba entonces a los protestantes.

El caso es que el pastor o ministro de una de esas iglesias bautizaba a los conversos con el procedimiento de inmersión total. Para eso buscó una pequeña poza que se formaba con las aguas de la acequia que pasaba por el pueblo.

Una señora había manifestado su deseo de entrar en tal iglesia, y el pastor anunció con grande gozo que el siguiente domingo bautizaría a la nueva hermana, para lo cual invitó a todo el pueblo a la ceremonia. En efecto, casi todos los vecinos acudieron, curiosos, a presenciar aquel insólito suceso.

Apareció la hermana toda de blanco hasta los pies vestida, y apareció también el reverendo, ataviado igualmente con alba camisa y albo pantalón. Entraron los dos en el agua; ella con cierta vacilación, pues no sabía bien a bien a lo que iba, ni lo que debía hacer. El pastor la instruyó: le dijo que la sumergiría tres veces, y que tres veces le preguntaría si había renacido ya en el Señor. Solo hasta la tercera vez ella respondería que sí, y entonces la congregación entonaría un jubiloso canto de alabanza.

Así hizo el reverendo. Tomó por los hombros a la mujer y con ímpetu poco cristiano la sumió en el agua. La tuvo casi un minuto sumergida, tanto que la mujer empezó a dar manotazos para poder salir. Sacó la cabeza, asustada y tosiendo por el agua que había tragado. El pastor hizo caso omiso de eso. Le preguntó con tono altísono: «¿Renaciste ya en el Señor, hermana?». Ella no contestó, por las instrucciones recibidas, pero sobre todo porque no podía hablar. Otra vez el ministro sumergió enérgicamente a la espantada catecúmena. Ella luchaba con angustia por sacar la cabeza. Cuando la tuvo fuera, el hombre le preguntó otra vez, magnílocuo: «¿Renaciste ya en Jesús, hermana?». La pobre mujer luchaba por desasirse de las fuertes manos del pastor. El pánico se le veía en el rostro, y nada contestó. Sumergióla entonces el reverendo por tercera vez, y cuando después de un rato que a todos se les hizo eterno la mujer sacó por fin la cabeza, echando ya agua por nariz y boca, el pastor volvió a preguntarle con voz atronadora: «¿Renaciste ya en el Señor?». El marido de la señora ya no se pudo contener. Le gritó a su esposa: «¡Dile que sí, pendeja, porque si no este pinchi viejo te va a 'ogar!».

Contaba el general Francisco L. Urquizo, coahuilense él de San Pedro, que un día fue a Cadereyta, Nuevo León. Entabló conversación con un lugareño que estaba sentado en una de las bancas de la plaza.

—Oiga —le preguntó con ánimo de divertirse—. ¿Es cierto que en Cadereyta todos están locos?

—No es cierto —le contestó muy serio el hombre—. De hecho, el único loco de a deveras que hay aquí soy yo. Los otros, incluidos algunos visitantes, son nada más pendejos.

Pues bien: en Cadereyta había un loquito a quienes los vecinos llamaban cariñosamente «Pimo», pues él así les decía a todos, por decirles «primo».

En dondequiera andaba Pimo con una carretilla. No la desamparaba nunca; la llevaba a donde iba, aunque no iba nunca a ningún lado.

Para estar dentro de la ley le puso placas, una adelante y otra atrás; aquella de Arkansas, de Texas esta. Las encontró de seguro en algún «yonke», nombre con el que son conocidos en el norte los depósitos de viejos autos inservibles donde se pueden hallar a bajo precio partes para los que todavía están en uso. En inglés la palabra *junk* significa «basura, desperdicios», pero también quiere decir «material desechado al que se puede dar otro uso». De ahí viene aquel vocablo: «yonke».

Volviendo al relato, lo que llamaba mucho la atención en el caso de Pimo es que, aunque siempre traía su carretilla jamás llevaba nada en ella. Vacía andaba siempre la carretilla del buen Pimo. Por todas partes iba y venía con su carretilla, pero en ella no cargaba nada. Al ver eso no faltaba quién le preguntara:

—Oye, Pimo: ¿para qué quieres la carretilla?

Y contestaba muy serio él:

—Pos pa no andar a pata, pimo.

Me habría gustado conocer a don José, uno de los amables locos que tuvo Culiacán en los primeros años del siglo pasado.

Peregrina locura era la de don José, llamado «el de las rúbricas».

—Oiga, señor —le decía alguien—. Mis amigos y yo queremos una firma, de las baratitas.

—Muy bien —accedía él—. Ahí va una de a centavo.

Y trazaba en el viento, con pluma imaginaria, algunos breves trazos invisibles.

En ocasiones el cliente era algún rico antojadizo.

—Quiero una firma de a peso.

Entonces don José hacía en el aire una historiada rúbrica llena de garambainas y volutas, exornada con puntos, tildes, espirales, subrayados enérgicos, signos de admiración, comillas y toda suerte de extravagantes garabatos. Varios minutos duraba aquella signatura. Para hacerla el firmante corría de un lado a otro de la habitación, saltaba, se agachaba hasta el suelo o daba súbitos brincos a fin de alcanzar un elevado rasgo. Terminaba agotado y acezante.

Me habría gustado conocer a don José. Yo también me dedico a escribir en el aire, como él.

En Xico, precioso lugar de Veracruz, había un hombre al que llamaban loco. Tal es el riesgo que afrontan los demasiado cuerdos. En raras ocasiones se le veía, pero cuando se daba a ver valía la pena aquella vista. Se aparecía de pronto algún domingo y se plantaba en lugar bien visible del atrio parroquial. Al salir, la gente de misa se congregaba en torno de él, pues ya todos sabían lo que iba a suceder. Reunida la numerosa concurrencia aquel loco tan cuerdo daba voz a su discurso. «¡No hay nada oculto bajo el sol! —empezaba invariablemente—. ¡Lo que de noche se hace de día aparece!». Aquel exordio sacramental era prólogo de lo que seguía. Y lo que seguía era una noticia descomunal acerca de la vida privada de algún vecino o, más frecuentemente, una vecina. «¡A Fulanita le sacaron el novio de abajo de la cama!». «¡Don Fulano está en su casa, borracho de ocho días!». «Que diga doña Mengana, aquí presente, qué hizo ayer en la huerta de Zutano, de cinco a siete de la tarde».

Jamás el loco aquel dijo mentira; sus pregones tenían más credibilidad y aseguranza que la salida del sol todos los días. Y su frase es muy cierta: lo que de noche se hace de día aparece.

En Los Mochis escuché hablar del ingeniero Valdez, quien tanto quiso al rico valle agrícola, y tan buenas cosechas sacó de él, que para corresponder a esas finas atenciones bautizó a su hijo primogénito con el nombre de Mochis. Mochis Valdez, para servir a usted.

Ahí supe también de la existencia de Chicho Loco, el loquito del lugar. Llegó a la plaza en día de carnaval cubierto solo por una mínima zupeta —así llaman en Sinaloa al taparrabo de los indios— que apenas le cubría las pudendas partes.

—¿A dónde vas, Chicho Loco? —le preguntaron con asombro los placeros.

—Al baile —respondió Chicho.

—¿Y vas a entrar así, en zupeta?

—Claro que no. Llegando me la quito.

Cosas de mucha entidad solía decir Chicho Loco, cosas para pensarlas mucho. En cierta ocasión el Municipio le ofreció un terreno para que construyera ahí su tejabán. No aceptó Chicho aquel regalo, y dijo para justificar su negativa:

—Todos los terrenos que he visto son muy viejos.

Hubo un alcalde, político muy político, que se gastó el presupuesto de tres años en poner un reloj con dos carátulas, una hacia el norte y hacia el sur, la otra. La gente llamaba a ese reloj «El alcalde», porque tenía dos caras.

Esta señora que vemos en el suelo privada de sentido es la tía Clementina, de Guadalajara. Acaba de leer la carta que le envió desde Colima el joven médico Eugenio Gómez. En esa carta el doctor le pide a doña Clementina la mano de su sobrina Libradita, con quien desde hace un año sostiene relaciones de noviazgo. Eso no lo sabía la tía Clementina. Lo que sí sabe es que Libradita y Eugenio son medios hermanos. Hay ahí una oscura historia de familia. Por eso ha caído al suelo privada de sentido.

—¡Las sales, las sales! —grita Libradita.

Acude presurosa una criada con el frasquito de las sales. La muchacha se las da a oler a doña Clementina, y ella vuelve en sí. Se echa a llorar, y un temblor convulsivo la posee.

—¿Qué te sucede, tía? —pregunta con alarma la sobrina.

Ella le muestra la carta. Libradita se alegra mucho, pues ve cercana la fecha de su matrimonio con Eugenio. Pero entonces la tía le revela el terrible secreto: el padre de Libradita, fallecido ya, es padre también de Eugenio, fruto de un amorío de su juventud. Los novios, pues, son medios hermanos. Su matrimonio es imposible.

Entonces es Libradita la que cae al suelo privada de sentido.

—¡Las sales, las sales! —grita a su vez la tía Clementina.

Acude otra vez la criada, presurosa. Se las da a oler la tía a Libradita y ella vuelve en sí. Se echa a llorar, y un temblor convulsivo la posee.

¡Qué desgracia! Libradita ha perdido la razón. Vaga de día y de noche por los aposentos de la casa, vestida con una bata blanca de vaporoso tul que parece traje de novia. No llora ni dice nada. Camina, camina siempre Libradita, con la vista fija en algo que nada más ella ve. De pronto, sin embargo, es poseída por un acceso de locura. Entonces se tira de los cabellos y se araña las hermosas mejillas. La tía Clementina hace llamar al doctor Mendoza López, hipnotista. El sabio médico pone ante los ojos de la extraviada joven una canica de cristal, y eso la sume en un profundo sueño. Misterio grande el de la hipnosis. Yo jamás lo he podido comprender.

¡Pobre de Libradita Barbosa! La sacan a pasear en una carretela para que le dé el aire y la caliente un poco el sol. La llevan a la preciosa huerta que en las afueras de Guadalajara posee la familia Somellera. El verano lo pasa en la hacienda de don Miguel González Hermosillo, amigo de la familia, en cuya finca brota un manantial de aguas curativas. La tía Clementina tiene la esperanza de que esas aguas devuelvan la perdida razón a su sobrina.

Pero ella sigue en aquel vago sueño de locura. De pronto algo la enfurece, y entonces grita, y se da con la cabeza contra la pared. Un día trató de arrojarse por el balcón del segundo piso. Cuando tiene esos arranques la tía Clementina trae la canica de cristal que le dejó el doctor Mendoza López. La pone frente a los ojos de la muchacha, y ella vuelve a la paz.

De Eugenio, el desdichado novio —el desdichado hermano— ya no se supo nada. Unos dicen que se suicidó al conocer la funesta historia de su extraviado amor. Otros afirman que se fue a Europa, y que allá murió combatiendo por Francia en la batalla de Verdun. Quién sabe... Yo he contado esa historia tal como a mí me la contaron en Guadalajara. De lo demás no sé.

Entremos sin que nos vea. Nadie más que ella podría vernos, pues vive sola. Su única compañía es la de sí misma. Digo mal: también la acompañan sombras que ella mira, pero nosotros no.

Entremos en la recámara. Tiene ahí un pequeño tocador con espejo, de esos que la moda llama «coquetas». La coqueta lleva un festón de tela estampada con motivos de flores. Ahora ya no se usa ese mueble. Tampoco se usa la palabra «motivos». Antes se oía mucho:

—Compré un jarrito de barro y lo decoré con motivos de frutas.

Una vez escuché la palabra usada así. Pero se la oí a una viejita. No sé si eso cuente.

La coqueta es mueble de muchachas. Ella no es muchacha ya. ¿Cuántos años tiene? Tratemos de adivinar su edad: anda en los 40. Si no los cumple hoy los cumple mañana. Y, sin embargo, actúa como si tuviera 17. Eso es locura, desde luego, pero sucede que ella está loca. «Loquita» dice la gente, por aquello de la caridad.

Se llama Elvira, Elvirita Arocha. De joven vio cómo sus amigas se iban casando una tras otra. Ella iba a sus bodas, primero con alegría, porque pensaba que ese matrimonio era anuncio del suyo; después con una cierta tristeza, luego con amargura. Por último, ya no fue.

—Te extrañé el día de mi boda, Elvirita.

—Estaba enferma. Y perdóname, que llevo prisa.

En Saltillo, en aquellos años, nadie llevaba prisa.

Pasó el tiempo, y Elvirita Arocha se agostó. Salía a barrer la banqueta en la mañana, pero se metía apresuradamente y cerraba la puerta cuando veía a una de sus amigas venir orgullosa con el niño recién nacido que llevaba en un carrito hecho de mimbre.

—Qué rara se ha vuelto Elvirita.

—De veras... ¿Por qué será?

Un día la gente vio con asombro a Elvirita sentada en una silla de Viena frente a la ventana de la sala, que había abierto de par en par. Llevaba puesto su mejor vestido; se había pintado la cara con polvos de arroz; se había puesto arrebol en las mejillas con papel de China rojo que mojó en saliva.

—Elvirita, ¿qué hace usted ahí sentada?

Y ella, sonriendo mansamente:

—Estoy esperando a mi novio.

El novio de Elvirita no existía.

—¿Quién es su novio, Elvirita?

—Es el joven José García Rodríguez, estudiante del Ateneo. Después de clases viene a verme.

O si no:

—Es el licenciado Carlos Pereyra. Está escribiendo un libro, y me lo va a dedicar.

Fantasías, fantasías todas. Aquellos noviazgos no eran ciertos; los galanes que inventaba, uno distinto cada día, lo eran de otras muchachas. Pero ella esperaba, esperaba siempre al novio que no llegaba nunca. Abría la ventana a las seis de la tarde, y ahí se estaba, en la silla de Viena, con su mejor vestido, pintadita la cara y en ella esa vaga sonrisa, una mano sobre la otra en el regazo, hasta que en el reloj de la catedral sonaban las nueve de la noche. Entonces cerraba la ventana y apagaba la luz. Y lo mismo el siguiente día, y el siguiente, y el otro...

Dan las diez de la noche cada noche, y el galán no llega. ¿Cómo puede llegar, si Carlos Pereyra, el ilustre historiador, está en Madrid, casado con María Enriqueta Camarillo, la célebre escritora? Al sonar las diez campanadas en el reloj de la cercana catedral Elvirita cierra la ventana, apaga la luz y se va, triste, a su alcoba de doncella.

Elvirita se preocupa. La mañana siguiente comparte su inquietud con las vecinas. ¿Qué le habrá pasado a Carlos, que no vino anoche? Ellas la tranquilizan: «Ya vendrá, Elvirita. Ya vendrá».

Y otra vez esa noche, igual que todas, Elvirita se sienta en su silla de Viena frente al abierto ventanal de su casa. Y espera, espera, espera…

Me habría gustado conocer al Petit Iturribarría, de Oaxaca.

Maestro del Instituto de Ciencias y Artes del Estado, fue linda lengua en la tribuna y en la cátedra. Secretos dolores del alma lo hicieron buscar en el alcohol remedio para su soledad, pero las ebriedades del cuerpo nunca alcanzaron a quitarle el decoro del espíritu.

Dio en querer a los perros con franciscano amor. Salía por las noches llevando un canasto de pan. «Tengan, hermanos», decía con suave voz. Y prodigaba el alimento al concurso de canes callejeros que lo seguían como a apóstol.

Cierta noche el gobernador Chapital, de juerga con amigos, disparó por broma su pistola contra los perros del Petit y mató a uno. Al día siguiente Petit renunció a la cátedra de donde obtenía su pobre sustento: no quería recibir sueldo de un Gobierno que tenía tal gobernador. Hubo indignación y pesar entre los oaxaqueños, que amaban al Petit. Chapital le ofreció una casa como compensación por el perro y para que volviera a su clase. El Petit rechazó el obsequio. Volvió al Instituto solo cuando el gobernador, acabada su gestión, se fue de la ciudad.

Vuelvo a decirlo: me habría gustado conocer al Petit Iturribarría, de Oaxaca. Amaba a los perros y conocía a los hombres.

El profesor Caritino Maldonado era senador de la república, representando al estado de Guerrero, cuando llegó a Coahuila invitado por el general Raúl Madero, que entonces era gobernador.

El general Madero lo atendió muy bien. Tuvo para don Caritino aquel afable trato que daba por igual a los humildes que a los encumbrados. Una sola cosa molestaba a don Caritino: el general Madero parecía no ser capaz de aprenderse bien el nombre de su huésped, y le decía don Catarino en lugar de don Caritino.

—Mi nombre es Caritino, general —le corregía el senador una y otra vez.

El general Madero se daba una gran palmada en la frente y ofrecía profusión de disculpas por el imperdonable error. Pero pocos minutos después volvía a decir:

—Oiga, don Catarino...

Viendo la inutilidad de sus rectificaciones, Caritino Maldonado optó por dejar las cosas así, y nada más volvía la vista al cielo muy discretamente, como pidiendo paciencia a las potencias celestiales, cada vez que don Raúl lo catarineaba. Y así continuó la visita: don Catarino por aquí, don Catarino por acá; el general Madero muy atento con su invitado, el senador guerrerense resignado ya a su nuevo bautizo, y pensando quizá —siempre hay que ver el lado bueno de las cosas— que después de todo quizás salía ganando, pues como quiera que sea Catarino es un poco mejor que Caritino.

Posiblemente en eso estaba pensando el visitante, rodeado de un grupo de personas, cuando se le acercó el general Madero.

—Perdone, señor senador —le preguntó—. ¿Cómo me dijo usted que se llamaba?

—Caritino, señor gobernador —repuso el guerrerense muy esperanzado en que por fin se le devolvería su nombre original.

—Caritino, Caritino —repitió por dos veces don Raúl como pensando muy bien en aquel nombre. Luego le dio unas palmadas consoladoras al Senador y le dijo con acento de profunda comprensión:—No se apure, don Caritino. Para el tiempo que le queda por vivir.

El doctor Alfonso Ortiz Tirado debe haber sido un amable personaje. Era hombre apuesto y bien plantado, y era médico sabio y providente. Pero a más de eso era un gran cantante, dueño de una de las voces de tenor más bellas que se hayan escuchado en México.

Yo fui socio de La Hora Bohemia, una benemérita asociación que en Monterrey dedicaba empeños a la propagación de la música de la nostalgia. Cada mes nos juntábamos en el domicilio de la asociación, en la vieja calle de Isaac Garza. De vez en cuando alguno de los socios invitaba a todos los cofrades a celebrar en su casa la reunión mensual. Yo tuve la ocurrencia de convocarlos a mi casa: la sesión empezó a las nueve de la noche del viernes y terminó a las 11 de la mañana del sábado, bendito sea Dios.

Pues bien: el himno de La Hora Bohemia era la canción «Clavel del aire», que al empezar la junta escuchábamos de pie y con la diestra mano puesta sobre el corazón. Así lo prescribían los estatutos, que ordenaban también que la canción debía escucharse en la voz del doctor Ortiz Tirado. Al final de la reunión «Clavel del aire» volvía a escucharse, pero ahora en la voz de los asistentes, que inspirados quizá por la bella música cantaban entre hipidos y lágrimas las sentidas estrofas. Eso era muy para verse, si bien no para oírse.

El músico y compositor Armando Villarreal Lozano nació en Sabinas Hidalgo, Nuevo León. Sin embargo, vivió en tierras de Coahuila —en Esperanzas y Múzquiz— casi toda su niñez y los primeros años de su juventud, tan importantes en la vida. Es pues, Armando Villarreal un poco coahuilense. Así me lo dijo él mismo cierto día que conversamos en el recinto de la Sociedad Cuauhtémoc y Famosa, en Monterrey, donde impartía a los trabajadores clases de piano y de violín.

Armando Villarreal es el autor de la canción «Morenita mía». La musa inspiradora de esa preciosa pieza es coahuilense. Su nombre: María Guadalupe Salazar. Su lugar de nacimiento: Parras. Ahí vivían sus padres, don Esteban Salazar y doña Leocadia Rodríguez de Salazar, y ahí vivió Lupita hasta que su familia se fue a vivir a Monterrey.

La linda chica gustaba mucho de la música. Dueña de una bella voz de soprano, conoció a Armando Villarreal en una de las tertulias musicales tan propias de aquellos tiempos, los años veinte. Se enamoraron los dos y se casaron en 1926. La canción la dedicó Armando a su novia el 12 de diciembre de 1921.

Una versión afirma que la canción tuvo letra desde el principio; otra dice que el compositor le puso letra posteriormente a instancias del dueño de una tienda de instrumentos musicales, don Ángel de Fuentes. En todo caso la obra fue registrada en 1924 por la casa Wagner y Levien, propietaria de los derechos musicales. En la partitura original la canción lleva por título «Morenia mía, Canción Mexicana Fronteriza». Fue la gente —afirma otra versión— la que le cambió el nombre, siguiendo el texto de la letra, por este con que la conocemos todos ahora: «Morenita mía».

Por esa linda morena renunció Armando Villarreal a su prometedora carrera de concertista de violín. Don Antonio Ortiz, maestro del joven músico, quien tenía cifradas en él grandes esperanzas, solía comentar con tristeza al escuchar «Morenita mía»: «Esa morenita fue causa de que se apagara una estrella».

No se apagó: antes bien se encendió una de las estrellas más luminosas del firmamento musical de México.

Armando Villarreal murió en Monterrey el 15 de marzo de 1976. Una plaza con su nombre y el busto del compositor fue demolida para dar sitio a la ampliación de la Avenida Constitución. Sin embargo, quien hace una bella canción es inmortal, y don Armando Villarreal sigue viviendo en su canción. La «Morenita mía» es una joya de la música popular de México. A más de innumerables grabaciones se ha cantado en no menos de 15 películas, entre ellas *El organillero*, *Qué bonito es querer* y *Mi querido capitán*. El 12 de diciembre de cada año, sin falta, «Morenita mía» es entonada en la Basílica de Guadalupe durante las Mañanitas que se cantan a la Patrona de México.

Muchos motivos de orgullo tiene Parras, ciudad a la que quiero con afecto grande. He aquí otro motivo de ufanía para ese precioso sitio de Coahuila: ser cuna de la mujer que inspiró «Morenita mía», una de las canciones más bellas y más populares entre las que forman el rico acervo de la canción mexicana. Actualmente, a sugerencia e instancias mías, una calle de Parras se llama así: Morenita mía.

A más de ser músico genial Silvestre Revueltas era hombre de peregrino ingenio. Caminaba una vez por céntrica avenida de Durango en compañía de un amigo cuando pasó junto a ellos una hermosa muchacha de munífico pecho, cimbreante cintura y competente caderamen.

—¡Mira qué cuerpo! —exclamó con admiración el amigo de Revueltas—. Todo armonía, todo curvas. Busto generoso, cintura estrecha y amplia grupa. Me hace pensar en un violín.

Replicó el compositor:

—A mí me hace pensar en un tambor.

—¿En un tambor? —se sorprendió el amigo.

—Sí —confirmó Revueltas—. En un tambor de cama.

Yo vengo a este lugar como en peregrinación. Es la plazuela que está frente al Conservatorio de las Rosas, en Morelia. Bebo morosamente mi capuchino en una de las mesas al aire libre del pequeño café al que acuden los estudiantes y sus profesores. El señor que está en la mesa de al lado me pregunta con tono de grande cortesía:

—Disculpe la curiosidad: ¿de dónde es usted?

—Soy de Saltillo, Coahuila —le respondo.

—La tierra de Acuña —dice—. Cuando mis compañeros y yo éramos jóvenes le pusimos música al «Nocturno», y lo cantábamos en las serenatas.

No sé si debo agradecerle la musicalización y el canto. En vez de eso le pregunto:

—Y usted, ¿es de Morelia?

—Aquí estudié, en Las Rosas —me responde—. Pero soy de Acuitzio del Canje.

—¿Del qué?

—Del Canje. Se llama así mi pueblo porque hubo ahí un intercambio de prisioneros cuando la guerra del francés.

El señor sabe de Acuña y dice «la guerra del francés». No sé por tanto si es un romántico o un clásico. Entre los de mi edad —y el señor lo es— se encuentran ejemplares de ambas especies, que muchos creen desaparecidas ya.

Le pregunto:

—¿Conoció usted al maestro Bernal Jiménez?

Porque es de saberse que en memoria de don Miguel hago yo esa peregrinación sentimental cada vez que voy a Morelia.

—Desde luego que lo conocí. A más de ser un genio de la música era un santo.

—En ese mismo concepto lo tengo yo —le digo—. Pero hasta a los santos les pasan cosas chuscas. No sé si conozca usted esta anécdota. Cuando el maestro Bernal se casó fue a vivir con su esposa, doña Cristina, en una pequeña casa. Orgulloso, puso su nombre en una tarjetita sobre el timbre de la puerta: «Miguel Bernal Jiménez». Sucedió, sin embargo, que el timbre estaba descompuesto. Para que la gente no lo usara, y tocara la puerta, la joven esposa escribió abajo del timbre estas palabras: «No funciona». Los que llegaban leían: «Miguel Bernal Jiménez. No funciona».

Ríe la anécdota mi nuevo amigo, aunque no tanto como debería. Luego, añade:

—También conocí al padre Villaseñor, por muchos años director de Las Rosas. Vivía en esa casa que mira usted ahí. Esperábamos a que se durmiera para sacar de contrabando algunos instrumentos del conservatorio (un armonio, unos violines y guitarras) y acompañarnos con ellos en las serenatas que le dije.

Hace una pausa, como recordando, y dice luego:

—Conocí también al maestro Romano Picutti.

—El de los Niños Cantores de Morelia —acoto.

—Así es. ¿Sabe usted cómo escogió a su primer solista? Oyó a un niño en la calle gritar su mercancía: «¡Camotes! ¡Camoooootes!». La claridad y timbre de su voz le llamaron la atención, y lo citó en la catedral para hacerlo vocalizar. El niño camotero se convirtió en la primera voz que tuvo el coro, y cantó en las grandes capitales del mundo.

Se acerca la hora en que debo ir al hotel a juntar mis cosas para ir al aeropuerto. He cumplido mi peregrinación, en esta ocasión enriquecida por las evocaciones del amable señor cuyo nombre ni siquiera escuché bien cuando me lo dijo al despedirnos. No me permite que pague mi café. Yo le perdono internamente no haber reído lo suficiente la anécdota que le conté.

Me habría gustado conocer a María Rita.

Allá por el siglo XVIII fue alumna del Conservatorio de las Rosas, en Morelia, el primer conservatorio que hubo en toda América.

El archivo de esa institución por tantos conceptos venerable guarda una partitura. Perteneció a María Rita, quien puso en ella estas palabras:

> Soy de María Rita Heredia, que la canta con dos mil primores y sin chiquiarse.

Eso de «chiquiarse», o «chiquearse», es un mexicanismo que en una de sus acepciones quiere decir hacerse de rogar.

¿Qué linda chiquilla sería esa, o qué preciosa mujer, que muy ufana declaraba cantar bonitamente y sin requilorios ni mohines?

A todos —igual que para todos brilla el sol— Diosito nos dio alguna habilidad. Bien haya aquel que, como María Rita, ejercita la suya en bien del prójimo, sin hacerse de rogar y con primor.

Pablo Valdés Hernández nació en Piedras Negras el primer día de febrero de 1913. Fue el hijo mayor del muy fecundo matrimonio que formaron el señor licenciado don Pablo Valdés Espinoza, coahuilense nativo de Morelos, y doña María de Jesús Hernández Barrera, originaria de Guerrero, también en Coahuila. Después de Pablo llegaron diez hermanos más: César, Alberto, Carlos, Mario, Federico, Gloria, María de Jesús, Eva María, Consuelo y Virgilio.

Don Pablo era hombre austero, que por querer lo mejor para sus hijos les impuso siempre normas rigurosas. Fue magistrado judicial y funcionario público. Con don Arnulfo González ocupó el cargo de secretario general de Gobierno. Doña María de Jesús era dulce, inteligente, y dueña de una amenísima conversación que salpicaba con gracejos que hacían reír a quien la escuchaba. Ninguno de los dos esposos, sin embargo, tenía aficiones musicales. Por eso se sorprendieron mucho cuando a Pablito, cumplidos los 4 años, le dio por formar una orquesta con los muchachillos de su barrio: golpeando tinas, baños de hojalata y hasta bacinicas hacían una música del demonio dirigida con toda solemnidad por Pablo.

Por necesidades del trabajo de don Pablo el matrimonio Valdés Hernández fue a Saltillo. En el templo de San Juan Nepomuceno hizo Pablito su primera comunión. Vivía con sus padres en la calle de Allende número 50. En un cumpleaños de su esposa, el licenciado Valdés le obsequió a doña Chita un piano. Mientras los invitados a la fiesta admiraban el precioso instrumento, Pablito se sentó en el banquillo y de buenas a primeras tocó «La Cucaracha». Tenía 9 años.

—Pablo —dijo su madre al licenciado—, este hijo nuestro va a ser músico.

—Ni lo mande Dios, Chita —se asustó don Pablo—. Se muere de hambre.

Cuando me contó eso, Pablo añadió:

—Todo eso eran los preliminares de lo que traía en mi corazón.

Cierto día llegó un amigo a la casa de Pablo Valdés Hernández, en el centro de la Ciudad de México.

—Ven —le dijo—. Quiero que veas algo.

En el automóvil del visitante fueron los dos a la colonia Juárez, que era en aquellos años —los cuarenta— una de las más elegantes de la capital. Detuvo su coche el amigo de Pablo frente a una residencia y le mostró un letrero que había en la ventana:

SOLICITO COCINERA. PAGO BUEN SUELDO.
REQUISITO: QUE NO CANTE «CONOZCO A LOS DOS».

Pablo Valdés Hernández es el autor de «Conozco a los dos», con aquella su frase final y lapidaria: «... Qué más da que la gente nos diga: Conozco a los dos», que no entendía el director artístico de Discos Peerless, y por eso pidió a Pablo que se la quitara. Y es también Pablo autor de la «Sentencia», que compuso una madrugada después de la nocturna procela de una farra.

—Llegué a la casa donde me asistía. El piano estaba en la primera planta; mi cuarto, en el segundo piso. No más de ver la escalera me volví a marear, hermanito. ¿Y 'ora qué hago? Me serví otro vaso de mezcal, que era lo que tomaba, por barato («El Sarapito» era mi mero amor), y me puse a escribir lo primero que se me ocurrió. «Te acordarás de mí toda la vida...». Esa fue la primera frase. Las siguientes ya se vinieron solas. Luego me fui al piano y le puse la música. Me salió a la primera. Y al último le hice la introducción, esa que siempre se toca, sea cual sea la versión de «Sentencia». Entonces me serví otro vaso de mezcal. Cuando me lo estaba tomando me dio miedo de que la canción se me fuera a olvidar, porque no sabía escribir música, nunca aprendí. Volví a tocar la pieza. En eso alguien llamó a la puerta. Fui a abrir y era Estela Carbajal, una cantante entonces muy de moda, hasta películas hizo. Venía de trabajar y me dijo: «Pablito, ¿no tienes una copa?». La invité a pasar y le serví de lo mismo que yo estaba tomando, mezcal. Jamás tomé otra cosa, ni cerveza. Le dije: «Estela, acabo de componer una canción, y te la voy a cantar». Y le canté «Sentencia». Cuando terminé me volví para preguntarle qué le había parecido. Estaba llorando. «Pablo —me dijo—, esa canción va a vivir muchos años después de que tú te hayas muerto».

En mi ciudad, Saltillo, vivió Pablo Valdés Hernández. Descansa ya en la suya, Piedras Negras.

Igual que la cigarra de la fábula, Pablo vivió y murió cantando. A mí me entristeció su muerte, pues tuve amistad con él. Pero a decir verdad no muere nunca el que hizo una canción que la gente no deja de cantar.

Eso hizo Pablo Valdés Hernández. Volverá a vivir en el recuerdo cada vez que cantemos o que oigamos cantar la frase inicial —terminante como disposición de testamento— de su inmortal «Sentencia»: «... Te acordarás de mí toda la vida...».

Puse un letrero en mi rancho.
Cuando lo estaba clavando
sentí ganas de llorar.
Dice: «Se vende un caballo»...

Con esos versos empieza una canción que Vicente Fernández escogió para hacerla formar parte de su repertorio. La canción es de Humberto

Fito Galindo, uno de los más inspirados compositores que Coahuila ha dado a México.

Fue un artista popular; es decir, del pueblo. Se debe hacer esa precisión, pues hay música popular que no es popular. Se escribe para el pueblo, sí, pero no sale del pueblo. La música de Humberto Galindo es auténticamente popular, porque al pueblo perteneció su autor y porque hizo sus canciones para el pueblo. Por eso han alcanzado la permanente popularidad que solo el pueblo da.

Humberto Fito Galindo era de Zaragoza, Coahuila. Ahí lo conocí hace bastantes años ya. Me invitó a su casa; me habló de sus canciones. Yo le pedí que me escribiera de su mano los primeros versos de «Se vende un caballo», y los conservo como preciado autógrafo. Luego, años después, saludé a Fito en Allende.

Era un hombre sencillo; poseía la humildad de los que valen. Sus canciones son casi todas de amor y desamor, pero hay otras en que se ocupó de temas diferentes. No sé si una canción como «Primera, segunda y tercera», pueda inscribirse en la línea de las llamadas «canciones de protesta». Quizá no, porque en ella Humberto no protestaba: simplemente declaró una verdad.

Hay cunitas que son un petate,
y cobijas de manta y de seda.
Sin saber, al nacer ya venías
en primera, segunda y tercera.

Hay palacios, casitas, jacales;
son el centro, la orilla y afuera.
Ahí te miden también cuánto vales.
Son primera, segunda y tercera.

No se pueden cortar ciertas flores
de jardines que no son tu tierra,
pues también en cuestiones de amores
hay primera, segunda y tercera.
Al nacer ya el destino te marca

en primera, segunda o tercera,
desde el día en que en la cuna te tapan
hasta el día en que te cubren de tierra.

Pues ahí también hay distinciones;
ni de muerto te escapas siquiera.
Dividieron también los panteones
en primera, segunda y tercera.

Aquel que ha escrito una bella canción para los hombres ya ganó una de las mejores formas de inmortalidad.

Humberto *Fito* Galindo, un hombre sencillo, debió tener la certidumbre de que su nombre iba a quedar. Sus canciones salieron del pulso de su corazón y de los latidos del corazón del pueblo.

En noches de buen vino, amigos buenos y cómplice guitarra, las canciones de Humberto Galindo llenan con sus notas y su poesía las horas de la vida verdadera.

Por eso y por el don de su amistad, por eso y por su ser de hombre bueno, yo doy gracias a Humberto. Y con envidia, sana envidia, le digo que cambiaría muchas cosas que tengo por una sola hora de esa inspiración que él tuvo, y que ha hecho que la vida de muchos sea mejor.

En el tradicional café de La Parroquia de Veracruz solía amenizar un grupo llamado El Arca de Noé, encargado de bajarle los humos al hombre más ahumado. Una mañana llegó ahí un famoso conductor de la televisión nacional. El visitante celebraba ese día su cumpleaños, dato que el mismo se encargó de propalar.

Los integrantes de El Arca de Noé, llamada así porque todos sus miembros tienen apodos de animales: la Chiva, la Pulga, el Oso, etcétera, fueron a saludar al célebre señor, y le preguntaron si quería que le cantaran las «Mañanitas jarochas».

El astro televisivo, hombre arrogante y jactancioso, aceptó con displicencia aquel humilde homenaje de sus admiradores. Más aún: pidió cámaras y micrófonos para que grabaran el coro que sus fans iban a entonar en su honor. Al instante los técnicos llegaron, y en un tris pusieron lámparas de iluminación y todo lo necesario para el caso. Una maquillista vino también, y polveó y peinó muy bien al del cumpleaños. Los camarógrafos dispusieron sus aparatos grabadores. Cumplido todo aquello el productor les dijo a los del Arca de Noé que, ahora sí, ya podían cantar las Mañanitas. Solo debían esperar su cue. Preguntaron ellos qué chingaos era eso, y el productor les explicó que haría una cuenta regresiva. Cuando dijera la palabra: «Grabando», ellos empezarían a cantar.

Y comenzó el productor la dicha cuenta: «Cinco, cuatro, tres, dos, uno... Grabando».

Entonces los parroquianos de La Parroquia interpretaron con grande sentimiento las Mañanitas Jarochas, cuyos primeros inmortales versos dicen así:

> Volaron cuatro palomas
> por toditos los lugares.
> Hoy por ser día de tu santo
> vas y tiznas a tu madre.

Desde luego ellos no dijeron «tiznas», sino otra palabra más de uso en Veracruz.

—¡Corten! —gritó al punto el productor. El afamado personaje, mohíno y enojado, dijo que ya no quería que le cantaran las «Mañanitas jarochas», y se retiró muy digno con su troupe.

Creo que en vez de molestarse debe uno agradecer a quienes en diversos modos —algunos con buena leche, otros con mala— te ayudan a tener siempre los pies en la tierra. Bueno, no siempre. La recién casada le comentó a una amiga:

—Mi marido jamás despega los pies de la tierra.

Preguntó la otra:

—¿Y cómo le hace pa' ponerse los calzones?

Tenía sonoro nombre: Armando Soto la Marina. Pero lo recordamos más como el Chicote. Fue la figura cómica en las películas campiranas de Jorge Negrete o Pedro Infante. Entonces había en el cine figuras emblemáticas: «el muchacho»; «la muchacha», «el malo»; «el viejito»... Armando Soto la Marina era «el chistoso».

Se formó en las carpas, igual que Cantinflas, Palillo, el Panzón Soto y tantos más. Nació en el barrio de Santa María la Redonda, el mismo barrio de Cantinflas, de los toreros David Liceaga y Alberto Balderas, de los boxeadores Kid Azteca y Rodolfo Casanova, del futbolista Carlos Laviada y de la cantante Celia Tejeda, hoy en el olvido, pero que fue la primera figura del espectáculo en la Ciudad de México que vio anunciado su nombre en letras de neón. (Cantinflas fue el segundo). El barrio de Santa María la Redonda vio también nacer a un pianista de burdeles que luego se haría famoso: Agustín Lara.

El Chicote fue la máxima estrella de la carpa El salón rojo. Eran los tiempos de Santita —la de las veladoras de Santa—; de Graciela Olmos, la Bandida, gran madrota que compuso las canciones «El Siete Legua» y «La enramada», protegida de Uruchurtu, y que a todos sus clientes les decía «hijito»; de Ana María González, que entonces tenía 16 años, y que cuando cantaba los boleros de Lara o de Curiel lloraba lágrimas de verdad. Eran los tiempos de José Cora, apodado el Colo-Colo, el mayor gigoló de la Ciudad de México. Medía dos metros justos de estatura, y tenía un gran parecido con Johnny Weissmuller, el Tarzán de las películas. De ahí vino lo de llamar «tarzanes» a los pachucos. El Colo-Colo terminó siendo guardaespaldas de Cantinflas.

En cierta ocasión un político de nota fue a la carpa donde actuaba el Chicote y se desternilló de risa oyendo sus gracejadas y viendo su variada mímica. Eso llamó la atención de quienes acompañaban al político, pues de ordinario era muy serio; no se reía con nada, y su gesto era siempre adusto y grave. Hablaba poco, tan poco que le decían la Esfinge. Muy bien le cayó el cómico al político, y este le regaló al Chicote una gran carpa con la cual Armando empezó su propio negocio. Ese político era Lázaro Cárdenas.

En la carpa de el Chicote se dio a conocer Gloria Marín. También de ahí saltó a la fama un solitario guitarrista bohemio que antes tocaba en Las Veladoras de Santa, cuyo nombre era Claudio Estrada. Dicen las crónicas que cuando Estrada empezaba a tocar su guitarra, la ruidosa parroquia de la carpa guardaba un silencio reverente para escuchar las notas de aquel notable artista.

Luego el Chicote se hizo artista de cine. Arrancaba las carcajadas de la gente con su gesto eternamente atribulado y su habla de tono suplicante. Al final de su vida el Chicote cayó en el alcoholismo. Me contó Lalo González, el Piporro que un día él y Pedro Armendáriz, preocupados por la salud de Armando, lo instaron a dejar el vicio. Él les juró y les perjuró que nunca jamás volvería a tomar. Al día siguiente lo vieron recostado en un camastro a la orilla de la alberca del hotel. Tenía un vaso de *whisky* en la mano, y aunque eran las 11 de la mañana ya estaba ebrio. Cuando los vio les gritó alegremente con voz que todos los huéspedes del hotel pudieron escuchar:

—¡Lalo! ¡Pedro! ¡Los dos vayan mucho a tiznar a su madre!

Recuerdo una anécdota que Lalo González nos contaba en horas de amistad. La de aquel dueño de una pequeña fonda en algún pequeño poblado del norte. «¿Qué tienes pa' comer, pelao?», le preguntó una vez el Piporro. «Lo que quieras, Lalo», le contestó el hombre. «Tenemos de todo, bendito sea Dios. Tu boca es la medida». «A ver», respondió el Piporro, travieso y socarrón. «Tráeme caviar». Fue el hombre a su cocina y regresó poco después. «Te voy a quedar mal con el caviar, Lalo», le dijo. Respondió el Piporro: «No tienes caviar, ¿verdad?». Y contesta el de la fonda: «No, sí tengo. Pero está medio flacón».

Yo soy devoto aficionado, por no decir que fan, de Los Montañeses del Álamo. Tengo a honor haber cantado con ellos, formando dueto con Lalo González, el Piporro, en un festival caritativo. Cantamos, claro, a sugerencia mía, la Rosita Alvírez. El culto y exigente público —más exigente que culto, solía decir Lalo—, nos pidió otra, otra, y entonces cantamos —también a sugerencia mía— el corrido de Agustín Jaime. Cuando los padres de mi esposa, que gozan ya la paz de Dios, cumplieron cincuenta años de casados, Los Montañeses vinieron a la fiesta, y la alegraron con su música.

Ese conjunto forma parte de lo mejor de la tradición musical del noreste mexicano. Su arte es expresión del sentimiento popular. Oigo a

Los Montañeses casi desde niño, en su programa del mediodía con don Jeremías Becerra, otro entrañable personaje.

El otro día encontré una serie de canciones de Los Montañeses, y el hallazgo fue motivo de grande regocijo para mí, porque en ella viene una grabación dificilísima de conseguir: una preciosa polka llamada «Así se baila en el rancho».

¿Cómo se baila en el rancho? En el tuyo no sé. En el Potrero se bailaba largamente, quiero decir que cada pieza solía durar veinte minutos, y en ocasiones media hora. Cornelio, el acordeonista, no daba tregua a sus dedos, y los bailadores y bailadoras no daban tregua a los pies. Entre pieza y pieza se regaba el terreno, pausa que ellas aprovechan para componerse el peinado y ellos para tomarse —a ocultas, porque eso no era bien visto— un traguito, o dos, o tres, o cuatro, de mezcal.

A eso de las 11 de la noche llegaban «los panaderos», encargados de ofrecer una colación a las damas presentes. Dicha colación consistía en una taza de café negro bien caliente y una pieza de pan de azúcar. De tal condumio no participaban los señores: era cortesía exclusiva para ellas. Las colaciones de los caballeros, ya lo dije, eran de mayor sustancia y entidad.

En cada baile había un mayordomo, que así se llamaba la persona encargada de dirigir el sarao y mirar por el buen orden y lucimiento de la celebración. El mayordomo debía tener una suprema habilidad que trataré de describir. Sucede que siempre eran más los bailadores que las bailadoras. Al principiar la música el mayordomo se ponía entre mujeres y hombres, y solo dejaba pasar al bailador que cada bailadora quería. Eso daba lugar a un intenso juego de miradas, primero entre la bailadora y el mayordomo, y luego entre la bailadora y el bailador que ella quería. El mayordomo debía seguir esas miradas para formar las parejas, a fin de no dejar ninguna dama sin bailar y no exponer a ningún hombre a un desaire. Ni Kissinger tuvo tanta diplomacia.

Y ¿qué se bailaba en el rancho? Se bailaban polkas, redovas, valses y chotises. Cuando aparecían piezas de otro ritmo la gente se desconcertaba toda, y no sabía cómo agarrar el paso. Una vez que no estaba Cornelio puse un disco de Los Montañeses. Todo iba muy bien hasta que salió una grabación inusitada de Los Montañeses: «Amor perdido».

Esta pieza, ya se sabe, era congalera, con perdón sea dicho. Solo en lugares de rompe y rasga se aprendía a bailar ese inmortal clásico de la vida nocturnal. Cuando las trágicas y sentidas notas de «Amor perdido» se oyeron en la alta noche del Potrero, aquello fue como si hubiera sonado la trompeta del arcángel San Gabriel. Todo mundo se aturrulló, pues nadie sabía cómo diablos se bailaba aquello. Rápidamente puse «Los jacalitos», y todo volvió a la normalidad.

Nadie rebaje a lágrima o reproche —como dijo Borges— que en el Potrero la gente no haya sabido bailar «Amor perdido». Si en la zona de tolerancia alguien hubiera tocado «La varsoviana» tampoco nadie sabría cómo bailarla.

En Parras muchos recuerdan con afecto al Tuti Vidaña, tenor de aquellos que cantaban enlazando los dedos de las manos para hacer fuerza y conseguir un do de pecho. Gustaba el Tuti de hacer ostentación de su arte. Parras, por desgracia, tendía a un arte más popular, y así las arias del Caruso local no eran muy solicitadas. En las tertulias familiares se entonaban los boleros de Lara, las canciones de Curiel o Arcaraz, pero la clientela de Verdi y de Puccini tendía a ser escasa.

Así, el Tuti debía recurrir —todo sea por el bel canto— a una medida desesperada. Se acercaba a un amigo de confianza y le pedía al oído, siempre con las mismas palabras:

—Provoca que cante.

El amigo entonces debía representar la pequeña comedia que esperaba el Tuti:

—Señoras y señores: creo que ha llegado el momento de abrirle un espacio a la buena música. Quisiera rogarle a nuestro querido amigo y excelente cantante, ese gran valor de Parras, el Tuti Vidaña, que nos deleite con una de esas arias que canta como solo él sabe hacerlo.

El Tuti fingía sorpresa al verse solicitado así, tan de repente. Se hacía un poquito del rogar —un poquitito nada más, no fuera que la gente regresara al repertorio popular— y luego interpretaba no una ni dos, sino seis o siete de esas arias que cantaba como él solo sabía hacerlo.

En un centro social de Parras había un mesero que le daba por bailar flamenco. Recuerdo que hubo un tiempo en que esa palabra —flamenco— tenía otra connotación: servía para calificar a quien se enojaba: «No sé por qué se puso flamenco. Lo único que hice fue pedirle que me presentara a su hermana».

Dos laguneros, de Torreón, que estaban de visita en la Ciudad de México, quisieron conocer el Prendes, famoso restaurante. El mesero, un hombre ventripotente y arrogante, les tomó la orden con aire desdeñoso —no eran de los *habitués*—, los ojos semicerrados y la nariz apuntando al techo. Preguntó uno de los visitantes:

—¿Están frescos los camarones, pelao?

El camarero se atufó. Altanero, respondió con ofendida dignidad:

—Señor: está usted en el Prendes.

Y el lagunero, picándole la panza con el índice:

—No te pongas flamenco, pinche panzón.

Pero vuelvo al otro mesero. Le daba por bailar flamenco, ya lo dije. También estaba solo en su afición, pues no había en toda la comarca un tablao donde pudiera dar libre curso a su afición zapateadora. De vez en cuando, sin embargo —un poco quizá por divertirse—, los clientes del bar le pedían que les bailara algo. Entonces subía a una mesa, que era para él como subir al cielo, y daba libre curso a su arte coreográfico.

Cierta noche un grupo de bebedores pidió que viniera el bailaor. Acudió él, modoso y recatado, las manos metidas en los bolsillos del pantalón, a preguntar con voz humilde en qué podía servir a los señores.

—Queremos que nos bailes algo —pidió uno de los circunstantes.

Respondió el mesero:

—Perdonarán ustedes, pero no vengo preparado.

Y así diciendo inclinaba la cabeza, sin sacarse las manos de las bolsas, como apenado por su falta de preparación.

—Anda, anda; no te hagas —insistió otro—. Báilate una, aunque sea.

—Es que no me preparé —repitió. Y seguía con las manos metidas en los bolsillos, como para subrayar su decisión de no bailar.

Uno de los clientes, buen psicólogo, le dijo entonces:

—No podemos irnos de Parras sin admirar tu arte. Nos dicen que bailas mejor que Sarita Montiel.

No necesitó más el mesero para acceder a compartir su arte con el mundo. Aunque no se había preparado sacó inmediatamente las manos de los bolsillos. En ellas traía puestas ya las castañuelas.

En un poblado del norte de Tamaulipas vivía un corridero, es decir, un compositor de corridos. Allá en aquellos lares el corrido tiene una importancia semejante a la que tuvieron los cantares de gesta medievales.

Cuando un bandolero cayó acribillado por las balas de la policía, y el que mandaba a los jenízaros se acercó a darle el tiro de gracia, el caído, con el último aliento de la voz, le suplicó a su victimario: «Jefe: le encargo que me hagan mi corrido». Y es que el corrido es una forma de inmortalidad.

Pues bien: el corridero que dije se ganaba la vida haciendo corridos por encargo. Los delincuentes le pagaban buen dinero para que les escribiera la crónica rimada de sus desaforados hechos.

Cierto día se presentó ante él un individuo y le pidió que le compusiera su corrido. Ofrecía generosa paga, y por adelantado. El corridero sacó una especie de machote o formulario, tomó un lápiz, mojó su punta en la de su lengua y empezó a interrogar al cliente. —¿Es usted narcotraficante? —No—. El corridero puso una tacha en su machote. —¿Es contrabandista? —No—. Nueva tacha en el formulario. —¿Es policía judicial, o practica alguna otra forma de delincuencia? —Tampoco—. Tercera tacha. —¿Ha matado a alguien? —¡Dios me libre! —Entonces —preguntó el hombre, receloso—, ¿a qué se dedica usted?. —Respondió el sujeto: «Tengo una camisería en Reynosa». Al oír aquello el corridero arrancó la hoja de su libreta, la arrugó en el puño y luego la tiró al cesto de la basura.

—Qué corrido ni qué corrido, amigo —le dijo al individuo—. Usted no da ni pa' una pinche cumbia.

Voy a Nayarit y escucho a los nayaritas hablar de sus ingenios. La velada es deliciosa: navega la conversación por un amable río de ron hecho en la casa, y el viajero disfruta los relatos de los hechos y dichos de aquellos personajes.

Don Alberto Ibarra fue uno de ellos. Músico de Santiago Ixcuintla, era organista titular de la parroquia —«Es el que les toca el órgano a los novios», decía una beata—, pero también tocaba el piano en el congal del pueblo. La música, ya se sabe, es hermoso arte, pero difícil profesión. Para ganar la vida don Alberto debía alternar el canto gregoriano con el profano. Gustaba él de los espíritus del vino, y con frecuencia las notas se le revolvían: días hubo en que tocó en la misa «Amor perdido», y noches en que se le escaparon los acordes del «Pange lingua» en el burdel.

Don Alberto era soltero, solterón. Muy joven estuvo a punto de tomar estado. Entró en amores con una linda joven de cuerpo juncal y talle como de palmera. Un día tocaba él en un baile, y la muchacha, a falta de bailador, salió a la pista con un viajante de comercio. No pudo dejar de tocar su piano el joven músico, que ardía en celos mientras tocaba «Cerezo rosa», pero acabada la pieza fue a su casa por una charrasca que tenía, artera navaja de muelles capaz de mandar al otro mundo a un toro. Volvió en busca de su rival para retarlo a duelo singular, pero cuando llegó al salón de baile el hombre ya se había ido. Fue su ángel de la guarda, estoy seguro, quien le inspiró aquella salida oportunísima. Cortó el furioso novio su relación con la casquivana. Pasó el tiempo, y un día don Alberto encontró en la calle a una mujer panzuda, de hirsuta pelambrera oxigenada, que por delante lucía una papada elefantina y por detrás un nalgatorio hipopotámico. No la pudo reconocer sino hasta que ella misma se presentó: era la coqueta que le bailó en la nariz con el viajante. Suspiraba con alivio don Alberto al mencionar su encuentro. Decía: «¡Y pensar que por ese adefesio me iba yo a batir!»... Pobre mujer, digo yo... El tiempo no perdona ni aunque le diga uno: «Perdone usted».

Tenía dos hermanas don Alberto, solteras también, a quienes mantenía. Las hermanas lo celaban mucho, pues temían que alguna mujer le echara el lazo, con lo que ellas quedarían sin amparo. Un día pasó por la casa de don Alberto una frondosa dama de generoso tetamento.

Don Alberto le dijo un piropo de evanescente gracia insinuativa. Le dijo: «¡Mamacita! ¡Estás como p'acabarme de criar!». Sonrió la tetona al escuchar aquel sutil requiebro, y eso hizo que se encresparan las hermanas.

—¡Parece mentira! ¡Sesenta años y piropeando fulanas! ¡Ya estás viejo para eso!

—Viejo para eso... —repitió don Alberto como en eco—. Pero no pa' trabajar, ¿verdá?

Porque ya dije que mantenía a sus hermanas.

Un día don Alberto perdió pisada y se falseó un pie. Al salir de su casa cojeaba visiblemente. Dos cuadras caminó, y en el trayecto seis o siete personas le preguntaron qué le había pasado. A todas hubo de darles la detallada explicación de su accidente. Buen trecho le faltaba todavía para llegar a la parroquia. Pensó que por lo menos treinta personas más le harían la misma pregunta. Volvió a su casa, hizo un letrero, lo clavó en un palo y salió con él en alto. Decía el tal letrero: «Me caí».

¡Cuántas cosas de entretenimiento se cuentan en los lugares a donde llega el cronista en su peregrinar!

Don José María Martínez era el poeta oficial de Santiago Ixcuintla, Nayarit. Asistía todas las noches a una tertulia de señores. Entonces no había luz eléctrica en Santiago, de modo que los contertulios se alumbraban con quinqués. Una de aquellas noches llegó don Chema con retraso, y los demás lo hicieron objeto de reclamaciones en términos altitonantes. Enojado, se concentró don Chema y ahí mismo escribió un terceto lapidario con el cual cobró venganza de los dicterios con que lo fustigaron:

Sentado en estos sofases,
a la luz de estos quinqueces,
me acordé de sus mamases.

Había en Santiago un raterillo a quien todos llamaban el Perico, pues su nombre era Pedro. A los recién llegados a Santiago les advertían que se cuidaran del Perico, ya que era caco habilidoso: sobresalía en el arte llamado «el dos de bastos», consistente en sacar las carteras valiéndose de los dedos índice y anular.

Cierto día llegó a Santiago un político de la Ciudad de México, nombrado para fungir de delegado del Partido.

—Tenga cuidado con el Perico —le dijeron—. Es capaz de robarle los calcetines sin quitarle los zapatos.

—A mí el Perico me hace lo que el aire a Juárez —replicó, baladrón, el forastero—. Yo vengo del D. F. Ahí sí que hay rateros, y nunca me han robado ni la tranquilidad.

—Pues mucho ojo de cualquier manera, licenciado (en aquellos felices tiempos todos los políticos eran licenciados). Ya le digo que el Perico es capaz de sacarle un calcetín sin quitarle el zapato.

Se habían puesto de acuerdo los pícaros santiagueros para jugarle una broma al visitante. Por eso le repetían una y otra vez aquello del arte de Perico para robar calcetines sin quitar zapatos. Ya bien sembrada la idea invitaron al señor delegado a tomar una cerveza en el restaurante del hotel. En eso entró el famoso Perico, a quien habían antes aleccionado. Al pasar junto a la mesa del fuereño hizo como que se agachaba ante él. Al mismo tiempo uno de los presentes le dio al hombre un leve golpecito en el pie con su bastón.

—¡Ya le robó el Perico un calcetín, licenciado! —dijeron los demás.

Rio con aire de suficiencia el visitante. Pero cuando se fue a su cuarto lo siguieron los demás y vieron cómo, creyéndose ya solo, se levantó la pernera del pantalón y se revisó muy bien el pie para ver si todavía llevaba el calcetín.

Hubo en aquellos años feria en Ramos Arizpe, Coahuila. El espectáculo mayor de aquel festejo sería un jaripeo con asistencia del mejor charro que había entonces —y ha habido siempre— en México: el gran Guadalupe Partida.

El nombre de este charro anda en leyendas. Cuando un charro domina todas las arduas suertes de la charrería se le da el nombre de «charro completo». Guadalupe Partida era completísimo. Además, representaba el tipo del charro mexicano: alto, enteco, membrudo, lucía con gallardía igual los varios trajes charros: el de faena, el de paseo, el de charrear, el de media gala y gala entera. Y era macho, muy macho. Se hablaba de sus hazañas de juventud, hazañas de raptos a caballo, de duelos a pistola o machete por mujeres. Al lado de Guadalupe Partida, el Jorge Negrete de *Ay Jalisco no te rajes* era un afeminado.

Ya se imaginarán ustedes, lectores míos, el apuro de los organizadores de la feria cuando salió en *El Sol del Norte*, periódico ya desaparecido, la siguiente noticia:

> ... La Feria de Ramos Arizpe se verá engalanada con la presencia de la bella y simpática señorita Guadalupe Partida, quien ataviada con preciosos vestidos regionales montará a caballo y hará las delicias del público con su gracia y su habilidad en la práctica de diversas suertes charras, naturalmente las adecuadas a su sexo...

¡Santo Dios! Los anfitriones del gran charro andaban todos sofocados. ¿Qué iba a pasar si un ejemplar de ese periódico caía en manos de aquel hombre valiente, ejemplo y gala de machismo? Se aplicaron a comprar todos los Soles y se los llevaron lejos, más allá de Santo Domingo, para que ni por equivocación fuera a llegarle uno al valeroso charro. Vano intento: el mal se filtra por los más apretados resquicios, y en el hotel vio Guadalupe uno de aquellos periódicos. Dicen que en silencio leyó la nota, moviendo los labios al leer. Así, según entiendo, deben leer los charros. Cuando acabó de enterarse de todo aquello de la bella señorita, de sus preciosos vestidos y de su gracia para hacer las suertes adecuadas a su sexo, Guadalupe Partida se atusó el bigote, se echó hacia atrás el mechón que le cubría la frente y luego manifestó con ejemplar laconismo mexicano: «Pendejos».

Tras hacer la anterior declaración se alejó caminando con el mismo paso con el que atravesaba el lienzo charro después de haber lazado a una yegua bruta.

El doctor Carlos Cárdenas, Rayito, era un excelente traumatólogo, y era también famoso charro que lo mismo arrendaba un potro que hacía la tienta de una vaca. Cristiano y jacobino, un día se le presentó en el consultorio una señora. Llevaba a su pequeño hijo vestido con el hábito de San Martín de Porres.

—Es que él me hizo el milagro de que mi criaturita volviera a caminar —explicó.

—¿Ah, sí? —le preguntó el Rayito algo atufado—. ¿Y quién atendió al niño?

—Usté, doctor.

—¡Pos entonces vístamelo de charro!

Nadie como el Rayito para decir versos taurinos; beber con los amigos un buen vino; lucir con señorío un sombrero jarano o calañés; contar sabrosas cosas de los tiempos idos... Hombres como él son los que dan estilo, tono y modo de ser a una ciudad.

En la mía vivió el doctor Rayito. En ella duerme. Nunca lo vamos a olvidar.

Don Luterito fue un sencillo campesino que vivía en su rancho. Una vez fue alojado en el Hotel Jardín por unos tratantes de grano que querían comprarle su maíz. Al día siguiente preguntaba a los comerciantes que a él cuánto le iban a pagar después de aquella noche en el hotel.

—¿Por qué, don Luterito? —inquirían ellos sin entender la extraña demanda del señor.

Y respondía don Luterito con la determinación de quien no quiere dejarse robar:

—Porque también metieron ustedes unas muchachas al hotel, y hoy en la mañana vi que a ellas sí les daban su dinero.

Pues bien: dicen que la primera vez que don Luterito vio una radiola comentó: «Carajo, se necesita tener mucho celebro para hacer hablar a un almario».

Don Luterito hacía dos visitas obligadas cuando iba a Saltillo: una al Santo Cristo y otra al congal. Así mostraba la pasta de que estaba hecho, pasta humana; así cumplía las dos vocaciones de los hombres —y de las mujeres, y de todos los puntos intermedios—: la que llama hacia arriba y la que hacia abajo llama.

La primera visita era al Señor de la Capilla, desde luego. Lo primero es lo primero. Don Luterito estaba seguro de que también el Papa le rezaba en Roma al Señor de la Capilla. Tras dejar sus cosas en el Hotel Jardín, frente a la plaza del mercado, don Luterito dirigía sus pasos (en el rancho no tenía que dirigirlos, pues se iban ellos solos) hacia la catedral. No entraba en la gran nave. Ningún compromiso tenía con el santito que estaba en el altar mayor. Iba derecho a la capilla a arrodillarse frente a la imagen del Crucificado. Se santiguaba tres veces, hacía la porlaseñal y luego recitaba todas las oraciones que se sabía: el padre nuestro, el avemaría, la Dios te salve reina y madre y el «Creo en Dios Padre todopoderoso». Acto seguido le pedía al Señor que lloviera —o que no lloviera, si ya iba a levantar la cosecha—, y finalmente le encomendaba la salud de su señora, la de los muchachos, la de los animales y la suya propia. Terminado el invariable rito, hacía otra vez la porlaseñal, se santiguaba otras tres veces y salía del templo, confortado. Había cumplido el deber de todo fiel cristiano. Ya volvería, la víspera de su regreso al rancho, a despedirse.

A continuación, iba a visitar a sus parientes. Tenía un tío y una tía ya mayores, y había que preguntarles cómo estaban. Comía en la casa de su hermana. Siempre le traía algo —calabacitas, chile, unas manzanas—, no tanto por ella sino por el cuñado. En la tarde veía a sus primos. Uno era dueño de una jarciería por Venustiano; el otro, tenía un tendajito en la de Múzquiz. Ahí se tomaba una soda, que pagaba siempre después de que el primo se resistía (un poco nada más) a recibirle el pago.

Por entonces había caído ya la tarde. Regresaba al hotel, se echaba agua en la cara y cenaba unos tacos anca Carrum. Paseaba la cena ahí mismo, en la plaza, y cuando el reloj de la catedral daba las diez se iba a la zona roja. Ahí trabajaba una señora de la cual era marchante. La misma siempre. Un hombre debe ser formal.

Pues bien. Llegó el tiempo en que don Luterito juzgó que ya era tiempo de que su hijo mayor —el muchacho había llegado ya a los 16 años— conociera el mundo. Para tal fin lo llevó a Saltillo. Hizo con él la visita al Santo Cristo, y luego fueron los dos a comprar el mandadito, los géneros y otras cosas que su mujer le había encargado. Era enero, la época en que los comerciantes regalaban almanaques a sus clientes. En cada tienda a la que llegaba don Luterito pedía uno. Los había de santos, de toreros, de temas patrióticos —el padre Hidalgo, la bandera— y con escenas campiranas. Cada año salía el de La Leyenda de los Volcanes y el otro muy bonito del gallardo ranchero que volvía del pueblo con el rebozo que mercó para su esposa joven y bonita.

Toda la tarde se la pasaron don Luterito y su muchacho en esas compras y en esa colecta de almanaques. Bien cargados de mercancía y calendarios volvieron al hotel. Y entonces, el viejón le ordenó a su hijo que se arreglara, pues lo iba a llevar con «las polveadas» pa' que se hiciera hombre. Fue aquella noche cuando pasó lo que pasó.

Caía ya la tarde cuando padre e hijo volvieron al Hotel Jardín. Don Luterito pidió en la administración que le llevaran agua al cuarto, y un joven de finos modales acudió a llenar la jarra y el aguamanil. Mientras lo hacía miraba goloso, de soslayo, al apetecible mancebo que estaría seguramente lleno de rijos no estrenados.

Se lavó cara, cuello y axilas don Luterito, y luego su hijo hizo lo mismo. Después se dirigieron los dos a la calle de Terán. Ahí estaba la zona de tolerancia; ahí recibiría el muchacho su primera lección sobre las cosas de la vida.

Entraron en uno de los congales de la zona, aquel que visitaba don Luterito cuando iban a Saltillo. Buscó el viejo con los ojos a su marchante de costumbre, a la mujer cuyos servicios requería siempre. La señora era diestra en su oficio, y era limpia, y era también paciente y comprensiva. Vino ella y saludó:

—¿Cómo le va, don Luterito?

—Muy bien, doña —contestó el ranchero—. Aquí le traigo un cliente nuevo. Es m'hijo, y viene a hacer su primera comunión. A'i se lo encargo.

Sonrió la mujerona. No era la primera vez que uno de sus parroquianos —con perdon sea dicho— le pedía que a su hijo le enseñara cómo.

—Encantada —dijo la mujer usando una expresión de moda en las señoras bien—. ¿No se toman antes una cervecita, o una copa?

—El muchacho no bebe —dijo don Luterito.

—Bueno —respondió ella—. Entonces pa' luego es tarde.

—Pórtese hombrecito —ordenó el ranchero a su hijo—. No me haga quedar mal.

Y le deslizó tres billetes de a peso y un tostón. Eso, 3.50 costaban los servicios de la doña. Tomó de la mano la mujer al asustado joven y lo condujo por un estrecho corredor a la accesoria donde ejercía su oficio.

Esperó don Luterito en calma, bebiendo una cérveza y escuchando la música de la radiola. Pasó una media hora, y apareció de pronto la mujer. Venía riendo con grandes risotadas. El muchacho la seguía lleno de turbación.

—¿Qué pasó, doña? —preguntó con inquietud don Luterito—. ¿No estuvo este a la altura?

—Sí, estuvo —declaró ella sin dejar de reír—. Es todo un hombrecito, y tiene hasta de sobra eso que le gusta a la mujer.

—Entonces —inquirió don Luterito—, ¿a qué la risa?

Contestó la mujer, regocijada:

—Es que al terminar me pagó, y cuando le recibí el dinero me dijo: «¿Y mi almanaque?».

¡Pobre de don Ramón Terán! Un hado adverso hizo que su preclaro nombre de patriota quedara ligado en Saltillo al de la calle principal del que fue otrora el barrio desafinado, es decir, de mala nota.

—Vamos a Terán —decían las gentes de rompe y rasga—. También decían: «Vamos a Tiricuas». Con eso querían significar que iban a aquella zona que más que roja era purpúrea, por los encendidos desafueros de los golfos y las pindongas que ahí pasaban las noches de claro en claro y los días de turbio en turbio en sus tremendos dares y tomares.

El Vaivén y El Columpio del Amor eran solo dos de los cuchitriles en que se tramaban aquellos ayuntamientos deshonestos. Ahí se bailaban los sinuosos danzones de la época, se cantaban las quejumbrosas tonadas de moda («Amor perdido, si como dicen es cierto que vives dichoso sin mí...»), y se formalizaban tratos de juntamiento erótico a tres y cinco pesos —según la urraca era la pedrada—, que tenían consumación en mezquinas accesorias donde las daifas, a más de cama y lavamanos, tenían un altar con alguna virgen o santo protector, imágenes que siempre ponían de cara a la pared mientras duraba su trabajo, para que no vieran los santitos sus vuelcos y revuelcos.

De esa triste manera el nombre de don Ramón Terán quedó indisolublemente unido en la memoria de los saltillenses de mi tiempo al de aquellos fragores venéreos. Todavía andan por ahí algunos que fueron esforzados campeones de tales noctívagos desahogos. No tenían rival en eso de bailar un danzón sobre un ladrillo; daban el veinte y las malas a cualquiera en riñas a trompadas o botellazos, ya fuera en singular combate o batalla campal; eran interesados protectores de las señoras que ahí vivían y moraban, y si algún dinero recibían de esas damas no era porque ellos lo pidieran, no señor, líbrenos Dios, sino porque ellas, en su desprendimiento generoso, querían compartir con sus amigos aquellas riquezas ganadas con el sudor de su frente, entre otras partes. No digo el nombre de algunos de esos señores porque son ahora muy formales abuelos, y no es de cristianos apenar a nadie con el recuerdo de ciertas locuras de la juventud.

El caso es que no merecía don Ramón Terán ese hado tan contrario de ver su nombre envuelto en cosas innombrables. Y no lo merecía porque fue varón de muchas virtudes y de muy grande patriotismo. Nació Terán en 1847, en Ciudad Victoria, Tamaulipas. Se inició joven en la vida militar, y luchó contra el invasor francés. Se distinguió en la toma de su ciudad natal, y luego, en la de Tampico. Fue ascendiendo penosamente el escalafón militar: todos sus ascensos los consiguió por méritos de campaña, y no por intrigas de antesala o, peor todavía, de recámara. Acabada la Intervención siguió luchando por la república contra sus enemigos: motines y asonadas tuvieron en él encarnizado opositor. Murió el año de 1906 cuando tenía ya el grado de general.

Yo quise dedicar este recuerdo a su memoria, como un mínimo desagravio de saltillense ante el abuso de que, por circunstancias de la vida (de la mala vida) el nombre del preclaro tamaulipeco se haya visto ligado aquí a cosas no tan preclaras. Perdónenos usted, don Ramoncito.

Don Nicolás vive en las afueras de Ramos Arizpe. Tiene una pequeña labor por el rumbo de la salida a Monterrey. En esa tierrita siembra chile.

Don Nicolás no parece de Ramos. Quiero decir que no es trabajador. Los hombres de Ramos Arizpe son muy laboriosos (y las mujeres más). Don Nico es la excepción a esa regla. Y yo no se lo tomo a mal: bien vistas las cosas, al no trabajar expresa su profunda confianza en la Divina Providencia. Si las flores del campo no hilan, y a pesar de eso el Señor las reviste de galas mejores que las de Salomón; si las aves del cielo no siembran ni cosechan, y aun así el Creador les manda su alimento, ¿por qué entonces don Nicolás tiene que trabajar? Ya Dios proveerá.

La esposa de don Nicolás no sabe apreciar la fe de su marido en la bondad divina. Ella quisiera verlo trabajar. Le pide que vaya a la labor, a ver cómo va el chile, pero don Nico retrasa la visita con pretextos peregrinos: debe oír las noticias para saber si hay guerras en el mundo; espera información secreta de Saltillo sobre el destape del próximo gobernador (faltan cinco años para la elección); es el aniversario de la muerte del gran piloto aviador Emilio Carranza, y sería grave desacato trabajar en fecha tan solemne.

—Nicolás —le dice de continuo la señora—. ¿Por qué no te vas a trabajar?

—Mujer —responde él dándole otro sorbito a su café—. A nadie le falta Dios.

Y es cierto. Solo que en este caso la obra de Dios es completada por la esposa de don Nicolás, que se la pasa todo el día haciendo tamales para vender. Si no fuera por esos tamalitos, la Divina Providencia habría tenido problemas para acudir en auxilio de don Nico y poner sobre su mesa el puchero nuestro de cada día.

—Nicolás, ¿por qué no te vas a trabajar?

Y don Nico responde: se cumple un año más de la promulgación del dogma de la Inmaculada Concepción; es martes, día de mal fario:

en martes, hace cuarenta años, su compadre fue a desyerbar su milpa y se hirió con el azadón en el pie izquierdo. O si no: ¿trabajar hoy, día del equinoccio de primavera?

Pero se le van acabando los pretextos a don Nicolás. Cada vez tiene mayor dificultad para hallar justificante a su pereza. Un día, sin embargo —más bien una noche— encuentra una maravillosa excusa para no ir a trabajar al otro día: está relampagueando juerte p'al rumbo de su labor. Seguramente lloverá esa noche y el campo amanecerá anegado. ¿Qué caso tiene ir?

A la noche siguiente —¡bendito sea Dios!— vuelve el relámpago.

—Míralo, vieja. Ai tá la tronazón, que no me dejará mentir.

La señora se asoma y, en efecto, mira a lo lejos el resplandor. Relampaguea, sí. Relampaguea una y otra vez.

Aquel providente relámpago se repite noche tras noche, sin fallar. Y día tras día lo toma de pretexto don Nicolás para no ir a trabajar. ¿Qué caso tiene? Con tanto relámpago de seguro la labor está inundada.

Y se mete don Nico a su casa, y se mete en la cama muy contento por no tener que ir a trabajar al día siguiente. En el aeropuerto «Plan de Guadalupe» el faro recién instalado da vueltas y vueltas. Visto desde el pueblo su resplandor parece el de un relámpago.

Don Septimio, hombre viejo que vivía en un pueblo del centro de Tamaulipas, era el hombre más flojo de este mundo. Me llevaron a verlo a fin de que conociera al mayor ejemplar de haraganería del universo. Lo encontramos en el portal del frente de su casa de rancho. En una hamaca tendida entre pared y pilar estaba tendido. Le habían puesto enfrente una gran barra de hielo, y tras de la barra soplaba un ventilador cuyas aspas le echaban el aire refrescado por el hielo. Bebía un jaibol el hombre; fumaba pausadamente un puro; veía fijamente al techo. Su señora, sentada en una silla de tule junto a él, lo abanicaba en silencio, y le limpiaba el sudor de vez en cuando.

—¿Qué hace, don Septimio? —le preguntó a guisa de saludo el que me acompañaba.

—Aquí —respondió el viejón—, dándome en la madre con esta chinche vida.

Como dicen en el Potrero: ¿Pa' qué sirve un hombre así?

Se fue a tomar una radiografía un cierto tipo de Campeche. El médico se desconcertó al ver las placas: aparecían en el dorso del individuo unas señales raras que el facultativo jamás había visto. Convocó a junta de radiólogos y especialistas en diversas ramas de la ciencia médica, y ninguno acertó a relacionar aquellas extrañas marcas con alguna enfermedad. Vio las radiografías la esposa del individuo y dijo:

—Son las huellas que le ha dejado en la espalda el tejido de la hamaca.

Perezoso en extremo era el personaje de esta historia verdadera. Si callo su nombre es por pura discreción y no por miedo de que el sujeto pudiera perseguirme: su pereza no lo permitiría. Dicen quienes lo conocieron que en otra ocasión se hizo un análisis de laboratorio.

—Le salieron tres ácidos —informóle la encargada.

—¿Tres? —se alarmó el harón sujeto—. Yo solo sé del ácido úrico. ¿Cuáles tres ácidos me salieron?

Enumeró la laboratorista:

—Ha sido tragón, ha sido borracho y ha sido güevón.

Borracho había sido, en efecto este hombre, y conservaba la afición. Con esta añadidura: jamás pagaba lo que se bebía. Quiero decir que era gorrón. Cierto día lo buscó un amigo, borracho y gorrón también, como él. Fue a buscarlo en la taberna donde habitualmente solía estar y le dijo al oído:

—Vamos a la otra cantina. Ahí están los tragos a dos por uno.

—Me quedo —replicó el tipo—. Aquí están a tres por cero.

Y es que estaba bebiendo a costa de otro, como de costumbre.

No es este el único tipo flojo que hay en la república. En todas partes abundan los holgazanes. En cierta ocasión viajé a Veracruz, al puerto, y —como es obligado— fui al Café de La Parroquia. Me extrañó verlo con pocos parroquianos.

—¿Qué sucede? —le preguntó mi acompañante al mesero—. ¿Por qué hay tan poca gente?

Respondió el camarero:

—Es que el gobernador anunció que va a crear sesenta mil empleos, y muchos se quedaron en su casa, no sea que les toque uno.

Pero vuelvo al protagonista de mi cuento, que no es cuento sino, como dije, verídica historia. La esposa del holgazán empezó a tener problemas de azúcar. Los doctores le encontraron una incipiente diabetes. Con inquietud la señora comentó el problema con una vecina. Le dijo esta:

—En Monterrey hay un doctor que por cincuenta mil pesos hace que trabaje el páncreas.

Replicó la señora:

—Le doy cien mil, si hace que trabaje mi marido.

Al perezoso individuo de quien cuento todo esto se le ocurrió una vez irse a los Estados Unidos en compañía del haragán aquel de la cantina. Quién sabe por qué cayeron los dos en semejante idea: si aquí no hacían nada menos aún iban a hacer al otro lado.

Llegaron los dos a la frontera, y ahí les marcó el alto un guardia de la Migra americana.

—Ustedes no poder pasar —les dijo, terminante.

—¿Por qué? —inquirió uno de los dos holgazanes—. Nuestras visas están en orden.

—Sí —respondió el agente yanqui—. Pero yo creer que ustedes venir a los Estados Unidos a trabajar.

—¡Uh, míster! —exclamó el sujeto—. ¡Precisamente de eso venimos juyendo!

Una señora meridana de apellido Castellanos, viuda de Zapata, vio afectada por la Reforma Agraria la hacienda henequenera que le había dejado su marido, de nombre Xcantún. La hacienda, no el marido.

La hacienda se dividió en cinco partes, y de ellas cuatro se entregaron en calidad de ejidos a los peones. Surgió un problema, sin embargo:

los campesinos tenían tierra y plantas de henequén, pero no maquinaria para tallar la fibra. Después de un laborioso pleito la Suprema Corte de Justicia de la Nación dictó un acuerdo sapientísimo: la señora Castellanos debía «proporcionar la maquinaria durante ocho horas diarias a cada grupo, reservándose ocho horas para su propio laboreo».

En un curioso escrito la dama yucateca respondió a esa disposición solicitando un segundo acuerdo de la Suprema Corte a fin de que cada día tuviera cuarenta horas, las necesarias para cumplir la orden del alto tribunal.

Voy a contar la historia de un señor que conocí en Guadalajara. La historia es verdadera, por eso parecerá increíble.

Este señor ha ido por mí al aeropuerto. Me hace subir en su automóvil, uno de importación, inglés, que no se vende en México. Y es que el señor es próspero empresario. Me dice:

—Pedí ser yo quien viniera por usted. Sé que es de Saltillo, y en cierta forma lo que soy se lo debo a su ciudad.

Me explica el origen de esa deuda. Su abuelo era campesino. Hombre de arrebatada vida, la mujer lo dejó por borracho, parrandero y jugador. El abandonado tomó a su hijo pequeño y se lo llevó al norte con la idea de pasar a Estados Unidos. No pudo: se estableció en Tijuana. Ahí creció el niño, futuro padre del señor de mi historia. Cuando estuvo en edad de valerse por sí mismo, el muchacho dejó también a su papá, que continuaba su desordenada vida, y emprendió el camino de vuelta hacia Jalisco a fin de reunirse con su madre.

Al llegar a Saltillo se le acabó el dinero. Buscó trabajo, y lo encontró en un obraje, que así se llamaban antes los talleres donde se teje lana. Muchacho avispado, ganoso de aprender, pudo bien pronto hacer cobijas de telar, y luego se instruyó en el arte de fabricar sarapes saltilleros.

Juntó dinero, y regresó a su lugar de origen. Ahí hizo su propio telar y empezó a tejer cobijas que vendía a los campesinos. Se casó, tuvo hijos. En un viaje a Guadalajara se dio cuenta de que había muchos turistas que buscaban *Mexican curios* para llevar a su país. Se puso entonces a hacer sarapes de Saltillo, que vendía en la puerta de los hoteles. Con los sarapes ganaba buen dinero. Se compró una casa, e hizo ahorros.

En cierta ocasión leyó en el periódico la noticia de la fundación de la Universidad Autónoma de Guadalajara. El patronato de la institución, decía la nota, admitía socios cooperadores, que hacían una aportación única de 15 000 pesos, a cambio de la cual podían asistir en lugar preferente a todos los eventos culturales y deportivos. También, añadía la nota como de pasada, esos socios recibían becas para sus hijos.

Al día siguiente aquel humilde tejedor que no dejaba aún el sombrero de palma y los huaraches se presentó ante el secretario del patronato y le dijo que quería ser socio cooperador de la Universidad.

—Eso cuesta mucho —le dijo el funcionario—. Debe usted dar 15 000 pesos.

Sin decir palabra el hombre desató su paliacate, sacó de él un atado de billetes y le pidió al secretario que los contara, «a ver si el dinero era cabal». Después de contar, el boquiabierto secretario le extendió al hombre su bono de socio cooperador.

Un mes después fue el tejedor a inscribir a su hijo mayor en la Universidad. Nada pagó de inscripción, ni de colegiaturas, pues su calidad de socio le daba derecho a beca total. El siguiente año llevó a su segundo hijo, y lo inscribió también gratuitamente. Haré corta la historia: el hombre tenía veinte hijos. Aquella oferta de becas la hicieron los sabios señores de la Universidad pensando en los ricos, que tenían dos o tres hijos solamente, los cuales las más de las veces no estudiaban. Nunca pensaron aquellos inteligentes financieros en la posibilidad de que hubiera un padre de más de cuatro. Aquel humilde tejedor hizo el negocio de su vida: por 15 000 pesos dio carrera a toda su numerosa prole.

—Entre mis hermanos y yo representamos casi todas las profesiones —me dice el señor—. Hay médicos, abogados, ingenieros, contadores... Yo soy licenciado en Administración de Empresas. Me ha ido muy bien, gracias a Dios y gracias a mi papá. Y también gracias a los sarapes de Saltillo.

Doña Damianita, del norte de Tamaulipas, era mujer de dichos ocurrentes. Su esposo tenía diferencias con el dueño de las tierras que como mediero trabajaba. Era necio señor el propietario, y viviendo en la ciudad quería enseñar a su ranchero el modo de cultivar las tierras. El viejo lo escuchaba y a todo decía que sí, pero luego hacía lo que se debía hacer. Y rendían las tierras su cosecha, aunque eran de temporal y ya se sabe que sembrar de temporal es como jugar a la lotería, y más aleatorio aún.

Cierto día, harta ya de las necedades —burradas, decía doña Damianita— con que el hombre estorbaba a su marido, doña Damianita ideó la manera de decirle lo que era sin decírselo. Y así, cuando el tonto señor subió a su fotingo para regresar a la ciudad, le dijo la viejuca delante de toda la rancherada:

—Le encargamos un fuste para el burro, patrón. Cómprelo bueno, como si fuera para usted.

Don Santos García se dedicaba a comprar y vender puercos en tierras del norte. Puercos, dije. Y no pido perdón como hacía Sancho —el del Quijote— cada vez que pronunciaba esa palabra. Puercos se llaman esos animales, y ningún caso tiene disfrazar el vocablo con algún eufemismo a la manera de aquel por el cual al cerdo se le llamaba «el de la vista baja». Otros nombres pueden usarse, sí, para citarlo, como se hace en el antiguo refrán que dice: «Cuatro comidas tiene el poblano: cerdo, cochino, puerco y marrano»; pero puercos se llaman esos animales, y no hay de otra.

Compraba y vendía puercos, pues, Santos García. Empezaba muy de mañana su jornada. Tenía una troquita vieja. En ella iba rancho por rancho comprando los marranos que le querían vender. Con ellos tornaba al caer la tarde, y los carniceros le pagaban buenos centavos por los chanchos. Esa era la vida de don Santos García.

Conocía bien su oficio este señor. Nomás con ver un cochino sabía aproximadamente lo que pesaba; cuántos kilos daría de manteca y cuántos de carne. Completaba ese examen de ojos con otro manual que consistía en palpar al marrano. Entonces ya no tenía dudas, y podía decir el peso del animal con precisión mayor que la de una romana no arreglada.

Cierto día pasó don Santos por un ranchito en donde nada más había un jacal. La choza era habitada por una señora, viuda ella, que se ayudaba a vivir con una vaquita, una docena de gallinas y seis o siete cóconos. Tenía además la dicha señora un cochino que campeaba por sus fueros en una pocilga hecha de palos, láminas y tablas.

Vio aquel cochino don Santos García y le gustó bastante. El puerco —de color negro, por más señas— se miraba sano y robusto. Detuvo, pues, su troquita el comprador y se acercó al jacal. Muy atareada andaba la señora dándoles de comer a sus gallinas.

—Ave María Purísima —saludó el visitante.

—Sin pecado original concebida —respondió, como era de uso, la mujer.

—Ta güeno el marranito —dijo don Santos para tantear el terreno.

—Favor que le hace —contestó la señora—, y a su dueña que lo ha criado.

—Y, ¿se vende? —preguntó García.

—Pos ai'stá.

Sabia respuesta que a nada comprometía.

—¿Puedo ver? —pidió don Santos.

—Y agarrar también, si del marrano se habla —respondió la señora sin mirarlo y sin dejar de hacer lo que estaba haciendo.

Se metió don Santos al chiquero y haciendo caso omiso de los chillidos del marrano lo palpó a su gusto. Bueno estaba el puerquito, ciertamente, muy bien forrado de manteca, «qu'es lo prencipal», solía decir don Santos.

—Y, ¿a cómo lo vende?

—Usté diga.

—No, oiga. Yo no puedo ponerle precio a lo ajeno. Pida usté.

—Pos el marranito vale treinta pesos.

¡Treinta pesos! Pensó para sí don Santos. Ni de chiste. Un animal así, y hasta mejor, costaba a lo mucho 12.

—Carillo está —sentenció.

—Pos eso vale —repitió la mujer.

—Oiga —quiso saber don Santos—. ¿Y por qué tan caro?

Razonó la señora:

—Es que a ese marranito yo lo quero mucho.

Entonces don Santos pronunció una frase que todos los comerciantes deberían saber para usarla en casos semejantes. Muy serio dijo estas palabras, merecedoras de ser inscritas en eterno mármol o fundidas en bronce duradero:

—Señora: compro marrano, no querencia.

Don Apolonio García, ranchero acaudalado, era propietario de casas y terrenos en Guadalajara.

Pancho Villa impuso un préstamo forzoso a los ricos de la bella ciudad. Don Apolonio, conocido por su apego a los dineros, dijo que no podía dar esa aportación: era solo un pobre campesino.

—Llévenlo preso —ordenó Villa.

—Como lo mande su merced —suspiró don Apolonio.

Al día siguiente lo hizo traer a su presencia. Si no entregaba la suma requerida, le dijo, mandaría que le dieran una cintareada, una golpiza con la parte plana de la espada.

—Como lo mande su merced —volvió a suspirar el ricachón.

Un día después Villa lo amenazó con amenaza peor: si no pagaba la contribución lo haría castrar.

—Como lo mande su merced —suspiró otra vez don Apolonio. Y añadió con otro suspiro:

—Dios le dé buena mano al capador.

Villa prorrumpió en una fuerte carcajada y ordenó:

—Suelten a este viejo cabrón. Me hizo reír, y la risa es mejor que el dinero.

Setenta años tenía don Juan A. Siller. Iba ese día en su camioneta, con su hija y una nieta, por aquel paraje del norte de Coahuila tan hermoso a la que la gente le puso hermoso nombre: El Cariño de la Montaña. Don Juan señalaba a sus compañeras de viaje las bellezas que a su paso se iban descubriendo: aquel picacho que parecía —como todos los picachos del mundo— desafiar al cielo: aquel manchón de verdura de los árboles nuevos, aquella agua plateada que corría por el fondo de la cañada.

Algo que no vio don Juan ante tantas hermosuras, sin embargo, fue una hermosa curva. Y así, la camioneta que iba más o menos guiando se salió de la carretera, dio una o dos marometas y quedó, como dicen por allá, patas p'arriba. Maltrechas y doloridas hija y nieta salieron como Dios les dio a entender del derrengado vehículo. ¿Y don Juan? Por ningún lado se veía. Corriendo llegaron rancheros que desde sus labores vieron el desaguisado. También ellos se aplicaron a buscar afanosamente a don Juan. Lo buscaron abajo de la camioneta, a lo largo del trecho que recorrió el vehículo antes de volcarse. Y no lo hallaron.

De pronto en medio del profundo silencio de aquella estupefacción, se oyó una voz que parecía venir de abajo de la tierra. Y en efecto, de abajo de la tierra venía aquella voz, que se escuchó otra vez. Angustiada quedó la hija de don Juan: su padre había sido siempre excelentísima persona, honesto comerciante. Si estaba ya en la otra vida su voz debía venir por fuerza de allá arriba, de la morada celestial a donde llegan las almas de los buenos. Pero no había duda: la voz venía de allá abajo, de las profundidades de la tierra.

Uno de los rancheros dio con el misterio, y de paso dio también con don Juan. Había ahí una noria. Increíblemente la puerta de la camioneta se abrió en el preciso instante en que el vehículo pasó echando maromas sobre la noria. En ella cayó don Juan. De diez metros abajo, y con ruidos de gorgoritos de agua, venía la voz de aquel que solo por milagro había sobrevivido a dos accidentes casi simultáneos: volcarse en una camioneta y caer al fondo de una noria.

La hija de don Juan suplicó a los presentes que de prisa sacaran de ahí a don Juan por lo que más quisieran, por favor, por Dios, por su mamacita. No la tenían los circunstantes. Prisa, es decir. A lo más que se avinieron, ya que ninguno de ellos quiso arriesgarse a descender a lo hondo de la noria para dar auxilio a aquel que bien lo necesitaba, fue a echarle una reata, cuerda o soga. Y eso hicieron. Y don Juan A. Siller, de 70 años, lacerado, lleno de golpes, aturdido por el vuelco y luego después por la caída, tuvo la entereza, y Dios le dio las fuerzas, para atarse por la cintura a aquella cuerda y gritar que lo sacaran de ahí lo antes posible, porque allá abajo se estaba muy incómodo. Las fuerzas le alcanzaron todavía para, ya fuera de la noria, dar primero infinitas gracias a Dios por haberle salvado así la vida, y luego motejar con muy rotundos adjetivos a todas las camionetas y las norias que en el mundo han sido, sin excluir del largo catálogo de maldiciones y dicciones malas a los desaprensivos ingenieros que ponen curvas ahí donde nomás la del cielo es para verse.

Era don Teófilo Martínez personaje muy querido. Coronel del ejército republicano, combatió contra los franceses, y en esas acciones ganó medallas numerosas que lucía en las festividades cívicas sobre el severo luto de su frac.

Héroe y todo, jamás pasó don Teófilo recibo de honorarios a la Patria. No ganó riquezas, ni pidió recompensa por sus servicios meritorios. Pobre se fue a combatir, y pobre regresó.

Se aplicó a los trabajos de la tierra y a los duros afanes de la ganadería. Le dio luego por buscar minas, y en esa búsqueda agotó los caudales que había ganado antes. No desesperaba, sin embargo, el señor coronel don Teófilo Martínez. Confiaba en la Divina Providencia, y con tranquilo sosiego esperaba que el día menos pensado encontraría una rica veta de oro, de plata o ya de perdida de carbón.

Se soñaba rico y poderoso. No ponía envidia en su mirada cuando veía pasar a don Guillermo Purcell, banquero potentado, hombre de gran fortuna. Lo seguía con la vista conforme caminaba don Guillermo hacia su casa, hermosísima casa estilo inglés. Y decía el coronel Martínez:

—Cuando halle la mina y sea rico, me voy a mandar hacer una casa al lado de la de don Guillermo Purcell. Pero la voy a hacer más alta que la suya. Así cuando por las mañanas salga don Guillermo a su balcón, yo, desde el mío, lo voy a orinar.

Hacía una pausa el coronel para gozar el embebido asombro de quienes lo escuchaban. Y luego seguía su narración:

—Don Guillermo, pobrecito, volteará hacia arriba, y me preguntará con voz compungida: «Señor don Teófilo, ¿por qué me mea usted?». Y yo le responderé: «¡Por pobre!»

La tía Melchora es figura singular de Los Herreras, Nuevo León, tierra de origen de Lalo González, el Piporro, de Ernesto el Chaparro Tijerina y de otros nuevoleoneses distinguidos, como mi gran amigo Jorge Pedraza, historiador y periodista, notable conocedor de don Alfonso Reyes.

A la tía Melchora se le atribuye la receta del machacado con huevo tal como la conocemos hoy. Tenía una fondita de la cual eran clientes los ingenieros que hacían la carretera a Nuevo Laredo. Entre ellos el principal era el jefe de obras, a quien correspondía el pago mensual de los alimentos recibidos por los abonados. De él dependía que su personal comiera en la fonda de la tía Melchora o en cualquiera de los establecimientos de sus competidoras.

Cierto día llegó al restorancito de doña Melchora un individuo al que ella jamás había visto. Se sentó solo y aparte, en una mesa del rincón.

—¿Quién es ese prieto mojino? —preguntó con tono despectivo la tía Melchora a unos ingenieros—. ¡Qué feo está el mondao!

—Es el nuevo jefe de obras —le informó en voz baja uno de ellos.

Oír aquello y correr la tía Melchora hacia el sujeto fue todo uno. Lo levantó de la silla, lo estrechó en sus brazos igual que madre cariñosa y le dijo con acento emocionado:

—¡Prenda de mi alma! ¡Ya me decía el corazón quién eras tú!

La tía Melchora acostumbraba a subirse de rondón al tren que iba a Laredo. Jamás compró boleto. Cuando el inspector se lo solicitaba ella le respondía con desparpajo:

—¿Boleto? No traigo, sobrino. Pero, ¿pa' qué lo queres? De cualquier modo, vas pa'llá, ¿no?

El general Bonifacio Salinas Leal, hombre de mucha nombradía en Nuevo León, tenía buena amistad con el marido de doña Melchora. Un día lo invitó a su rancho, y le pidió que llevara consigo a su mujer. La del general también estaría ahí.

Ya en el rancho, don Bonifacio, hombre bromista, le dijo al marido de doña Melchora:

—Ya estoy aburrido de vivir con esta vieja, y seguramente tú has de estar harto de la tuya. ¿Por qué no cambiamos? Tú te vas con mi mujer, y yo me quedo con la tuya.

El esposo de doña Melchora siguió la broma, y la siguió también la señora del general. Ambos fingieron aceptar el trato. A doña Melchora no le gustó el arreglo. Le preguntó a don Bonifacio:

—¿Y yo qué salgo gananceando cambiando cabrón por cabrón?

Aquella señora de Sabinas era conocida como Doña Posdata. ¿De dónde le vino tan raro apelativo? Tras ese mote, como tras casi todos, se esconde una sabrosa historia.

El esposo de aquella señora de Sabinas era muy dado a entretenimientos de nocturnidad. Gustaba de mancebías y tabernas, y esos *hobbies* lo apartaba del domicilio conyugal.

En cierta ocasión llegó a su casa aquel señor. De ella faltaba hacía dos días ya, afanado como estaba en sus quehaceres de parranda. Entró, y se halló con la sorpresa de que su esposa lo había abandonado. Sobre el buró de la recámara encontró un recado escrito con la letra primorosa y redondita que la señora había aprendido en el colegio de religiosas. Decía así la carta:

> A mi muy querido Gervasio.
>
> Amado esposo: Tú sabes lo mucho que te he querido, y todos los años felices que hemos pasado juntos, pero me es imposible seguir aguantando tu conducta, pues tienes ya dos noches que no vienes a dormir a la casa, y es por eso que, a pesar de lo mucho que te quiero, me veo obligada a abandonarte.
>
> Tu amantísima esposa.

Y firmaba la señora con su nombre.

—Hasta ahí todo iba bien —contaba luego el marido abandonado—. Pero al final de esa pequeña carta mi señora me puso una posdata que decía: «P.D. Gervasio: ¡Anda y chinga a tu madre!».

Esta historia verídica tiene final feliz. El tiempo todo lo cura: una hora después de leer tan expresivo recado el marido le pidió perdón a su mujer, y ella lo perdonó. Perdonar es un hermoso oficio que comparten Dios y la mujer. Regresó la armonía a aquel matrimonio, y nunca más el tarambana volvió a apartarse de la buena senda.

¡Qué maravillas obra una mentada a tiempo! Él se olvidó de sus bebistrajos y sus daifas; ella también puso en olvido los agravios pretéritos. Lo que nadie olvidó jamás fue aquella carta, sobre todo su final lapidario y contundente. Desde entonces la señora fue conocida como Doña Posdata. Entiendo que todavía se le llama así.

Decía cierta señora: «Cuando los hombres van con la leche nosotras ya venimos con el queso». Así expresaba la idea de que la mujer se adelanta al hombre en todo.

La historia que voy a relatar demuestra la verdad de esa aseveración. Lugar: Saltillo... Tiempo: los años cincuenta del pasado siglo... Personajes: no diré sus nombres, porque algunos viven todavía.

Esta mujer joven, casada con señor maduro, no tenía hijos. Ni podía tenerlos, según le dijo un médico a los pocos años de su matrimonio. Había heredado de sus padres una casa en el centro de la ciudad. Grande y espaciosa era aquella casa, con sus cuatro recámaras, su sala de buen tamaño y la cocina. No la dio en alquiler a una familia. En vez de eso la emprendedora propietaria puso un letrero en la ventana: «Se rentan cuartos a estudiantes».

No tardó mucho en tener cuatro inquilinos. Uno era de Piedras Negras; otro de Monclova; de Torreón el tercero, y el último de Tamaulipas. Si el marido hubiese puesto un poco de atención se habría percatado de que todos los ocupantes de la casa eran robustos mocetones de buen parecer, y al parecer entendidos en cosas de la vida. También habría observado que todos cursaban el primer año en alguna escuela profesional de la localidad.

Cada semana la dueña iba a la casa. Aquello no extrañaba a los vecinos: seguramente iría a cobrar la renta, o a ver algún detalle de la finca: ya se sabe que las casas grandes siempre necesitan algo. A nadie se le ocurrió pensar que la dueña tenía ahí un harén particular, un harén masculino donde gozaba como sultana —por turno, eso sí, pues era mujer decente— las encendidas atenciones de los cuatro impetuosos estudiantes.

Cada semana le tocaba a uno la visita. Los otros tres salían en el horario convenido a fin de no estorbar al compañero. Llegaba la señora y tenía lugar el amoroso encuentro. Luego, ella salía con paso presuroso, y aquí no ha sucedido nada. Y así semana tras semana; un galán cada vez.

Aquel arreglo duraba solo un año. Ella no quería compromisos permanentes, que siempre traen problemas. Terminado el curso escolar los muchachos debían buscar nuevo destino. Ella no les había cobrado renta nunca. Tampoco el marido se daba cuenta de eso, pues la casa era de su mujer y por tanto el dinero le pertenecía. Decía la señora a sus inquilinos: «Es para darles un empujoncito. Pero después de un año, paforros». Ya no se usa esa palabra, que significa «Para afuera».

Un compromiso asumían los salientes: cada uno debía conseguir su sustituto, y ponerlo en antecedentes del arreglo. Debía escogerlo bien, de modo que el nuevo inquilino cumpliera las expectativas de la sultana. La anualidad volvía a empezar, y terminaba igual que la anterior, para empezar de nuevo el siguiente año. Para aquella señora la cosecha de hombres nunca se acababa.

No sé cuánto tiempo duró esa situación. Me enteré del caso después de mucho tiempo, y eso porque la dama en cuestión había pasado ya a mejor vida —si es que hay una mejor que la que ella disfrutó—, y uno de sus antiguos protegidos, nostálgico y en copas, me relató la historia. Cuando la oí le dije al que me la contó:

—Jamás pensé que cosas como esa sucedían en mi ciudad.

Respondió él:

—Eras de Saltillo. Por eso no conocías Saltillo.

Vivía en Saltillo, allá en los principios de los años veinte. Su casa estaba por la calle de Bravo, entre Pérez Treviño —que entonces se llamaba Iturbide— y Múzquiz.

Se llamaba doña Matilde. Su apellido no lo he podido averiguar. Era una recia señora a quien las tormentas de la vida habían hecho fuerte. Viuda, no tenía más compañía que la de dos hijos ya grandes y solteros, el uno un poco tonto, rematadamente loco el otro, gigante inofensivo que a pesar de su adulta edad seguía siendo niño.

Vestía doña Matilde conforme a la usanza de las mujeres del pueblo en aquel tiempo: una saya larga fajada a la cintura y una blusa suelta que le cubría hasta un poco más abajo de la cintura. Doña Matilde era habladora, amiga de chismes y cotilleos. Se metía en enredos de comadres y siempre andaba en dimes y diretes con el vecindario. Eran famosos sus pleitos con otras mujeres de su mismo talante y natural. Cierto día una le gritó al discutir con ella de acera a acera:

—¡Lo que pasa es que es usted una vieja mula!

—¿Mula yo? —replicó engallada doña Matilde—. ¡Sepa usted, vieja desgraciada, que he parido 18 veces!

Doña Matilde, uno de los personajes que con su ingenio y sabiduría pusieron magia al México de ayer.

Don Francisco Morales era el guardián del orden público en Arteaga. Entonces no había mucho que guardar: el vecindario era pacífico de suyo, y el único gendarme de la Villa servía solo de amigable advertencia y símbolo del poder municipal. Su más notorio despliegue de violencia acontecía una vez al año, y consistía en varios tiros de su pistola disparados al aire, con miedo de los chiquillos y soponcio de niñas casaderas, en la ceremonia del Grito de la Independencia.

Este don Panchito se había casado con una mujer muy recia, doña Inés, a la que no asustaban los bigotes fieros de su consorte, ni su pistola. De igual a igual sostenía con él épicas reyertas conyugales, en ese tiempo en que las esposas eran como sumisas hijas del marido, al que llamaban «mi señor». No así aquella tremenda doña Inés. Desde la partición hasta el estanque de La Cruz se oían sus grandes voces y dicterios, mayores aún y más sonoros que los de don Francisco. Sí él le decía: «¡Cabra!», ella le aumentaba el tamaño. Si él le levantaba una mano ella le alzaba dos. Se adelantó a la liberación femenina doña Inés.

Un malhadado día su esposo le dio un empellón en la cocina. Doña Inesita, en justa venganza, le quebró en la cabeza un comal de barro y luego le arrancó el quepí y lo echó al fogón, con lo cual aquella prenda, símbolo de autoridad, quedó sollamada y llena de tizne. Así, ennegrecido y chamuscado, se vio ya para siempre el quepí de don Pancho, pues no hubo nunca en el erario público presupuesto para otro.

Como remate de cada pleito conyugal doña Inés le decía a su esposo unas palabras, las mismas siempre:

—Mira, Pancho: cuando te mueras ni creas que te voy a guardar luto. Me voy a poner un vestido amarillo y me voy a sentar en la puerta de la casa a comerme real y medio de naranjas. Y no me voy a meter hasta que me las acabe.

Real y medio de naranjas, lo digo aquí para debida constancia, era un costal bastante grande de ese cítrico.

El tal don Pancho se burlaba de la amenaza de su esposa. Pero un día enfermó. Tan mal se puso que hasta tuvieron que llamar a un médico de Saltillo a fin de que lo reconociera. Lo reconoció, en efecto, aquel facultativo. Le dijo: «Usted es don Panchito, ¿verdad?». Luego, le recetó un vomipurgante revulsivo. Cobró sus honorarios y se despidió. Ya en la puerta le dijo a doña Inés:

—Surta inmediatamente la receta. Su señor está grave.

Lo dijo en alta voz, sin tomar en cuenta que lo podía oír el enfermo. Lo oyó don Pancho, claro —lo oyó claro don Pancho— y un trasudor de angustia le perló la frente. Más se apuró cuando vio a doña Inés tomar de prisa su chal y su monedero.

—¿A dónde vas, Inesita? —preguntó con débil voz don Pancho—. ¿A la botica, a comprar la medecina?

—No —respondió ella—. Voy al tendajo a comprar las naranjas.

No se murió don Pancho. El vomipurgante le hizo notable efecto por los dos extremos, y así rechazó el mal. El trance, sin embargo, le sirvió para saber que su señora iba a alegrarse con su muerte, en vez de entristecerse. Y su gozo sería justificado. La había tratado muy mal, ahora se daba cuenta. Le prometió que cambiaría. Y, en efecto, cambió. Se volvió modelo de buen esposo, amante y tierno. Y esa nueva felicidad doméstica empezó cuando los dos, en armonía perfecta, se comieron juntos, afuera de su casa, un real y medio de naranjas.

Me habría gustado tratar a doña Cholita, amable personaje de mi tierra.

Tenía doña Cholita un merendero, y en la parte de atrás vivía ella con su perro, su gato y un nutrido zoológico de aves de corral. En cierta ocasión una gallina se le salió. Entró en el merendero y se metió bajo las mesas donde comían los parroquianos. Cholita llamó a una muchacha del servicio para que la ayudara a coger a la gallina. Encaminó a esta hacia donde se hallaba la muchacha, para que la agarrara, pero la gallina se le pasó por entre las piernas a la chica.

—Pendeja —le dijo Cholita—. Si ha sido cosa de hombre no se te habría pasado.

Quisiera haber tratado a doña Cholita. Conocía las realidades de la vida, y las manifestaba con sano ingenio y naturalidad más sana aún.

Doña Josefa Méndez Medina tenía 104 años y todavía se ganaba la vida trabajando. En su casa —humilde casa— allá por el rumbo que desde tiempo inmemorial los saltillenses llaman «la loma trozada», doña Pepa se dedicaba a la misma tarea que desde 1918 realizaba cada día: hacer y vender pan de pulque.

Ella nació en San Luis Potosí. Llegó al norte cuando la Revolución, con las fuerzas de un general que se la trajo porque le gustaban las tortillas que hacía ella.

Ciento cuatro años tenía doña Josefa Méndez Medina, la última vez que el cronista la miró. Pero hablaba fuerte, alargando la última letra en las palabras que terminan en consonante. Iba y venía de su cuarto al portalillo de madera y carrizos en donde vendía el pulque, y caminaba apoyándose en dos bastones de madera hechos de ramas de árbol. Se tapaba con un rebozo que de continuo acomodaba sobre su cabeza para que no se le cayera. Veía bien, oía bien, recordaba bien. Y si usted le preguntaba cómo hizo para llegar así a sus 104 años, ella respondía: «Comiendo gordas con chile y tomando mucho pulque».

Reía gozosa y luego tapaba con un lienzo muy blanco la boca de la barrica verde donde tenía el pulque. Entraba luego en su casa, caminando por el piso de tierra. Pollos y patos se atravesaban a su paso y ella los apartaba con enérgico movimiento de su bastón.

Doña Pepa. La última vendedora del pulque aquel que se hacía en el Saltillo de ayer.

La gente de Pachuca, y en general la del estado de Hidalgo, usa una frase que en ninguna otra parte del país se emplea. Esa frase es la siguiente: «Como dijo la finada Paulita...».

Daré un par de ejemplos de su uso. Vamos a suponer que un señor encuentra a otro que estrena automóvil nuevo. Le dice:

—Oye, qué buen coche traes.

Responde el otro:

—Pues, como dijo la finada Paulita...

Una señora invita a sus amigas a su casa, y alguna la felicita:

—¡Qué bonita casa tienes!

Contesta la señora:

—Gracias, tú. Como dijo la finada Paulita...

Y dejará en suspenso la frase, lo mismo que hizo el que traía automóvil nuevo, pues en Hidalgo no hay quien no sepa qué fue lo que la finada Paulita dijo.

Su frase tiene historia, como todas las que han alcanzado celebridad, siquiera sea local. La protagonista era una señorita célibe, Paulita, ya de avanzada edad. Vivía en Pachuca con vivir modesto: casa sencilla, costumbres moderadas, atuendo casi humilde... La única diversión que Paulita se permitía era ir al cine una vez al año a ver el último estreno de Cantinflas. Lo demás era la iglesia, y recibir de cuando en cuando la visita de algún pariente, pues Paulita vivía sola, sin otra compañía que la de un malhumorado falderillo al que llamaba Fifí.

La gente pensaba que, si bien no era pobre, a Paulita apenas le alcanzaría para comer y vestir. Sin embargo, ella aseguraba que se había educado en Puebla con las teresianas, y tenía el prurito de mostrar aquella formación deslizando de vez en cuando en el curso de la plática alguna expresión francesa no muy bien pronunciada. Al señor cura, por ejemplo, le decía «monpér»; se dirigía a las señoras de la cofradía llamándolas «cherí», cosa que las impresionaba mucho.

Un día Paulita se puso mala «de un dolor», y ya no se levantó del lecho. El médico, hombre que no se andaba con medias tintas, le dijo sin más ni más que no iba a vivir mucho: debía prepararse a bien morir. La enferma no se desasosegó. Llamó a «monpér», hizo con él confesión general de sus pecados, y luego, el señor cura le administró la extremaunción. Enseguida la señorita pidió que viniera un notario para que la ayudara a hacer su testamento.

Cuando llegó el fedatario Paulita le dictó sus últimas disposiciones. Comenzó: «A mi sobrina Fulana le dejo esta casa. A mi sobrino Tal el edificio del centro de Pachuca. A mi primo Mengano, la mina de Real del Monte, con sus accesorios. A mi prima Mengana la hacienda de Apan; a los hijos de mi sobrino Perengano todo el dinero que en el banco tengo…». Y continuó Paulita repartiendo entre su parentela los abundantes bienes que tenía, añadiendo profusas mandas y legados para la iglesia y obras de beneficencia.

El notario, que conocía a Paulita y la tenía por persona de no muchos haberes, se asombró al conocer la vasta riqueza de la testadora.

—Caray, Paulita —le dijo con admiración—. No sabía yo que fuera usted tan rica.

Y contestó ella muy orgullosa usando pronunciación francesa:

—Pos ai nomás, señor licenciado, pinchemont.

Por eso cuando a algún hidalguense de Pachuca se le alaba algo que lleva o tiene, responde con aquella frase:

—Como dijo la finada Paulita...

La casa de mis abuelos y mis padres tiene una preciosa cocina saltillera. En ella hice poner, en azulejos, los nombres de las antiguas criadas que ahí sirvieron, tan queridas y recordadas por nosotros.

Leamos los nombres de esas santas mujeres...

Lucía, la nana que me llevó en sus brazos. Murió a los 102 años...

Chilita —se llamaba Blasa—, que antes de planchar nuestra ropa la espurriaba. «Espurriar» significa rociar una cosa con agua u otro líquido expelido por la boca...

Benita: un día, en charla con mi hermana, usó la expresión coloquial «No, hombre». De inmediato se llevó las manos a la boca y se disculpó como si hubiera dicho una maldición: «Ay, perdone, señora: ya le dije "hombre"». Esta Benita le pidió una gracia al Niño Dios, y el Niño Dios le hizo la gracia de no concedérsela. Solo se nos otorgan las gracias que necesitamos para nuestro bien final. Mucho enojó a Benita aquel incumplimiento, y se lo reclamó a la pequeña imagen recostada en el pesebre del nacimiento navideño: «¡Qué bien quedates!, ¿verdá? Pos ora, pa' que se te quite, no te voy a hacer tu levantada». Y así acostado dejó al Niño todo el año.

Humberto Cid González, llamado el Relámpago, fue grande boxeador. Su apodo derivaba de un tic nervioso que tenía, consistente en abrir y cerrar los ojos repetidamente, como si lo obligara a eso la luz de un relámpago continuo. Era apuesto y galán. Llegó a Saltillo después de hacer sus estudios en alguna universidad americana, donde destacó mucho en los deportes. Fue nadador, buen tenista, pelotero de beisbol... Pero fue sobre todo boxeador supereminente.

No hallaba con quien pelear. Se iba entonces al Centro Alameda, una refresquería cuya clientela estaba formada principalmente por obreros y gente del ferrocarril, y se fingía amanerado. Hacía guiños y carantoñas a los rudos hombres que frecuentaban el lugar, hasta que alguno de ellos, irritado, lo injuriaba o hacía objeto de un mal trato. Entonces, el Relámpago lo desafiaba a combatir. ¿Quién podía evadir un reto así? Aceptaba la riña el incauto insultador, suponiendo segura la victoria, pero el falso afeminado le surtía golpes hasta por abajo de la lengua.

No todos los peleadores corrían con igual fortuna. El mánager de un cierto boxeador local contrató para efectos de publicidad las suelas de los tenis con que peleaba su pupilo. En una puso la palabra «Tome», y en la otra «Coca-Cola». Y es que el púgil pasaba más tiempo tendido sobre la lona que de pie. Se parecía a aquel otro boxeador que al terminar el primer *round* cayó desfallecido en su banquillo de la esquina.

—¿Cómo va la pelea? —preguntó sin aliento a su manejador.

Le respondió este:

—Si lo matas en el segundo *round* empatas.

Otro boxeador hubo al que enfrentaron con un peleador cuyos puños pegaban como patada de mula. Bien pronto advirtió el desdichado púgil que estaba en absoluta desventaja frente a su rival, y que corría el riesgo de que uno de sus golpes lo noqueara, y a lo mejor hasta lo mandara al otro mundo. Con ese pensamiento se dejó caer bonitamente, y tendido de espaldas en la lona se fingió noqueado. Su mánager advirtió la maniobra. Mientras el réferi contaba empezó a gritarle al caído, con enojo:

—¡Levántate, cabrón! ¡Levántate!

Sin abrir los ojos el boxeador movía un pie para indicar que no, igual que se mueve el dedo índice cuando se expresa negación.

Había otro individuo a quien llamaban el Trompo, muy bueno para los puñetazos. Su valor y habilidad lo hicieron líder de la pandilla de su barrio, el Águila de Oro. Tal monarquía no era absoluta, sin embargo. El barrio del Ojo de Agua tenía otro adalid, un sujeto llamado el Pingüín, hombrón de casi dos metros de estatura, enorme peso, fuerza descomunal y arrojo temerario.

Cierto día uno de la pandilla del Trompo acudió a él para decirle que uno del Ojo de Agua lo había golpeado.

—Vamos allá —declaró sin vacilar el Trompo—. Le voy a partir su madre al infeliz que te pegó.

Iban los dos en busca de venganza cuando al Trompo se le ocurrió preguntarle a su protegido:

—Oye: ¿y quién fue el que te pegó?

—El Pingüín —respondió quejumbroso el otro.

De inmediato, el Trompo reculó y volvió sobre sus pasos.

—Algo le harías —sentenció.

Si eso no se llama prudencia, no sé cómo se llamará.

Estoy en mi habitación leyendo un libro que trata de Juchitán, Oaxaca, de su historia, de sus historias. Cae una lluvia fina; el goterón deja caer su chorro en el jardín. De pronto, por un rayo, se apaga la luz. A poco un criado de la casa me trae una vela y una cajita de cerillos. Con esa luz prosigo la lectura, que se vuelve más honda y entrañable.

Leo acerca del general Heliodoro Charis Castro... Les exigía a sus hombres llevar siempre el morral del mismo lado, y el machete del otro. A quien se los cambiaba de hombro lo hacía castigar severamente. Y es que él no sabía de flancos izquierdos y derechos: para hacer que la tropa se encaminara hacia determinado rumbo ordenaba con recia voz marcial: «¡P'al lado del machete!» o «¡P'al lado del morral!».

Una vez, siendo jefe militar de la región de Juchitán, le fueron a avisar al general Charis que ciertos industriales extranjeros pedían permiso para pasar una gran máquina por el puente —de madera— sobre el río Tehuantepec.

—Es una máquina muy pesada, mi general —le advirtió el alcalde—. Es de cincuenta mil caballos.

—¡Ah, cabrón! —se alarmó don Heliodoro—. Pos que los caballos pasen de uno por uno; no se vaya a *quer* el puente.

Pregunto por el general Charis en la comida del día siguiente, y toda la sobremesa pasa con el relato, hecho por mis señoriales anfitriones, de los hechos y dichos de aquel pintoresco hombre semejante a otros que en la república he hallado. En ellos encarna el travieso ingenio que tenemos los mexicanos para decir mentiras tan firmes como la realidad y contar verdades tan atractivas como la mentira.

Muy grandes mentirosos ha habido en este mundo.

Famoso en toda Europa fue el barón de Munchausen, alemán. Contaba que yendo a caballo por el campo cayó una gran nevada. Cegado por la ventisca acertó solo a atar el animal a una rama que sobresalía del suelo, y se acostó luego a dormir. Cuando despertó se hallaba rodeado de gente en el centro de la plaza principal de un pueblo. En lo alto del campanario de la iglesia estaba su caballo, colgando del pararrayos por las riendas. El pararrayos era lo que él creyó una rama. La nevada había cubierto al pueblo, y por la noche, mientras dormía, la nieve se derritió, dejándolo a él en la plaza y en el campanario a su cabalgadura.

En México fue famoso el Huilo Mentiras. Una vez que cazaba patos en la laguna zozobró su lancha. Para salvarse se agarró de las patas de un pato que nadaba. Luego, agarró a otro, y a otro, y a otro. Cuando hubo reunido los suficientes dio un fuerte grito, los patos volaron llevándolo por el aire y en menos que canta un pato lo depositaron sano y salvo en la puerta de su casa.

De Nava, pueblo del norte de Coahuila, era el tío Laureano. Sus hechos y sus dichos están en la memoria de la gente y pasan de una generación a la otra.

Proclive a exagerarlo todo, el tío Laureano poseía el arte peregrino de la hipérbole. El menor incidente lo convertía en epopeya; las cosas y los seres cobraban en sus relatos proporción gigantea. Vivía en tamaño heroico aquel tío Laureano.

Una vez fue a San Antonio de Texas a una boda. Al regresar a Nava un vecino se lo topó frente a la plaza y preguntóle cómo había estado el matrimonio. «Bonito —contestó el tío—. Y concurrido. Fuimos cincuenta mil invitados». «Ah, carajo —se amoscó el interlocutor—. Así de grande estaría el salón». «De aquí hasta aquella loma». «¿Y la orquesta?». «Quinientos músicos. Reforzada con cien más». «Grande el pastel entonces, ¿no?». El tío Laureano dirigió la vista al quiosco de la plaza, como buscando la comparación. Su esposa, que lo acompañaba, le advirtió con prudencia: «Mídete, Laureano. Después no vas a tener cuchío pa'partirlo».

En otra ocasion, se cuenta, el tio Laureano fue a una playa. En el hotel vio un perro. «¿Qué es eso?» —preguntó—. «Un perro» —le contestó extrañado el administrador—. «¡Uh! —se burló el tío—. En Nava los perros son altos como este cuarto». Pasó después un gato. «Y eso, ¿qué es?» —volvió a preguntar el tío—. «Un gato, claro» —respondió ya amoscado el del hotel—. «No lo puedo creer —dijo Laureano—. En mi pueblo los gatos son más grandes que un león». Molesto por las jactancias del foráneo decidió el administrador jugarle una pasada. Metió en la cama del tío una tortuga grande, una caguama. Al irse a acostar la encontró el huésped. Llamó al administrador y le mostró el animalejo. «¿Qué bicho es ese?» —preguntó—. «Caray, señor, disculpe —fingió apenarse mucho el individuo—. Es una pulga». Miró por todos lados a la tortuga el tío Laureano y dijo luego: «Qué interesante. Nunca me había tocado ver una recién nacida».

Pues bien: el zapatero Melesio, de Saltillo, les daba el veinte y las malas a aquellos enormes mentirosos.

Era Melesio parroquiano asiduo del Club 45, cantina muy famosa que estaba por la calle de Aldama, ahí de donde parte Acuña al sur. Una cerveza que alguien le invitara con tal de oírlo hablar era todo lo que Melesio requería para soltar las velas de su imaginación. Sobre la marcha, sin dudar, iba forjando sus peregrinas invenciones. De viejas lecturas sacaba la descripción de sus paisajes y en ellos ponía el sitio de aventuras descomunales que le habían sucedido a él personalmente y en persona. Se le revolvían a las veces cosas de Salgari con trozos de Verne, de Zévaco o de Sue, y de todos esos autores hacía confuso revoltillo en el que él mismo acababa por perderse. En ocasiones, un suceso de la Revolución concluía en las vastas planicies africanas. De repente, Zapata aparecía en las inexploradas selvas de Borneo y Pancho Villa resultaba en la guerra del opio o de los boers. Si alguien le hacía notar la desmesura, Melesio no se inmutaba: invocaba autores ignorados para certificar su aserto y seguía adelante con campanuda seguridad de dómine hilando una tras otra sus mentiras.

Le preguntó alguien una vez si había conocido a Rosita Alvírez.

—¿Que si la conocí? ¡Pero si casi fue mi novia! Me le iba a declarar la noche en que la mataron, y estaba seguro de que me correspondería, pues me veía con muy buenos ojos. Yo ya le había dicho: «Rosita, tienes que bailar conmigo la primera pieza». Y ella dijo que sí. Por eso no salió a bailar con Hipólito. Mientras comenzaba la música fui a la cocina en busca de una copa, y entonces oí los tres disparos. Cuando volví a la sala ahí estaba Rosita, tirada. Yo la tomé en los brazos. Ella me volteó a ver y me dijo muy triste: «Perdóname, Melesio. No te voy a poder cumplir lo de bailar contigo». Y se murió. Lástima, porque bailaba muy bonito.

Terminaba su narración Melesio, se enjugaba una lágrima tan mentirosa como su peregrina relación y preguntaba a sus oyentes si podía pedir otra cervecita. Ellos, hipnotizados por la palabra y la fantasía del remendón juglar, le decían que sí, y entonces Melesio se acordaba de su yegua Benita, la que Villa le quiso cambiar por el Siete Leguas, pero él no quiso porque salía perdiendo: «Nomás me acuerdo del día en que comenzó a llover en Arteaga, y yo no quería mojarme porque traía el sombrero nuevo que me regaló don Venustiano, y le dije a Benita que me llevara a Saltillo, y galopó tan aprisa huyendo de la lluvia que cuando llegamos yo iba completamente seco y ella nomás traía mojadas las enancas».

Estos señores que conocí en Ciudad Victoria se juntan a tomar café todas las tardes. Quiero decir que se juntan a contar mentiras. Eso mismo hacen en todo el mundo todos los señores que se juntan a tomar café. Seleccione usted cinco grupos de hombres que estén tomando café en otros tantos países del mundo, digamos España, Argentina, Egipto, Afganistán y Australia. Oiga sus conversaciones. En los cinco casos escuchará mentiras.

Las de estos señores de Victoria, sin embargo, son mentiras más grandes. Son mentiras con mayúsculas. Mentiras colosales. Pondré como ejemplo esta que contó uno de los asistentes.

> Todos los años iba yo a pescar a la presa Las Adjuntas, y siempre dormía a cielo abierto, a orillas de la presa. Había ahí muchos zancudos. Pero estos no eran zancudos razonables, como los de la ciudad. Eran más

> grandes, del tamaño de palomas. La primera noche, entre dos de ellos me dejaron prácticamente sin sangre en las venas. Tan sin sangre me quedé, que la segunda noche tuve que hacerles un vale. En los siguientes días venía por las mañanas a Victoria a que me hicieran una transfusión, para que por la noche aquellos pobrecillos tuvieran qué comer. Cada año regresaba; ellos me reconocían, y volvía a pasar lo mismo. Ahora el Día del Padre recibo una tarjeta de aquellos dos zancudos. Me lo explico: los dos llevan mi sangre.

Este otro victorense habla de su caballo. Se llamaba el Casado. Porque era muy obediente, explica.

> Un día —narra— persiguiendo en el monte a un coyote llegamos a un precipicio. El coyote cayó al vacío, y nosotros atrás de él, pues el Casado iba al galope, y ni él ni yo advertimos el abismo. Clarito alcancé a ver en la caída cuando el coyote se estrelló allá abajo y quedó despanzurrado. Y sin embargo, no me preocupé: conocía bien a mi caballo. Lo dejé que siguiera cayendo, y cuando faltaba un metro para llegar al suelo le dije: «¡Oooo!». Al punto se detuvo, y lo único que tuve que hacer fue saltar de la silla y luego estirarlo por la rienda hasta que tocara piso.

Otro de los comensales cuenta que en cierta ocasión estaba jugando al billar cuando una mosca se posó en la bola blanca. «Les apuesto, dije a mis compañeros, a que mato esta mosca sin tocarla con el taco». Ellos aceptaron la apuesta. No sabían que tenía yo un golpe fulminante. Hice el tiro, y la bola salió tan rápida que la mosca no tuvo tiempo de volar. Cayó sobre la mesa, se rompió la columna vertebral y ahí mismo quedó absolutamente muerta.

Siempre ha habido en el mundo grandes mentirosos. Al escuchar a aquellos señores de Victoria recordé la frase de Mark Twain: «Los que dicen que las mentiras no perduran es porque no las saben contar bien».

Cazador que no es mentiroso, afirma el sabio dicho, no es cazador.

En Saltillo tuvo fama de supereminente cazador un don Anselmo cuyo nombre completo me reservo para proteger al no tan inocente. Muy buen amigo de mi padre, compartía con él andanzas cinegéticas. A su regreso, en el amoroso amor de la cocina, oíamos las desaforadas narraciones de aquel gran cazador.

> Mi jefe de la oficina me pidió un cuero de venado para regalárselo a su esposa. Pero no debía vérsele el agujero —al cuero, digo; el agujero de la bala—, pues lo quería de tapete. ¿Cómo cumplir aquel antojo? Buen tirador sí soy, pero pegarle en el ojo a un venado a cien metros de distancia es algo muy difícil aun para mí. Desesperaba ya de poder lograr aquello cuando hace un mes se me presentó finalmente la ocasión. Vi un venado muy bueno: veinte puntas. Me le acerqué despacio, y logré retener su atención mediante el truco de ir haciendo gestos, dengues y toda suerte de visajes. Así lo entretuve hasta que llegué a unos 15 pasos de él. Entonces, teniéndolo al hilo de mi rifle, bostecé. Ustedes saben muy bien que el bostezo es contagioso: cuando alguien bosteza a todos nos dan ganas de bostezar. Bostecé, pues, y el venado bostezó también. Ese era el momento que esperaba. Disparé al punto. La bala le entró por el hocico y le salió por el fundillo. Cayó bien muerto. Y el cuero no tiene más agujeros que aquellos que dije, naturales.

San Huberto es el patrono de los cazadores. Su fiesta se celebra el 3 de noviembre. Contaba Huberto que siendo todavía un descreído salió a cazar en Viernes Santo, tremendo sacrilegio. Persiguió a un ciervo en su caballo. A punto de dispararle la saeta el venado detuvo la carrera y se volvió hacia él. En los cuernos llevaba un crucifijo. Oyó Huberto una voz que le decía: «Si no te dejas cazar por Mí te cazará el demonio».

Conmovedor relato. Y muy creíble si no lo hubiera dicho un cazador.

En Santo Domingo, municipio de Ramos Arizpe, Coahuila, vivía don Zeferino. Tenía el recio carácter de los habitantes de esas tierras, de los cuales se dice que son más tercos que una mula. «Cabezones» son llamados los ramosarizpenses, no por el tamaño de su cabeza, que suelen tenerla de proporción normal, sino por la dureza de su cráneo y por aquella tozudez ya proverbial que ha hecho asegurar a algunos que los de Ramos pueden parar un tren a topes. No muy grande el tren, naturalmente, pero sí regular.

Nadie recuerda ya el apellido de don Zeferino. Debe haber sido Del Bosque, Morales, Coss, Saucedo o Gil; cualquiera de los apelativos tradicionales en la antes villa y ahora próspera ciudad. El caso es que nadie conocía a don Zeferino por otro nombre que no fuera su apodo: el tío Chileta.

¿Por qué se le apodaba así? La palabra «chileta» no es de mucho uso en la comarca.

Sucede que un buen día enfermó don Zeferino. Se le trató con hierbas y tisanas; le fue aplicada toda la farmacopea de remedios caseros conocidos. No sintió alivio el enfermo. De Saltillo llegó un doctor a verlo, y recetó costosas medicinas. El tío Zeferino se puso peor.

—Ándenles —ordenó su esposa a los muchachos—. Váyansen pa'Saltío y tráiganle la caja a su papá, que de esta no se salva.

Atribulados hicieron los hijos el viaje a la ciudad; le compraron a Chuy Moya una caja de muerto y regresaron con ella a Santo Domingo. Para entonces don Zeferino ya estaba privado del sentido. Acezaba penosamente al respirar; parecía que en uno de esos acezos iba a soltar el alma.

Pusieron los hijos el ataúd en el cuarto de su padre, al fin que de nada se daba cuenta ya. Mas sucedió que de repente abrió los ojos el tío Zeferino, y vio el féretro recargado en la pared.

—¡Ah, cabrones! —bufó sentándose en la cama—. ¿Conque hasta el cajón trujeron ya? ¡Pos 'ora, pa'que se les quite, pura chileta que me muero!

Y no se murió don Zeferino. Recuperó milagrosamente la salud, como si la visión del ataúd hubiera sido mirífico medicamento. No solo eso: pareció cobrar nuevo vigor. Agarró un segundo aire. Su esposa se veía siempre ojerosa, pues todas las noches, sin faltar ninguna, la requería don

Zeferino para ejercicios que la traían agotada. Los seis hijos del matrimonio fueron aumentando su número hasta llegar a 15 o 16. Esa hazaña es mayor si se toma en cuenta que a causa de un reumatismo mal cuidado la señora estaba paralítica desde hacía luengos años, y vivía en la cama. De ahí quizá tal abundancia de hijos: no batallaba don Zeferino para hallarla, y ella no se le iba.

Este relato viene en el sabroso libro *Cuentos, dichos y chistes del norte*, de don Antonio Rodríguez Castilleja. Declara él que no sabe si a don Zeferino Chileta le pusieron ese apodo por lo que dijo —«¡Pura chileta que me muero!»— o por lo que hizo, es decir, por los 15 o 16 hijos que tuvo con su esposa.

Esta muchacha se llama Juana. Su nombre es sumamente raro: igual podía llamarse Imógenes o Wilhelmina. Ya ninguna muchacha se llama Juana; de la última que se guarda memoria es de la Loca. He sabido de alguna que otra Joanna, pero de Juanas, ni una.

Antes había muchas Juanas. Claro, les decíamos Juanita, para disimular, pero Juanas nunca faltaban, a Dios gracias. También abundaban las Marías. No María de la Luz, o María de Lourdes; no, María, a secas. Pero ya comenzaba a aparecer una cierta nota de desdén para esos nombres tan claros y cristianos.

—¿Cómo te llamas?

—María.

—¡Ah! Tienes nombre de galleta.

Ahora a las indias que venden cosas en la Ciudad de México se les nombra «marías», igual que antes a los soldados se les decía «juanes». No cabe duda: hay nombres de poca suerte. Pero eso cualquier nombre. Ya ven Maximiliano.

Esta muchacha se llama Juana porque es indígena, de raza náhuatl. Vive en un pequeño pueblo del Estado de México: Xocotepec. El pueblo no importa mucho, pero Juana sí, por lo que le sucedió.

A Juana la pretendían dos muchachos: Antonio y Pedro. Ella les sonreía a los dos. Antonio se fue a buscar trabajo al otro lado, y Pedro aprovechó su ausencia. Hizo un collar de flores, de esas que llaman «maravillas», y esperó a Juana a la salida de la misa. Cuando ella salió, Pedro le ofreció el collar. Lo aceptó Juana, y se lo puso ante la mirada envidiosa de sus amigas. Luego, como demostración de que correspondía al amor que le manifestaba Pedro, le entregó el pa-ñuelito bordado que llevaba. Eso —lo del collar de flores y el pañuelo— representa en Xocotepec noviazgo serio y compromiso formal de matrimonio.

Mas sucedió que al año volvió Antonio. Sin saber lo de Pedro, al día siguiente de su llegada hizo un collar de maravillas y se lo presentó a Juana a la salida de la iglesia. Ella advirtió la mirada de envidia —ahora más— de sus amigas y lo aceptó, coqueta, y le entregó otro pañuelito a Antonio. Al hacerlo se convirtió en eso que llaman en Xocotepec «mancornadora». «Mancornar» significa amarrar a dos bueyes por los cuernos para que vayan juntos.

¿Cuántos habitantes tiene Xocotepec? Tiene dos mil. Luego luego supo Pedro lo de Antonio, y luego luego supo Antonio lo de Pedro. Se pusieron los dos de acuerdo; uno citó a Juana; acudieron los dos al encuentro e hicieron lo que hacen allá los muchachos con las mancornadoras: primero agarraron a Juana a cachetadas; luego, le levantaron las naguas, le bajaron los calzones y la sentaron en una penca de nopal. Después se fueron los dos, abrazados y riendo como buenos amigos.

No faltó quien mirara el sucedido. A la mañana siguiente lo supo todo el pueblo. Desde ese día, cuando iba Juana por la calle las mujeres se pasaban a la otra acera para no saludarla, y los hombres le escupían a los pies. Un muchachillo le tiró una piedra que le dio en la cabeza, y todos los vecinos rieron. Una semana después Juana se suicidó tomando raticida.

A mí me apena el caso. Tan pocas Juanas que hay, y se suicidan. Pero así es Xocotepec. Y Xocotepec, para el caso, es todo el mundo.

Agustín Turrubiates fue comandante de la policía en Ciudad Victoria cuando Jorge Vladimir Joch ocupó la presidencia municipal de la capital tamaulipeca.

Había un problema causado por los vecinos que arrojaban basura en los predios baldíos. El alcalde hizo poner letreros en los sitios donde la gente solía tirar los desperdicios, letreros que anunciaban una severa multa a quien echara la basura ahí.

El comandante Turrubiates sorprendió a un cierto maestro dejando los desperdicios de su casa en un lote cercano. De inmediato lo detuvo para llevarlo a la demarcación.

—Oiga, comandante —alegó el profesor—. En ese sitio no hay letrero. Eso quiere decir que aquí sí se puede tirar basura.

—¡Ah, no! —replicó don Agustín—. Por eso te agarré, porque no soy pendejo. Si ponemos el letrero nadie tiraría basura aquí.

Gran personaje del folclor tamaulipeco es el Filósofo de Güémez. Tiene fama por las frases que dice. Hay quienes consideran sus decires como un gran monumento a lo obvio, verdades de Perogrullo, necedades. Pero las frases del Filósofo de Güémez tienen una cualidad: todas son indiscutibles. Nadie las puede rebatir. Son incontestables, incuestionables, irrefragables, incontrovertibles, impepinables, inconcusas. Tienen la poderosa fuerza de los axiomas de la matemática, que nadie puede negar, ni menos aún contradecir, porque el peso de su verdad es aplastante.

Recordaré algunas de las más conocidas frases del Filósofo de Güémez:

> Lo que de aquí p'allá es p'arriba, de allá p'acá es p'abajo.
> Árbol que crece torcido, no le pusieron palito.
> Si dos pelaos van en el mismo caballo, a huevo uno va atrás.
> Si el gallo no canta en la madrugada pue'que llueva mucho, pue'que llueva poco, o pue'que no llueva nada.
> Si dos perros persiguen a una liebre y el de adelante no la alcanza, el de atrás menos.

Y la frase inmortal que le dio eterna fama inmensurable:

> Primero es el uno y luego el dos. Pero en el 21 se jodió el uno.

En Chihuahua me hablaron de don Belem Sosa Maceyra. Don Belem perteneció a los famosos «dorados» de Villa. Ranchero de origen, fue de los primeros que se levantó en armas contra el Gobierno de don Porfirio Díaz. Digo «contra el Gobierno de don Porfirio Díaz» porque don Porfirio Díaz tenía Gobierno.

Maderista de corazón, cuando el Apóstol cayó asesinado aquel ranchero sin letras, pero con ideas de justicia, se unió a las fuerzas de Villa, donde llegó a alcanzar el grado de capitán. El propio Centauro le entregó a don Belem el nombramiento de Recaudador de Rentas en Ciudad Camargo, como premio por sus servicios a la causa.

—Óigame no, mi general —opuso don Belem al ver el nombramiento—. Yo no fui a la bola para después andar cobrando las rentas de las casas. Además, casi todos los de Camargo viven en casa propia, y no considero justo cobrarles renta por lo que es suyo.

Villa llamó a su secretario y le hizo saber los reparos de don Belem.

—Me parece que hay una pequeña confusión, señor general —explicó cautelosamente el licenciado—. Ser Recaudador de Rentas no consiste en cobrarles la renta a los inquilinos de las casas; consiste en cobrar los impuestos que deben pagar los contribuyentes.

—Ah, vaya —dijo entonces don Belem—. Así la cosa cambea. Y, ¿cuánto voy ganando yo por la cobrada?

—Pos, la verdá, no sé —contestó Villa—. ¿Cuánto lleva de comisión don Belem, licenciado?

—Entiendo que a los recaudadores se les da el 20% de lo recaudado.

—Y eso, ¿cuánto es? —preguntó con desconfianza Villa—. ¿No será mucho?

—No es tanto, mi general —lo tranquilizó el secretario—. De cada peso que cobra, el recaudador se queda con veinte centavos para él.

—A ver —pidió don Belem—. Barajéyemela más despacio.

—Cada peso tiene cinco veintes —le dijo el licenciado—. Al Gobierno le pertenecen cuatro, y usted agarra uno.

—Pos, me parece bien —aceptó el viejo capitán.

Al día siguiente don Belem hizo publicar un bando que se fijó en postes y paredes:

«A partir de ahoy, y pa que las cuentas sean claras y no haiga chismes de que me robo los dineros, únicamente se recebirán las contribuciones en puras monedas de veinte, y el que no pague así ya sabe».

Recibía don Belem los impuestos de los contribuyentes en veintes, e iba formando sobre su escritorio montoncitos de cinco monedas cada uno. Al final del día quitaba de cada montoncito la moneda de arriba y se la echaba en el bolsillo.

—Es muy pendejo —decía la gente riéndose de los procedimientos de don Belem.

Con ese sistema pronto escasearon las monedas de veinte centavos. Don Belem se negaba a recibir el pago en otra forma. Como había amenazas de penas severísimas para quien no pagara a tiempo sus impuestos, las monedas de veinte centavos que se necesitaban para hacer el pago empezaron a cotizarse en 25 y treinta centavos. Llegaron a valer hasta cincuenta. El único que tenía monedas de veinte era don Belem, que con mucho gusto accedía a venderlas a los contribuyentes según su nuevo valor en el mercado.

Los que antes se reían de don Belem decían mohínos:

—No era tan pendejo el viejo cabrón.

Se llamaba Jesús Valdez, pero nadie lo conocía con tal nombre, sino con el apodo del Cuadrado, por sus recias espaldas musculosas. Vivió en la ciudad de Chihuahua. Murió en Parral, electrocutado, el 8 de septiembre de 1944.

Lo primero que de él se sabe es que trató de suicidarse cuando tenía 14 años. Al preguntarle alguien el motivo respondió con laconismo:

—Tenía hambre.

Había llegado como criado de un merolico. Aprendió a hacer dulces que vendía por la calle. Se contrató de mozo para barrer un cine. Luego, se vio envuelto en problemas con la policía y fue expulsado de la ciudad. En Torreón logró hablar con el gobernador chihuahuense, de visita en aquella ciudad, quien le facilitó el regreso y lo ayudó.

El padre Vértiz, sacerdote de Chihuahua, lo hizo entrar en un grupo de muchachos que se dedicaban al excursionismo. Ahí se reveló la vocación del muchacho: le gustaba ayudar a los demás. Además, le atraían las aventuras peligrosas. En 1936 prestó un servicio a su antiguo patrón del cine Alcázar: para hacer publicidad a la película *La Llorona* tendió dos cables de uno a otro campanario de la catedral y atravesó por ellos haciendo sonar una sirena que recordaba el grito del legendario fantasma. Quiso saber la gente si no le daba miedo hacer aquello:

—A lo único que le tengo miedo es a llegar a viejo —respondía sonriendo.

Se hizo bombero. Los historiadores chihuahuenses le deben la salvación del archivo del Estado, amenazado por un incendio en el Palacio de Gobierno. El Cuadrado trepó por una escalera y a través de una ventana fue arrojando los expedientes. Cuando sacó el último las llamas llegaban ya a las oficinas. Escribió un periódico: «... Sus ropas húmedas y lo intenso del humo no le importaban, sino hasta que acosado hubo de retroceder un poco para tomar aire, pues de haber permanecido unos minutos más hubiera muerto...».

El Cuadrado subió al Popocatépetl. Practicó la espeleología. Fue el primero en ascender a una alta peña de las Cumbres de Majalca que ahora lleva su nombre: «Peñón del Cuadrado». Se hizo torero. Ganó el campeonato estatal en la carrera de diez mil metros. Llevó a Chihuahua la Cámara Junior. La gente ya respetaba a aquel muchacho que alguna vez tuvo problemas con la justicia. Le llamaban «señor».

—¡Cuál señor! —protestaba él alegremente—. Señor no hay más que uno. A mí díganme el Cuadrado.

Fundó en la ciudad de Chihuahua un grupo al que llamó «Tribu de Exploradores Mexicanos». La ceremonia de iniciación de los aspirantes se efectuaba en una habitación en penumbra cuyas paredes, piso y techo estaban forrados con tela morada que tenía pintadas estrellas amarillas. Los socios ya admitidos vestían túnicas y capuchones negros. Había en el centro del salón un brasero con carbones encendidos, y cada vez que el iniciado respondía a una de las preguntas del ritual, el Cuadrado echaba en el anafe un cierto polvo que provocaba enormes llamaradas también de color morado. Aquello era realmente impresionante: es fama que más de uno de los neófitos se hizo aguas menores en aquella solemne ceremonia.

La imaginación de Valdez era muy grande, a veces desmesurada. En los días de Navidad hacía una colecta de ropa, dulces y juguetes. El 25 de diciembre, vestido de Santa Claus, llevaba esos regalos a los barrios pobres en un estrafalario trineo de ruedas fabricado por él mismo. El tal trineo era tirado por seis burros a los que el Cuadrado disfrazaba de renos pintándolos de café y poniéndoles cuernos de cartón.

El año de 1939 todo el país vibró de emoción con el vuelo sin escalas que el temerario aviador Francisco Sarabia hizo de la Ciudad de México a Nueva York. El Cuadrado, hombre hazañoso, no podía quedarse atrás: anunció que él también haría el viaje, pero a pie. Y claro, con algunas escalas.

Cumplió lo dicho: a las seis de la mañana del viernes 16 de junio de aquel año salió de la capital de la república, y llegó a Nueva York a las cuatro de la tarde del 13 de septiembre. Había caminado 5 400 kilómetros, a razón de 48 o 64 kilómetros diarios, marchando 12 horas en cada jornada. Extraño espectáculo debe haber sido para los norteamericanos el de aquel solitario caminante, y más porque el Cuadrado vestía un raro atuendo: huaraches; calzón indio de manta; guayabera con dibujos de toreros y chinas poblanas bordados en lentejuela, y un enorme sombrero de charro de cuya ancha ala colgaba por atrás un paliacate con letras bordadas que decían: «*To the World's Fair, on foot from Mexico City*». Por único equipaje llevaba el Cuadrado una cantimplora y una bolsa de yute cuyo contenido era el siguiente: una muda de ropa, una cobija, un suéter y una cámara fotográfica. En el viaje, Valdez gastó trescientos pesos y rebajó 15 kilos.

Pasó el tiempo, y en septiembre de 1944 hubo en Parral una gran inundación. El Cuadrado estaba por esos días en el mineral, pues lo había llevado ahí el sacerdote Agustín Pelayo a fin de que le ayudara a organizar un grupo de *boy scouts*. El río que atraviesa Parral se desbordó, y hubo pérdida de vidas. El Cuadrado fue de voluntario a ayudar a los damnificados. Iba por entre el agua para ayudar a una madre con su hijo cuando un cable de alta tensión se desprendió y le cayó encima. El Cuadrado murió instantáneamente, electrocutado. Su cuerpo fue llevado a Chihuahua, y en esa ciudad se le hicieron funerales con honores de héroe. En verdad había sido eso: un héroe.

Ese hombre era saltillense. Nació en mi ciudad. Conocemos la fecha de su nacimiento: 11 de enero de 1911. No sabemos, en cambio, quién fue su padre, ni conocemos el nombre de su madre. Ella lo dejó un día, envuelto en una cobijita, en una banca de la iglesia de San Francisco. Prendido a la cobija, con un seguro, estaba un papel con aquella fecha y un nombre: Jesús Valdez. Los frailes de San Francisco recogieron al niño y lo llevaron al orfanatorio que tenían. Ahí creció el chiquillo; ahí aprendió a leer y a escribir.

Muchos años, por cierto, duró aquel orfanato. Yo todavía lo conocí cuando estaba en una casona por la calle de General Cepeda, al sur, al otro lado de donde ahora está Radio Concierto. En ese tiempo el orfanatorio, que desapareció poco después, era atendido por una señorita ya de edad, a la que los niños le decían «Menchita», y por un hermano lego joven, bajito de estatura, rubicundo y regordete que los sábados sacaba a pasear a los chiquillos. Un día me invitó, y fui con ellos a una caminata; por el rumbo de Las Tetillas, lo recuerdo bien.

Pero sigo la historia. Adolescente ya, el Cuadrado no pudo tolerar la disciplina que aquellos buenos franciscanos tenían para educar a los pequeños recogidos. Un día escapó del orfanatorio. Se las arregló para llegar a la estación del ferrocarril sin que lo viera nadie de los que lo buscaban. Ahí subió en un tren de carga y fue a dar a Chihuahua, donde ya casi muerto de hambre lo recogió un merolico que le dio de comer y lo empleó luego como su ayudante. Así empezó en tierras chihuahuenses la azarosa vida del Cuadrado, muerto en plena juventud.

En Saltillo ya nadie se acuerda de ese hombre. En Chihuahua, en cambio, es bien recordado, y Jesús Valdez tiene ahí una calle con su nombre.

Don José García Rodríguez, escritor saltillense de gran mérito, escribió un precioso libro llamado *Entre historias y consejas*. En él recogió anécdotas de la vida saltillera en el siglo XIX.

Una de ellas recuerda al Tío Camacho, juez pedáneo del más antiguo barrio de Saltillo, el Ojo de Agua. Eso de «pedáneo» no aludía a posibles aficiones etílicas del Tío: el juez pedáneo era el de más corta jurisdicción —como de un pie— encargado de dirimir los pequeños litigios entre vecinos de barriada. A falta de letras escolares, pues no tenía ningunas, el Tío Camacho poseía ese recio saber que solo pueden dar los muchos años bien vividos. Dictaba sentencias como las de Sancho en Barataria, comparables por su sabiduría con las de Salomón, aquel monarca de Oriente de quien la Biblia dice que tenía quinientas esposas y quinientas concubinas. Alguien preguntará qué les daría de comer. Yo más bien, con sana envidia, me pregunto qué comería él.

Cierto día se presentó ante el tío Camacho una muchacha. Atribulada y gemebunda se quejó de haber sufrido violación irreparable en su cuerpo, con pérdida total. Le pidió el sapiente juez a la quejosa que declarara cómo habían sucedido los reprobables hechos. Y dijo la muchacha que iba ella caminando por un oscuro callejón cuando intempestivamente la salió al paso un individuo, y haciéndola caer por tierra sació ahí mismo en ella los torpes instintos de su bestial lubricidad.

El Tío Camacho hizo que su amanuense o secretario levantara un acta con la declaración de la muchacha, y luego, le alargó a ella la pluma —era de aquellas de ave— para que firmara el acta. Pero cuando la joven mujer iba a meter la pluma en el tintero el Tío se lo movió de pronto, y dos veces más después, con lo que ella no pudo acertar a meter la pluma. Le dijo el Tío a la muchacha, de cuya ligereza tenía ya ciertos antecedentes:

—Si hubieras hecho tú lo mismo nada te habría pasado. Anda y no peques más.

En su libro *Entre historias y consejas* también habla don Pepe de un sujeto de pobre condición que a fuerza de mucho beber y nada trabajar llegó al último extremo de la necesidad. En su desesperación ideó un recurso para allegarse algo de dinero, siquiera fuese para saciar su hambre y la de su mujer.

En aquellos años se usaba que cuando alguien moría se le velaba en su propio domicilio, y si el difunto era pobre los dolientes daban un óbolo o limosna para contribuir a los gastos del sepelio.

Aquel fulano, entonces, inventó simular su propia muerte a fin de lucrar con la colecta. Se tendió sobre un petate en medio del miserable cuartucho en que vivía con su esposa, y ella encendió cuatro hediondas velas de sebo a fin de dar más dramatismo a la luctuosa escena, y mayor verosimilitud. Luego, la mujer abrió la puerta que daba a la calle y empezó a lanzar sonoros ululatos a fin de atraer la atención de los vecinos y obtener de esa manera sus contribuciones.

Acertó a pasar en ese punto un cierto borrachín, antiguo compañero de parrandas del fingido muerto, y se espantó al ver tendido al contlapache.

—¡Santo Cristo de la Capilla! —clamó invocando el nombre de la bendita imagen—. Pos, ¿qué le pasó a mi compadre, comadrita?

—Ya lo ve usted, compadre —respondió la mujer—. Se murió.

—P'allá vamos todos, comadrita —filosofó el beodo. (Eso de filosofar es cosa muy de sabios y muy de ebrios).

Depositó con mucha solemnidad una moneda de veinte centavos en la charola que estaba en el suelo para tal efecto, y luego preguntó:

—Y dígame, comadrita: ¿de qué murió mi compadre?

¡Qué pregunta tan inesperada! En las prisas de urdir aquel engaño no pensaron los simuladores en una causa que justificara el óbito. Así, la mujer farfulló la primera explicación que le acudió al caletre:

—Pos... pos... Murió de un dolor de muelas.

—¡Haiga cosas! —manifestó con tono de burla el borrachín—. ¡Se necesita ser muy pendejo pa' morirse de un dolor de muelas!

Oyó el fingido difunto la declaración y no se pudo contener. Enderezándose en el petate replicó mohíno y enojado:

—Mire, compadre: cada quién se muere de lo que le da la gana. Y si no le gusta agarre su mugriento veinte y vaya mucho a tiznar a su madre.

«Aquí es Colima, y aunque no haya cocos».

Esa frase es muy usada por los colimenses, y también por la gente de Jalisco. Se emplea para decir algo así como: «¡Aquí mero!» o «¡Pa' luego es tarde!».

Según se cuenta, la expresión la inventó *in illo témpore* una recién casada que con su desposado —la boda tuvo lugar en Guadalajara— fue a pasar su luna de miel en Colima. Iban en un carrito de caballos, y el novio ardía en ganas ya de consumar el matrimonio. Le pedía a su mujercita que se hicieran a un lado del camino para entregarse a los deliquios del amor. Ella, naturalmente, se negaba.

—Cuando lleguemos a Colima —le decía.

Preguntaba con ansiedad el anheloso joven:

—¿Y cómo sabremos que ya estamos ahí?

—Cuando veamos cocos —indicaba la muchacha.

Mas vino a suceder que hicieron un alto en el camino a la hora de comer. Buscó el recién casado un sitio soledoso, y sobre la muelle grama —quiero decir el zacatito— se pusieron a consumir las viandas que llevaban. Sería el romántico paraje, sería el rojo vino que bebieron, sería la ocasión, el caso es que la novia largó todos sus escrúpulos y se lanzó de pronto sobre su galán, poseída de súbitos ímpetus eróticos, al tiempo que decía con vehemencia:

—¡Aquí es Colima, y aunque no haya cocos!

En una ocasión fui a Colima. Peroré en el hermoso teatro universitario ante un público amabilísimo y cordial. Al terminar alguien me dijo que don Garganta había estado ahí, y que disfrutó mucho mi plática.

—¿Don quién? —pregunté yo, pensando que había oído mal.

—Don Garganta —repitió el amigo. Y me contó la historia de aquel singular mote usado por todos los que conocen a ese señor para nombrarlo, y además con su consentimiento.

Sucede que el señor se había retirado ya de los negocios. Los dejó en manos de sus hijos. Para gozar cumplidamente su descanso se dedicó al galano arte de beber, lo cual hacía con gran competencia y encomiable asiduidad, aunque sin perder jamás la compostura. Por eso dije «el arte de beber». Su esposa, señora de buena sociedad, no tenía otro afán más que el de manejar un coche grande —el más grandote que hubiera en el mercado— pues eso, a su parecer, mostraba la medida de su estatus. Cada año cambiaba el coche por otro de igual tamaño, o aún mayor.

Un día los hijos le dijeron:

—Mamá: los negocios no andan bien. El próximo año, cuando cambie de carro, le vamos a comprar uno compacto. El que usa usted sale muy caro, pues el motor es de cuatro gargantas y gasta mucha gasolina. Debemos controlar los gastos.

—Miren, cabrones —les contestó la dama—. Controlen la garganta de su padre, y tendrán para comprarme un carro con motor hasta de diez gargantas.

De ahí le vino el apodo a su consorte: don Garganta. Es un segundo nombre que él lleva con orgullo.

Por eso, amigo lector, lectora amiga, me gusta andar en la legua: porque me entero de cosas de mucha gracia y donosura que puedo luego compartir contigo.

El Sútari. Así le decían todos en Magdalena de Kino, y de Sonora. El Sútari. Era el borrachito del pueblo. Andaba siempre entre dos aguas, o entre cinco o seis. Su oficio era medir a brazadas las paredes de la ciudad, pues deteniéndose en ellas para no caer iba lo mismo de día que de noche. Buen vino tenía el Sútari. Quiero decir que sus borracheras eran tranquilas y sosegadas, mansas, de espíritu casi franciscano. A nadie hacía daño el Sútari sino a sí mismo. Por eso sorprendió a todos un buen día con una inusitada manifestación. Salió desfilando por medio de la calle en gran desfile de carácter unipersonal. Iba dando grandes voces al tiempo que alzaba el puño siniestro por el aire. Gritaba con magnílocuo tono wagneriano:

—¡Mueran los ricos! ¡Abajo los explotadores del proletariado! ¡Mueran los ricos!

En la banca que el boticario ponía en la acera de su negocio estaban sentados los ricos —tres— de Magdalena: el notario, un comerciante acomodado y el más dineroso de los ganaderos. Llamaron al Sútari y se quejaron con doliente voz:

—¿Por qué nos ofendes así, Sútari? ¿Qué te hemos hecho? ¿Por qué gritas contra nosotros, y pides nuestra muerte?

Con infinito desprecio les contestó el borracho:

—¿Y quién habla de ustedes, viejos guinientos? Yo me refiero a Rothschild, a Morgan, a los Rockefeller...

Y así diciendo les dio la espalda y siguió calle abajo con sus gritos:

—¡Mueran los ricos!

Con eso de «viejos guinientos» hacía alusión el Sútari a las guinas, que así llaman en Sonora a las pulgas del perro. Además, expresaba una sabia teoría de la relatividad: en este mundo todo es relativo. Hasta el dinero, cosa que algunos ven tan absoluta.

Lo que da estilo y tono a una ciudad no son sus encumbrados personajes sino su gente más sencilla.

El borrachín de un pueblo de Michoacán, Lico Orozco, era furioso comecuras, vehemente jacobino liberal. Su problema era que tenía un hermano sacerdote a cuyas expensas vivía.

—Oye, Lico —le preguntaba alguno—. ¿Cómo dices que odias a los curas, y sin embargo vives de tu hermano?

—Le hago el gasto para restarle efectivos al enemigo —contestaba Lico.

Un día una piadosa mujer llevó a la casa del padre Orozco un precioso crucifijo de marfil, con su corona de oro, para que se lo bendijera. No estaba el sacerdote. Lico le quitó la corona a la imagen y la llevó a empeñar para seguir su borrachera. Reclamó la señora al día siguiente, y el padre Orozco, sabedor de las costumbres de su hermano, lo llamó:

—Dime, Federico: ¿quién le quitó al Cristo la corona?

—De Historia Sagrada no sé mucho —respondió tranquilamente el temulento—, pero debe haber sido José de Arimatea o Nicodemus.

En otra ocasión, iba el tal Lico cayéndose de borracho por la calle. Para no caer se sostenía en la pared. Pero llegó a la esquina, no tuvo ya pared donde apoyarse y cayó al suelo. Se sentó y gritó a todo pulmón hecho una furia:

—¡Tizne a su madre el que inventó las bocacalles!

En otra ocasión un hombre le llevó al padre Orozco un dinero para que le oficiara una misa por el eterno descanso del alma de su señora madre. Lico recibió aquel dinero, y de inmediato fue a gastárselo en la cantina.

Cuando el padre se enteró del nuevo desaguisado reprendió a su hermano con severidad.

—¿Y ahora cómo le voy a decir la misa a ese hombre? —le preguntó—. No he recibido el estipendio.

Le contestó Lico:

—Dísela, hombre. Pa' lo que te cuestan a ti las misas, p'al material que pones.

Tepatitlán es el corazón de Los Altos de Jalisco. Los de Tepa acostumbran irse a trabajar a los Estados Unidos. Regresan cada año a su lugar de origen en esos grandes automóviles que los mexicanos gustan de comprar en el otro lado. Un niño viajó con su papá a Los Ángeles, California. Vio los carros y dijo:

—Mire, apá. Puras placas de Tepa.

En Tepatitlán ejercitó su ministerio durante muchos años el padre Reynoso, hombre de grandes ocurrencias. Una vez, en Navidad, daba a besar la imagen del Niño Dios a los fieles. Una gran multitud se aglomeraba para adorar al Niño. Le dijo al padre Reynoso uno de sus sacerdotes:

—Padre, ¿no quiere usted que traiga otro Niño Dios para darlo a besar al pueblo? Así acabaremos más pronto.

—No, hijo —le contestó el señor Reynoso—. Hay gente tan pendeja que va a pensar que la Santísima Virgen tuvo gemelos.

El padre Reynoso habría sido un detective supereminente. A cierto borracho le había dado por hacer sus necesidades en un rincón del atrio de la iglesia. Pasó por ahí una mañana el señor cura Reynoso con el sacristán, y le dijo este:

—Mire usted, padre: Fulano hizo otra vez de las suyas.

—No —lo corrigió el padre Reynoso—. Esto es obra de mujer. Fíjate cómo las suyas que hizo están muy juntas.

En otra ocasión, un Miércoles de Ceniza, estaba el padre marcando la frente de los feligreses. Llegó uno muy moreno, de tez como el carbón.

—¡Perfecto! —llamó el señor cura Reynoso al sacristán—. ¡Tráeme un gis! ¡A este no se le va a notar la ceniza!

Un matrimonio originario de Tepa hizo fortuna en Guadalajara, e invitó al padre Reynoso a que bendijera su elegante mansión. Cuando llegó el señor cura, la señora —al fin nueva rica— empezó a presumirle la casa.

—Tiene siete baños, padre —le dijo—. Uno en cada recámara, son cuatro; otro en la biblioteca, cinco; uno más para las visitas, seis; y el de la criada, siete.

Ofreció el padre Reynoso:

—Pues le voy a pedir a Diosito que les mande mucho que comer, ya que les sobra dónde zurrar.

El padre Chapo, inolvidable sacerdote, solía decir que él nada más se llevaba bien con un padre: el padre Kino. Aludía a un vino de excelente calidad.

Yo, en cambio, me llevo bien con todos los padres. No con muchos trato, la verdad sea dicha, pero aquellos a quienes trato tienen muy buen trato. Con ellos platico muy a gusto y aprendo cosas que me edifican, como antes se decía y ahora ya no. (El lenguaje de los eclesiásticos cambia ahora con más frecuencia que el de los políticos. Por ejemplo, hoy se habla más de la liberación que de la salvación. Cosas del tiempo).

Estando en Monterrey le pregunté a un sacerdote ya de edad si había conocido al padre Secondo, jesuita que muchos años estuvo en el templo de San Juan Nepomuceno de Saltillo. Me dijo que sí lo conoció, y me relató una anécdota que escuchó de labios de aquel bondadoso varón a quien se atribuían milagros.

Era italiano el padre Secondo. Un día, siendo niño, su madre lo llevó a recibir la bendición de un sacerdote sabio y santo. El sacerdote puso la mano en la cabeza del pequeño y le dijo sin más:

—Tú vas a ser misionero en México.

Años después el niño sintió la vocación sacerdotal; se ordenó, y participó como capellán militar en la Primera Guerra. Ahí los gases asfixiantes le dañaron irremisiblemente las cuerdas vocales, de modo que la voz le quedó al padre Secondo apagada para siempre. Sus superiores lo enviaron de misionero a México, y llegó a Saltillo. Aquel sacerdote profeta era Don Bosco.

De otros padres me contó anécdotas aquel que dije. Me habló de uno de Monterrey que cierto día confesaba en hora de la misa, de modo que el templo estaba lleno. Un adolescente se confesaba, de rodillas frente al padre. De pronto este exclamó con estentórea voz:

—¿¡Tú hiciste eso!? ¡Qué locura! ¡En toda mi vida de confesor no había conocido caso semejante! No puedo darte la absolución; tendré que consultar mis libros.

Todos voltearon a ver al muchachillo, que en vano trató de ocultar el rostro, avergonzado. Las miradas lo siguieron cuando se levantó, curiosas unas, las otras de reprobación. Pensó la gente que había hecho algo terrible; algo tan tremendo que el sacerdote, con toda su experiencia, jamás había oído. Cuando el chico llegó a su casa ya sus papás sabían por vecinos apresurados y oficiosos lo que en la iglesia había pasado. Llenos de angustia le pidieron que les dijera qué pecado enorme había cometido. Contrito, aplastado por el peso de su culpa, lo reveló entre gemidos el muchacho:

—Tragué pasta de dientes antes de comulgar.

En aquellos años se usaba el ayuno eucarístico, y el padre no supo en el momento dilucidar si al tragarse aquella pasta el muchacho lo había interrumpido.

En otra ocasión ese mismo sacerdote tenía una junta con las damas de cierta asociación piadosa. Una de ellas se le acercó y en voz baja, con mucha pena, le preguntó que dónde estaba el baño. Se molestó el buen padre por la interrupción.

—¡Carajo, señoras! —profirió enojado—. ¡Por favor, ya vengan miadas!

Q.B.S.M. Esas letras quieren decir «Que besa su mano». Se ponían como fórmula al final de una carta, igual que se le decía a una dama: «Beso a usted los pies». Eso no significaba que quien tal decía tuviera realmente la intención de besar manos o pies. A lo mejor aspiraba a poner sus besos en parte de mayor atractivo o conveniencia desde el punto de vista postural. Pero igual se decía: «Beso a usted la mano». O: «Beso a usted los pies».

A mí ya no me tocó esa época tan proclive a andar besando. Me tocó todavía, sí, el tiempo en que a los sacerdotes se les besaba la mano. También alcancé, en mi rancho, el tiempo en que los ahijados le besaban la mano a su padrino. Esa costumbre me desconcertaba, pues aun los ahijados de boda guardaban ese respeto a quien los conducía al altar. Alguna vez fui padrino de boda de un señor que me doblaba la edad, y hube de reprimir con energía el uso que pretendió seguir en mí, de besarme la mano cuando nos encontrábamos.

Recuerdo el tiempo en que les besábamos la mano a «los padrecitos». A los señores obispos había que besarles el anillo pastoral.

—Disculpe, señor —dicen que dijo su secretario al presidente municipal de un pueblo mexicano—. Están en la antesala el señor obispo y el gobernador del estado. ¿A quién paso?

—Pasa al señor obispo —replicó el edil—. A él lo único que le tengo que besar es el anillo.

Me habría gustado conocer al padre Francisco Esparza, de Aguascalientes.

Amable sacerdote, todo el tiempo se le iba en confesar a las beatas que lo requerían diariamente para contarle imaginarias culpas y aburrirlo con ridículos escrúpulos y tiquismiquis de conciencia.

Se daba a los mil diantres el buen padre, pues aquellas inacabables confesiones lo apartaban de sus tareas. Y de su descanso también, que disfrutaba muy sabrosamente tañendo la guitarra o jugando a las cartas y al ajedrez con sus amigos. Así, se le ocurrió una idea para librarse de la beatería. Puso en la puerta del templo este letrero: «Por cuestión de orden, a partir de mañana las confesiones de las mujeres se harán conforme al siguiente PROGRAMA: Lunes, las adúlteras; martes, las chismosas; miércoles, las alcahuetas; jueves, las geniosas; viernes, las livianas; sábado, las flojas. Domingos, confesión general. Atentamente».

Es fama que ninguna beata volvió a confesarse con el padre Esparza. Me habría gustado conocerlo. Sabía que hasta para hacer el bien tiene que haber un método.

El joven sacerdote se quedó turulato, sorprendido. Desde que llegó de Estados Unidos como misionero, desde que estaba en la parroquia de San Isidro Labrador, de Arteaga, no había visto cosa igual. Pero ahí estaba aquel hombre, alto, recio pese a no ser un joven ya, de tez rubicunda curtida por el sol, ojos claros y cabello entrecano asomándole por el sombrero de palma. Traía un enorme machete entre las manos, y le había pedido al sacerdote:

—Vengo a que me bendiga este machete, padre.

No salía de su asombro el misionero. Cosa de todos los días era que le llevaran a bendecir medallas y rosarios, imágenes, estampas; de vez en cuando le pedían bendecir a un animal: una vaca, un caballo, hasta algún cerdo gruñidor… Pero ¿un machete? ¿Iba él a bendecir un arma que, había leído en algún libro, usaban los mexicanos con habilidad mortal para quitar la vida a un prójimo?

—Ándele, padrecito —insistía el campesino—. Bendígame el machete.

El padre solo acertó a preguntar:

—¿Para qué lo quieres?

—¿Cómo pa' qué? —respondió el hombre—. ¿Pa' qué va a ser? ¡Pos pa' partir el cielo!

El sacerdote creyó no haber entendido bien. ¿Partir el cielo? Pensó que le estaba fallando su conocimiento del español. Confuso, sin saber qué hacer, le pidió al hombre que lo esperara un momento y pasó de la sacristía a la casa parroquial. Ahí estaban las señoras de la Acción

Católica preparando algo de la fiesta patronal. Llamó a una de ellas y le contó la extraña solicitud del campesino. ¿Qué era eso de bendecir un machete? ¿Qué quería decir aquello de «partir el cielo»?

La señora se rio muy divertida por la ignorancia del padre. Le explicó que los campesinos de la sierra de Arteaga tienen la creencia de que las nubes de granizo se pueden partir con un machete bendito. De ese modo, se les disuelve, y así se evita que dejen caer su carga letal sobre sus huertos de manzanos, o sobre los trigales. Cuando el cielo amenaza pedrisca, el campesino saca su machete y lo pone con un crucifijo en la mano del niño más pequeño o del hombre más anciano de la casa. El del machete sale de la casa, y viendo hacia el cielo hace cruces con el machete y con el Cristo, como quien parte la nube amenazante, al tiempo que los demás rezan el Credo y unos padresnuestro. El ensalmo no falla: la nube se deshace o se aleja para soltar su granizo en otra parte, sobre el huerto de alguno sin machete.

—¡Pero eso no es posible! —exclamó incrédulo el sacerdote después de escuchar la explicación.

Contestó la señora:

—No es posible, pero se puede.

Sin decir más volvió el misionero a la sacristía y bendijo el machete. Sintió que no había incurrido en complacencia con la superstición, sino que había cumplido con su ministerio de impartir aquella bendición. Después de todo —iba pensando al caminar por el pequeño huerto parroquial— hay muchas cosas imposibles que se pueden cuando hay fe.

Esto que voy a contar me lo contó el inolvidable padre Rady, de Monterrey, quien fue amenísimo conversador.

Don Luis María Martínez, arzobispo de México y hombre de gran sentido del humor, hacía la visita pastoral a un pueblito de su jurisdicción. En el «común» —o sea el sanitario— de la pequeña fonda a donde lo llevaron a comer, propiedad de un señor llamado Filemón, había un letrero admonitorio, escrito en verso por el dueño. El tal letrero hacía alusión a la mala costumbre de los parroquianos de mojar la tabla del excusado. Decía así:

> Que dice don Filemón
> que mojar este tablón
> es falta de educación.

Monseñor Martínez hubo de ir a ese sito reservado, y al ver el tal aviso escribió a su lado esta cuarteta:

> Que dice don Luis María
> que mojar este tablón
> no es falta de educación:
> es falta de puntería…

Desaforados son los hechos y picantes los dichos de muchos personajes de Tamaulipas. Saber de ellos es motivo de deleitación. Entre esos personajes figura el padre Chuyito, de Ciudad Victoria. Sacerdote, era apasionado jugador de dominó. Dominaba el juego, pero el juego también lo dominaba a él: movido por su afición a las 28 fichas, el padre Chuyito no vacilaba en meterse en lugares no muy católicos con tal de hallar a alguien con quién entablar una partida fragorosa de su juego favorito.

Cierto día fue a una cantina de barriada en la que solía encontrar a ciertos tres amigos suyos, furibundos y expertos jugadores de dominó, como él. En la ocasión que digo los dos que formaban la pareja rival se encontraban ahí, pero no estaba su compañero acostumbrado.

El padre Chuyito traía muchas ganas de jugar, de modo que se dirigió a un hombre que bebía en la barra y le pidió que fuera su compañero en la partida.

—Me va a tener que disculpar, padre —le dijo el sujeto—. No sé jugar al dominó.

—Es un juego muy fácil, hijo —lo animó el sacerdote, ansioso por jugar su partida cotidiana—. Yo te explico.

El otro se avino, y el padre Chuyito le impartió una brevísima lección acerca de los movimientos del juego. Una vez terminada la brevísima pedagogía empezó la partida.

Naturalmente, los rivales les dieron una paliza de órdago al padre Chuyito y a su inexperto compañero. Este jugó tan mal, y tan desatinadamente, que hasta le ahorcó la mula de seises al mohíno sacerdote.

No se rindió el padre Chuyito: le dio otra explicación más detenida al individuo; le hizo notar los errores que había cometido, y le dijo cómo debía evitarlos.

Empezó otra vez el juego, y otra vez el tipo incurrió en monumentales equivocaciones, con lo que la partida se volvió a perder.

El padre Chuyito quedó corrido y enojado, y además con la obligación de pagar la cantidad que había apostado a sus rivales, a quienes erradamente se había sentido capaz de vencer aun llevando de compañero a un novato.

Este se apenó mucho.

—Yo le dije que no sabía jugar, padrecito —le dijo atribulado—. Perdóneme por favor.

—Mira, hijo —le respondió el padre Chuyito masticando cada palabra con rencor—. En la iglesia sí te perdono, porque es mi obligación, ¡pero aquí vas y tiznas a tu madre, por pendejo!

Me habría gustado conocer al padre Mauricio Zavala, sacerdote potosino.

Nació en la tercera década del siglo XIX; murió en la segunda del pasado. Fue cura párroco de Ciudad del Maíz. Ahí intentó llevar a cabo una reforma agraria tendiente a conseguir que los grandes hacendados comarcanos cedieran en propiedad algunas tierras a los campesinos que las trabajaban, para librarlos así de la indigna condición de peones.

La feroz reacción de los latifundistas originó un levantamiento armado que desde luego fue prontamente sofocado por el Gobierno y por los mismos propietarios.

El padre Zavala, perseguido por todos, desamparado por su iglesia, hubo de desterrarse de San Luis. Fue a dar a Yucatán. Ahí se enamoró de la riquísima cultura yucateca. Escribió una *Gramática Maya*, y fue autor de varios estudios sobre las tradiciones y leyendas del Mayab.

Me habría gustado conocer al padre Zavala. Conoció las tormentas de la vida, y luego supo de su paz. Las dos materias forman la existencia humana. Lo deseable es que al final llegue la paz.

Hermoso lugar es Candela, Coahuila, lleno de atractivos, y su gente es ingeniosa y ocurrente. Ir a Candela y hablar con sus pobladores es siempre cosa grata. En Candela he escuchado anécdotas que añado a las que tengo de otras ciudades y pueblos de México y que guardo como joyel en donde brilla el genio y el ingenio de nuestra gente. Estos relatos los escuché ahí.

Un cierto individuo, hombre casado y parrandero, llegó a su casa a las siete de la mañana después de una noche de tremenda juerga. Su esposa, claro, estaba de muy malos fierros. Quiero decir que estaba hecha un basilisco.

—Me voy a dar un regaderazo —le anunció el sinvergüenza a su mujer con acento de macho prepotente—. Mientras tanto prepárame el almuerzo. Los huevos los quiero tibios.

—¡Ponlos en la llave del agua caliente, desgraciado —le grita furiosa la señora—, y que se te hagan duros!

Es costumbre de algunos habitantes de Candela irse a trabajar «al otro lado» durante la temporada de la pisca. Su ausencia suele durar algunos meses. Reunidas estaban algunas señoras tomando el fresco y platicando. El marido de una de ellas tenía ya cinco meses en un rancho de Texas. De pronto, una de las mujeres advirtió que en el brazo de otra se había posado un mosquito.

—Comadre —le dijo—. Tiene usted un zancudo en el brazo. No se mueva, se lo voy a matar.

—Déjelo, comadre —le pidió con voz triste la otra—. De perdida que me pique algo.

Don Antonio Cipriano era el dueño de la tienda mejor surtida de Candela. Tan bien surtida estaba que hasta licor tenía. Lo expendía don Antonio en «topitos», que así llaman los candelenses a una botella pequeña, generalmente de cerveza chica, llena hasta arriba —hasta el top— de licor.

Cierto día, o mejor dicho cierta noche, unos muchachos se fueron de parranda. A eso de las dos de la mañana se les acabó la materia prima: se encontraron como en las bodas de Caná, sin vino. El único que les podía hacer el milagro de allegarles más era don Antonio Cipriano.

—Vamos a tocarle la puerta —propuso uno—, para que nos venda algo.

—Oye —advirtió otro con cautelosa reserva—. A estas horas don Toño está bien dormido. Se nos va a enojar.

Dos clases de necios hay en este mundo: los que se emborrachan siempre y los que no se han emborrachado nunca. Aquellos muchachos candelenses, sin pertenecer a la primera categoría, andaban muy tomados y decidieron tomar el riesgo de despertar al tendero para pedirle que les vendiera vino. Sin embargo, los humos del licor no eran tantos como para quitarles un cierto miedo a la eventual cólera de don Antonio.

Vivía él en la parte alta de la tienda. Con la mano abierta golpearon fuertemente los muchachos la puerta del local. Después de cinco o seis tocadas se encendió una luz en el piso de arriba; se abrió con rechinidos la ventana y por ella asomó la despeinada cabeza don Antonio.

—¿Quién es? —preguntó el abarrotero con tartajosa voz.

—Nosotros, don Toño —respondió uno de los chicos saliendo de abajo de la marquesina para dejarse ver—. Queremos que nos haga el favor de vendernos unos topitos de vino.

—¿Cuántos son? —preguntó el señor Cipriano.

Al oír la pregunta los muchachos se alegraron. Seguramente, pensaron, el interés de vender cinco topitos haría bajar a don Antonio.

—Somos cinco, don Toño —respondió con meliflua voz el declarante.

—Los mismos que se van a chingar a su madre —remató don Antonio.

Le dio el cerrón a la ventana, apagó la luz y dejó a los importunos —además de sin vino— bastante mentados de mamá.

Don Leobardo Coronado fue el albañil de Candela célebre por sus ingeniosidades. Parsimonioso al hablar, usaba don Leobardo un florido lenguaje lleno de circunloquios y elegancias. Larga conversación sostuve yo con él, y me dejó encantado por su humildad.

—Me dicen que sabe usted muchas cosas, don Leobardo.

—No, licenciado. Solo soy un burro cargado de olotes.

También me encantó su perspicacia para conocer de inmediato a aquel con quien está hablando.

—Pero no hay hombre que sea más que otro, licenciado. Si quiere nos ponemos a platicar. Usted me da de sus olotes y yo le doy de los míos.

El jefe de la estación del tren le encargó a don Leobardo que le hiciera un cuartito de block para las herramientas. Llegó don Leobardo el primer día, y en ocho horas de no mucho trabajo lo único que hizo fue clavar cuatro estacas y trazar en el suelo unas rayas con cal.

Cuando al día siguiente llegó el jefe de la estación vio aquello. Como se había arreglado con don Leobardo para pagarle por día, y no por obra, lo llamó muy preocupado.

—Oiga, maistro —lo reconvino con severidad—. Ayer no avanzó mucho que digamos.

—Señor —le contestó muy serio don Leobardo—. Usted sabe que cuando los circos llegan a un pueblo todo el primer día se les va en remendar la carpa y en sacar al chango para que se revuelque.

Érase que se era un sacristán candelense. Todos los días llegaba con su escoba a barrer la iglesia, y todos los días miraba a un pobre hombre que postrado de hinojos ante el gran crucifijo del altar gemía y lloraba deprecativamente.

—¡Señor! —clamaba el infeliz ante el doliente Cristo—. ¡Quiero confesarme! ¡Pero no ha de ser ante un humano, mortal y pecador como soy yo! ¡Únicamente Tú puedes oír mi confesión! ¡La culpa que llevo sobre mí es tan grande que solo Tú me puedes perdonar!

El sacristán se conmovía al escuchar la súplica del lacerado. Decía para sí:

—Muy grave ha de ser el pecado que este hombre cometió si nada más puede confesarlo a Nuestro Señor.

Cotidianamente se repetía la escena. Llegaba el sacristán al templo y ahí estaba ya aquel desventurado, de hinojos ante el crucifijo, elevando al cielo su gemebunda súplica:

—¡Señor! ¿Por qué guardas silencio? ¿No llegan mis súplicas a ti?

¡Escúchame, Señor! ¡Quiero confesarme contigo para que de mis labios oigas mi pecado y lo perdones con la infinitud de tu misericordia!

Y sollozaba el hombre de tal modo que al sacristán se le conmovían las fibras últimas del alma. Sentía el impulso de abrazar al pecador para llorar con él. Un día ya no se pudo contener y fue a hablar con el párroco y su vicario.

—Reverendos padres —les dijo lleno de emoción—. Todos los días llega a la iglesia un desdichado que de rodillas ante el crucifijo le pide a Nuestro Señor que lo oiga en confesión. Si su plegaria no es oída pienso que va a perder la fe, y quizá morirá desesperado. Se me ha ocurrido, padres, un medio para consolarlo. Les pido permiso para quitar de la cruz la imagen de Nuestro Señor y ponerme yo —aunque indigno—en su santísimo lugar. Escucharé la confesión de ese pobre hombre y le daré la absolución. Solo de esa manera encontrará la paz. Sé que lo que propongo es una gran irreverencia, pero los caminos de Dios son inescrutables y quizás fue Él mismo quien me inspiró la idea.

Los buenos sacerdotes se resistían a obsequiar el deseo del sacristán, pero tan vivas fueron sus instancias que accedieron por fin a poner al sacristán en el sitio del Crucificado para que recogiera la confesión del hombre y le diera el perdón que con tanta aflicción solicitaba. Así, la mañana siguiente el párroco y su asistente tomaron unas cuerdas y con ellas ataron de brazos y piernas a la cruz al compasivo sacristán. A poco llegó el pecador y se hincó igual que todos los días ante la cruz.

—¡Señor! —empezó a rezar otra vez—. ¡Escúchame en confesión!

—Está bien, hijo mío —habló con grave y profunda voz el sacristán—. Te escucharé. Di tus pecados.

El hombre abrió los brazos, estupefacto.

—¡Gracias, Señor! —prorrumpió lleno de gozo—. ¡Mis oraciones han sido escuchadas! ¡Por fin voy a poder confesarte mi gran culpa, y recibir de ti la santa absolución!

—Habla —replicó el sacristán con el mismo tono majestuoso—. Por grande que haya sido tu culpa, mayor es mi bondad. Dime tu pecado, que yo te lo perdonaré.

Entonces el hombre inclinó la frente y dijo lleno de compunción y de vergüenza:

—Acúsome, Padre, de que me estoy tirando a la esposa del sacristán.

—¡Aaaahhh! —rugió este desde lo alto de la cruz—. ¡Ahora ya no soy Nuestro Señor! ¡Desamárrenme, para matar a este jijo de la rechingada!

Cuando alguien es dado a proferir vocablos sonorosos se dice de él que usa lenguaje de carretonero. La expresión es muy justa, y se usa todavía, aunque ya casi no haya carretones. Estos pesados vehículos de carga eran tirados casi siempre por mulas, y las mulas son animales a los que hay que hablarles fuerte para que entiendan. Quizá por eso un cierto arriero le aconsejaba a su hijo que se buscara una mula que no fuera tan vieja y una vieja que no fuera tan mula.

Cierto día el señor cura García Siller fue a un rancho en carretón. Se detuvo de pronto la mula, y no quiso seguir, pues el carretonero le hablaba con el comedimiento y compostura que exigía la presencia de su pasajero. Duró eso buen rato, hasta que don José María le dijo al hombre:

—Hijito: háblale a la mula como tú, no como yo.

—¡Mula jija de la...! —gritó entonces el carretonero. Y el milagro se hizo: la maldecida bestia echó a trotar.

El primer carretonero que hubo en México fue fray Sebastián de Aparicio, cuyos restos, incorruptos, reposan en un altar del templo franciscano en Puebla. Patrono de los constructores de carreteras y de quienes por ella transitan, fue además el primer charro y el primer fabricante de carretas. Hace unos años la Iglesia hizo santos a más de veinte mexicanos cuyos nombres es imposible recordar. Quién sabe por qué no habrá hecho santo a este fraile viajero cuyos milagros se multiplican cada día y cuyo nombre conocemos todos.

La devoción popular, sin embargo, no espera a reconocimientos oficiales. Por mucho tiempo Juan Dieguito fue venerado como santo, con o sin permiso de la autoridad. Lo mismo sucede con fray Sebastián de Aparicio, a quien la gente le reza, aunque la Iglesia le regatee la santidad, quizá por falta de recursos de quienes quisieran promover su causa. Ni aun en Roma vale el don sin el din. Beatificado en 1789 por el Papa Pío Sexto, fray Sebastián espera a otro pío Papa que lo ponga, no en los altares, porque en ellos ya está, sino en el santoral.

Yo tengo una estampa del beato Sebastián de Aparicio. En ella aparece vestido con su hábito de franciscano. Al fondo se ven los volcanes —el Popo y el Ixtla—, y se mira también la Catedral de Puebla. En el retrato fray Sebastián se parece a su tocayo —nada beato— don Sebastián Lerdo de Tejada.

En San Miguel de Allende estuve en una pequeña ermita dedicada al primer carretonero de México. Una leyenda cuenta que fray Sebastián le pidió por caridad a un herrero —cuya fragua estaba donde ahora está esa ermita— que le pusiera una herradura a su burrito. Hizo el trabajo el forjador, pero luego se lo cobró al beato. No traía dinero el frailecito. El herrero insistió en el cobro. Entonces fray Sebastián le dijo al burrito:

—Entrégale su herradura y sus clavos a este señor.

El burrito sacudió la pata y cayeron clavos y herraduras. Debió añadir fray Sebastián:

—Y que se vaya mucho a tiznar a su madre.

Después de todo era carretonero.

De mucho valor hubieron de echar mano los pequeños comerciantes que en los antiguos pueblos tenían sus tiendas, aquellos pequeños tendajos cuyas puertas se abrían antes de salir el sol y se cerraban mucho tiempo después de que el sol se había puesto. Tiendas de barrio aquellas, entrañables, que formaban parte de la vida cotidiana. Los tiempos que se vivían eran muy difíciles. Los compradores no podían comprar sino de fiado, y no podían vender los vendedores más que fiando. Había un sistema llamado «de libreta». El cliente tenía una; otra el comerciante; y en las dos libretas se anotaban las compras y ventas que se hacían. Periódicamente —en la quincena, o cada fin de mes— las dos libretas se confrontaban. Se hacían cuentas, se pagaba, y a comenzar de nuevo.

Disposición muy generosa la de aquellos comerciantes que, a más de crédito, daban también pilón. ¡Ah, el pilón! La estulticia y mezquindad de estos empecatados tiempos han acabado con aquella benemérita institución de mi niñez y la niñez de todos lo que vivieron antes de estas aciagas épocas.

Nuestras madres nos pedían ir a la tienda. Nosotros, que para cualquier otro mandado éramos renuentes y remisos, al de la tienda íbamos con pies más que ligeros. Como dicen, el interés tiene pies, y aquí el interés era el pilón. Consistía el pilón en un pequeño obsequio que el comerciante, a fuer de agradecido, hacía al comprador. Los niños lo recibíamos gozosos: un dulce, un chicle —entonces todavía gran novedad—, un pedazo de piloncillo sabrosísimo. Ningún niño salía de los tendajos sin su pilón. Se contaba que una vez llegó un chiquillo al tendajón de su barrio y dijo al comerciante:

—Don Manolito, ¿me cambia por favor esta moneda de veinte centavos por cuatro pepas?

El tendero recibió el veinte y entregó las cuatro pepas, monedas de cinco centavos que se llamaban así, «pepas», porque tenían la efigie de doña Josefa Ortiz de Domínguez. El muchachillo recibió el cambio, y preguntó luego al tendero con tono de reproche:

—¿Qué no me va a dar pilón, don Manolito?

Pienso que el pilón se llamaba así porque originalmente consistía en un terrón de azúcar o de piloncillo, cortado con cuchillo o hachuela del gran pilón de dulce que se veía siempre sobre los mostradores de la tienda. Los niños deben haberle dicho al comerciante:

—¿Me da del pilón, don Fulanito?

La expresión «del pilón» se cambió luego por «el pilón», que ya no fue un trozo de piloncillo o azúcar, sino cualquier otra golosina, sobre todo cuando dejó de haber pilón sobre los mostradores, pues el azúcar vino ya molida, y el piloncillo —que en otras partes se llama panela, chancaca o chicate— empezó a venderse en forma de pilón pequeño, y no de aquellos grandes.

Todavía se usa la frase «de pilón» para significar cualquier añadidura. «¡Ah! ¡Pediche, y de pilón exigente!». Pero principalmente la palabra conserva su significación original, de algo que se da como adehala o robra por algo que se compra. Una antigua copla mexicana dice así:

Las casadas a peseta;
las solteras a tostón;
las viudas a 10 centavos,
y las suegras de pilón.

Conocí al doctor Francisco Torres Reza en mi época de estudiante en la Ciudad de México. Era yo amigo de uno de sus hijos, pero acabé haciendo amistad mayor con él. Compartíamos aficiones comunes: la ópera y la zarzuela, las incursiones a librerías de viejo, el ajedrez.

Era el doctor Francisco Torres un médico a la antigua. Practicaba la medicina general; no era de esos especialistas de ahora, en falangeta de meñique, mano izquierda. Una breve experiencia como médico del Seguro Social lo había convencido de que no era él para la medicina que llaman socializada. Volvió a su viejo consultorio, y cuando la dueña del local se lo pidió para poner una «estética», que así se comenzaron a llamar los que antes eran salones de belleza, el doctor se cambió al segundo piso y puso un letrero: «Dr. Francisco Torres Reza. Su consultorio está arriba».

Era un hombre muy bueno el doctor Torres. Sus pacientes andaban casi siempre escasos de dinero, y nada tenían otros que lo buscaban y a los que él atendía sin cobrar. Les daba las medicinas, además. En la puerta tenía su horario de consulta, pero como si no lo tuviera. A todas horas del día y de la noche lo buscaban, y él iba siempre, lo mismo a aliviar los últimos dolores de un agonizante que a traer un nuevo ser al mundo. Así se ganó el cariño de todos; era en su colonia como una institución.

A los 89 años murió el doctor. Yo visité a su hijo y él me pidió que lo acompañara a ver la tumba de su padre. Quería mostrarme algo. Los vecinos de la colonia, agradecidos, le pidieron a la familia que les permitiera costear la lápida. Pusieron en ella la misma inscripción que vieron durante tantos años, y que ahora tenía una nueva verdad: «Dr. Francisco Torres Reza. Su consultorio está arriba».

En su panadería de Camargo, estado de Chihuahua, don Tomás Arizpe vendía también café molido. Puso un letrero anunciador:

Este es el mejor café de la ciudad, según creo, pero si me equivoco favor de dispensarme.

¡Qué encantadora humildad, qué señorial comedimiento! Don Tomás mostraba confianza en su producto, que creía el mejor, pero no descartaba la posibilidad de que alguien ofreciera otro más bueno y pedía disculpas si había causado perjuicio a los vecinos con su error.

Muchas virtudes están presentes en el delicioso anuncio de don Tomás Arizpe. En él hay modestia, respeto a los demás, conocimiento de las propias limitaciones y buena opinión del mérito que puede haber en otros, capacidad para pedir perdón. Si esas virtudes las practicáramos todos nuestro mundo sería un mejor mundo.

Yo, aprendiz de escribidor, quisiera llevar siempre un similar letrero a modo de estandarte: «Esto que he escrito creo que es bueno, pero si me equivoco favor de dispensarme».

En el cerro llamado del Judío, que señorea sobre Real del Monte, en Hidalgo, se encuentra el viejo cementerio donde descansan los ingleses venidos en busca de la plata. Están ahí esas tumbas centenarias cuyas lápidas ostentan los nombres de los aventureros que cambiaron las brumas de su país natal por la neblina que se hace hilos en El Hiloche, hermoso bosque umbrío entre las minas.

Todas las tumbas están orientadas hacia la misma dirección: hacia Inglaterra. Todas, menos una. Sucede que llegó un payaso inglés a Real del Monte. Venía en el circo de Ricardo Bell. Ahí contrajo unas calenturas perniciosas. Ya en la agonía de la muerte pidió con débil voz que lo enterraran en el Panteón de los Ingleses.

—Pero no quiero —dijo— que mi tumba se oriente hacia Inglaterra. Quiero que apunte hacia la dirección contraria.

—¿Por qué? —le preguntaron los presentes, imaginando alguna historia trágica. Y respondió él con su última sonrisa:

—Por payaso.

Me habría gustado conocer a ese hombre. Sabía él que incluso en la presencia de la muerte se puede sonreír.

—La gata es de quien la trata. Y también el gato.

Así dijo, sibilino, José María Aréchiga, llamado el Mudo porque era muy hablador.

—¿Qué quieres decir con eso? —le preguntó uno de los presentes en la reunión de amigos.

—Quiero decir —declaró el Mudo— que si un hombre corteja con suficiente asiduidad y suficiente tino a una mujer, al final siempre conseguirá que esta le dé lo que él le pida.

—Eso explica lo de la gata —dijo el otro—. Pero, ¿y lo del gato?

—Es lo mismo —añadió el Mudo—. Si igual empeño pone ese hombre en conseguir que otro hombre se le rinda, también lo conseguirá.

—¡Estás loco! —protestó el que había hecho la pregunta—. Si estás hablando de un maricón no dudo eso, pero un hombre, un verdadero macho, jamás haría tal cosa. Nunca.

Sin perder el aplomo le preguntó el Mudo.

—Tú, ¿eres muy hombre?

—Sí, lo soy —respondió con firmeza el aludido—. Y a las pruebas me remito.

—Muy bien —aceptó el Mudo—. Entonces hagamos una apuesta. Te voy a cortejar. Trataré de convencerte, igual que un hombre convence a una mujer, de que me des la prenda de tu honor. Van diez mil pesos. Me bastarán sesenta días para hacerte caer.

El otro, amoscado, aceptó el reto, porque debía mostrar ante los otros su seguridad en la firmeza de su varonía.

Al día siguiente comenzó el asedio. Cuando el cortejado salía de su casa ya lo esperaba el otro, que caminaba a su lado diciéndole piropos y pidiéndole citas. A la salida del trabajo lo aguardaba también, para lo mismo. En las reuniones donde coincidían le guiñaba el ojo, y le hacía con la mano derecha —la palma al frente, los dedos flexionados, el meñique ligeramente separado de los otros— la grosera seña que se hace en el bajo mundo para significar una propuesta indecorosa.

Aquello ponía nervioso al objeto de tan soeces atenciones, pero nada decía, pues estaba corriendo el tiempo de la apuesta. Aquellos diez mil pesillos le iban a caer muy bien. Pero el otro hacía su asedio más intenso. Le mandaba regalos, ramos de flores, cajas de chocolates; le hablaba por teléfono en la noche para describirle los inéditos placeres que le ofrecía, y las ignotas sensaciones que iba a conocer si se entregaba a aquella pasión prohibida.

Cada día que pasaba se iba poniendo más y más nervioso el asediado. Una noche se sorprendió pensando pensamientos que nunca jamás había pensado. No pudo conciliar el sueño, y amaneció ojeroso y derrengado. La noche siguiente —como si hubiera adivinado— el galán le llevó serenata. Las canciones principales fueron: «Tú me acostumbraste» (esa que dice: «... yo no concebía / cómo se quería / en tu mundo raro, / y por ti aprendí...»), y «Sentencia» («... Te acordarás de mí porque en la vida / la sentencia de amor / la sentencia de amor / nunca se olvida...»).

Cierto día coincidieron los dos en un restaurante. El sitiador se puso frente al sitiado, en una mesa cercana, y empezó con los guiños y las señas. Le mandó un recadito con un mesero; le pidió al pianista que interpretara aquellas dos canciones. No pudo más el acosado: saltó sobre su perseguidor.

—¡Ya déjame en paz, hijo de la chingada!

Tuvieron que separarlos, y hubo intervención de la policía. Ahí acabó la apuesta. Diez años han pasado, pero en Santiago Ixcuintla, Nayarit, todavía se discute quién llevaba más posibilidades de ganarla. Casi todos se inclinan por el Mudo.

Este señor de nombre don Adolfo no había salido nunca de Santiago Ixcuintla, Nayarit, su villa natal. Lo invitaron un día a viajar a la Ciudad de México: se trataba de expresar el apoyo de los santiaguenses a cierto político que aspiraba a ser gobernador.

Cumplida la comisión, los viajeros fueron a un café a merendar. El café era de postín: su interior se mantenía en penumbra, alumbrada cada mesa por un pequeño velador.

Todos pidieron un café. Don Adolfo, que sufría molestias del estómago, pidió un té de manzanilla. Sirvió las tazas el mesero, y los santiaguenses trabaron conversación mientras bebían de ellas.

Don Adolfo ni siquiera tocó su taza. No le dio un solo trago al té.

—¿Qué le pasó, don Popo? —le preguntaron con extrañeza los demás—. ¿Por qué no se tomó su tecito?

—Me dio mucho asco —respondió don Adolfo—. ¿No se fijaron que al mesero se le cayó el escapulario en mi taza?

Don Adolfo no conocía las bolsitas que se ponen en las tazas con agua caliente para hacer el té.

Tenía 40 años ya, y no se había casado. Se llamaba Dorotea; era de condición modesta, poco agraciada, y además daba a la gente qué decir, pues en su lucha por encontrar marido no dudaba en incurrir en ligerezas. Algún libelista anónimo le hizo este dístico que corrió con fortuna entre los habitantes de Santiago Ixcuintla, Nayarit:

> Todo tienes, Dorotea:
> eres pobre, puta y fea.

Un día llegó al pueblo un cura joven. Y sucedió lo imposible: se enamoró de Dorotea con arrebatado amor. Tan grande pasión sintió por ella que se escapó del pueblo llevándosela consigo. Al poco tiempo se supo que había colgado la sotana —¿para qué, si con levantársela habría tenido?— a fin de amar a Dorotea. Bendito sea Dios, que a nadie desampara.

El padre Siordia, párroco de Santiago Ixcuintla desde hacía muchos años, comentaba el sonado asunto meneando la cabeza:

—¡Pendejo! —decía refiriéndose al huido—. Si alguna vez yo me voy, me iré en potranca fina, no en una mula vieja.

Óscar Bernal hizo dinero, y consiguió por fin su sueño de poner una gasera, la primera que, en Santiago Ixcuintla, Nayarit hubo. Llevó a su señora madre a que viera las excelentes instalaciones de la empresa.

—¿Qué le parece, amá?

—Precioso todo, m'hijo —respondió la señora—. Lo único que no me gusta es el nombre que le pusiste a tu negocio.

—¿Por qué, amá? —se inquietó el flamante empresario.

—Caray, m'hijito —vaciló la anciana—. Eso de «Bernal Gas»...

Ingenioso personaje fue don Hermenegildo el Maistro Torres, fundador de aquella benemérita organización, el PUP, que incluía entre sus miembros a todos los habitantes de este mundo, pues todos alguna vez hemos hecho una pendejada —yo muchas—, y el PUP, siglas que significan «Por la unión de los pendejos», nos agremiaba a todos en una solidaria fraternidad universal.

Me tocó participar en una conferencia junto con el Maistro Torres unos meses antes de la sentida muerte del ingenioso personaje, cuya filosofía enseñaba la humildad, pues mostraba la necedad y sinrazones anejas al humano género. Los dos íbamos a hablar, don Hermenegildo y yo, y pedí a los organizadores ser yo el primero en el orden de actuación, para dejar al Maistro el sitio de honor, que le correspondía tanto por razones de edad como —sobre todo— de mérito.

Eché mi rollo, pues. Don Hermenegildo, sentado a mi derecha, oyó con atención profunda mi peroración, cosa que mucho me halagó. Cuando terminé, apagados los aplausos del público, tomó el micrófono don Hermenegildo y comenzó:

—No se imagina el licenciado Fuentes Aguirre el peso tan grande que me acaba de quitar con sus palabras.

Hizo una pausa, y yo me acomodé bien en el sillón para gozar el elogio que de seguro iba a seguir.

—Como ustedes saben —continuó el Maistro Torres, por estatutos del PUP el presidente de la organización debe ser el más pendejo de sus miembros. Actualmente soy yo. Pero me desvelaba pensando quién habría de sucederme en el cargo al faltar yo. Después de oír a Catón no tengo ya ninguna duda de quién será mi sucesor.

Una sonora carcajada de la gente y un aplauso que confirmaba su opinión sellaron las palabras de don Hermenegildo. Soy pues, por expresa voluntad del fundador, el presidente y socio principal de la insigne organización que agrupa a los pendejos de los seis continentes, América, África, Asia, Europa, Oceanía y Saltillo. Que no se me reconozca el título es otro cantar, pero de que lo soy, lo soy.

Lo recuerdo como en un sueño dentro de otro sueño. Era él ya anciano; lucía un gran sombrero de ala ancha, de los llamados chambergos, que apenas dejaba ver su cabellera blanca, y llevaba una enorme corbata de moño formada por una banda negra que se anudaba en torno de su cuello y le caía sobre el alba pechera de la camisa.

—Es el Hombre del Corbatón —me dijo quien me lo señaló en una calle de la Ciudad de México.

Personaje señero de la capital, el Hombre del Corbatón era conocido por la defensa que hacía de pobres reos de quienes ni siquiera se ocupaba el defensor de oficio. Él los buscaba en las cárceles de la ciudad, averiguaba la justicia de su causa —¡tantos inocentes había en la prisión!— y luego tomaba su defensa sin cobrarles un centavo, solo por la satisfacción de ayudar a aquellos infelices.

No era abogado, pero en materia penal cualquiera podía litigar, y el Hombre del Corbatón lo hacía con la habilidad del más sabio letrado. Su arma principal era alegar la legítima defensa. Esgrimiendo esa argumentación sacó libre hasta al policía que disparó contra el cochero que le dijo una mala razón, y lo mató cuando el coche iba ya a más de cincuenta metros de distancia. Legítima defensa.

Leí la autobiografía del Hombre del Corbatón. Hermoso libro es este, publicado en 1945. La edición es modesta, modestísima, pero el libro vale oro, igual que el hombre que en él puso sus recuerdos.

Se llamaba José Menéndez. Español, nació en 1876 en Luanco, un pueblo perteneciente a Asturias, cerca de Pravia.

Jovencito, Menéndez fue a Cuba, y de ahí pasó a México. Se enamoró de este país y se quedó a vivir ya para siempre en él. Habla en su libro con encendida verba de las bellezas que hay en México y de las cosas buenas que por aquí se dan. Su amor por México quedó plasmado en las páginas de su libro.

«... ¡Este es mi México lindo! Póngase un cuete de mi parte —yo pago— con tequila de Jalisco, con mezcal de San Luis, con Sotol de Durango, con bacanora sonorense, con charanda de Michoacán, con manche costeño o con Parras fronterizo...».

También habla de nuestras cocinas.

«... ¿Ya probaron la barbacoa de cabrito de Villaldama, el pozole meridano, los antojitos de Guadalajara, el mole de Puebla, las carnitas de Michoacán, los tamales de la costa y las enchiladas de Beatricita? (Esta Beatricita ha de ser la de los famosos Tacos Beatriz que todavía alcancé a comer en la Ciudad de México). Y, ¿qué me dicen de los duraznos de Xalapa, de las tunas y colonche de San Luis, de las naranjas de Chapala, de los mangos de Córdoba, de las fresas de Irapuato, de las limas de Chamacuero, de los camotes de Querétaro, de los membrillos de Uruapan, de las manzanas de Zacatlán y de Saltillo, que nada le piden a las mejores?...».

¿No se referiría Menéndez más bien a los perones saltilleros, que alcanzaron, en efecto, fama nacional? Quién sabe. Comoquiera, sea esta evocación un homenaje pequeñito a aquel español que vino a México y se enamoró de nuestro país.

Cuando Juan Rulfo escribió que fue a Comala porque le dijeron que ahí vivía su padre, un tal *Pedro Páramo*, escribió la frase más famosa de la literatura mexicana y puso en el mapa de las letras universales al pueblo de ese nombre, en el estado de Colima.

En Comala habitan fantasmas desde mucho tiempo antes que Rulfo los mirara. En uno de mis viajes supe de cosas mágicas que en Comala sucedieron. ¿Sucedieron? Nadie podría decirlo. Ahí nunca se sabe si las cosas pasaron o alguien las soñó. Pero, si fueron sueño, ¿por qué todos las cuentan, y citan nombres de testigos, y algunos hasta aseguran que las vieron?

Comala... Principios del siglo pasado... Don Chimano Montes, ranchero acomodado, ha ido al pueblo a comprar los víveres de la semana. Oyó devotamente la misa mayor, la de las diez de la mañana. Al salir de la iglesia mira en la plaza a un corro de gente bullidora. En medio está un hombre que habla y gesticula. Se acerca, curioso, don Chimano. El hombre a quien rodea la gente es un mago. Tiene ante sí una pequeña mesa. Sobre la mesa no hay nada. La cubre el mago con un lienzo y dice unas palabras misteriosas. Luego, levanta el lienzo con movimiento rápido. Sobre la mesa hay ahora una charola llena de fruta: sabrosos mangos, plátanos, mameyes, un coco y una piña, chirimoyas...

La muchedumbre aplaude. A don Chimano, escéptico ranchero, se le escapa una observación:

—No hay duraznos.

En efecto: la gente mira que en la charola no hay duraznos. Explica el mago:

—Ahorita no es tiempo de duraznos.

—Para la magia no hay tiempos, ni estaciones —opina un señor muy bien vestido—. Si es usted mago, como dice, debe poder aparecer duraznos.

El público asiente. El hombre es mago; obra maravillas. ¿Por qué entonces en su charola no hay duraznos? Es más fácil aparecer un pequeño durazno que un coco o una piña.

—Queremos ver duraznos —empiezan a decir otros.

El mago está molesto.

—¿De dónde quieren que los saque? En ninguna parte hay ahora duraznos.

—Entonces no es usté tan mago —opina una señora.

—¡Duraznos, duraznos! —empieza a corear la gente, ya con burla.

—Solo que se los trajera del Paraíso —responde atufado el individuo—. Ahí sí hay fruta de toda en todo tiempo. Aquí no.

—Pos traiga los duraznos del Paraíso, pa' creerle —exige ya envalentonado don Chumino.

Lo mira el mago con mirada penetrante, turbadora. Luego, fija esa misma mirada, uno a uno, en quienes forman el corro que lo cerca.

—Está bien —dice enseguida—. Si quieren duraznos les daré duraznos.

Abre una caja y extrae de ella una escala de cuerda cuya punta lanza en dirección del cielo. La escala empieza a ascender con lentitud hasta que su extremo se pierde de vista tras las nubes.

—A ver, un niño —pide el mago.

Y toma a uno que está junto a su madre. La mujer, alelada, no tiene fuerzas para protestar.

—Sube por la escalera, niño —ordena el mago—. Cuando llegues al cielo encontrarás duraznos. Córtalos y échalos acá.

Sube el niño, obediente; se pierde también entre las nubes. Los lugareños no pueden creer lo que están viendo. Retroceden un poco, temerosos.

—¿Querían duraznos? —les pregunta el hombre entre burlón y amenazante—. Pues tendrán duraznos.

Así fue. De pronto la gente vio, maravillada, que empezaban a caer duraznos. Entre admirados y temerosos los lugareños empezaron a recoger la fruta, y a probarla. ¡Qué rica estaba! Tenía sabor celestial. Las mujeres llenaron sus rebozos, los hombres sus sombreros, con aquellos duraznos venidos del Paraíso.

Pero de pronto sucedió algo espantoso. Cayó una cabeza lívida. Era la del niño. Su madre lanzó un alarido de terror. Luego, cayó el torso del pequeño, desmembrado. Del cuello salía un largo surtidor de sangre. Cayeron después las manos y los brazos, las piernas y los pies. La muchedumbre quedó muda de espanto, sin movimiento para huir. La infeliz madre gritaba como poseída, se arrancaba los cabellos, trataba de juntar los cercenados miembros de su hijo.

—¡Qué gran desgracia! —exclamó el mago—. Y yo tengo la culpa: se me olvidó darle dinero al niño para que pagara los duraznos. Seguramente San Miguel Arcángel, guardián del Paraíso, castigó con su espada el robo cometido por esta pobre criatura.

Todos estaban en silencio, inmóviles. Habló entonces el mago, conmovido:

—Tengamos piedad, amigos comalenses, de la desgracia de esta desventurada madre. Hagamos una colecta para comprar la cajita de este pobre niño, y que pueda tener al menos un lugarcito en el panteón.

Y empezó a pasar su sombrero entre la gente. Todos dieron su aportación con generosidad. En aquel tiempo en que los jornaleros ganaban 25 centavos diarios, el que menos dio fue un peso. El padre Antonio V. Campero, cura párroco de Comala —lo fue casi veinte años, de 1890 a 1909— entregó cinco pesos.

Pasaron unos minutos, y súbitamente la multitud volvió en sí de aquel como profundo trance. El mago ya no estaba ahí. Tampoco estaban la dolorida madre y su despedazado hijo. Pero en el suelo había duraznos. Y no era tiempo de duraznos...

Este relato lo conocí por el padre Benjamín Montes Zamora, quien ejerce su ministerio sacerdotal en Tecomán. Dice el padre:

—Mi abuelito, Chimano Montes, fue testigo de este suceso verídico y conmovedor. Se lo contó él de viva voz a su hijo y tocayo, mi papá, que a su vez más tarde me lo trasmitió a mí.

A ti lo he trasmitido yo, lector amigo, amiga que me lees, para —como se dice en lenguaje leguleyo— todos los efectos a que haya lugar.

Yerberías o herbolerías, que de los dos modos se han llamado, ha habido muchas en Saltillo. Entre las más famosas contó la suya don Eduwiges, el del Ojo de Agua. Zaurino, le decían las gentes, adaptando al modo popular la palabra «zahorí», que quiere decir adivinador. Le atribuían virtudes inefables, sobrenaturales poderes prodigiosos. Decían que podía leer en el futuro como en un libro abierto, y que el pasado de los hombres —y el de las mujeres, que suele ser más misterioso aún— no tenía ningún misterio para él.

No era brujo don Eduwiges, no, qué va. Tan buen católico él, tan devoto del San Juan Nepomuceno de los padres jesuitas. Era yerbero, o séase herbolario. Conocía las potencias ocultas que reside en las hojas de las plantas, en su raíz profunda y en sus frutos. Sabía cuál hierba sirve para quitar hoguíos, con cuál se curan los teleles, cuál otra era buena para prevenir patatuces y soponcios. Administraba sus hierbas don Eduwiges con parsimonia de sabio médico graduado, y ni siquiera se sonreía cuando en voz baja, porque no los oyera nadie, los señores de edad madura le pedían la garañona, potente hierba capaz de volver el ánimo al más desanimado.

Cierto día, se cuenta, llegó con don Eduwiges una muchacha llorosa y afligida. Le contó que era recién casada, y que sufría porque su matrimonio se iba a pique. Su marido le había salido discutidor, pleitista. Por quítame esas pajas, o por menos, la reñía, daba rienda suelta a recios dicterios maldicientes. Y ella no se quedaba atrás, ah no, señor. También ella le respondía, porque no era nada dejada, según decía con cierto orgullo fiero. Y así, se trababa el combate, y los dos se hacían —y se deshacían— de palabra, y aquello se volvía el campo de Agramante, una cena de negros, un nuevo rosario de Amozoc. Había, claro, reconciliaciones, que los recién casados tienen mucho con qué hacerlas, pero a poco surgía algún otro *casus belli*, y las hostilidades volvían a trabarse, y aquello era como dicen, el cuento de nunca acabar. Pero ella quería a su marido, reconocía llorosa la muchacha, y por eso había ido con don Eduwiges, para saber si no tenía por casualidad alguna hierbita milagrosa que sirviera para evitar los pleitos entre esposos. Sí la tenía don Eduwiges, y no por casualidad, sino porque la había buscado primero en páginas de libros, y luego, por la ladera de los montes, igual que las buscara fray Lorenzo de *Romeo y Julieta*. Abrió don Eduwiges con misterio un pequeño cajón y sacó de él un cucurucho con hojitas. Lo dio a la muchacha, y le dijo que debería hervirlas. Ya frío el cocimiento, lo dejaría reposar en un jarrito. Y cuando su marido le dijera una palabra fuerte, le bastaría dar un trago a aquella benéfica poción para evitar el pleito.

—¿Grande el trago? —preguntó ansiosa la muchacha.

—Grande o chico, es igual —le respondió don Eduwiges—. Lo importante es que no te lo pases. Déjatelo en la boca. Con eso se acabarán los pleitos.

Y se acabaron, claro. Para pelear se necesitan dos, y a las voces de furia del marido la muchacha no respondía ya. Estaba ocupada en retener en la boca el trago de la mágica hierba prodigiosa. Viendo el manso silencio de su mujer, el marido se avergonzaba de los excesos de su cólera, y correspondía a aquella suave mansedumbre con palabras igualmente sosegadas. Así, la conyugal tormenta se disipaba en una dulce lluvia de amorosos conceptos y caricias.

No se cansaba después la muchacha de dar las gracias a don Eduwiges por la eficaz virtud de la hierbita que le había recetado. Don Eduwiges nomás se sonreía, con aquella sonrisa suya de entre dientes, y no decía nada.

Esto que ahora voy a relatar sucedió en un pequeño pueblo de Chiapas. Igual pudo haber sucedido en cualquier pueblo mexicano de cualquier estado, desde la a de Aguascalientes hasta la zeta de Zacatecas o la ye de Yucatán.

Había en ese villorrio chiapaneco una panadería. La muchacha encargada de las ventas se percató de que todos los días llegaba un niño y se robaba una pieza de pan dulce. Hacía como que estaba viendo la mercancía; aguardaba el momento en que la dependienta estaba descuidada, y luego tomaba el pan con movimiento rápido y salía a todo correr con su botín.

El dueño de la tahona, enterado de aquellos hurtos cotidianos, esperó un día la llegada del chiquillo. A la hora acostumbrada llegó el ladrón de pan. Entró y se puso a ver los anaqueles llenos de las apetitosas piezas: conchas, volcanes, redos, picones, peteneras, monjas, bizcochos, alamares, chamucos, morelianas, panqués, puchas, mamones, trocantes, soletas, campechanas, orejas, roscas, turuletes, apasteladas, cuernos, orejas, trenzas, marquesote, calzones, cuchufletas, buñuelos, polvorones y repostería.

Terminada la simulada búsqueda, cuando creyó que nadie lo veía —desde la puerta lo estaba viendo el propietario— echó mano a una concha, al parecer su presa favorita, y presuroso se dirigió a la salida. Ahí el dueño de la panadería le echó mano a él.

El muchachillo trató de desasirse. Empeño vano: el panadero lo tenía agarrado con esa fuerza que los capitalistas usan para defender su propiedad. Llamó el propietario a su empleada y le dijo:

—Ve por el Municipio.

El municipio era el gendarme que hacía su guardia acostumbrada en la plaza de la población. Regresó a poco la chica con el jenízaro, y el comerciante le entregó a su prisionero.

—Es un ratero —le dijo con acento de triunfo, como si le estuviera entregando a Napoleón—. Lo acabo de pescar robando.

—¿Ah, sí? —habló con hosco acento el polizonte al tiempo que clavaba en el asustado niño una mirada que al mismo Bonaparte habría empequeñecido aún más—. Vamos con la autoridá.

La autoridá era el alcalde. El munícipe hizo llamar a la madre del pequeño delincuente.

—Con la pena, doña Ligia —le dijo delante de toda la gente que esperaba audiencia—, que su hijo aquí presente fue sorprendido robando piezas de pan.

—¿Quesque qué? —se atufó la mujer. Se volvió hacia el chiquillo y le dijo hecha una furia:

—Conque ratero, ¿eh? —le dijo echando chispas—. ¿Pos qué t'as creído tú para andar robando así? ¿Eres acaso alcalde o polecía? ¡Anda, chivato, sigue por ese camino y acabarás como estos hombres que estás viendo, que viven sin trabajar ni hacer nada de provecho, nomás robando a la pobre gente! ¡Malhaya sea la madre que te parió!

La madre que lo parió era ella, pero en su furia no se acordaba de esa circunstancia. Atónitos, el alcalde y el gendarme oían aquella sarta de dicterios en que eran puestos como ejemplo de malvivientes y rateros, en medio del regocijo de la concurrencia. El azorado munícipe aprovechó que la mujer hizo una breve pausa para tomar aire, y le dijo sudando de bochorno:

—Mire, doña Ligia, mejor váyase.

La señora le soltó un sopapo a su hijo, y mientras lo arreaba a empujones hacia la salida lo siguió reprendiendo con rigor:

—¡Muchacho sinvergüenza! ¡Robando al prójimo! ¿Pos qué se habrá creído este hijo'eputa? ¡Ni que fueras alcalde o polecía, grandísimo bribón!

El Ayuntamiento de Guadalajara había puesto en uso un lema o eslogan destinado a lograr que los contribuyentes del municipio pagaran sus adeudos. Decía la tal frase: «Si pagamos nuestros impuestos todos creceremos».

Un día se presentó en la ventanilla de cobros un amable señor que con jovial sonrisa preguntó a la cajera:

—¿Cuánto tengo qué pagar, señorita, para crecer unos cincuenta centímetros?

Aquel amable señor era Armando Manzanero. Acertó a pasar por la Tesorería Municipal en su camino al teatro donde actuaría aquella noche, y quiso saber si él también crecería con aquel pago de tributos.

Era don Pancho Corella gobernador del estado de Sonora. Pocos días después de haber ocupado el puesto llamó a su oficina al señor Bautista, su secretario general de Gobierno:

—Don Francisco —le dijo con solemnidad— la Constitución local prescribe que, en las ausencias temporales del gobernador, el secretario general de Gobierno debe hacerse cargo del despacho del Ejecutivo.

—Así es, señor gobernador —confirmó el señor Bautista.

—Usted es el secretario general de Gobierno —le recordó el señor Corella—. Entonces, en mis ausencias usted debe ocupar mi lugar.

—En efecto, señor gobernador —volvió a decir el funcionario—. Así lo indica la Constitución del Estado.

—Muy bien —prosiguió Corella—. Hágame usted el favor de venir a sentarse en mi sillón.

—¿Por qué, señor gobernador? —inquirió con alarma el secretario. (Andaba revuelta la cuestión política, y no faltaba quien dijera que el gobernador iba a renunciar).

—Debo ausentarme temporalmente del despacho —le informó el gobernador—. Y, como dijimos, le corresponde a usted ocupar mi sitio. Venga, pues. Siéntese en mi sillón.

Obedeció lleno de alarma el señor Bautista.

—¿Puedo saber, señor gobernador —se atrevió a preguntar— cuál es la causa de su ausencia, y cuánto durará?

—No será mucho tiempo —manifestó gravemente el señor Corella—. Voy a mear.

En Chihuahua oí hablar de don Pioquinto Almada. Ahora ya nadie se llama Pioquinto, y qué bueno, pero antes a muchos niños les asestaban el nombre de ese Papa que fue santo.

Don Pioquinto era boticario en un pequeño pueblo de la sierra. Se ocupaba en preparar las pócimas y ungüentos que recetaba el médico, el único que había en el lugar. Por las tardes recibía en la botica a un grupo de tertulianos que comentaban los sucesos del día, sobre todo los de índole política. Tema obligado era también la guerra, pues por los días que cuento se combatía en los frentes de la Europa. Eran los años de la Primera Guerra Mundial, del 14 al 18 del pasado siglo.

En los ratos libres que le dejaba la atención de su establecimiento don Pioquinto se dedicaba a escribir. Escogió un género muy difícil: el dramático. Quiero decir que era autor de teatro. Compuso un par de sainetes que fueron llevados al palco escénico —esa expresión era obligada— por el grupo local de aficionados. Las dos piezas tuvieron buena acogida por el público, y don Pioquinto quedó consagrado como dramaturgo.

Se dispuso, pues, a empresas de mayor aliento. Anunció que iba a escribir un drama. ¡Un drama! Aquella noticia causó gran expectación. No se hablaba en el pueblo de otra cosa. He aquí que don Pioquinto Almada, el gran autor, iba a sacar de su estro un drama. Ya no un sainete, ni una comedia, y ni siquiera una «alta comedia» como las de Benavente, Linares Rivas o Echegaray, sino un drama como los del señor Tamayo y Baus.

El pueblo entró en espera. Cuando la gente pasaba por la botica bajaba la voz, no fuera que don Pioquinto estuviera escribiendo. Los cocheros daban la vuelta para no cortar la inspiración del vate con el pisar de sus cabalgaduras y el ruido inoportuno de las ruedas.

Le preguntaba el alcalde a don Pioquinto:

—¿Cómo va eso, poeta?

—Marcha, marcha —respondía vagamente el autor.

Pero pasaban los meses y el drama no se concluía.

—Zamora no se hizo en un día —dictaminó el notario, uno de los amigos tertulianos. De dos proverbios hizo uno: el de Roma, que efectivamente no se hizo en un día, y el de Zamora, que no se tomó en una hora.

Cumplido un año del anuncio la gente empezó a murmurar. Ya se sabe cómo es la gente. ¿Jamás acabaría su drama don Pioquinto? Presionado por las circunstancias el dramaturgo dio a conocer en una junta del casino el argumento del primer acto de su obra. Raimondo, joven acomodado, conoce a Matilde, muchacha del pueblo, y se enamora de ella. (Buen principio). Matilde, sin embargo, ama a Rodulfo, quien a su vez está poseído de una insana pasión por doña Elvira, esposa de don Acisclo, preboste de la villa. El telón del primer acto cae cuando se entera don Acisclo del amor infame de Rodulfo y lo desafía a duelo.

—Interesante trama —decreta el señor alcalde después de breve consulta con los otros delegados—. ¿Cuándo conoceremos el argumento del segundo acto?

Don Pioquinto lo promete para la próxima semana. Pero pasan los siete días, y pasa un mes, y pasan dos y tres, y el tema del segundo acto no sale del numen del apurado dramaturgo. ¿Quién puede trabajar con la presión del vulgo? Otra vez va la comisión a ver a don Pioquinto en la botica. Se cita a nueva sesión en el casino, y ahí da a conocer el autor el argumento del segundo acto. Don Acisclo se entera por Raimondo de la insana pasión que Rodulfo siente por doña Elvira, su mujer. Lo reta a duelo. Matilde, enamorada de Rodulfo, pide a Raimondo —enamorado de ella— que disuada a don Acisclo de su intento. Habla Raimondo con doña Elvira a fin de que interceda ante su esposo. Rodulfo se entera de la entrevista y le echa en cara a doña Elvira su traición. El telón cae cuando entra don Acisclo. Lleva un puñal en la mano. ¿A quién irá a matar?

Seis meses después el dramaturgo, incapaz de hacer frente ya a la demanda popular, comparece otra vez en el casino y da a conocer el acto tercero, y último, de su obra. Rodulfo detiene la mano con que el furioso don Acisclo va a asesinar a su mujer. Llega corriendo Raimondo, y doña Elvira cae en sus brazos. Entra Matilde, y revela su amor por Rodulfo.

Don Acisclo, en paroxismo de celos, se va a ahorcar colgándose del cortinero de la sala. Grita doña Elvira, que ha vuelto en sí de su desmayo. Matilde llora su perdido amor. Amenaza Rodulfo con matar a Raimondo. Este jura venganza contra don Acisclo. El preboste, que no se ha suicidado, regresa otra vez con el puñal en alto.

—¿Cómo termina la obra? —pregunta, impaciente, el alcalde a don Pioquinto.

¡Qué pregunta! A don Pioquinto se le ha enredado la pita. No sabe cómo desenredar aquella trama, más complicada aún que la de *El Trovador*. Ahí están todos sus personajes, gritando unos, gimiendo otros, vociferando todos, queriéndose suicidar estos, pidiendo morir aquellos, amenazando muerte los demás. ¿Cómo acabar aquello?

Repite el alcalde su perentoria inquisición:

—¿Cuál es el final de la obra?

Iluminado por un súbito rapto, contesta don Pioquinto:

—En ese momento entran en la habitación cinco osos negros y se los comen a todos.

Así dijo el genial dramaturgo, y se dispuso a salir del salón. Antes de hacerlo, sin embargo, le gritó al culto y exigente público:

—¡Y ya no me estén jodiendo!

En el pequeño teatro de Radio Concierto, la estación cultural de mi familia, hice pintar un mural en donde están los personajes que han dado fama internacional a mi ciudad, Saltillo. Ahí Manuel Acuña, claro. Ahí don Artemio de Valle Arizpe y Julio Torri, uno de pluma antigua, de pluma modernísima el otro. Ahí Carlos Pereyra, historiador del mundo hispánico que en su propia tierra sufre el injusto agravio del olvido. Ahí Felipe Valdez Leal, compositor a quien debemos la tristeza de «Tú, sólo tú» y la alegría de «Échenle un cinco al piano». Ahí don Fernando Soler, actor de fina elegancia y fina gracia. Ahí Armillita, el torero más sabio de la torería, en el momento de hacer la suerte que inventó, la saltillera. Y ahí Rubén Aguirre, mi primo queridísimo.

Llega la gente a ver ese mural y quizá no reconoce a nadie de los ahí pintados, pero al Profesor Jirafales lo reconocen todos, desde los más niños hasta los más ancianos. En mis viajes por los países de América Latina yo era poco menos que nadie, pero cuando decía que era primo del Profesor Jirafales me convertía en poco más que todo.

Su padre y mi mamá eran hermanos. Tenían el genio y el ingenio de la familia Aguirre. Papá José María, nuestro abuelo, era hombre silencioso, taciturno. Salieron él y mamá Lata, su mujer, de Saltillo una mañana, en un expresito tirado por un viejo caballo. Iban con rumbo a Patos, o sea, la villa de General Cepeda. Al salir de la ciudad papá Chema detuvo el expresito, bajó de él y cortó unas hierbas que estaban a la orilla del camino. «¿Para qué son esas hierbas, José María?» —le preguntó su esposa. No respondió él. Siguieron el camino, él en silencio, en silencio también por tanto ella. Cuando llegaron a Patos caía ya la tarde. Papá Chema la ayudó a bajar, y al hacerlo le dijo: «Pa'l caldo». «¿Qué dices?» —preguntó mamá Lata sin entender. Se enojó él: «¿Pos no me estás preguntando pa' qué son estas hierbas?». Casi 12 horas habían mediado entre la pregunta y la respuesta.

Mi abuela daba un sabio consejo a sus hijos varones: «La mujer por lo que valga, no por la nalga», y a sus hijas les decía: «Antes de casarse abran muy bien los ojos. Después ciérrenlos un poquito».

Mi tío Rubén, el papá de Rubencito —así llamábamos nosotros al Profesor Jirafales, que medía 1.95 metros—, era también hombre de buenas ocurrencias. «Perdone usted: ¿por casualidad vive aquí el señor Rubén Aguirre?». «Aquí vive, sí, pero no por casualidad, sino porque cada mes paga la renta». Hospitalizado, una monjita le anunció que en la puerta de su cuarto estaba un sacerdote. «¿Y qué quiere de mí ese santo varón?». «Viene a reconciliarlo con Dios, don Rubén». «Por favor dígale que jamás me he peleado con Él».

Rubencito, el Profesor Jirafales, heredó esas gracias, esa gracia, y las llevó a su máxima expresión. Pocos personajes habrá en la cultura popular en México tan queridos como él, tan conocidos y reconocidos. En cierta ocasión nos visitó en mi casa de Saltillo. Se me ocurrió darle un paseo por el centro de la ciudad. La gente lo reconoció, y tuve que detener el automóvil, pues todos querían verlo de cerca. El tránsito se interrumpió, y hasta el agente de policía, que vino a averiguar qué sucedía, le pidió su autógrafo.

Lo primero que Armandito, mi nieto, aprendió a decir, al tiempo que golpeaba la mesa con su manita, fue: «¡Ta ta ta ta taaa!». Y nadie olvidará este diálogo, el más romántico en la historia de la televisión: «¡Profesor Jirafales!». «¡Doña Florinda!». «¿No gusta usted pasar a tomar una tacita de café?». «¿No será mucha molestia?».

Desde niño mostró lo que iba a ser. Estaba en tercer año de primaria, y el maestro le pidió que diera la clase. «Con mucho gusto la daría, señor profesor —manifestó el chiquillo—, pero obra la penosa circunstancia de que no la sé». Turulato quedó el docente al escuchar aquella cortés explicación, y ni siquiera pudo decir: «¡Ta ta ta ta ta!».

A muy temprana edad Rubencito dejó ver su habilidad histriónica. En cierta ocasión su mamá, mi tía Victoria, le dijo a nuestra abuela: «Mamá Lata: ¿ha visto usted cómo cose Rubencito?». Doña Liberata se asombró. «¿Rubencito sabe coser?». «Y muy bien» —afirmó la tía Yoya. Mamá Lata se puso en pie: «Deja traerle una costura». Mi tía la detuvo: «No la necesita». Y ante los asombrados ojos de la abuela aquel niño de siete años que era Rubencito empezó a imitar con mímica perfecta los movimientos de una costurera al enhebrar la aguja; hacerle al hilo el nudo terminal; pasar la aguja por la tela una y otra vez, con tal destreza que casi se veía la tela levantarse en el aro cada vez que el hilo la estiraba. Ni siquiera Marcel Marceu habría podido superar en eso a aquel pequeño mimo.

Pasó el tiempo —o pasamos nosotros en el tiempo— y Rubencito se convirtió en Rubén Aguirre. Estudió agronomía, pero bien pronto supo que esa no era su verdadera vocación. Soñó después con ser torero, y anduvo en tientas y festejos pueblerinos. Había un inconveniente: era tan alto que las vaquillas y toretes le daban apenas un poco más arriba de las rodillas. Aquello no se veía bien: los toros de cinco y los toreros de 25, pero no de 1.95 metros. Sin embargo, Rubén llevaba en sí un tesoro, aparte del talento y la gracia que tenía: su voz; aquella voz privilegiada que conservó hasta el fin. Gracias a ella fue locutor de radio, primero en Saltillo, su ciudad natal, y luego en emisoras de Monterrey, a donde lo llevó su calidad. Pasó después a la televisión en la Ciudad de México, y de ahí, ya como actor, a la fama con Chespirito, que dio a la televisión mexicana el mejor programa de su historia.

El Profesor Jirafales, su entrañable personaje, fue la perfecta encarnación de Rubencito: tenía su bondad e igual deseo de hacer el bien a todos. Jamás oí a Rubén hablar mal de nadie. Era gentil y amable. Ni la fama ni la fortuna lo cambiaron nunca; conservó siempre su sencillez y una auténtica humildad.

Yo le rendí homenaje en vida. En el mural que hice pintar en el teatro de cámara de Radio Concierto aparece él. Ahí seguirá con nosotros Rubencito, de cuerpo y alma presentes, en el Saltillo que lo vio nacer a la vida y a la inmortalidad.

—Dios Nuestro Señor cometió cuatro errores muy grandes que no puedo entender.

Así decía don Simón Arocha, coahuilense del norte de Coahuila. Y enumeraba las cuatro divinas equivocaciones. La primera: llovía en el mar, y no llovía nunca en Piedras de Lumbre, su rancho. La segunda: Diosito nos puso el chamorro en la parte de atrás de la pierna. ¡Error absurdo! Si nos lo hubiese puesto delante nos habría evitado los dolorosos golpes que a veces nos damos en las espinillas. Puesto detrás, el chamorro para lo único que sirve es para que nos muerdan los perros. El tercer error divino era de omisión. No nos puso el Señor un ojo en el extremo del dedo índice de la mano derecha. ¡Cuán útil nos habría sido ese tercer ojo! En los desfiles, aunque llegáramos tarde, podríamos ver todo desde atrás con solo alzar el dedo; en la misa, a la hora de llevar la mano al bolsillo para sacar la moneda de la limosna, sacaríamos el veinte en vez de sacar por equivocación el peso. Y el cuarto error de Dios: a los hombres, con los años, se nos caen los dientes. Y los dientes siempre sirven. Debería caérsenos otra cosa que ya con la edad no la necesitamos.

Así decía don Simón Arocha, coahuilense del norte de Coahuila.

En Monclova oí hablar del maistro Lalo, peluquero.

Era hombre de ingenio peregrino; tenía desaforadas ocurrencias.

Cierto día hizo publicar en el periódico local un aviso de ocasión: «Compro hormigas rojas. Pago cinco centavos por cada una».

Cuando a la mañana siguiente Lalo llegó a su peluquería vio en la calle una larga fila de chiquillos, cada uno con un frasco lleno de hormigas. En aquel tiempo en que se podía comprar un dulce por cinco centavos, lo que ofrecía don Lalo era una fortuna.

Hizo pasar el peluquero al primer chamaco, y empezó a sacar una por una las hormigas que traía en su frasco. Las levantaba en alto, con ojo experto las examinaba y decía luego:

—Hormigo... Hormigo... Hormigo...

Todas las hormigas que llevaban los niños resultaron ser hormigos; ni una sola salió hormiga. Lalo les explicó a los cariacontecidos muchachillos que en los hormigueros las hembras son muy pocas, y rara vez salen de sus aposentos subterráneos. Por eso, por escasas y difíciles de capturar, había ofrecido pagarlas a buen precio, pues quería iniciar con ellas una cría.

Los hechos y los dichos de personajes como el maistro Lalo deben conservarse. Son ellos quienes dan genio y figura a una comunidad.

También oí hablar del maistro Milo. Peluquero, no sabía confesar sus ignorancias.

En cierta ocasión un cliente le preguntó qué era el aire talajoh. Solo un instante vaciló el barbero antes de responder. Dijo con tono magistral que el aire talajoh era un viento que, proveniente del círculo ártico, bajaba por el Océano Atlántico, entraba por el Mar Caribe a América del Sur, daba vuelta hacia el Norte por el estrecho de Magallanes y ascendía luego por el Pacífico hasta morir en Bering.

El cliente, asombrado por la sabiduría del maistro Milo, aceptó sin reparo la contestación. Al salir de la peluquería, sin embargo, se volvió y con tono de queja le reprochó al barbero:

—¡Ah, maistro! Le pregunté qué era el aire talajoh porque vi en el espejo esas palabras, pero ahora advierto que eran el reflejo, al revés, de un letrero en la pared de enfrente, donde dice «hojalatería».

Muchas cosas no sé. Pero una cosa sí sé: decir no sé. Con eso no pierde uno el tiempo, y —más importante aún— no lo hace perder a los demás.

Este que voy a narrar es un cuento de frontera. Los cuentos de frontera son siempre muy sabrosos. Tienen el ingenio de la gente fronteriza, y su traviesa picardía. Especialmente los relatos norestenses —de Tamaulipas, Coahuila y Nuevo León— recogen el talante y galanura de los mexicanos que por vivir en vecindad con el país del norte no pueden darse el lujo de nortearse.

Y va ese cuento. Sucede que dos parejas de compadres, vecinos de algún pequeño pueblo, decidieron pasarse «al otro lado». No eran aquellos tiempos los de ahora, tan dificultosos, tan llenos de riesgos y peligros. Eran los años buenos, de mediados del pasado siglo, en que los braceros mexicanos eran bien recibidos por los gringos, si no tan bien tratados.

Se fueron, pues, los dos compadres y las dos comadres, y encontraron los cuatro ocupación en un plantío algodonero, donde los engancharon —así se decía— para hacer la pisca. Todos los días al amanecer el capataz le daba a cada uno su saca, que es un costal de lona, más largo que ancho, con una banda para colgarse del hombro mientras el piscador lo va llenando con los blancos capullos de la fibra.

Pesada es la labor de quien recoge el algodón. Debe ir agachado. Así iba una de las comadres cierta mañana, agachada, tan agachada que las cortas enaguas que vestía se le levantaban y dejaban ver lo que más abajo llevaba la piscadora.

Vio aquello su compadre, que venía atrás de ella, y le dijo:

—Comadre: permítame decirle que trae usted el calzón de mi compadre.

Sin inmutarse, sin volver la vista, respondió la comadre:

—Y no dudo que él se haya puesto el mío, porque anoche estuvimos zonceando para siempre.

¡Qué bonita expresión es esa de «zoncear para siempre»! Zoncear quiere decir tontear, hacer o decir tonterías. En este caso la comadre usó esa palabra para significar que la noche anterior su marido y ella se habían entregado con frenesí a los placeres del amor, que son la más dulce tontería. Y lo de «para siempre» quería decir que hicieron eso con tanta intensidad y duración que la memoria de aquella noche no se les borraría nunca.

Así debe ser el amor, entiendo yo: un zoncear para siempre, una locura hermosa y duradera. No importa nada que los arrebatos de esa pasión nos lleven a cometer errores tales como aquel en que incurrieron el compadre y su mujer, que se pusieron ambos la prenda equivocada al término de su deliquio. Eso es lo de menos. Lo de más es el haber zonceado, y haberlo hecho en forma tal que lo efímero se convirtió en eterno. Zoncear, sí, pero para siempre. Ahí radica la esencia última de amar. Quien ha zonceado para siempre puede decir que encontró el verdadero amor. En el número de tan felices halladores se cuenta el que esto escribe. Por eso exulta y dice *Laus Deo*. ¡Alabado sea Dios!

Don Antonio Goríbar tenía botica en el Saltillo. Estaba esa botica frente a la Plaza de la Independencia, que los saltillenses seguimos llamando Plaza de Armas. Y es que tal fue su nombre original, pues en ella debían reunirse diariamente los fundadores de la ciudad, soldados labradores, a fin de que la autoridad militar pasara revista a sus armas y caballos antes de ir al trabajo cotidiano. Era muy necesaria esa precaución: en las hermosas serranías cercanas acechaban «los bravos bárbaros gallardos», las belicosas tribus de irreductibles indios chichimecas que todavía en 1841 atacaron la población e hicieron en ella muy grande mortandad.

Pero me aparto del relato. Digo que don Antonio Goríbar tenía botica en el Saltillo. Madrugador caballero era este don Antonio. Todavía ni siquiera rayaban las primeras luces del amanecer cuando ya don Antonio andaba barriendo y regando la acera de su botica, que estaba junto a los hermosos portales de la plaza.

Tenía entrego de leche don Antonio. Todos los días, lloviera, nevara o granizara, hiciera frío o calor, llegaba a su casa, con puntualidad de tren inglés un humilde lechero que tenía sus vacas en la vecindad de San Nicolás de la Capellanía, ahora Ramos Arizpe. A lomos de un triste caballejo llegaba aquel lechero. Traía dos grandes botes de hojalata en las ancas de su jamelgo y otros dos más pequeños colgando de la cabeza de la silla. Echaba la leche en el jarro que le presentaba una de las criadas de la casa de don Antonio, y luego entablaba con este una breve conversación sobre las cosas de todos los días: el clima, el estado de las siembras, las últimas novedades del pueblo.

Una muy grande había para comentar aquel día 19 de septiembre de 1846. En la pacífica villa privaban desasosiego y gran zozobra porque se sabía muy de cierto que los americanos habían salido ya de Monterrey y que avanzaban para ocupar Saltillo. El señor boticario don Antonio Goríbar, pues, interrogó al lechero sobre la veracidad de aquel rumor.

—Es cierto —le confirmó el lechero—. Los americanos comenzaron a llegar ayer a San Nicolás.

Don Antonio era un buen patriota que amaba a México y sentía pesadumbre por la presencia en territorio nacional del inicuo invasor. Hosco, malhumorado, preguntó al lechero cuál era la conducta de los gringos.

—Vienen portándose muy bien —le informó el hombre—. No roban; no maltratan a nadie; respetan a las personas y sus propiedades. Todo lo que necesitan lo compran y lo pagan muy bien, en oro y al contado. Nada menos ayer llegaron a mi casa, y yo les vendí a como quise leche, huevos, pastura para sus animales y un par de cabritos.

Don Antonio, molesto al escuchar el relato de aquella colaboración con el enemigo, consideraba con irritación lo que el pobre, ingenuo hombre le relataba.

—Da gusto ver a los americanos —continuó el lechero—. ¡Qué caballos traen! ¡Qué mulas quentoque tan lucias y bien guarnecidas! ¡Qué hileras tan largas de carros nuevecitos, con sus toldos blancos, tiradas cada uno por seis mulas golonas! ¡Qué tiendas de campaña, nuevas también! Cada soldado tiene su catre, y traen cocinas donde les preparan a sus horas las tres comidas diarias! La gente de San Nicolás está muy contenta con la llegada de los americanos, pues todo mundo hace negocio vendiéndoles lo que les hace falta.

—¿Y la Patria? —preguntó con gesto torcido don Antonio sin poderse ya contener.

—¿La Patria? —repitió boquiabierto el tal lechero—. No, don Antonio. A esa no la vide. Quén sabe ónde andaría.

Este doctor Cadena era de por de tierras de Coahuila. No sé cómo fue a dar a Sonora. Yo, que soy de Saltillo, no sé cómo vine a dar a Saltillo. La vida tiene sorpresas aun antes de empezar. También la muerte tiene sorpresas. Habrá que esperarlas.

Sonora está muy lejos. No tan lejos como Egipto, claro, pero tampoco tan cerca como, digamos, el rancho de Las Varas. Eso de las distancias es muy relativo. Vistas bien las cosas, en este mundo todo está tras lomita. Quién sabe en el otro. Ya veremos.

Suele decir mi tía Lola:

—Armandito: con el avión ya no hay distancias.

Igual decía mi tío Lelo hace muchos años:

—Armandito: con el autobús ya no hay distancias.

Y es que él iba a Saltillo en carreta de bueyes, por el camino del Cuatro, y tardaba dos días en llegar desde Los Lirios hasta allá.

Eso nos enseña que todo es relativo. Menos lo relativo, que es absoluto.

El doctor Cadena se avecindó en Hermosillo, y ahí se hizo de fama. Mereció la frase consagrada con la cual los médicos eran consagrados:

—Es una eminencia.

El doctor Cadena era en verdad una eminencia. Siempre daba a sus pacientes, a más de la adecuada medicina, y sin cargo extra, alguna sabia admonición.

En cierta ocasión acudió a su consultorio un muchachillo adolescente que andaba caminando con las patas abiertas. Quiero decir que había adquirido una enfermedad venérea. Fue al zumbido, y tuvo trato con una mujer poco salubre que le contagió su mal. Eso pasaba con frecuencia; era casi como un bautizo de la juventud. Pido disculpas por la comparación. A lo mejor falto al respeto al sacramento. Pero me dejé llevar por la costumbre:

no sé por qué los trances eróticos eran nombrados siempre con términos sacados de la religión. Cuando un compañero tenía su primera experiencia sexual, generalmente en un burdel, decíamos para significar la hazaña:

—Ya hizo la primera comunión.

Pero volvamos a mi historia. El pobre muchacho trae una purgación. No nos alarme ese nombre tan feo. En aquel tiempo las enfermedades venéreas no mataban, como antes y como ahora. La sífilis ayer, el sida hoy. ¡Qué feo! Yo pertenezco a una feliz generación: cuando la sífilis, nosotros todavía no; cuando el sida, nosotros ya no. Pudimos, pues, darle vuelo a la hilacha sin temor a las consecuencias. Las peores se curaban con unos cuantos millones de unidades de la penicilina descubierta por el sabio doctor Fleming. Los hombres de mi camada debemos añadir esa bienaventuranza a la canción que dice «Gracias a la vida, que me ha dado tanto...».

Se presentó, pues, con mucha vergüenza el muchachillo con el doctor Cadena, pues era el médico de su familia, y le dijo que le dolía mucho «la pipí».

Examinó el doctor Cadena la parte dolorida y preguntó a su apenado visitante si sabía por qué le pasaba eso. El mozalbete se puso muy colorado y respondió que no.

—A veces esto pasa por tomar el chocolate demasiado caliente —explicó el facultativo.

—¡Es cierto, doctor! —exclamó el adolescente feliz porque el doctor no había adivinado la verdadera causa de su mal—. ¡Ahora recuerdo que hace días me tomé una taza de chocolate casi hirviendo!

—Ahí estuvo el mal —dictaminó el doctor—. Voy a ponerte una inyección. Con eso te vas a aliviar. Pero la próxima vez que tomes chocolate, tómatelo con condón.

Un señor don Vidal, viudo y añoso él, vecino de Ahome, quedó prendado de una muchacha pechisacada y caprichosa que se llamaba Lica, o así le decían, porque ese no es nombre de cristiana. «Bailaba» la muchacha. Eso quiere decir que trabajaba en el zumbido, en la zona de tolerancia. Tan en locura vino don Vidal, se obnubiló de tal manera, que le propuso casorio a la tal Lica. Ella aceptó el pedimento, seguramente porque don Vidal añadía el din al don. No conocía la perendeca aquella copla que dice:

> No te cases con viejo por la moneda:
> la moneda se acaba, y el viejo queda.

Tampoco don Vidal se sabía esta otra copla:

> El viejo que se casa con mujer niña,
> él mantiene la parra, y otro vendimia.

Fueron inútiles los empeños de sus hijos, y de sus hijas más, por disuadir del intento al carcamal. Un día le dijeron:

—Pero, papá: esa vieja está toda agujerada.

Respondió categórico don Vidal:

—No la quero pa' trair agua.

¡Cuán cierto es el lépero poema que mano anónima escribió en el mingitorio de la cantina del Hotel Central, en Mazatlán! Rezan así esos versos impublicables que ahora publico:

> Dice un doctor de Bolivia
> que los males del amor
> no los cura el alcanfor
> ni los baños de agua tibia;
> que al que padece de amor
> solo un culito lo alivia.

Se llamaba Chonito, y era célibe. Su soltería no fue fruto de azar, sino de ponderado cálculo: en su opinión no era verdad aquello de «Más vale solo...». Estar solo costaba menos que vivir mal o bien acompañado. Cuando alguien le decía a Chonito que una esposa ayuda a llevar las cargas de la vida, él contestaba:

—Sí: las cargas que no tendrías si no tuvieras una esposa.

Se había formado un horario de vida que convenía a sus propósitos de ahorro. A las once de la mañana comía, y cenaba a las seis de la tarde. De ese modo se ahorraba un alimento. Su vida era la iglesia: tres misas oía diariamente: la de seis, la de siete y la de ocho. Una en San Juan, otra en San Francisco y en San Esteban la tercera. Con pan del alma suplía el pan del cuerpo. El cotidiano rezo del rosario en catedral marcaba para él la terminación de la jornada. Después de su magra colación vespertina se metía en la cama, y hasta el otro día. Cuando alguien le reprochaba ahorrar en comida Chonito argumentaba:

—También el sueño es alimento.

Nadie le conoció jamás amores ni odios. Su vivir lo sacaba de algunas breves rentas obtenidas de fincas que heredó de sus padres. No hizo nunca nada, y no deshizo nada nunca. Cuando murió nadie sintió su falta. Si aún viviera nadie tampoco notaría su presencia.

Se llamaba Chonito. Apenas habrá alguien que de él se acuerde; algún pariente suyo, algún vecino. Yo anoté su nombre porque me llamó la atención aquello de que a las once de la mañana comía y a las seis de la tarde cenaba. Para ahorrarse un alimento. Por eso anoté aquí su nombre. Por eso, nada más.

Napo Ortiz fue laborioso y eficaz colaborador del Banco Mercantil de Monterrey. El gerente le pidió un día que fuera a cobrar cierta cuenta difícil, pues el deudor tenía vencidos ya varios documentos. Era agricultor, y no se le habían dado bien las cosechas, de modo que los préstamos refaccionarios, y los de habitación y avío, y los hipotecarios, y los prendarios, y todos los demás créditos habidos y por haber se le habían vencido ya. «Tres maneras seguras tiene un hombre de arruinarse —escribió el inolvidable papa Juan XXIII, de felicísima memoria—. Son el juego, las mujeres y la agricultura. Mi padre escogió la manera más aburrida de las tres: era agricultor». Pues bien: también era agricultor aquel deudor insolvente.

Fue Napo Ortiz a buscarlo a su casa, y regresó poco después mohíno, meditabundo y cabizbajo. Sin más ni más dijo a su jefe que quería renunciar.

—¿Por qué, mi Napo? —le preguntó extrañado el superior.

Entonces Napo Ortiz le contó lo que le había pasado. Fue a buscar en su casa al insolvente y no lo halló. Encontró, sí, a su mujer, y a ella le dijo que a falta de su esposo debía ella acudir al banco a regularizar la situación. La señora se angustió grandemente, y pronunció entonces las fatales palabras que hicieron a Napo Ortiz pensar en que debía pensar en dejar definitivamente sus tareas de cobrador. Le dijo la señora:

—A mi marido se le ha puesto la cosa muy dura. Póngase usted en mi lugar.

Es cierto: quien se dedica a las labores de la tierra, tan sujetas a las condiciones del cielo, está expuesto a toda suerte de calamidades. Los que tienen huertas de fruta en Michoacán suelen decir que son milperos.

—¿Por qué milperos? —les preguntan—. Ustedes son fruticultores; no cultivan maíz; no tienen milpas. ¿Por qué dicen que son milperos?

—Porque ya estaba hecha la fruta, pero granizó. Había buena flor, pero cayó la helada. Se veía venir ya la cosecha, pero nos llegó una plaga. Tuvimos mucha producción, pero se desplomó el precio. Mil peros hay en esto. Por eso somos milperos.

Tierras de Michoacán conocieron las andanzas del general Irineo Rauda, pintoresco hombre de la Revolución. A él se debe la famosa frase que sintetizó en modo magistral el sentido de las luchas entre las diversas facciones revolucionarias: maderistas, zapatistas, carrancistas, villistas, orozquistas, obregonistas y todas las demás. Dijo a ese propósito el general Irineo Rauda:

—Éranos los mesmos, nomás que andábanos un poco devididos.

Don Irineo era gárrulo y decidor. Sus anécdotas podrían llenar un tomo y un lomo. Presumía de ser «muy léido y escrebido», pues gustaba de lecturas —eran sus ídolos Antonio Plaza y José María Vargas Vila—, y se afanaba en cubrir su rudeza de ranchero y soldado con exquisiteces que encontraba en libros y que apuntaba trabajosamente en un cuaderno escolar para aprenderlas y aplicarlas luego en la conversación.

Por desgracia se le enredaban los conceptos, y entonces le salían de la boca graciosos despropósitos. En cierta ocasión se hablaba de hazañas de gula y se discutía quién entre los presentes había comido más de tal o de cual cosa.

—Pos una vez —se jactó el general Rauda— en la Piedad de Cabadas me comí yo solo diez pesos de mampostería.

Quiso decir de repostería.

A una señora que le ofreció su casa para que viviera en ella durante algunos días, le dijo don Irineo al despedirse:

—Le agradezco su honorabilidad.

Su hospitalidad es lo que quiso agradecer.

Presumía de culto y refinado este general Irineo Rauda, y exornaba su expresión con giros que a él le parecían muy elegantes. Al rendirle a un superior el parte del día le dijo pomposo y campanudo:

—Mi general: en este día que hoy fina no hubo ninguna novedad que altere vuestro semblante.

A un periodista que le preguntó si podría llegar por automóvil de un lugar a otro le contestó solemne:

—La verdá no sé, hijo. Como ha llovido mucho a lo mejor los caminos están abnegados y se ponen intransigentes.

En otra ocasión fue a la Ciudad de México a arreglar ciertos asuntos del escalafón. Al bajar del tren en la estación de Buenavista lo reconoció el reportero de un periódico, y lo quiso entrevistar.

—No se va a poder, muchacho —se negó categórico el general—. Vengo de inepto.

Quería decir que iba de incógnito.

Un día algún periodista zumbón le preguntó si le gustaría que le hicieran una estatua.

—Pos pa' qué digo que no si sí —respondió don Irineo.

—¿Ecuestre? —continuó la burleta el periodista.

La pensó un poco el general y luego respondió.

—No tan ecuestre. Nomás regular.

Los científicos fueron hombres sapientísimos, educados casi todos en Europa. Entre ellos había filósofos, escritores, poetas, historiadores, sociólogos. Ah, y economistas. Muchos economistas. Sin embargo, al final de cuentas fueron hombres del pueblo, como Irineo Rauda, los que dieron nuevo rumbo a la nación.

Don Modesto Cárdenas era lechero del pueblo.

Tenía en su corral una noria que daba abundante agua. Y decía don Modesto hablando de sus vacas:

—La Pinta me da mucha leche. La Mora también. Pero la que me da más es la noria.

A una de sus vacas le puso don Modesto un nombre extraño: La Concurrencia. Hizo eso con el único objeto de embromar a las señoras que visitaban a su esposa. Cuando estaban en la sala conversando se les aparecía de pronto y les anunciaba:

—La merienda, señoras, se servirá tan pronto ordeñe yo a La Concurrencia.

Ellas fingían reír, pero se mortificaban. Ocultamente le decían a don Modesto «Don Molesto».

Buenos tiempos los de antes, en que la cosa más ardiente que uno veía en una película era a Tom Mix muriéndose de sed junto con su caballo en el desierto. Sabía uno a qué atenerse al ir al cine, de modo de no exponer la salvación del alma por haber visto una película proterva.

Las películas en clasificación «A» eran «Buenas para todos». Las que pasaban en «el matiné» dominical. Con ellas no había ningún problema. El problema comenzaba con las marcadas con la letra «B», aunque esas todavía las podían ver los jóvenes. Luego, venían las «B1» (Para mayores, con reservas). «B2» (Para mayores con serias reservas), y «B3» (Desaconsejables). Definitivamente no se debían ver las espantosas películas tachadas con la letra «C»: Prohibidas por la moral cristiana. A esa perversa categoría pertenecieron *Las Tentadoras*, de Louis de Funes, y *La Torre de Nesle*, que cuando se exhibieron en los años cincuenta casi motivaron la condenación de un alto porcentaje de la población local.

El padre Juanito quiso contrarrestar el nocivo efecto de las salas cinematográficas y fundó en su parroquia «el cinito». Si en la película aparecían el muchacho y la muchacha dando trazas indubitables de querer pasar de las palabras a los hechos, el padre, que era quien proyectaba la película, ponía la mano frente al aparato y ajustaba el lente de tal manera que en la palma de la mano podía seguir los acontecimientos del filme hasta que pasaba la escena peligrosa.

Conocí a Emilio *el Indio* Fernández. Era tierno y temible al mismo tiempo. Se le salían las lágrimas a la vista de un niño tarahumara, pero podía matar a la menor provocación. Por eso, por matar, sufrió pena de cárcel.

Era hombre hosco. Yo fui testigo de ello. Una vez, en el Louvre de París, reconocí su figura inconfundible. Consideré la cosa más natural del mundo ir a saludarlo.

—¿Cómo está usted, señor Fernández? —le pregunté con afabilidad—. Me da mucho gusto verlo; soy mexicano, y coahuilense como usted.

—Buenos días —me respondió con sequedad. Se dio la media vuelta y se alejó. Ni siquiera me molesté por eso: ya había oído hablar de su talante.

Relataré una anécdota del Indio muy poco conocida. Allá por los cincuenta del pasado siglo se hallaba en Buenos Aires, en un festival cinematográfico. Hubo una cena. El Indio comió poco y bebió mucho. A medio ágape ya estaba competentemente borracho. En ese estado empezó a vociferar sus ideas sobre el cine argentino, al que calificó de «imbécil». Se puso en pie y gritó:

—¡Y al que no esté de acuerdo conmigo se lo va a llevar la chingada!

Y así diciendo sacó su inseparable pistola, que había introducido en Argentina alegando que era parte del atuendo charro que vestiría en el festival.

Hubo desmayos de señoras y apresurado correr de caballeros.

Al día siguiente, el jefe de la delegación mexicana habló con el Indio, y muy prudentemente, con cautela, en términos sumamente mesurados, le contó lo que había sucedido. El Indio le dijo que no recordaba nada: de seguro los argentinos habían bebido demasiado. El funcionario sugirió que era muy conveniente ofrecer una cena de desagravio a los anfitriones. ¿Tenía el señor Fernández algún inconveniente en que eso se hiciera? El señor Fernández no solo no tenía ningún inconveniente: él mismo haría acto de presencia en la cena y ofrecería una disculpa a los ofendidos.

Se llevó a cabo el convivio, en efecto, y mucha gente asistió a él por la curiosidad de oír lo que diría el mexicano para disculparse. Pero otra vez el Indio, ante el azoro y la inquietud del jefe de la delegación, empezó a copear copiosamente. Cuando le llegó el turno de hablar se paró y dijo:

—Señoras y señores: en la ocasión pasada el espíritu del vino me obnubiló el cerebro, y dije cosas que no debí decir.

Al escuchar aquello el jefe de la delegación empezó a tranquilizarse. La cosa iba muy bien.

—Según me contaron —siguió el Indio— dije que el cine argentino vale madre, lo mismo que este país, y creo que llamé «imbéciles» a todos los presentes. Y ahí estaban ustedes, ¿no es así?

Se oyeron contestaciones de los asistentes, que esperaban ya la disculpa:

—Es cierto... Así es... Sí...

Clamó entonces el Indio elevando su ronca, áspera voz:

—¿Y entre todos no hubo ni uno que fuera lo suficientemente hombre para levantarse y partirme el hocico? ¡Pues a más de imbéciles son ustedes cobardes, rajones e hijos de la chingada!

Y otra vez sacó la pistola, y hubo otra vez desmayos de señoras y apresurado correr de caballeros.

Esta anécdota la contaba con mucha sabrosura el gran compositor Álvaro Carrillo, que estuvo presente en esas dos grandes actuaciones de Emilio *el Indio* Fernández.

Me habría gustado conocer a Don Manuel de Izaga y Colmenar. Tuvo una gran hacienda en el Estado de México, y se enriqueció con ella. Trabajaba de sol a sol, igual que hacían sus peones, a quienes veía como a hijos a los que debía dar el buen ejemplo.

Cuando cumplió 40 años, edad que en aquel tiempo —finales del siglo diecinueve— era avanzada, don Manuel reunió a los peones y les regaló la hacienda para que la trabajaran como dueños, guiados por un consejo de administración. Luego, soltero él, se fue a París, y en diez años agotó su fortuna viviendo a lo gran señor.

Regresó y les pidió un empleo a sus antiguos trabajadores. Ellos lo recibieron con afecto y lo nombraron jefe de los administradores. Vivió hasta los 80 años don Manuel, en la digna pobreza de un empleado. Con nadie hablaba de sus días de París, pero cuando murió tenía en los labios una sonrisa plácida.

En Toluca me hablaron de don Manuel de Izaga, y yo sentí que me estaban hablando de un hombre bueno y sabio.

No sé si la reencarnación exista. Quizá sí, quizá no, quizá quién sabe. Pero si hay reencarnación, a mí me gustaría reencarnar en gallo.

No en gallo de pelea, hago la pertinente aclaración. Tengo tan mala suerte que el día que me tocara pelear sería seguramente con el campeón de Cuba, México y las Filipinas. Me gustaría reencarnar en gallo común y corriente. Es decir, en gallo de corral.

¡Qué vida se dan esos malditos! Yo miro al gallo de nuestro gallinero en el Potrero de Ábrego, y lo envidio con insana envidia. Anda el cabrón como sultán de harén, seguido de su corte de gallinas, sin hacer otra cosa más que comer y con ge. Debe levantarse temprano, ciertamente, pero yo también me levantaría en la madrugada si me esperaran las mismas tareas que al gallo. Aparte de la levantada tempranera, y de dos o tres quiquiriquís que lanza con más o menos garbo, se la pasa todo el día a toda madre, sin trabajar ni cosa que se le parezca.

El Chato Severiano, maestro inolvidable, tenía gallinas en el corral de su casa. Todas las casas del Saltillo de entonces —mitad primera del pasado siglo— tenían corral, y en todos los corrales había gallinas. Llegaba el Chato a echarles máiz, y acudía el gallo a todo correr para recibir su ración de la pitanza.

—¡Ma! —lo interpelaba don Severiano con disgusto al tiempo que lo apartaba con el pie—. ¡Como si pusieras tanto!

Grata vida, en verdad, es la del gallo. Por eso yo me esfuerzo en vivir bien, y en no cometer demasiados pecados. Quién sabe, a lo mejor la reencarnación existe, y al despertar de ese sueño que es la muerte me encuentro convertido en gallo, como Pitágoras, y empiezo a disfrutar de las venturas mil que goza ese «... lascivo esposo vigilante, doméstico del sol, nuncio canoro que —de coral barbado— no de oro ciñe, sino de púrpura turbante...». Esta magnílocua prosopografía del gallo la hizo Góngora. Yo quizá la deshice, pues la he citado de memoria.

Más expresivo aún que esa tirada culterana es el dicho del pueblo mexicano:

> ¡Ay, quién tuviera la dicha del gallo,
> que nomás se le antoja y se monta a caballo!

Se cuenta que cierto día llegó a la casa de don Severiano un muchachillo.

—Maestro —le dijo—, que dice mi mamá que si tiene huevos le fíe un peso.

—¡Ma! —exclamó el Chato irguiendo toda su imponente estatura—. ¡Ni que se necesitara tanto valor para fiar!

Don Edelmiro Chaires era el abarrotero de su pueblo. Su padre lo destinaba a los trabajos del campo, pero él se hizo comerciante. Dijo que más ganancia —y con menor esfuerzo— deja un metro lineal de mostrador que diez hectáreas cuadradas de tierras de temporal.

Don Edelmiro jamás estaba mano sobre mano. En nada se parecía a aquel colega suyo que se la pasaba sentado en un cómodo sillón. Cuando llegaba un cliente le decía:

—Espérate a que llegue por lo menos otro, pa' que me costee la levantada.

Don Edelmiro iba y venía de la tienda a la trastienda. Limpiaba los vasos y las tazas; hacía cucuruchos de papel de estraza o de periódico —alcatraces se llamaban en el pueblo—; lustraba una y otra vez con un trapo los vidrios del mostrador. Y es que en la escuela aprendió unos versitos que decían:

De la suerte nunca esperes
ni dinero ni ventura.
Trabaja, niño, si quieres
ser dueño de una fortuna.

Don Edelmiro Chaires creía en la buena suerte, pero sabía que siempre llega de la mano del trabajo.

En Caborca, Sonora oí narrar los hechos y dichos del Soteleño, un pintoresco personaje del lugar.

Pasaba el Soteleño por un rancho y vio a una señora de edad madura que trabajosamente trabajaba en partir leña. Fue hacia ella y le dijo:

—Señora: no puedo consentir que una mujer esté partiendo leña. Permítame usted el hacha.

La señora, agradecida, se la entregó. Sin decir palabra el Soteleño aventó el hacha a la azotea de la casa y luego se retiró tras despedirse quitándose el sombrero.

Iba una vez en su vieja camioneta por un camino del estado, y lo detuvo una patrulla. El oficial le pidió al Soteleño sus papeles.

—No traigo gasolina, voy a traer papeles —respondió.

—Ni siquiera lleva luces atrás —dijo el policía.

Y replicó el Soteleño a modo de justificada explicación:

—Poco camino p'atrás.

Llegó a pedir un taco en una casa. Los dueños, avaros, le dijeron en la puerta:

—No tenemos nada, Soteleño. Estamos limpios.

Hosco, enojado, masculló el Soteleño:

—Pos qué chinche familia tan aseada.

El Señor Melo no era todavía el señor Melo. Era el joven Melo, y estaba enamorado. Cuando se está enamorado nadie es el señor Melo, ni el señor nada: es Juan, Pedro, Antonio, Blas o Manuel, pero no es el señor. Cuando se está enamorado el único señor es el amor.

Y el joven Melo estaba enamorado. Y fue a la Alameda con su novia. En dulces pláticas se entretenían cuando el joven Melo acertó a ver dos avecillas que en la rama de un fresno unían los piquitos. Era primavera, y en primavera se unen todos los piquitos. Y se une también todo lo demás. Sobre todo, en mayo, mes por antonomasia de la primavera.

Al joven Melo se le ocurrió pensar que eso de las dos avecillas que unían los piquitos era un paisaje muy romántico. Tartamudeando —porque hay que decir que el joven Melo era tartamudo— dijo a su dulcinea:

—¿Cua-cuándo es-estaremos tú yo yo co-como esos pa-pajaritos?

La novia del joven Melo alzó la vista y luego se levantó con el rostro encendido y se apartó de su galán. Sucedió que el joven Melo tardó tanto en decir lo que dijo que cuando su novia vio a los pajaritos estos no estaban ya juntando los piquitos, sino juntando todo lo demás.

Como esta, mil y mil cosas podrían contarse de nuestras alamedas, sitios de enamorados, sobre todo. Escasamente habrá quien no tenga guardado en alguna alameda un recuerdo de amor. Ahí florece el amor amoroso de las parejas pares que dijo don Ramón López Velarde. De vez en cuando ha habido intentos de las autoridades para poner freno a sus expansiones, pero aun en tiempos del cólera el amor ha florecido, planta la más durable y resistente que las alamedas dan.

Siempre que puedo voy a la Alameda de mi ciudad y acudo a los sitios cuyas voces hablan para mí. Y recuerdo... Junto a este árbol... En el banquito que forma el pedestal de esta columna... Aquí, en este enrejado... Por este corredor...

Me gusta ir a la Alameda porque me acuerdo no de cuando la Alameda era la Alameda, sino de cuando yo era yo.

En el Potrero hay una hierba llamada malamujer. No puedes tocar sus erizadas hojas, pues te cortan o punzan. Los animales la temen; ni la omnívora cabra voraz se acerca a ella.

En uno de mis viajes oí una historia que me hizo pensar en esa hierba. Así como hay una hierba malamujer así también hay mujeres mala hierba. Me resulta difícil decir tan dura cosa, pues pertenezco al mester de juglaría y tengo por tanto una elevada idea de la mujer. En eso soy medioeval. O medio pendejo, no sé. Lo mío es la trova yucateca, no la canción de Lara. Palmerín y Guty hablaban de la mujer como de un ángel o una diosa; en tanto que el músico poeta veía en ella un ser terrenal, y aun lodazal: «Vende caro tu amor, aventurera...». «Te quiero, aunque te llamen pervertida...».

No sé por qué en el curso de mis viajes la gente me cuenta tantas cosas. Piensan quizá que no me volverán a ver. O a lo mejor mis canas inspiran confianza. He oído decir que parezco cura, y hay quienes perciben en mi voz un tono clerical. El caso es que perfectos extraños, e imperfectos, me cuentan sus cosas íntimas por propia voluntad, sin yo haberles preguntado nada. Entonces me entero de historias que me dejan turulato y que sacuden desde los cimientos el ya de por sí precario edificio de mis convicciones.

Por ejemplo, esta es la historia que contome un día un hombre joven. Se casó con una muchacha de la que siempre estuvo enamorado, y que siempre le dio a entender que lo quería. Tuvo con ella dos hijos, un niño y una niña. Para ellos trabajaba él con afán; logró comprarles una pequeña casa y darles una vida decorosa según su condición. Todo iba muy bien; la vida de aquel muchacho era un pequeño paraíso.

Una noche, cuando llegó de trabajar, la joven esposa le dijo que la niña tenía ganas de una hamburguesa, y le pidió que fuera a traérsela. «Llévate al niño —le dijo—. Está un poco aburrido; le hará bien salir contigo». Fue el muchacho y compró hamburguesas para todos. Cuando volvió a su casa su esposa ya no estaba. Tampoco estaba su hija. Abreviaré mucho el relato si digo que de eso hace cinco años y nunca ha vuelto a verlas. Alguien le dijo que su mujer se fue con otro hombre a los Estados Unidos. La madre de la muchacha sabe dónde está, pero no se lo dice. Al niño esa mujer le cuenta que su mamá se fue para ganar mucho dinero y darle luego una vida mejor. Pero el pequeño dice que jamás le perdonará a su madre haberle quitado a su hermanita. «¿Qué harías si regresara?» —le pregunta su padre. «La escupiría» —responde el niño. Y me dice el muchacho con voz transida de tristeza: «Menos daño habría hecho si se hubiera llevado a los dos».

Yo me atrevo a hacer una profecía. «No te extrañe —le digo— si el día menos pensado regresa tu mujer a pedirte perdón». Me contesta: «No quiero ya saber de ella. No quiero ya saber de ninguna mujer. Con ninguna he estado desde el día que mi esposa me dejó».

Yo estoy verdaderamente emocionado, conmovido. Por eso no le pregunto algo que ardo en deseos de saber: ¿ha vuelto a comer hamburguesas?

Este señor se ha levantado a las cuatro de la mañana para llevarme de mi hotel al aeropuerto. Todavía es de noche. Yo hago uno de esos viajes absurdos —¿habrá alguno que no lo sea?— derivados de mi oficio de volatinero: saldré de Querétaro a las seis de la mañana con rumbo a Monterrey, y a las ocho y media tomaré otro avión que me llevará a Puerto Vallarta. No halló la agencia otro modo de ponerme ahí a tiempo para cumplir mi compromiso.

Es muy alto y delgado este señor, y tiene aspecto distinguido. Le encuentro parecido con John Gavin, que fue actor y luego aprovechó esa experiencia para volverse diplomático. El señor trabaja para la Coparmex, en cuya convención nacional he participado.

A mí la gente me cuenta cosas, y luego yo le cuento esas cosas a la gente. Los relatos que escribo no son tan buenos como los que escucho: les falta la escenografía. Sucede lo que en aquella representación de *Rigoletto* que oí una vez en Londres. Los encargados de la utilería y el vestuario se pusieron en huelga de repente, y la ópera se cantó sin decorados y con la ropa que los cantantes llevaban al salir de su casa. Gilda iba en *blue jeans* y chamarra de cuero; el duque de Mantua traía tenis; Rigoletto —sin joroba— lucía bermudas y una camisa hawaiana. No fue lo mismo.

Tampoco yo puedo reproducir el ambiente en que oigo los relatos de las mujeres y hombres a los que veo en mis viajes y que jamás, posiblemente, miraré otra vez. ¿Puede alguien poner en un texto la noche queretana, el silencio de la ciudad no amanecida, el viento del alba que —adivinas— llega de la Cuesta China buscando el acueducto para pasar bajo sus arcos?

Este señor me dice que es hijo de español. Su padre llegó a México cuando la Guerra Civil. Era campesino. Un día los republicanos ocuparon su aldea, formaron a todos los hombres en la plaza y a cada uno le dieron un fusil. Tenía 17 años. Dos combatió, y luego llegó el final. Logró escapar a Francia, y ahí estuvo en un campo de concentración. Los franceses sacaban a los refugiados todas las mañanas y los llevaban a trabajar en una fábrica. Por la noche los encerraban otra vez. En la fábrica vio el muchacho a una chica de grandes ojos negros, española también, y refugiada. Después de un año el muchacho salió del campo de concentración y fue a Marsella, pues supo de un barco que iba a México. En el barco volvió a ver a la chica. Con ella se casó al llegar a Veracruz.

El señor recuerda que su padre tenía las piernas llenas de cicatrices.

—¿Por qué? —le preguntó un día.

—No sabíamos nada de la guerra —le explicó él—. Nadie nos dijo que cuando estalla una bomba te debes tirar al suelo. Nosotros las veíamos explotar en la tierra, y nos subíamos a los árboles para salvarnos.

Hemos llegado al aeropuerto. Nos despedimos. Ahora voy en el avión. Desde la ventanilla miro el cielo. No es ya de noche, y no es aún de día. Si estás despierto a esta hora te visitan tus fantasmas. Vuelvo a mirar por la ventana. Hay una nube que tiene forma de árbol.

Este cronista ha vivido la hermosa vida del juglar. Es hermano de sangre de los viejos cómicos de la legua que iban por los caminos de Dios en busca del pan y el vino. Eso, y «bona fembra con la qual yacer», decía don Gonzalo de Berceo, es todo lo que necesita el hombre para vivir en paz.

¿A dónde no habrán llevado al cronista sus andanzas? En toda la república ha estado. Ha ido —como los sombreros Tardan— de Sonora a Yucatán. Y más allá también. En las ciudades grandes y en los pequeños pueblos ha dicho su palabra y, más importante aún, ha oído la de su prójimo. Un día el cronista estuvo en Mérida o Villahermosa, y al otro llegó a Mazamitla de Jalisco, o a Camahuiroa de Sonora, o a Guadalupe Victoria, en Zacatecas, o a Empalme, en Sonora.

Quien esto escribe tiene a honra ser aprendiz de todo y oficial de nada. ¡Es tan interesante aprender, y es tan aburrido ser oficial! A donde va aplica ojos y oídos, si es que no puede aplicar más, y ve y escucha con avidez de niño, que es mayor avidez aún que la del grande. Entonces mira y oye grandes cosas, y de todas las partes se trae parte. En todas hay algo que aprender.

Hay quienes consideran que el optimismo es en estos tiempos un signo seguro de demencia. No hay absolutamente ninguna base, dicen, para sustentar el más leve, ingrávido optimismo. Y sin embargo, quien esto escribe es optimista. Y ese optimismo no es ingenuo, cándido o irreal. Se finca en el hecho de que el autor ha viajado por toda la república (y también por los ejidos Santa Rita de Coordenadas, municipio de Galeana, Nuevo León, y Cuates de Australia, municipio de Cuatrociénegas, Coahuila).

En todas partes encuen tra el viajero mexicanos y mexicanas que en gran número e incansablemente trabajan en bien del país sin dejarse abatir por una crisis económica y por problemas políticos y sociales que ciertamente existen y se manifiestan en muy diversas formas, pero que de ninguna manera significan acabamiento, ruina o destrucción.

Si se permite que la gente común desarrolle libremente y sin estorbos el rico caudal de sus potencialidades, paulatinamente iremos saliendo de estos problemas que de ninguna manera son el fin del mundo, sino solo un momento de desconcierto en la vida mexicana que bien podremos superar.

IV. MODITOS DE HABLAR

Las palabras son seres misteriosos. Con las palabras me gano yo la vida, y sin embargo nunca he acabado de entenderlas. No se dejan asir; se escapan siempre; nos dejan sin palabras. En el prólogo a sus Rimas Gustavo Adolfo Bécquer —el de las golondrinas— se quejó de «el rebelde, mezquino idioma». No tienen palabra las palabras.

A veces las tememos. En los ranchos donde todavía se representan pastorelas la gente nunca dice «los demonios» o «los diablos» para aludir a los que salen en la representación. Dicen «los nombrados», pues creen que si pronuncian esos nombres los espíritus del mal pensarán que los están llamando, y acudirán para ruina del que los invocó.

Los mexicanos usamos un estudiado menosprecio al referirnos a nosotros mismos. Por ejemplo, al hablar con otro de la casa en que vivimos solemos decir: «Su pobre casa». Cuando felicité a mi tía Adela por la casa que se compró me dijo con ademán de displicencia:

—¡Anda! ¡Son tres adobes meados!

En cambio, empleamos una untuosa cortesía al hablar de los demás.

Tanto en el campo como en las ciudades oímos todavía expresiones coloquiales.

—Fulanita es muy chula —dice un campesino en presencia de mi esposa.

Y añade inclinándose hacia ella:

—Mejorando lo presente.

—Tengo un amigo... —empieza a contar el señor a quien acabo de conocer.

Y de inmediato hace la salvedad:

—No agraviando.

¿Existen en otro idioma expresiones equivalentes a estas, de tan refinada cortesía mexicana? ¿Tiene otro pueblo ese comedimiento, esa sutil delicadeza de salvar el mérito del presente cuando se elogia el del ausente? Quizá solo en nuestro país se ve tan exquisita urbanidad. (No agraviando).

Igualmente somos muy diestros en el arte de los eufemismos. En una ciudad fronteriza oí este diálogo:

—Y dígame: Fulanito de Tal, ¿es gay?

—No lo podría yo asegurar. Pero sí puedo decirle que es demasiado fino pa' frontera.

Una vez invité a cierto señor a ir al Potrero. Para disgusto mío llevó un rifle .22, y le pidió a don Abundio que lo acompañara a buscar codornices y conejos. Una caja de parque gastó el hombre, y no le pegó —creo— ni al mundo. Le dijo a su guía:

—Seguramente está usted pensando, don Abundio, que soy muy mal cazador.

—De ninguna manera, señor —respondió el viejo—. A las claras se ve que es usted muy bueno. Lo que pasa es que este día Diosito quiso cuidar a sus animalitos.

A mi abuela materna le preguntaba una vecina si Fulanita de Tal, muchacha del barrio, era tan ligera como decía la gente.

—No sé —respondía mamá Lata—. Pero entiendo que a ningún hombre le niega un vaso de agua.

Nadie como los mexicanos, en efecto, para usar las medias palabras. No creo que haya pueblo alguno que tenga tantos eufemismos para decir que alguien se murió. El catálogo es, en lo general, irreverente. A veces resulta imposible explicar frases como aquella que dice que Fulano «chupó Faros». Más clara es la expresión «anda de minero». Antes se usaba mucho «entregó la zalea al Divino Curtidor». «Colgó los tenis» se oye feo, pero no tanto como «estiró la pata». Cada lugar tiene sus propias expresiones. Hay un pueblo de Nuevo León en donde el cementerio está rodeado de milpas. Por eso la expresión «ir a los elotes» significa morirse y ser sepultado. Un cierto señor de ahí se puso malo y fue llevado a un hospital en Monterrey. Sus familiares le pidieron al doctor que les dijera cómo veía al enfermito.

—Ha de sentirse muy bien, y hasta con apetito —declaró el facultativo con optimismo—. Dice que a más tardar mañana se va a ir a los elotes.

Mucho debe haberse sorprendido el galeno cuando al oír aquello los familiares del señor rompieron a llorar desconsoladamente.

A veces, claro, esa cortesanía tiene sus excepciones. Dicen de un ranchero que estaba preparando su cigarrito de hoja.

—Oiga, tío —le preguntó un impertinente jovenzuelo de la ciudad que observaba con atención el rito—. Y ¿cuántas lambidas se le deben dar a la hoja? (Así dijo: «lambidas»).

Le contestó el ranchero:

—En tu caso, muchacho, yo creo que con una basta. Te ves retebaboso.

Las cosas de la reproducción han estado rodeadas siempre de eufemismos. Había una vejuca que cuando rezaba las avemarías finales del rosario decía:

—Dios te salve, María Santísima, virgen purísima antes del este, durante el este y después del este...

«El este» era el parto, palabra que la anciana no usaba por pudibundez, pues no podía ser que en cosa tan santa como es el rezo del rosario se usara una expresión de tal carnalidad.

Ya no se dice «preñada», como en el recio español del Siglo de Oro. Ni «encinta» se dice casi ya. Ahora se dice «embarazada», o más delicadamente aún: «Está en estado interesante».

Tampoco decimos —líbrenos, Dios— que fulanita ya parió. Eso las hembras de los animales. ¿Cómo puede alguien parir después de un *baby shower*? Decimos «se alivió», como si fuera enfermedad el concebir y alivio —otro eufemismo— el «dar a luz».

«Parir», castizo verbo, está en desuso. Utilizamos en su lugar variados eufemismos: «Se alivió» (¿es la preñez enfermedad?)... «Dio a luz»... «Recibió la visita de la cigüeña»... «Salió de su cuidado»...

Un señor de mi tierra viajó a la Ciudad de México en compañía de su esposa, quien se hallaba en estado de buena esperanza. Allá le llegó el día a la señora y tuvo a su hijo. El marido puso un telegrama a la familia: «Carmela salió de su cuidado. Mañana salgo yo».

El embarazo sí era enfermedad para los pobladores de algunas regiones del país. En su delicioso libro *El habla de Coahuila*, el profesor Villarrello recogió la expresión «está enferma de gustos pasados», para decir que una señora está embarazada.

Hablando de eufemismos, muy explicable es no querer nombrar a la muerte, pues por culpa de los hombres de religión le tenemos miedo (muerte, juicio, infierno o gloria). Por eso usamos otras palabras para designarla. En las pastorelas a los diablos no se les llama así, sino «nombrados», para evitar que al escuchar su nombre los demonios vengan.

Así, a la muerte tampoco la llamamos por su nombre, no sea que se presente. Le decimos «deceso», «fallecimiento» y hasta «tránsito». «Pasó a mejor vida», decimos de aquel que se murió. O expresamos que «descansa en paz», aunque haya sido de esos que nunca se cansaron. Otros variados eufemismos empleamos: «colgó los tenis», «anda de minero», «se fue con el Güero Chuy», «ya se lo cafetearon», «chupó Faros», y muchos etcéteras más.

Quizá se justifica que usemos nombres raros para nombrar la muerte, de modo que esta —que al parecer no sabe de sinónimos— no se dé por aludida. Pero resulta que las cosas que tienen que ver con nacimientos también se designan con nombres indirectos. Una mujer «salía de su cuidado» cuando tenía a su hijo. Así puso una vez en telegrama el señor licenciado don Román Cabello, que había viajado a Ciudad de México porque su esposa iba *a dar a luz*. Cuando ella *se alivió*, el licenciado Cabello telegrafió a sus familiares en Saltillo: «Lolita salió de su cuidado. Mañana salgo yo». Quería significar que salía de regreso a su ciudad, pero la brevedad del lenguaje telegráfico le hizo decir eso que regocijó a los saltillenses. Nuestros antepasados con cualquier cosa se reían, y con mucho donaire celebraron aquella confusión.

Así como hay especies vegetales y animales en vías de extinción, también hay palabras y expresiones que van desapareciendo. Es una pena, pues si las criaturas de la naturaleza ponen su hermosura en el paisaje, esos vocablos y modos de decir poner su galanura en el hablar.

El otro día, en mesa de amigos, nos pusimos a recordar ciertos decires que no son refranes o proverbios, ni dichos propiamente dichos, sino moditos de hablar que tuvieron nuestros padres, o que nosotros tuvimos, y que ya no se usan ahora, o se usan poco. He aquí algunos de ellos.

Por eso no llueve. Se usaba cuando alguien decía una muy grande necedad, o contaba un chiste malo. La frase era antecedida siempre por alguna interjección enfática: «¡Chingao, por eso no llueve!».

¡Lo que inventan los gringos! Al decir esto se mostraba admiración por algún artilugio novedoso o algún dispositivo de creación reciente.

Con esta vida quién se deserta. Eso se decía en el momento de estar gozando algún rato agradable. Hacía alusión a los soldados, que solían desertar cuando la vida de cuartel se les volvía insufrible. En cierta ocasión llevé a don Abundio a Monterrey, pues iba a ver a un médico que le recomendaron. Acabada la consulta lo invité a comer algo en La Puntada, que es un excelente restorán, pero sin lujos ni inútiles elegancias. Él pidió una hamburguesa, platillo que no suele comer. Por mi parte pedí un chile relleno, platillo que en el rancho es manjar inusitado. Le gustó mucho su hamburguesa, y mientras la disfrutaba me dijo con preocupación: «Caramba, licenciado: tarde que temprano esta vida de ricos nos va a matar».

Te vas por la sombrita. Equivalía a decir: «Vete en buena hora». Se decía sobre todo cuando era de noche.

Los nacionales. Era un eufemismo usado para no decir «frijoles», vocablo que se consideraba de mal gusto. Si en algún restorán pedía el parroquiano unos frijoles, el mesero no le gritaba al de la cocina: «¡Salen unos frijoles!». Le gritaba: «¡Salen unos nacionales!».

Ya no hay religión. Esa expresión se usaba para mostrar asombro o indignación por alguna costumbre moderna que se consideraba demasiado libre, o por alguna acción contraria a la ley o a la moral.

Se te apareció Juan Diego. No sé por qué se tomaba el nombre de ese humilde santo mexicano para decir que alguien se había topado con quien le haría alguna reprensión, o lo castigaría.

Cueste lo que cueste, con tal de que no cueste mucho. Al decir eso se demostraba disposición para hacer algo o conseguir alguna cosa.

Como dijo don Teofilito. Servía para expresar escepticismo. «Fulano de Tal no me paga lo que me debe». «Ni te lo pagará, como dijo don Teofilito».

Así empezó Ligio. Se usaba cuando alguien decía algún disparate o realizaba alguna acción extravagante. Ligio era un loquito que cierto día amaneció colgado por la cintura, con una cuerda, de un árbol de la Alameda. Manifestó que se había colgado así para matarse. «Si quieres matarte —le dijo alguien— debes amarrarte el mecate en el pescuezo». «¡Ah, no! —se alarmó Ligio—. ¡Si me cuelgo del pescuezo me ajogo!».

Había otras palabras —sacramentales y solemnes— que debían decirse en presencia de un aparecido:

—En nombre de Dios te pido que me digas si eres de este mundo o del otro.

Mi generación todavía creyó en espantos, vale decir espectros y fantasmas. Gocé de niño el dulce terror de las narraciones contadas por las criadas en el umbral de la puerta de la casa, cuando la noche había caído ya y salíamos a la calle a escuchar aquellos antiguos cuentos de misterio en las todavía tranquilas calles de Saltillo. Oíamos también esas historias en las vacaciones pasadas en el rancho. Junto al fogón de las cocinas los viejos daban voz a cosas que juraban «por esta» haber mirado, o que a su vez oyeron de labios de sus antepasados.

Hoy ya pocos saben lo que significa la palabra «relación». Ese vocablo servía para designar un tesoro enterrado por alguien cuya alma en pena volvía al mundo a expiar sus pecados, pues mientras el tal tesoro no fuese encontrado su ánima debía vagar eternamente, y solo descansaría con el hallazgo de «la relacion». Esta consistía casi siempre en monedas de oro guardadas en un cofre o una olla. El mortal a quien el alma en pena se mostraba debía ser alguien sin ambición, dispuesto a compartir su riqueza con el prójimo. Si la buscaba con intención avara hallaba las monedas convertidas en trozos de carbón, en polvo o en ceniza.

La palabra «relación» aludía a la historia de aquel tesoro y de la desastrada muerte de aquel que lo ocultó, pero por extraña metamorfosis el término pasó a significar el tesoro mismo: «¿Cuál es el origen de la fortuna de Fulano?». «Se halló una relación». Hay frases hechas que la gente se siente obligada a repetir. Cuando los albañiles hacían un trabajo en casa de alguien, el dueño les preguntaba siempre con obligada sonrisa: «¿No han hallado la relación?». «No, patrón —respondía "el maistro" con la misma sonrisa consabida—. Todavía no aparece». «Si la encuentran, avísenme».

La palabra «pachuco» servía para designar al individuo de vestimenta estrafalaria, entre mexicano y gringo, que puso de moda en el cine Germán Valdez, Tin Tan. Según Boyd esa palabra tuvo su origen entre los «pochos» de El Paso, Texas. De ahí, del nombre de esa ciudad —pasando por «pasuco»— vendría el voquible «pachuco», que en Ciudad Juárez empezó a usarse por primera vez antes de conocerse en el resto de la república.

Don Francisco Santamaría no recoge ese término en su *Diccionario de Mejicanismos* —él siempre escribió México con jota, igual que hacía don Alfonso Junco—, y solamente dice que «pachuco» es «el billete ínfimo, de a peso, de muchos colorines». Define además la voz «pachuco» en forma por demás magnílocua y expresiva: «Nuevo terminacho populachero y vulgar, de la capital principalmente, que designa a un tipo de mantenido, valentón que viste con elegancia extravagante; medio apachesco; padrotón; chulo al que también se llama tarzán. Todo esto pertenece al bajo pueblo, a la gente arrabalera y plebeya» Don Francisco cita a Tin Tan como prototipo en el cine del pachuco.

En Pachuca, Hidalgo, encontré el origen de la palabra «pachuco». Resulta que en aquel lugar los mineros depositaban sus barras de plata en la casa de beneficio de Pachuca. Ahí les entregaban un pliego de recibo que se convertía en papel moneda cuando era partido en dos: una mitad la llevaba consigo el dueño de la plata; la otra, se quedaba con el custodio de las barras. El dueño de estas podía usar su mitad como dinero en efectivo. A cada una de las mitades se le llamaba «pachuco», por el nombre de la ciudad donde la plata era depositada.

Pasaron los años, pasaron muchos años, y en tiempos de la Segunda Guerra Mundial hubo escasez de moneda fraccionaria en nuestro país. El Banco de México autorizó entonces que los billetes de un peso pudieran ser cortados a la mitad. Cada una de las dos partes, obvio es decirlo, valía cincuenta centavos. A la media parte de un billete de un peso se le llamaba «pachuco», quizá por influencia de aquel recuerdo de la minería de plata.

Volviendo a la plata es conveniente decir que la que salía de las minas de Real del Monte era la mejor plata del mundo, no agraviando a ninguna otra del planeta. Su ley era la más alta; salía casi pura, en su estado nativo, natural. Por eso en cada barra se grababa como seña de calidad la marca de su origen: «Pachuca». En tierras de Europa y Asia —hasta allá iba a dar la plata mexicana— esa palabra era pronunciada «Pachoca». Y luego «pachocha». De donde ese vocablo pasó a significar dinero. No se usa tanto ya ese término, quizá porque ya no hay tanta pachocha como antes, pero de vez en cuando aún lo oigo. No tiene entre nosotros el voquible, ni lo ha tenido nunca, el otro significado que el acucioso señor Santamaría le da en su lexicón cuando dice que pachocha significa también «en mala parte (es decir, usada mal la voz) el papo de la mujer, la natura femenina».

¡Qué barbaridad, qué rica es nuestra lengua castellana, y cuántas formas hay para nombrar un mismo objeto!

Bacal, garojo, tusa, zuro, carozo, conquaril... Todos esos nombres recibe el que nosotros llamamos «olote», es decir, la parte interior de la mazorca del maíz después de haber sido desgranada. En mi niñez oí llamar al olote «carbón blanco», eufemismo humorístico para aludir a las propiedades del olote como útil combustible, sobre todo en el calentador del agua para el baño.

Delicioso resulta oír hablar a quienes todavía conservan la gracia del habla popular. En su boca no hay esas monotonías del lenguaje que por obra y gracia de la televisión y las redes sociales se va volviendo el mismo en todas partes. A cada paso la gente del pueblo, sobre todo en el campo, suelta una de esas expresiones que suspenden el ánimo y divierten, que dan fe del ingenio de los mexicanos para matizar sus modos de hablar; moditos que, por ser tan nuestros y por mostrar el genio de la lengua, he atesorado.

Saludé una vez a un artesano:

—¿Cómo está usted?

Me respondió:

—Como el niño de San Antonio, licenciado.

Jamás había oído esa expresión, de modo que le pregunté:

—¿Y cómo está el niño de San Antonio?

—Riéndose, pero con la estaca atrás.

Entonces el que reí fui yo, porque entendí la cabal justeza de aquella ingeniosísima expresión. San Antonio de Padua, en efecto, se representa siempre llevando al Niño Jesús muy sonriente sentado en uno de sus brazos. Como los escultores, me supongo, tienen que hacer las dos imágenes por separado, de una pieza la de San Antonio, de otra la del Niño, y como esta segunda tiene que unirse a la primera por medio de alguna estaca o palo, la expresión que me enseñó aquel artesano resulta acierto singular.

Así hemos andado en México, yo pienso. Reímos y sonreímos, porque tal es el temperamento de los mexicanos aun en los tiempos más difíciles, pero sufrimos tiempos que nos agobian y nos imponen sacrificios. Aunque traigamos por fuera la sonrisa, padecemos el rigor de las circunstancias. Andamos, pues «como el Niño de San Antonio».

Es nuestro pueblo rico en expresiones. Para cada circunstancia de la vida tiene una diferente, y es dueño de inagotable caudal de dichos y dicharachos muy sabrosos.

Nadie se alarme, nadie se sofoque, nadie se inquiete ni se exalte nadie. La palabra «culichi» sirve para designar a los nacidos en Culiacán, o a quienes se han avecindado ahí. Sirve a los dos géneros la voz: culichi para el hombre, culichi para la mujer.

—Mucha nalga y poca chichi, de seguro que es culichi —dicen por allá.

En los estados del noroeste hay una variadísima laya de adjetivos que hacen las veces de nombres gentilicios. A los habitantes de Mexicali, por ejemplo, se les llama «güevosfríos», por la costumbre que tienen de llevar en la entrepierna, cuando van manejando, la botella o lata de cerveza helada.

Los culichis son dueños de travieso ingenio. «Culiacán —dice Chuy Andrade— es ciudad de las seis de la tarde pa' delante». Eso quiere decir que ahí gustan las tertulias, los saraos, las noches de bohemia y farra. Como consecuencia de esa alegría nocturnal se ven cosas de gran efecto. En cierto periódico de Culiacán se publicó una noticia con este titular:

Navolato a oscuras por falta de luz.

El modo de hablar de los culichis es sabroso. Dicen: «le echó agua sucia», por decir que lo calumnió. Dicen «topón» por «encuentro inesperado». Llaman «anclada» a la que nunca se casó. «Tiene angora» significa que alguien es persona de mucha calidad. Si alguien te pregunta muy serio: «¿Está usted arranado?», es porque quiere saber si estás casado. «Aperingarse» algo quiere decir robárselo. A los Josés no les dicen Pepe, sino Chepe. Estudiante «chilutero» es el que en otros lados es llamado «machetero», es decir, que se aprende todo de memoria para el examen. Las urracas son «cachoras». Al muy gordo le dicen «buenpalrastro». A la muchacha en edad de merecer, pero soltera aún, la llaman «cuerpodioquis». Y oigan esto:

—Fulano de Tal es afaltepán.

«Afaltepán» es síncopa de «a falta de pan». Con ese nombre, «afaltepán», son designados los gays.

También en Sonora he oído decires muy sabrosos. Me invitaron en cierta ocasión a comer en casa de un hermosillense, y se sirvió gazpacho. El niño de la casa probó el caldo, que no era caldo pues estaba frío.

—¿Qué es esto? —preguntó suspicaz al tiempo que gulusmeaba el plato.

—Comicalla —le dijo su mamá.

Pensé de pronto, necio de mí, que ese nombre recibiría en Sonora la rica sopa andaluza. No era así: comicalla era una forma de decirle al chamaquito: «Come y calla». Ante una pregunta igual, «¿Qué es esto?», en Saltillo nos decían nuestros papás: «Tolondrones para los preguntones».

—¡Puchi, el vuqui zuato! ¡Salir bichi al tanichi con el chucho pochi a comprar una jola de catotas!

Quien no sea sonorense se quedará en Babia al oír o leer estas palabras, y no entenderá nada. He aquí su traducción a la lengua de Cervantes:

—¡Fuchi, el niño tonto! ¡Salir desnudo al tendajo con el perro prieto a comprar tres centavos de canicas!

Imagino que esos regionalismos provienen principalmente del ópata. De esa lengua indígena hacía derivar don Horacio Sobarzo, sabio lingüista de Sonora, casi todas las palabras. La voz «pocho», por ejemplo, que sirve para designar al mexicano agringado, afirma don Horacio que proviene del ópata «potzico», que significa cortado, arrancado. El que ha sido arrancado de su tierra.

También la expresión «echar aguas» la finca en el ópata el señor Sobarzo. Dice que eso de echar aguas no tiene nada que ver con el preciado líquido. En ópata la palabra «agua» significa «ahí está». Tal sería entonces el origen de aquella palabra de advertencia: «¡Aguas!».

Otro ejemplo. Yo había oído decir que el término «bilimbique», usado para designar a los billetes emitidos por las diversas facciones revolucionarias, provenía de la expresión *Bill of bank*, impresa en el papel moneda americano. Sobarzo nos informa que un gringo viejo llamado William (Billy) Bick pagaba a los trabajadores de su mina con vales que él mismo hacía imprimir. Esos vales eran llamados *billybicks*. Habiendo tenido los sonorenses tanta participación en las luchas revolucionarias de ellos salió el vocablo «bilimbique».

También del ópata hace salir don Horacio la palabra «seri», nombre de los indígenas pertenecientes a ese pueblo. La voz «seri» quiere decir «el que corre a gran velocidad». Dice Sobarzo que para un seri es cosa normal cubrir a pie cincuenta leguas —doscientos kilómetros— en 24 horas. Los seris, describe, practican la hipofagia (comen carne de caballo) como medio para aumentar su ligereza en la carrera. No sé si todas estas consideraciones tengan base en la realidad o sean fruto de la fantasía de aquel sapientísimo filólogo.

Yo amo a las palabras, quizá porque de ellas vivo. Soy, a mucha honra, palabrista, palabroso, palabrero, palabrón. Y si estas palabras existieran sería también palabrador, palabrante y palabrín.

Una bella palabra encontré; es mexicana. Voy a ponerla sola, y en renglón aparte, a fin de que la paladees:

Yucutiucun.

¿No es cierto que se deslía en la boca, como un dulce? En lengua mixteca significa «Cerro de la mosca». Dos u, una i, y otras dos u... Música. Música pura.

He apuntado en mi cuaderno esa tierna, suavísima palabra. La estoy diciendo ahora en voz bajita, y me parece estar cantando una canción de cuna.

Tengo otras palabras favoritas: «Cucurpe», por ejemplo, toponimia sonorense que significa «donde cantó la paloma». Bello sonido; significado bello.

También me gusta mucho la palabra «lapislázuli». Cuando estuve en San Petersburgo miré en el Ermitage una preciosa mesa, larga de tres o cuatro metros, con cubierta de lapislázuli azul hondo. Me gustó la mesa, claro, pero la palabra me gusta todavía más.

Hermosa palabra es «sandunga». Tiene una sonoridad que la hace grata. «La sandunga» es, claro, música de Oaxaca, igual que «Canción mixteca» y el vals *Dios nunca muere*, de don Macedonio Alcalá, segundo himno de los oaxaqueños. «La sandunga», según los musicólogos, proviene de la región de Juchitán, donde viven algunas de las mujeres más hermosas de Oaxaca, estado rico en mexicanas bellas. Todos lo son, bendito sea Dios. En algunos tiene uno que fijarse bien, pero en todos se encontrarán mujeres lindas.

El nombre de «La sandunga» hace alusión a una mujer, naturalmente. Pero la palabra «sandunga» no es oaxaqueña, ni mexicana, ni española. Nos llegó de Cuba esa palabra, pero tampoco es voz cubana. La palabra «sandunga» —¡haiga cosas!, como dicen en el Potrero de Ábrego para expresar asombro— es término africano. Al menos eso dice don Esteban Pichardo, autor de un libro que se llama *Diccionario de voces cubanas*, de donde obtuve el dato que afortunadamente, por su sabrosura, se me quedó grabado en la memoria.

«Sandunga» viene de dos voces africanas, afirma don Esteban. La primera es *sa*, que significa sal; la segunda es *dungu*, que significa pimiento picante, vale decir, chile. ¿Podrá alguien olvidar, entonces, que «sandunga» quiere decir algo así como chile con sal? Se aplica ese calificativo a la mujer alegre y vivaz que habla con ingenio y camina con garbo. Es decir, a la mujer picosa y salerosa. A la sandunga. Sal y pimiento.

El mundo es un pañuelo, dice el dicho. Hay que añadir ahora: y no muy grande. De África vinieron a Cuba esas palabras, seguramente en barco de negreros, y ahí se convirtieron en piropo. Luego el término vino a México. ¡Tantas cosas buenas nos han llegado de Cuba! Y aquí, entre nosotros, la preciosa palabra se convirtió en nombre de canción. ¿Puede haber uso mejor para cualquier palabra que servir de nombre a una canción o a una mujer?

La palabra «tololoche», una de las más bellas que conozco, es del más puro origen maya. Don Juan Tolvaños, yucateco, ciego de nacimiento, intérprete de armonio en las iglesias, inventó un instrumento del que los otros músicos hicieron burla, por su forma y su tamaño. Lo llamaron «toro-loch», expresión híbrida cuya segunda palabra es maya y significa «abrazado». Pero la lengua maya no tiene la letra ere, y así el toro-loch se convirtió en tolo-loch, y luego en tololoche.

El aviador coahuilense Emilio Carranza bautizó en broma su aeroplano con el nombre de El tololoche. Desde ese avión arrojó bombas contra el monumento a Cristo Rey en el cerro del Cubilete, en Guanajuato, cuando el aciago enfrentamiento entre la Iglesia y el Gobierno en México. Eso sucedió a fines de los años veinte del pasado siglo. Cuando poco tiempo después el infortunado piloto perdió la vida al caer su avión en un lugar boscoso, cerca de Washington D.C., a donde había volado en viaje de buena voluntad, muchos católicos dijeron que su muerte, en plena juventud, fue castigo de Dios por haber bombardeado su imagen. Cosas de los tiempos.

En Mérida oí cantar al trío Ensueño. El modo en que ese trío canta el «Caminante del Mayab» no tiene igual. Uno de los trovadores tiene una voz de bajo que modula con maestría para llenar de matices esa bellísima canción. De los tres cantores que forman el trío Ensueño uno toca el requinto, el otro la guitarra y el tercero el tololoche. Instrumento muy especial es este. Algo se parece por su tamaño y forma al guitarrón de los mariachis, pero tiene una vara, como los chelos, para apoyarlo en el suelo, y se pulsa igual que un contrabajo. Infinitas gracias le doy a Dios por no haberme quitado a estas alturas el don de emocionarme cuando oigo cantar una canción hermosa. Dicen que uno de los quebrantos que vienen con la edad es la resequedad de espíritu. Edad tengo bastante, ciertamente, pero no me ha llegado aún esa aridez, bendito sea el Señor.

Los mayas practicaban ya las cabañuelas. Su expresión para designarlas es todavía *chac-chac*.

En el mes de enero se calculan las famosas «cabañuelas», arte de pronosticar el tiempo de todo el año observando la temperatura y condiciones generales del clima durante los días y horas de ese primer mes del año.

Con enhiesto orgullo nacional don Francisco J. Santamaría afirmaba que esa tradición de las cabañuelas es «exclusivamente mexicana». Sin embargo, el Diccionario de la Academia define la palabra, y no la califica de «mejicanismo».

El gran filólogo tabasqueño también se dio a la tarea de investigar la palabra «chilango»: el término es una variante de la voz *xilango*, del maya *xilaan*, pelo revuelto o encrespado. Según don Francisco, con el nombre de chilango se designaba popularmente en Veracruz «al habitante del interior, especialmente al pelado de México».

He aquí otra posible explicación. El pescador de la costa veracruzana llamaba «huachinango» al hombre de tez clara y rubicunda, pues le recordaba a aquel pez. Quizá de ahí «chinango», y luego «chilango». Y quizá también, de huachinango, otra palabra usada con tono peyorativo: «guacho», que se usa en algunos estados de la república, algunos tan distantes entre sí como Sonora y Tabasco, para designar a quien no es oriundo del lugar sino llegado de otra parte.

¿Quién iba a imaginar, pregunto yo, que en el norte hay rasgos de cultura maya? En Baja California se han hallado joyas prehispánicas incrustadas con nácar de conchas que solo en el Caribe se pueden encontrar. Eso prueba en manera indubitable, a juicio de algunos historiadores, que los comerciantes mayas llegaron hasta allá.

Otras voces usamos que del maya vienen. Vamos a ver: ¿cómo llamamos acá al pájaro cenzontle, el de las cuatrocientas voces? Lo llamamos «chico». Pues bien: esa palabra es maya. Viene de *chik*, que quiere decir «el que remeda». En efecto, los cenzontles imitan el trino de las demás aves canoras. Dice un cuento que el cenzontle llegó tarde el día en que Diosito repartió sus cantos a los pájaros. No había ya canto para él. Desolado, el cenzontle le preguntó al Creador: «Y ahora yo, ¿qué hago?». Le respondió Yahvé, mortificado: «Canta, como todos». El cenzontle creyó escuchar: «Canta como todos», sin la coma, y por eso imita con su canto el de todos los pájaros.

En Saltillo hay un ejido llamado Jagüey de Ferniza. La palabra «jagüey» es poco usada. Significa estanque lleno de agua. Algunos propietarios que tienen cabaña por ahí, sobre todo los regiomontanos, dicen y escriben «Hawai de Ferniza». Muy chic el nombrecito, pero equivocado: la palabra «jagüey» es voz de origen maya. Viene de «ja», agua, y «uai», acá. Acá hay agua.

No solo voces mayas tenemos en el norte; también frases completas. Cuando quieres decir que naciste en tal lugar usas una expresión muy familiar: «Ahí tengo enterrado el ombligo». Eso viene de una costumbre maya, vigente todavía en muchos pueblos de Yucatán, que consiste en enterrar las «pares» o parias —placenta, membranas, y lo demás que la mujer expele en el parto—, junto con el cordón umbilical del recién nacido, en el lugar preciso en que este vino al mundo, bajo el petate, cama o hamaca donde su madre lo alumbró. Uso es ese que los humanos aprendieron de los animales. Estas sabias criaturas suelen cubrir con tierra las pares, a fin de que los predadores no busquen a la cría para devorarla.

¿Se usará todavía la palabra «choquío»? «Huele a choquío», se decía de las criaturas que despedían un olorcillo agrio, el de la leche que devolvían después de haberla bebido. Esa palabra nos llegó también del maya. Shuqío quiere decir peste, mal olor.

¿Qué hilos extraños se tendieron entre el lejano Yucatán, o la remota Guatemala, y las tierras norteñas? ¿Por qué caminos misteriosos nos llegaron esas palabras, salidas de una lengua tan ajena? No removamos esos hilos, pues quizás al hacerlo moveremos a todos los humanos. Dijo Ciro Alegría que el mundo es ancho y ajeno. Quién sabe... A lo mejor no es tan ajeno ni tan ancho.

Al igual que las palabras, cada letra posee un carácter distintivo. La be, por ejemplo, aparece en muchos vocablos que denotan poca inteligencia: bobo, bruto, baboso, bestia, burro, babieca, beocio, bausán...

La pe es una be más fuerte. Con esa letra empieza la palabra que en México empleamos para calificar al bobo más bobo, al bruto más bruto, al etcétera más etcétera.

Muchas voces interesantes, que nada tienen que ver con idiotez, comienzan también con esa letra. Pondré algunas.

Pipiripao. Esta voz ha caído en desuso. Significaba mediocre, de medio pelo. «Trae un novio de pipiripao». Ahora la gente dice «pipiripau».

—Viejo, diles a los mariachis que me toquen «El Papanicolau».

—«El Pipiripau», vieja, «El Pipiripau».

Pajuelazo. Esta palabra sirve para designar el trago de una bebida fuerte. «Vamos a echarnos un pajuelazo, a ver si se nos quita el frío». En lengua de pastores la pajuela es el uno de los dos extremos de la honda, el que al soltarse restalla y hace un ruido como de látigo al chasquear. Así, el pajuelazo es semejante a un golpe o latigazo en las tripas, que reanima y vivifica a quien lo toma. En España «pajuela» es una especie de cerillo que al encenderse arde con mucha luz y mucha llama.

Piocha. Esta palabra es mexicana; proviene del azteca *pichtli*, coleta. Los indios se dejaban una en el cogote cuando eran rapados. Después, la piocha cambió de sitio, y el nombre se aplicó a una barba corta y terminada en punta. Allá por los años cuarenta del pasado siglo surgió una seña que consistía en hacer como que alguien se cogía la piocha. Ese ademán servía para exaltar las buenas cualidades de algo. «Fulanita está muy piocha», se decía.

Pilinque. «Comí como cura —dijo uno al terminar la comida—. Quedé pilinque». *Pilinque* viene del náhuatl *pilihue*, harto, lleno.

Panfué. Este es un eufemismo delicioso que usaban nuestras abuelas para no decir «caca». «Este niño huele mucho a panfué». Si se mira bien, la expresión es bastante filosófica.

Pringapiés. Eufemismo para referirse a la diarrea.

Pipiolo. Niño pequeño. Yo veía esa palabra en las tiras cómicas venidas de Argentina. Ahora me encuentro —*Diccionario de Americanismos*, de don Francisco J. Santamaría— con que la palabra viene del náhuatl *pipiyolin*, que quiere decir «niño», «chamaco».

Las palabras —se ha dicho desde Nebrija a Chomsky— son como las hojitas, las hojitas que de los árboles se caen: nacen, viven y desaparecen.

En el curso de mi ya larga vida he visto surgir vocablos que tuvieron uso durante cierto tiempo, ora corto, ora largo, y luego dejaron de emplearse y cayeron en el profundo olvido.

¿Sabrán los muchachos de ahora —y algunas muchachas— el significado del verbo «pichonear»? Ese término estuvo muy en boga en los años de mi primera juventud. En otras juventudes anteriores también se usó tal verbo, pues don Artemio de Valle Arizpe se lo comunicó al eminente filólogo Santamaría, quien lo puso en su gran *Diccionario de Mejicanismos*:

> *Pichonear*. En el norte, en Coahuila al menos, según Valle Arizpe, cachondear, guacamolear, manosear a una mujer...

Tal era, en efecto, el sentido que dábamos a esa palabra, aunque referido estrictamente al manoseo del busto femenino, que lo demás ya era otra cosa de mayor entidad, no simple pichoneo. Amables chicas que no oponían resistencia a los tocamientos pectorales se volvían leonas o tigresas de Hircania cuando la mano varonil pretendía viajar a otras regiones más pudendas. Han de haber dicho: «De la tapia todo; de la huerta nada».

¿Y ese otro verbo, «guacamolear»? Por estas latitudes no se ha usado. El mismo Santamaría lo define:

Guacamolear: Cachondear, manosear con propósito sensual

Añade don Francisco:

Guacamoleo: Manoseo de una hembra por el hombre, o viceversa.

Ahora caigo, como dicen en las comedias españolas. Ya me explico por qué en el norte no tuvimos nunca esa palabra: porque el guacamoleo es de ida y vuelta —es decir, en él también participa la mujer— y el pichoneo, en cambio, era obra exclusiva de varón. En tal ejercicio la participante no participaba. Quiero decir que se mantenía pasiva. Como el liberalismo, se limitaba a dejar hacer, dejar pasar. Otra cosa ya era otra cosa, y no se llamaba pichonear. En Tabasco el clima lleva a extremos tropicales y a inundaciones copiosísimas. En el norte no. (Aunque hay que reconocer que el clima está cambiando).

¿Se sigue usando aquel undoso verbo de feliz memoria, «pichonear»? Supongo que la tarea se hace todavía, y alguna palabra debe haber para nombrarla. ¿Será la misma? A lo mejor ha sido sustituida por algún voquible extranjero sacado del lenguaje de la computación. No sé... En todo caso he querido dejar constancia de ese término tan musical y evocatorio. Sirva este pequeño e inofensivo ejercicio filológico para ilustrar aquella verdad sabida por Chomsky y por Nebrija: el lenguaje es un objeto vivo que se transforma de continuo. También nosotros nos transformamos con el tiempo, pero lo pichoneado... perdón, lo bailado, quién nos lo quita.

Cada región del país tiene sus moditos de hablar. Deberíamos tratar de conservarlos.

Le preguntó el maestro a un alumno de Leyes:

—¿Sabes lo que es un auto de formal prisión?

—Sí —respondió el escolapio—. La julia.

La julia... Ya no se usa ese vehículo, y tampoco se emplea, por lo tanto, la palabra que servía para designarlo.

—Si se siguen portando mal —amenazaban las mamás a sus traviesos hijos— le voy a hablar a la julia para que se los lleve.

La julia era un vehículo policial que inspiraba temor lo mismo a niños que a adultos que se portaban mal. Era como un vagón sin ventanas, salvo las dos de atrás por cuyos pequeños vidrios nos veían con ojos angustiados los infelices a quienes la julia se llevaba.

¿Por qué se llamaba así la julia? No lo sé. Alguien me dijo que la palabra «julia» es onomatopéyica, e imita el sonido —«juuuuu»— de las sirenas policíacas. Pero yo no recuerdo que la julia trajera sirena. Era ominosamente silenciosa; llegaba muda, como las desgracias, y tácita, como la muerte.

—¿Qué razón me da de mi hijo? —preguntaba tímidamente al cantinero, asomando apenas la cabeza por la puerta de persiana de la taberna, la madre de un joven dado a borracheras.

—Se lo llevó la julia —respondía con laconismo el hombre.

Se había portado mal, como cuando era niño, y ahora sí la julia se lo llevaba de a deveras.

Al día siguiente saldría ese muchacho en la fajina, cuerda de presos, generalmente borrachitos que habían cometido faltas al reglamento municipal, y que eran sacados de la cárcel a fin de que pagaran su culpa barriendo las calles de la ciudad. Con eso el Municipio se ahorraba el salario de los barrenderos, y se cumplía además la función para la cual antiguamente servía la picota: avergonzar al delincuente exponiéndolo al público ludibrio. Alguna vez oí contar de un draconiano alcalde que hizo salir en la fajina a un par de mozalbetes de buenas familias que fueron llevados al «bote» por escandalizar en la vía pública después de un baile en el Casino. Yo, la verdad, nunca vi en la fajina a nadie de acomodada posición, ni regular. Eran pobres nomás los que sufrían esa pena, igual que padecían otras muchas, con callada resignación, y sin alzar casi la cabeza por la vergüenza que les causaba ese castigo. Eran pobres, sí, pero desvergonzados no.

También con la frente abatida iban los reos —¡cuántas veces de niño los miré pasar!— que bajaban por la calle de General Cepeda, mi calle, llevando en grandes ollas la comida para los presos en la penitenciaría del estado que estaba a unas cuadras, en la calle de Castelar. Preparaban esa comida las reclusas en la cárcel de mujeres —esta prisión se hallaba por la calle de Bravo, muy al sur—, y era enviada en aquellas ollas, suspendidas de un palo apoyado en los hombros de los dos prisioneros que las cargaban, con la custodia de gendarmes.

Cierro ahora los ojos y escucho en mi duermevela infantil el ruido que hacían los cascos de los caballos del rondín, pareja de guardias nocturnos. Acompasado y sonoro, casi musical, se oía aquel ruido, pero ponía una extraña angustia en mi pequeña alma de niño.

Cada región del país ha inventado sus propios modos de hablar. Durante mucho tiempo se usó entre los poblanos una expresión entre humorística y burlona que ya desapareció. Tal expresión era: «¿Qué de veras, Miramón?». Se empleaba para poner en tela de duda lo que alguien estaba diciendo. Salió la frase de unos versillos anónimos que circularon en volantes después de la derrota de las fuerzas conservadoras en la batalla de Calpulalpan. En esos versillos Miramón le contaba a su esposa Concha las hazañas que había consumado en el encuentro:

Los sonorenses dicen: «¡Áñil!». Esa interjección equivale a: «¡Claro!», «¡Naturalmente!». En un programa de radio cierta señora se quejaba de sus dificultades para coger agua, entonces muy racionada por la autoridad municipal. Tenía que levantarse a medias de la noche para cogerla en cubetas, pues después ya no habría. Le preguntó el locutor:

—¿Y cogió anoche?

Después de una pausa respondió la señora:

—¡Áñil!

Hay una expresión ponderativa que se usó en gran parte del país, al comenzar el siglo XX, para expresar lo caro que estaban las cosas: «En la ciudad de Durango cuatro reales vale un chango».

—¿Cuánto cuesta este hilo?

—Un real.

—¡Qué caro!

—Marchante: en la ciudad de Durango cuatro reales vale un chango.

Es decir, todo está muy caro.

Igual podríamos decir nosotros ahora, agobiados por los altos precios: En la ciudad de Durango cuatro reales vale un chango.

—¡Mando el sol, mando la luna...!

Así empezaba el parlamento de Luzbel en las antiguas pastorelas mexicanas. Nunca faltaba alguien que le gritara al actor que hacía el papel:

—¡Lo que debes mandar es el chivo a tu casa!

Por «chivo» se entiende el gasto diario; lo que se necesita para comprar la manutención de cada día en el hogar. ¿De dónde viene esa palabreja, «chivo»? Don Horacio Sobarzo, filólogo sonorense, sostiene que viene del vocablo ópata *uchivo*, o simplemente *chivo*, que significa pitahaya. En cierta época del año, afirma don Horacio, la pitahaya era el sustento diario de las tribus del noroeste, el pan de cada día. Como quien dice, el chivo. De ahí el nombre, recogido por el gracejo popular. Etimología de difícil probanza, quizá, pero ciertamente muy sugestiva.

¡Cuántas mágicas cosas tiene Oaxaca que deslumbran! En 1770 el señor Obispo Lorenzana habló en una de sus cartas pastorales de cierto pueblo que se expresaba en una lengua que solo podía entenderse de día, pues cada palabra iba acompañada de un gesto que influía en su significación. Así, por ejemplo, la palabra «mi» pronunciada con la mano derecha puesta arriba significaba «sol», pero si la misma palabra «mi» se decía con la mano derecha puesta abajo entonces quería decir «luna». Como en la oscuridad no se podía ver el movimiento o gesto que acompañaba a los vocablos entonces aquel era un lenguaje puramente diurno.

¿Habrá otro país del mundo, me pregunto yo, donde se puedan encontrar prodigios como el de este idioma pantomímico que alguna vez se habló —y se vio— en Oaxaca?

El habla de la gente de Saltillo tiene peculiaridades que la singularizan y la hacen diferente, aunque sea en matices sutilísimos, de la forma de hablar en otras partes.

Así, por ejemplo, mientras en casi todas las ciudades la gente dice, hablando de las calles, «la Morelos», «la Victoria», nosotros decimos «la de Morelos», «la de Victoria» y así.

Ya no tanto, pero antes, cuando la influencia del campo en los modos de la ciudad era mayor, se usaban aquí expresiones de origen campirano. «Deque» por «deme acá», es solamente una entre muchas sabrosas formas de decir que en Saltillo se oían a cada paso, y que por desgracia la brutal igualación del habla que han traído consigo las tecnologías va haciendo desaparecer en forma paulatina.

«*Case*» es otra de esas expresiones, económica abreviación, muy útil síncopa que permitía decir «casa de», o «en casa de» con solo cuatro letras. «Voy case mi abuelita». «Está *case* su primo».

¿Y qué decir de «*anca*»? «*Anca*» se usaba también en vez de «en casa de». «Voy *anca* María» equivalía ni más ni menos que a «Voy a la casa de María».

Dos hospederías había en el Saltillo en el pasado, lugar de alojamiento para tratantes de comercio o viajeros de ocasión. Uno lo regenteaba un español de apellido Garce. El otro pertenecía a un americano de apellido Brown, apelativo que los saltillenses habían hecho castellano diciendo simplemente «Bron».

Picardía inocente de los saltillenses, que han gustado siempre de poner sal y pimienta a su conversación, era jugar con los apellidos de esos señores hosteleros, anteponiéndoles la expresión que se refería a su casa:

—¿A dónde va Fulano?

—*Anca* Garce.

—¿Dónde se hospeda Zutano?

—*Anca* Brón.

Y celebraban con sonorosas carcajadas aquel gracejo inofensivo, que sacaba los colores a las mejillas de nuestras abuelas.

Se van perdiendo ya los modos de hablar de nuestra tierra, igual que se perdió la candidez de aquellas ingenuas ocurrencias. Como quien dice, los nuevos tiempos y sus novedades nos van quitando hasta el modito de hablar.

—¡Ave María Purísima!

Así decía el visitante que llegaba a una casa. Las puertas no estaban cerradas, como ahora, sino abiertas de par en par. Las señoras tenían a orgullo mostrar sus jardines florecidos, y sus macetas con profuso verdor de helechos o de espárragos. Además, en los pueblos y ciudades mexicanas todo mundo se conocía, y nadie desconfiaba de nadie. No es como en estos tiempos, que todo mundo se conoce y por eso todo mundo desconfía de todo mundo.

Las puertas estaban abiertas siempre, como dije. Y aun cerradas por el invierno tenían un cordoncito atado al pestillo de la cerradura. El otro extremo de ese cordel salía por un agujerito hecho en la puerta. Bastaba tirar del cordoncito —tenía un nudo, a fin de evitar que se escurriera— para abrir la puerta y colarse de rondón. Todos en aquel tiempo eran Pedros que entraban en todas las casas como Pedro por su casa.

—¡Ave María Purísima!

—Sin pecado concebida.

Así respondían los de casa. Era un saludo de rigor, como hoy «Qué onda».

Las casas también han cambiado; las de ahora no tienen ya cuarto de triques. Por eso los triques han acabado por desaparecer.

¿Qué eran los triques? No eran los trebejos. Los trebejos son otra cosa, diferente, pues los trebejos sirven y los triques no. «Trebejos» es el nombre más correcto para designar las piezas del ajedrez. Tampoco son bártulos los triques, porque los bártulos se pueden liar, y no los triques. Los bártulos son cosas útiles, enseres, y los triques no. Esa palabra, «bártulos», viene del nombre de Bartolo, jurisconsulto de Roma muy famoso cuyos textos usaban los estudiantes medievales. Cuando acababa el curso y se iban de vacaciones aquellos escolapios ataban sus libros para llevárselos a casa. De ahí viene eso de «liar los bártulos».

¿Qué son, entonces, los triques? Los triques son... los triques. La palabra no figura en el diccionario de la Academia, y el de «mejicanismos» del tabasqueño señor Santamaría define la voz con otro sentido diferente al que siempre le hemos dado. Dice don Francisco que triques son «trastos o cacharros», y eso no es cierto. Triques son las cosas, más bien de tamaño grande, que ya han dejado de servir y que son arrumbadas en algún sitio de la casa como objetos inútiles. Es la cama que un buen día —o una mejor noche— se derrengó de pronto y hubo que cambiar por otra nueva; es el viejo y gastado ropero recibido como una herencia de la abuela y que no va con los muebles, mejores, de la casa; es el antiguo «chifonier» o el anticuado «chiforró» que ya pasó de moda; es la escalera a la que se le quebraron tres peldaños; es la garrocha sin pelo o el plumero desplumado; es el colchón inservible a fuerza de tantas meadas infantiles... Todo eso son los triques.

Yo leo el diccionario de la Academia como los sacerdotes de antes leían su breviario: todos los días y devotamente. Me divierte y me ilustra su lectura, y me deleitan sus páginas como si fueran de la novela más entretenida. No subrayo sus renglones ni pongo anotaciones en sus márgenes: eso sería sacrilegio, pues para mí el diccionario es como un libro religioso, pues me liga a ese maravilloso invento, a ese prodigio que es el lenguaje de los hombres. Pero tengo un cuaderno verde, de hojas grandes, en donde anoto los descubrimientos que hago en esa veta aurífera y plateada que el diccionario es. Ahí encontré esta palabra: pelitrique.

Pelitrique: Cualquier cosa de poca entidad o valor.

Me pregunto si nuestro vocablo «trique» no vendrá de esa voz, «pelitrique», marcada por el diccionario como familiar. Me pregunto también si todavía se emplea la palabra. ¡Tantas han desaparecido, como hojas de un árbol que caen! Quizás hay en el mundo un espacio medido para las palabras, y unas deben morir, desparecer, irse para que quepan otras, como sucede también entre los hombres. Pero en mi casa tengo un cuarto de triques para las palabras que ya no se usan, y en ese cuarto pongo la palabra «triques», herencia de los abuelos que no se debe tirar, sino guardarse, aunque sea en el cuarto de los triques.

Conocí hace algún tiempo en Monterrey a un excelente actor apellidado Sancho, y que solía fungir también como maestro de ceremonias.

Cuando se presentaba a sí mismo decía:

—Me apellido Sancho.

Y repetía luego:

—Sancho, a sus órdenes.

Y es que la palabra «sancho», según es bien sabido, se usa en lenguaje popular para aludir a aquel que en lenguaje culto es llamado «mancebo» o «querido», es decir, el hombre que se refocila con la mujer ajena en ausencia del esposo. Al marido que sufre tal agravio se le nombra «cornudo» en lenguaje vulgar. En lenguaje culto se le llama peor: «cabrón», palabra que el diccionario de la Academia define como «El casado con mujer adúltera». En ocasiones, el lenguaje culto es menos culto que el vulgar.

Me preguntó aquel actor cuál es el origen de la palabra «sancho» usada para designar al que entra cuando el marido sale. No se lo supe decir. El diccionario dice que «sancho» significa «puerco, cerdo». Habrá que relacionar la voz con «chancho», americanismo proveniente de «sancho», y que se aplica al puerco, sucio, desaseado. Si por eso se llama sancho al mancebo de la mujer casada entonces el vocablo me parece duro. Pero no: en el folclor el sancho es un personaje al que se ve con simpatía. También el sancho es el animal macho criado por una hembra que no es su madre. Aquí nos acercamos algo al significado coloquial de «sancho» en el sentido adulterino.

Curiosamente he encontrado la palabra «sancho» usada no para designar al amante, sino al marido engañado. Así la emplea Whitt E. Brondo, autor de un curioso libro intitulado *Regiomontana*, publicado en 1937: «... Los sanchos dicen en Nuevo León a los cabros mansos, amaestrados para servir de guías al hato. Los sanchos no entran en el redil: se quedan libres... Pese a la bravura de los reyes navarros, en Nuevo León se designa por sancho todo animal manso y domesticado... Con esto ponemos punto final a nuestra digresión, anotando de paso que cuando un marido llega a la categoría de sancho es porque ha reunido múltiples y esclarecidos merecimientos...».

En el lenguaje de la picaresca el sancho es el amante de la mujer casada. Sin embargo, para merecer verdaderamente el nombre de sancho debe cumplir su oficio en la propia casa del marido. Parece que esa circunstancia especial es lo que caracteriza al sancho. Si ejerce su actividad en un motel, o en su propio domicilio, o en el departamento de un amigo, entonces podrá llamarse solamente «amante», pero nunca «sancho». El sancho, ya se dijo, es el que entra cuando el marido sale, y hace sus veces en el propio sitio del ausente. Por eso en Sonora el sancho es llamado «patadelana», porque entra con pasos silenciosos, sin ser sentido nunca.

El término «sancho» aparece en varios gracejos populares, como el de aquel señor que al oír hablar de la abundancia de adulterios decía muy preocupado:

—No cabe duda: el pueblo se está ensanchando.

La palabra «sancho» está en francas vías de desaparición. Ahora el sancho ya no se llama así. Ahora al sancho se le llama «el pendiente». Por eso, si una esposa le dice a su marido: «Avísame a qué horas vas a llegar hoy en la noche, para no estar con el pendiente»; entonces el señor ya sabe a qué atenerse.

El ingenio popular se muestra en muchas formas. Mi admirado tocayo Armando Jiménez, coahuilense él, de Piedras Negras, abrió nuevos caminos a la investigación del folclor cuando se puso con paciencia a buscar en mingitorios de cantina las inscripciones que dejan ahí los parroquianos. No solo ahí las buscó: en el baño de un vagón de ferrocarril el autor de *Picardía mexicana*, el libro más vendido en los anales de la imprenta nacional, halló un aviso admonitorio:

> Se prohíbe hacer uso del baño estando el tren en la estación.
> La empresa.

Al pie de la advertencia un anónimo liróforo escribió esta cuarteta lapidaria:

> Me causa risa y sorpresa
> este aviso estrafalario,
> pues debe saber la Empresa
> que el culo no tiene horario.

Son famosos también los letreros que pone la gente en la defensa de sus vehículos, sobre todo en camiones de carga o en las unidades —así se les llama— del transporte urbano o de pasajeros en las líneas que prestan servicio entre una ciudad y otra.

De aquellos letreros, los de vehículos cargueros, recuerdo uno que vi en la parte trasera de una troca —del inglés truck, troca— destinada al transporte de materiales para la construcción. Decía el tal letrero:

Soy materialista, pero no dialéctico.

En un autobús de carretera leí esta otra inscripción igualmente culterana:

En busca del tiempo perdido.

De los últimos letreros que he visto uno me llamó la atención. Lo miré en la defensa de un pequeño coche de los que llaman compactos. Parecía ese letrero ser el nombre del gastado vehículo: El Bitoque.

En el momento en que leí el letrero iba llegando el dueño del cochecito. Resultó que lo conocía yo: había sido mi compañero en algunas andanzas juveniles. Le pregunté, curioso:

—¿Por qué a tu coche le pusiste ese nombre tan raro, El Bitoque?

Me respondió:

—Tengo este cochecito desde hace años, y ya dio lo que tenía que dar. A cada rato me da problemas, y pasa más tiempo en el taller que en la calle. He querido venderlo, pero quizá por el afecto que le tengo le puse un precio alto. Cuando a un presunto cliente le digo el precio él me pide que se lo rebaje. Yo me niego, quizá porque no me quiero deshacer del carrito. E invariablemente el comprador me dice enojado:

—¡Entonces mételo ya sabes dónde!

—Por eso —continuó mi amigo— le puse así al cochecito: El bitoque. Porque todos me dicen que me lo ponga donde los bitoques se ponen.

Hacía mucho que no escuchaba yo esa palabreja, «bitoque». Son de las que revelan la edad de quien las usa. Si uno dice que fue «a la botica» en vez de decir «a la farmacia» con eso le sacan automáticamente los años. Las palabras son como las hojas de los árboles: unas nuevas y lucientes; otras, ajadas por el tiempo, acaban por caer. El diccionario de la Academia está repleto de voces a las que sigue la abreviatura «*Ant.*», que quiere decir «anticuada», o «*p. us.*», que quiere decir «poco usada». De esas palabras es, entre nosotros, el término «bitoque». Así como pasaron de moda las lavativas, antes remedio para todo (si una muchacha padecía mal de amores su mamá le aplicaba una lavativa), también quedaron olvidados los bitoques. Por eso me agradó ver esa palabra usada por mi amigo con traviesa intención.

Muchos vulgarismos hay en México para designar a los testículos del hombre. Uno de los que se usa más es «aguacates». Pensamos que a los testículos se les llama así, «aguacates», por la remota semejanza que tienen con el fruto. Error muy grande. La cosa es al revés: el aguacate se llama así por la semejanza que tiene con los testes, que así también —y dídimos, y escroto, y compañones— se llaman los testículos.

En efecto, en náhuatl la palabra *ahuacatl* significa precisamente eso: testículo. Los aztecas tenían una planta, el *aguacapatle*, que usaban para un doble propósito: aliviar el dolor de los testículos y hacer concebir a las mujeres.

Nuestros antepasados comían aguacate en abundancia, pues suponían que favorece la producción de semen. Atribuían al hueso notables propiedades afrodisíacas. Independientemente de eso, el fruto es muy sabroso.

Uno de sus nombres latinos es *Persea Gratissima*. Entre las muchas cosas que México ha regalado al mundo se encuentra el rico guacamole, que ahora, en incontables variaciones, se sirve como manjar en numerosos países, y que en el nuestro es obligado acompañante de tacos, gorditas, enchiladas, peneques, sopes, tortas, garnachas, palomitas, pambazos, memelas, tlacoyos, quesadillas, chalupas, totopos, molotes, tlayudas, burritos, tostadas, flautas, y otras delicias culinarias.

Tengo a mucha honra pertenecer a la Academia Alvaradeña de la Lengua. El diploma donde consta mi ingreso a esa corporación está firmado

—ai nomás— por Salvador Novo, Camilo José Cela y Armando Jiménez, el autor de *Picardía Mexicana*.

Dicha agrupación la integran escritores que usan en sus textos el habla popular con toda su carga de genio, ingenio y palabras de esas a las que llaman «malas», pero que son tan buenas como las otras, y en ocasiones aún más útiles. La Academia lleva el calificativo de «alvaradeña» porque ya se sabe que, en Alvarado, Veracruz, es donde esas palabras tienen mayor uso.

Se cuenta que al consulado mexicano de cierta ciudad de Europa llegó un tipo y dijo que le habían robado la cartera. Necesitaba dinero para volver a México.

—Pregúntele de dónde es —le pidió el cónsul a su secretaria.

—Dice que es de Alvarado —averiguó ella—, pero no tiene tipo de veracruzano.

—Dígale que no hay dinero.

A poco volvió la muchacha.

—¿Qué dijo el hombre? —le preguntó el cónsul.

—Entre otras muchas palabras que no puedo repetir dijo que vaya usted a tiznar a su madre.

—Dele el dinero. Es de Alvarado.

En cierta ocasión asistí en Alvarado a un singular concurso de maldiciones. Los participantes eran pericos cuyos dueños los entrenaban para decir el riquísimo catálogo de dicterios con que cuenta el idioma nacional. La ganadora fue una cotorrita que recitó, una tras otra, 32 maldiciones, desde «pendejo» —vocablo que pronunciaba «pindeho»— hasta la relativa a la mamá, con todas sus variaciones. Inteligente pájara, no cabe duda. Si se pudiera, cruzaría yo a esa periquita con un palomo mensajero. ¡Qué buenos recados mandaría yo a cierta gente que me sé!

En Alvarado la expresión «hijo de puta» se usa con toda naturalidad, y no tiene carácter ofensivo. Se dice allá «un hijo e' puta» como decimos «un fulano». Me cuenta un buen amigo que en la plaza de Alvarado un muchacho le pidió a un bolerito que le lustrara el calzado. Al terminar la operación el muchacho le dijo al chiquillo que el dinero se lo pagaría su mamá, una señora que estaba en la banca de al lado.

Fue el chamaco y le preguntó a la señora:

—Oiga: ¿usté es la mamá de ese hijo de puta?

La expresión «hideputa» es de rancia estirpe castellana. Recuerdo un par de versos en una comedia de Juan del Encina, versos de vituperio y maldición:

> ¡Hideputa avillanado,
> grosero, lanudo, brusco!

Cervantes afirmaba que ese término era tan de uso común que no debía vedarse. Aun a veces, declaró por boca de Sancho, esa palabra sirve para expresar admiración: «¡Hideputa, y qué bien combate!».

Ahora está de moda poner maldiciones en las notas periodísticas. Yo digo que esas palabras son como los desnudos en el cine: no se han de prohibir, pero solo deben usarse si son estrictamente necesarias.

Un campesino se negó a venderle su mula al señor cura. Le explicó:

—Padrecito: no tiene usted el vocabulario que se necesita para hacerla andar.

La verdad es que no hay «malas palabras». Toda palabra, por el solo hecho de existir, es buena, y tiene su razón de ser.

Una señorita soltera se quejó con el dueño de la farmacia: su dependiente había sido grosero con ella.

—No fui grosero —se defiende el muchacho—. La señorita me preguntó dónde debía ponerse el supositorio, y yo lo único que hice fue decírselo.

Ahora sucede que ya no se puede mentar la madre a gusto. En casi todas las ciudades hay reglamentos municipales que imponen multas draconianas a quien se vaya de la lengua y diga maldiciones.

Si tal disposición se pusiera en vigor en Alvarado, Veracruz, la comuna tendría ya más dinero que Wall Street y el Vaticano juntos, pues los alvaradeños intercalan un «¡Hijo de puta!» entre cada palabra que dicen. En Saltillo somos más bien morigerados en eso del lenguaje. Si acaso maldecimos, es solo en caso necesario, como el de aquel viejito que se murió de repente. Alguien le preguntó a su nieto.

—¿De qué murió tu abuelo?

—De maldiciento —respondió el chiquillo.

—¿Cómo de maldiciento? —dijo el otro sin entender.

—Sí —confirmó el niño—. Se fue cayendo de ladito y dijo: «¡Ah, chingao, ah chingao!».

Siempre me he preguntado de dónde viene ese verbo mexicano, «chingar», que tantas aplicaciones tiene, y tan útiles. Los diccionarios dicen que la palabra tiene origen gitano: de la voz «zíngaro» provendría «zingar», y de ahí nuestro galano verbo. En caló, que es el dialecto que hablan los gitanos, el verbo «alachingar» significa follar o fornicar.

No niego la validez de esa etimología, pero conozco una de mayor prosapia. A los desterrados de la Nueva España se les embarcaba en la nao de China, y recibían el nombre de «chinaos». «Chinar», o sea, desterrar, se volvió sinónimo de perjudicar o causar daño a alguien. De ahí provendría el término «chingar». ¿Cuál de esas dos explicaciones es la más plausible? Sepa la chingada.

Será cosa difícil aplicar con justicia los reglamentos que se han dado en llamar «del buen decir». Las malas palabras constituyen un alto porcentaje de nuestra habla cotidiana. Entre algunos cónyuges, por ejemplo, menudean las palabras duras. Una pareja de casados fue a una taquería. Le pidió la señora al mesero:

—A mí me trae una quesadilla, y unos tacos al cabrón.

—Querrá usted decir «al carbón» —la corrigió el camarero.

Replicó muy enojada la mujer:

—¡Usted no me va a decir cómo debo llamar a mi marido!

Yo me pregunto si la palabra «güey», tan en uso especialmente por los jóvenes, será objeto de sanción. En ese caso, ningún chavo —ni chava— quedará libre de culpa, pues todos se aplican ese apelativo unos a otros.

Cierto campesino que vivía en un rancho alejado de todo centro urbano vino un día con su mujer a la ciudad. Oyó cómo los adolescentes se decían «güey» unos a los otros, y le comentó a su esposa:

—¡Carajo, tanto que batallamos pa' hallarles nombres a los hijos, y acá todos se llaman igual!

Pienso que eso de la moderación lingüística es letra muerta, igual que la Constitución General de la República. Habría problemas graves al aplicar las multas. Por ejemplo, un juez le dirá al acusado:

—En los términos del *Reglamento del buen decir* le impongo una multa de quinientos pesos, pues el señor aquí presente se queja de que usted le dijo que fuera a chingar a su madre.

—Tenga mil, señor juez —le dirá el individuo—, y vaya usted también a chingar a la suya.

Voy a explicar el origen etimológico, histórico y semántico de la conocida y útil frase «Cómo chingaos no».

Todo mundo conoce el famoso corrido de Rosita Alvírez, y sabe por lo tanto que «... Hipólito llegó al baile, y a Rosa se dirigió; como era la más bonita Rosita lo desairó. [...] Echó mano a la cintura y una pistola sacó, y a la pobre de Rosita nomás tres tiros le dio...».

Eso todos lo sabemos, y lo sabemos de corrido. Lo que pocos conocen es la continuación y desenlace de la dramática historia.

Por su crimen Hipólito fue condenado a veinte años de prisión. En ese tiempo la hermana menor de Rosita, que se llamaba Rosilita, se había convertido en una muchacha de muy buen ver, y de mejor tocar. Y sucedió que el día en que Hipólito, cumplida su sentencia, salió de la prisión, había baile en la ciudad. Hipólito quiso ir, pues los bailes, lo recordamos, le gustaban mucho, y bailando quería celebrar su nueva libertad. En ese baile —cosas extrañas del destino— estaba Rosilita.

Cuando Hipólito apareció en la puerta las amigas de la muchacha le dijeron a ella:

—Mira: ese que está ahí es Hipólito, el que mató a tu hermana porque no quiso bailar con él.

En ese momento —extrañas cosas del destino— los ojos de Hipólito se fijaron en Rosilita. Y algo lo hizo ir hacia ella. Se le plantó delante y le dijo con sonorosa y ruda voz:

—¿Bailamos?

Y contestó rápidamente Rosilita:

—¡Cómo chingaos no!

¿Puedes recordar, lector —a ti, lectora, no te hago la pregunta—, puedes recordar cuál fue la primera grosería que aprendiste de niño? ¿Fue acaso la del cachetón del puro? ¿O fue aquella de «préstame el lápiz», etcétera? Yo de mí sé decir que una de las primeras leperadas que conocí fue la que se cantaba con música de *Las Alteñitas*:

Qué linda la mañana cuando sale el sol,
se agacha tu abuelita y se le ve el calzón.

Quien daba voz a esa formidable badomía tenía que confesarse con el padre Secondo. Él te recomendaba que no anduvieras diciendo ya esas cosas, y te ponía de penitencia tomarte una taza de chocolate con pan de azúcar. Las penitencias del padre Secondo no parecían de jesuita; parecían más bien de franciscano. Dios tiene seguramente en su santo reino a ese buen sacerdote. Ahí nos encontremos todos algún día, por la infinita misericordia del Señor.

Las alteñitas son las muchachas de los Altos de Jalisco. Tierra roja, y de cristeros, es esa. Los hombres son alzados, tanto de estatura como de ánimo. Gustan de los caballos, y tienen muchos dichos sobre ellos. De los Altos de Jalisco es esta férvida oración:

¡Que Dios me libre de un rayo,
de un burro en el mes de mayo,
y de un pendejo a caballo!

En un pueblo de los Altos de Jalisco oí este dicharacho:

Es del tiempo de la pajuela.

Me apena explicarlo, porque «la pajuela» es el trabajo manual que un hombre se hace a sí mismo como forzado alivio solitario a la concupiscencia. Debe ser muy antigua esta costumbre, a juzgar por ese dicho. Me dicen en Aguascalientes que esta frase la usan hasta las niñas, lo mismo que las señoras de respeto y las viejitas, para indicar que algo es muy antiguo. «Este ropero es del tiempo de la pajuela». No saben ellas que en lenguaje de picardía se llama «pajuela» a esa práctica que —según historiadores serios— tiene hondas raíces en el tiempo, y una gran tradición histórica.

Y hablando de tradiciones, ¿cuánto hace que no te dicen una adivinanza? ¿Cuánto hace que no la dices tú? Años y muy felices días, me supongo. Los de la niñez quizá. ¿Sabes cuándo vas a decir adivinanzas otra vez? Cuando seas abuelo igual que yo, y tengas un nieto de cinco años y una nieta de cuatro que te pidan: «Abuelito, dime una adivinanza».

Entonces recordarás las que tus padres y tus abuelos te dijeron: la de una vieja larga y seca que le escurre la manteca; la de la tejedora que en alto vive y en alto mora; la de tito tito capotito sube al cielo y tira un grito; la de aquella señorita muy aseñorada con muchos remiendos y ni una puntada...

Las adivinanzas son cosa muy bonita, joyas de folclor, igual que los refranes. Mi profesión de abuelo, la más hermosa profesión de todas, me ha puesto en la tarea de buscar por doquier adivinanzas. «Por doquier» significa en todas partes. Eso significa que las he procurado en libros —muy pocos hay que traten de este importante asunto—, y que le he preguntado a quien se deja si sabe alguna adivinanza. Cosa rara: en la ciudad ya no se usan las adivinanzas, pero en el campo sí. Del Potrero me traje unas muy lindas que me dijeron las señoras de más edad del rancho.

¿Por qué me gustan las adivinanzas? Por varias y muy diversas causas. Algunas tienen ingenio que rutila; otras poseen belleza literaria: son diminutas metáforas encantadoras; en unas se hallan muestras de honda filosofía... Y todas te llevan a emplear eso que llaman «pensamiento lateral», que es la aptitud de abarcar todos los ángulos de una cuestión en vez de considerar nomás el que está enfrente y a la vista.

¿Te digo una adivinanza? De ellas tengo una bolsa llena. Una por una las iré sacando, y pondré las respuestas al final.

1. Arca cerrada de buen parecer, ningún carpintero me la puede hacer, solo el Dios del cielo con su gran poder.
2. Me estiro, me encojo y de hule no soy. Con el sol acudo; de noche me voy.
3. En una verde montaña estaba la Virgen pura, con su ramo en la cabeza y su niño en la cintura.
4. Una serpiente ligera que se está en su madriguera, y, aun en esa prisión, de muchos es perdición.
5. Cuando me amarran me voy; cuando me sueltan me quedo.
6. Aquí van los frailecicos desfilando en procesión. Siete grandes, cuatro chicos, y un enano de pilón.
7. Aunque digas que está mal, está bien. Aunque digas que está bien, está mal.
8. Somos hijos delgados de madre gorda. Dormimos apretados bajo una colcha. Juntos andamos, pero nos separamos cuando caen gotas.
9. A ver si hay quién acierte: ¿cuál es el apellido de la muerte?
10. Tres mujeres vestidas de luto: la más vieja va adelante, la no tan vieja va en medio y la joven va detrás. ¿Quién es la viuda?

RESPUESTAS: 1-. El coco. 2.- La sombra. 3-. La planta del maíz. 4-. La lengua. 5-. La carreta. 6-. Los meses del año. (El enano es febrero). 7-. El tamal. 8-. Los alambres o varillas del paraguas. 9-. Segura. 10-. Labiuda es la mujer de labios gruesos. (Esta adivinanza es para ser dicha, no leída).

Del ingenio, imaginación y originalidad de los mexicanos han salido también anuncios publicitarios que se volvieron tradición. Con la memoria y el corazón reclinados en el muelle sillón de la nostalgia, recuerdo los comerciales de otros tiempos:

Estaban los tomatitos
muy contentitos,
cuando llegó el verdugo
a hacerlos jugo.
—¡Qué me importa la muerte
—dicen a coro—,
si muero con decoro
en las botellas de El Fuerte!

En la radio benemérita, los locutores nos deleitábamos con aquel marcial himno cantado por una poderosa voz de bajo o barítono:

¡Que no le falten
los serranitos!...

Solo por el placer de oírlo tocábamos una y otra vez el gigantesco disco de 78 revoluciones de aquel que fue uno de los primeros jingles que se escucharon.

Y, ¿qué decir de los anuncios de cerveza?
Sería belleza suma
volverse pato y nadar,
si estuviera hecho el mar
de cerveza Moctezuma.

Mucha fuerza de creación había entonces. Don Alonso Sordo Noriega hizo la publicidad de los Laboratorios Pharmakón, y puso a todo México a buscar el imaginario tesoro de Máximo Gris con la sola guía de una clave sibilina y misteriosa:

Izquierda, canillas, canto.
El tesoro existe, y es cuantioso.

Cuando algún presidente de la república inició una campaña para aumentar la población de México —¡qué tiempos tan otros aquellos otros tiempos!— los mexicanos fueron convocados a trabajar incansablemente, sin doblegarse nunca, en tareas de multiplicación. «Hacer hijos es hacer Patria», decía el eslogan o lema oficial de esa campaña. Cierto dueño de una pequeña fábrica de colchones hizo suyo tal lema:

> Hacer hijos es hacer Patria.
> ¡Haga Patria en Colchones «Progreso»!

El mejor anuncio, sin embargo, era el de unas pantaletas. No recuerdo la marca. El anuncio es inolvidable. Decía la publicidad de esas pantaletas:

> No somos lo mejor, pero estamos cerca de lo mejor.

Una palabra muy mexicana es «merolico». El término se emplea para designar a un charlatán, especialmente al que en la calle vende falsas panaceas: hierbas, píldoras, líquidos que lo curan todo.

En cierta ocasión fui a la Lagunilla, barrio entrañable en la Ciudad de México. Me estaba divirtiendo al observar cómo un merolico vendía cierto elixir cuya propaganda hacía según el posible cliente que pasaba. Veía venir a una señora con lentes gruesos y decía: «Para la vista cansada; para el cuidado de los ojos; para poder leer y ver de lejos...». Se acercaba un señor con poco pelo y anunciaba el charlatán: «Para frenar la caída del cabello; para fortalecer las raíces capilares...».

Yo reía en mi interior mirando aquello. No me reí ya tanto cuando al pasar yo frente al merolico oí que decía: «Para quitar las canas; para bajar la panza; para mejorar la figura; para aumentar la memoria; para evitar la incontinencia que viene con los años; para detener esas molestas flatulencias; para vigorizar los miembros flácidos...». Dios confunda a ese canalla.

El vocablo «merolico» proviene del nombre de un supuesto médico que se hacía llamar el doctor Meraulyock. Llegado a Veracruz en tiempos de Maximiliano, vendió en el Puerto, en Puebla después, y finalmente en la Ciudad de México, donde se estableció, un llamado «Aceite de San Jacobo» que supuestamente sanaba todas las enfermedades y prevenía todos los males corporales. Encomiaba su poción el curandero con una gárrula palabrería, al tiempo que acariciaba dos serpientes que ponían temor y asombro en la gente que le hacía corro. Después se supo que el tal médico era solo un charlatán. Ganó el pícaro, sin embargo, a más de mucho dinero, una cierta forma de inmortalidad cuando su nombre pasó a formar parte del rico acervo de mexicanismos que imantan al idioma del blanco.

Otro término muy mexicano es «pamba». Antes no aparecía en el diccionario; ahora sí viene, pero con una definición que creo errónea. Señalan los académicos: «Pamba: Paliza; serie de golpes».

Yo pienso que no es lo mismo darle una pamba a alguien que darle una paliza. La paliza es algo muy serio y contundente; con ella se busca hacerle daño a aquel que la recibe. La pamba, en cambio, es un castigo más bien simbólico que se inflige a quien ha hecho algo que disgustó al grupo. La paliza puede ser individual: un hombre le puede dar una paliza a otro. La pamba, en cambio, es acto colectivo. Juan o Pedro da una paliza. La pamba la da siempre Fuenteovejuna, es decir todos a una.

Por su carácter simbólico la pamba no es una paliza que se da con palos: se da con la palma de la mano, y procurando —a menos que haya mala intención o cobardía— no hacer demasiado daño al pambaceado. La pamba es una especie de horcas caudinas que debe sufrir quien se apartó del grupo y no acató su decisión. Ejemplo: el grupo decide no entrar ese día a la clase de cierto maestro. Uno de los alumnos entra. Recibirá una pamba que le enseñará el valor de la solidaridad.

Vocablo parecido a «pamba», pero sin aparente relación con ella, es «pambazo». Esta voz no la registra el diccionario, y por eso merecen pamba los insignes académicos. El pambazo es, originalmente, un pan de mala calidad, hecho con harina inferior, y por lo tanto barato, para la gente pobre. Su nombre viene del italiano *pan basso*, es decir, bajo. Entiendo que ahora un pambazo es un pan relleno o untado con cualquier manjar sabroso y popular.

Cierta ocasión en que estuve en Aguascalientes me regalaron dos cajas de guayabas, de las mejores de Calvillo. Al emprender el viaje de regreso las hice poner en la sección de carga del avión, uno de los pequeños de una aerolínea que ya ni existe. Durante todo el vuelo la cabina de la aeronave —así se dice— olió a guayaba. Una señora dijo que ya la traía mareada aquel aroma. Yo me hice tonto, desde luego, a fin de no asumir la responsabilidad de tan intenso olor, como de jardín de Oriente o perfumado harén. Con razón García Márquez habló de «el olor de la guayaba». Huele esa fruta, huele...

Pero no solo guayabas traje de Aguascalientes. También traje decires. Los saqué de un anecdotario estudiantil narrado por el doctor Humberto Ruvalcaba. He aquí algunos.

No hay pendejo que no sea terco. Eso es muy cierto: señal clara del tarugo es empecinarse en sus tarugadas.

¡No te dejes, Enriqueta! Tal frase la dice alguien para animar a otro en una discusión o pleito. Según el doctor Rubalcava esa frase la dijo por primera vez un preparatoriano cuya maestra se llamaba así: Enriqueta. Pidió la profesora a otro alumno que le dijera el nombre de una isla del archipiélago de la Sonda. Respondió el escolapio: «Sumatra». Fue entonces cuando gritó el otro, distraído: «¡No te dejes, Enriqueta!». Pensó que se estaban peleando.

En cuestiones de doncellas, solo Dios y ellas. Significa que no conviene entrar en investigaciones sobre virgos. Lo sentenció el licenciado Severiano García cuando le pidió a la encargada de la ventanilla de Correos: «Dos timbres de veinte centavos, por favor, señora». «Señorita» —le reclamó ella. «No vengo a investigar virginidades, —replicó don Severiano—. A mí mis timbres». Así nacen las frases.

¡Vamos a ver si es verdad que a Chepa le vaporiza! Lo dice un valentón cuando otro le hace frente. Es lo mismo que decir: «Vamos a ver de qué cuero salen más correas».

Si ese alacrán me picara San Jorge sería un cabrón. Usa ese dicharacho el que confía en afrontar un peligro sin recibir daño. San Jorge, que combatió contra el dragón, es santo patrono de los animales, y sirve para protegernos de aquellos que nos amenazan: serpientes, tarántulas, arañas venenosas, etcétera. En los campamentos, cuando por la noche nos tendíamos sobre el vivo suelo para dormir, rezábamos la invocación que dice: «San Jorge bendito, amarra a tus animalitos».

La codicia mata al hombre, y el Calomel a los chatos. Este dicho vulgarón alude a cierto pernicioso insecto que se adquiría por vecindad venérea. Se combatía el tal insecto con Calomel, también llamado «pomada del soldado». Cierto mílite estaba en la botica cuando llegó una señora de la vida y pidió un peso de pomada del soldado. Se sintió aludido el militar, y dijo al boticario: «Y a mí deme dos pesos de pomada de la puta».

En Aguascalientes me dijeron de los pregones que aún se escuchan en los viejos barrios de la ciudad. Yo a mi vez recordé los pregones que en el Saltillo antiguo se escuchaban. El de aquel viejecillo que vendía una redundante nogada de nuez, golosina que tenía sabor de gloria pese a deficiencias de gramática. El del afilador, con su lastimero caramillo que María Enriqueta, la esposa de Carlos Pereyra, cantó en hermosos versos. El lacónico grito del señor aquel que con una palabra sola anunciaba su mercancía: «Miel», delicioso aguamiel fresco como agua fresca y dulce como la dulce miel. La voz bronca del hombrazo que muy de mañanita gritaba «¡Qué buenas cabezonas!», proponiendo así a la gula temprana de los saltillenses su humeante barbacoa. Cosas muy buenas tienen nuestros tiempos, pero cosas muy buenas tenían también los ya pasados. Entre ellas los gritos de los pregoneros, cuyos ecos oímos todavía como una voz venida del ayer.

De Guadalajara traje dos diminutivos. El primero es «colomitos». Los mexicanos conocemos esa palabra; se usa en la preciosa canción que en honor de la Perla de Occidente hizo Pepe Guízar. Tratemos de recordar:

Ay, Colomitos lejanos;
ay, ojitos de agua hermanos;
ay, Colomitos inolvidables,
inolvidables como las tardes
en que la lluvia
desde la loma
ir nos hacía
hasta Zapopan...
Por ahí va, más o menos.

Pero, ¿qué son colomitos? Ni esa palabra, ni la voz «colomos», las trae el diccionario de la Real. Viene, sí, «colomín», nombre con que se conoce al nacido en Santa Coloma, villa de Tarragona, España. Coloma se apellidaba el padre jesuita Luis, autor de novelas de mucho aliento como Jeromín, donde narró en modo maestro la vida de don Juan de Austria, el vencedor de Lepanto. Yo leí ese libro en la biblioteca del Círculo de Estudiantes y Empleados de Saltillo, fundado por el padre Roberto García en los años cincuenta, y recuerdo que su lectura me dejó buenas enseñanzas.

La palabra «coloma» viene del latín *columba*, que quiere decir paloma. Santa Coloma, o Columba, fue una mártir cristiana muerta por los musulmanes.

El colombo es una planta de raíz medicinal. Quizá de ahí venga «colomo», voz que sí registra Santamaría entre sus mexicanismos. Actualmente, Los Colomos es un hermoso bosque en plena ciudad de Guadalajara, que da su nombre a una colonia residencial muy exclusiva. Ahí está el Club Deportivo San Javier, cuyos socios me invitaron a perorar con motivo de cumplir ese club un año más de vida. Luego de la perorata me invitaron a cenar, y me llené de vacío. «Vacío» llaman allá al corte de carne de res que en otros lares se conoce con el nombre de «caña de filete».

El otro diminutivo que traje de Guadalajara es «San Rapidito». Sucede que en la colonia Providencia, por la calle de Ontario, hay una iglesia dedicada a la advocación de otro santo muy poco conocido: San Enrique Emperador. Este Enrique era alemán, nieto de Carlomagno. En un tiempo en que la guerra era el pasatiempo principal de la nobleza, él luchó por establecer la paz. Hacía que los señores juraran «... no robar buey ni vaca; no apresar aldeano ni forzar aldeana; no destruir casas ni incendiar mieses; no vendimiar las viñas con pretexto de guerra, y no invadir las iglesias, como no sea para arrestar a un malhechor...».

A la iglesia de San Enrique Emperador nadie la llama en Guadalajara con ese sonoro nombre, sino con otro más entrañable y cariñoso: San Rapidito. La gente le dice así porque en un tiempo hubo un sacerdote que oficiaba la misa en veinte minutos flat. El templo estaba siempre abarrotado, sobre todo de jóvenes. Para desahogar expeditamente la comunión, el padre disponía de una buena cantidad de ministros de la eucaristía, de modo que los fieles comulgaban con velocidad de tren exprés. Bendito sea Dios: yo he asistido a misas que duran dos horas, y de esos 120 minutos más de cien se los llevó el sermón del oficiante.

«Colomitos» y «San Rapidito»... He aquí dos amables diminutivos de Guadalajara.

En Guadalajara supe de un collar que se llama «zoaltín». No es un collar cualquiera: está hecho para propósitos de amor.

Sus cuentas son bolitas hechas con masa de maíz a la que se añade chocolate, miel y una pizquita de canela. En el antepasado siglo y los principios del pasado los muchachos de Guadalajara compraban esos collares y los regalaban a las hermosas tapatías en los bailes y serenatas públicas. Si la doncella no aceptaba el regalo el obsequiante sabía que el corazón de la que amaba tenía dueño ya. Si ella recibía en sus manos el zoaltín, y comía de él, eso significaba que el galán podía albergar una esperanza. Si la muchacha se ponía el collar quería decir que amaba ya a quien se lo había dado.

El amor es infinito, y los modos que tiene para manifestarse son infinitos también. El lenguaje amoroso puede consistir lo mismo en un poema de Dante o una sonata de Beethoven que en un collar de bolitas de masa de maíz con chocolate, miel y una pizquita de canela llamado zoaltín que los bisabuelitos regalaban a las bisabuelitas.

En Colima se dice que algo es «bueno bueno bueno» cuando es lo que los muchachos de ahora llaman «equis», es decir, ni fu ni fa. La misma expresión se usa para aludir a una persona sin personalidad.

—¿Cómo es fulano?

—Pues... te diré... Es... bueno... bueno... bueno...

Tal regionalismo deriva del sermón que pronunció en cierta ocasión un padrecito. Estaba casando a una pareja. La muchacha era muy conocida, hija de una familia de buena sociedad, con prosapia y —lo más importante—con dinero. Ya se sabe que el don sin el din no vale nada. El novio, en cambio, era un muchacho desconocido, de familia de clase media que no figuraba nunca en las páginas sociales de los periódicos. Gente de buenas costumbres, pero hasta ahí, sin roce y sin posibles. El amor, sin embargo, no suele considerar tales sin embargos, y un poco en contra de la voluntad de sus papás, pero al final con su aquiescencia, la chica se casó con el muchacho.

Aquel sacerdote, amigo de la casa de la novia, fue invitado a oficiar la misa de bodas. Llegado el momento del fervorín —así se decía antes— el padre encomió los méritos de la desposada, a quien —dijo— conocía desde niña. Dirigiéndose a ella le dijo:

—Tú, Fulanita, eres una flor, una paloma, una esplendente joya. Eres un cielo azul, una mañana de sol, un oasis en medio del desierto, un vergel florecido. Te adornan innúmeras virtudes: eres buena, virtuosa, modesta, inteligente, laboriosa, alegre, sencilla, recatada, prudente, generosa, humilde, pura, honesta, bondadosa...

Se volvió luego hacia el novio, a quien veía por primera vez.

—Y tú, Fulano —le dijo—, eres... bueno... bueno... bueno...

No encontró ya más qué decir y continuó el sermón por otro lado.

Ahí nació la frase que los asistentes a aquella memorable misa se encargaron de propalar, y que la gente repitió con regocijo. Cuando no se sabía qué decir acerca de alguien, se decía:

—Es... bueno... bueno... bueno...

O sea, no hay nada qué decir acerca de él.

Mi tía Conchita, única hermana de mi padre, no era buena buena buena. Era buena. Sencillamente buena. Quiero decir que de ella se podía decir todo lo bueno que de una buena mujer puede decirse. Cumplía a conciencia todas las obras de misericordia, espirituales y materiales, que el buen padre Ripalda enunció en su olvidado Catecismo. Su cualidad suprema, sin embargo, era la caridad con el prójimo. Nunca la oí murmurar de alguien; de nadie nunca la escuché hablar mal. Nos aconsejaba: «Si no pueden decir algo bueno de una persona, mejor no digan nada». Eso nos hacía mantenernos en absoluto silencio acerca de bastante gente.

Desde luego hacer tal cosa es cristianísimo, pero mata la conversación. Al salir de la misa una señora le preguntó a su esposo:

—¿Viste a Fulanita? ¡Qué ridículamente iba vestida!

—No la vi —confiesa el señor.

—¿Y viste a don Fulano, con esa vieja treinta años menor que él, con la que se casó después de quedar viudo?

—Tampoco lo vi.

—¿Y te fijaste en la hija de los Mengánez, coqueteándole descaradamente en plena iglesia al hijo de don Zutano, porque es rico y tiene carro?

—No, no me fijé.

Estalla la señora y dice con enojo a su marido:

—Bueno, ¡¿entonces a qué chingaos vienes a misa?!

Salió a la conversación el nombre de un amigo, y alguien dijo:

—Es buena reata.

Ya sabrás que quienes conversábamos éramos gente de esa edad que se llama «la tercera», umbral y puerta de la senectud. Y es que ya nadie usa la expresión «ser buena reata», antes tan empleada para calificar a una persona del sexo masculino que era buena gente, servicial y amable. Ahora los chavos dicen que Fulanito es «buena onda», «chido» o «cool».

La palabra «reata» no es un mexicanismo, como «mecate», sino voz castellana. Viene del verbo «reatar», que significa atar apretadamente.

Castiza y muy antigua, la voz se usa, adaptada, en otras lenguas. Los norteamericanos dicen «lariat» para nombrar el lazo, que —dicho sea de pasada— en inglés se llama «lasso». No en todas partes la palabra «reata» quiere decir lo mismo. En Honduras significa «borrachera». México y Guatemala son los únicos países de América Latina en que el término «reata» sirve para aludir al miembro viril.

He recogido dichos y refranes en que aparece la palabra «reata». He aquí algunos:

¡Ay reata, no te revientes, que es el último jalón!. Conocidísima, esta frase es usada para animar en el esfuerzo final por lograr algo.

Irse contoy (con todo y) *reata*. Irse sin pagar algo, o sin cumplir algún compromiso pendiente.

Echar reata. Ya raramente usada, esa vulgar expresión significa fornicar. La he oído todavía en comunidades rurales, como también la frase equivalente: «Echar mecate».

Ser una reata. Tener habilidad para hacer algo, o ingenio en cualquier oficio, arte o menester. «En matemáticas Fulanita es muy reata».

Es de la reata de... En lenguaje taurino la voz «reata» se emplea para designar la procedencia de un toro. «Es de la reata de Tepeyahualco». El *Diccionario Espasa de Términos Taurinos* dice que reata es la «raíz o tronco al que pertenecen los toros de una ganadería».

Le huele el pescuezo a reata. Andar en malos pasos que pueden conducir a la horca.

Bailar la reata. Ser ahorcado.

Andar (o comer) a dos reatas. Tener dos chambas, huesos o empleos lucrativos.

Como reata de pozo: fregada de las puntas y reventándose de en medio. Estar algo o alguien en muy malas condiciones.

Jodido como reata de pozo. Derivación del anterior, hace alusión a quien atraviesa por una difícil situación económica.

Reata que se revienta, ni quien la sienta. Se usa para desdeñar la pérdida de una mujer engañosa o de un amigo falso.

La flora mexicana también es rica en dichos y hechos. Lo mismo da origen a sabrosos refranes que pone salud o magia en nuestra vida. De aquí y de allá he sacado cosas interesantes acerca de la vegetación de México.

A ese culantro tan seco le falta su regadita. Culantro es cilantro, o coriandro. En muy travieso modo el señor Santamaría, filólogo reconocido, escribe a propósito de este dicharacho: «Dícese con marcada malicia de la mujer desmejorada a la que hace falta obra de varón».

Hay en Chiapas un árbol llamado cuatatachi (de *cuahutil*, árbol, y *tlatlatzin*, tronador), Para diseminar su semilla este árbol se vale de un medio singular: cuando su fruto madura se rompe con un estallido tan violento que lanza las semillas lejos, como disparadas por un cañón, a fin de que caigan lo más lejos posible del árbol de su nacimiento, y así la sombra de este no les impida el crecimiento. En farmacopea esas semillas se llaman «pepitas de San Ignacio», quizá en alusión a la condición militar que en su juventud tuvo el de Loyola.

En su preciada obra *Cuatro libros de la Naturaleza. Virtudes medicinales de las plantas y animales de la Nueva España*, fray Francisco Ximénez registra el nombre de un árbol que los indios nombraban «holli». De la goma o resina de ese árbol se hacían las bolas usadas en el juego de pelota. Quienes lo jugaban comían el fruto del *holli* mezclado con ciertos gusanos que solo ellos conocían, y eso daba a sus miembros una elasticidad extraordinaria, hasta el punto en que —se decía— podían doblar sus huesos como una rama, sin quebrarlos, así se les ponían de flexibles.

En el norte de Sonora crece una planta, la cuscuta. Es parásita: si se enreda a un árbol puede dejarlo seco en poco tiempo. Del nombre de esa planta hace derivar don Horacio Sobarzo, filólogo sonorense, la palabra «cusca», o «cuzca», una de las muchas que sirven para designar a la mujer ramera o prostituta. La Academia no ha recogido aún este mexicanismo.

Estafiate o istafiate. Al parecer del náhuatl *iztauhyatli*, sal amarga. Don Cecilio Robelo recoge en su Diccionario de aztequismos una ingenia leyenda que oyó de labios de su abuela: «Una vez la Virgen María y Señora Santa Ana buscaban hierbas en el campo. Le dijo la madre de la Virgen: "Esta es hierba buena". "Esta es mejor, Ana", respondió la madre de Jesús.

"De esta fíate", dijo Santa Ana presentándole otra». De ahí, concluye la leyenda, vienen los nombres de la yerbabuena, la mejorana y el estafiate.

Margallate o margayate se usa para nombrar un lío, enredo, confusión. Hay quien opina que esta voz mexicana proviene de las palabras «amarga» y «soyate» o «zoyate», hoja de una palmera de cuya fibra se obtenía una bebida alcohólica de pésima calidad que causaba belicosas borracheras a quien la bebía.

No pelea, pero hace jaras. Jaras son lanzas, como las que aparecen en la figura de la lotería. Este dicho alude a quien gusta de amarrar navajas: no participa en la contienda, pero azuza a los demás a fin de que entren en ella.

Fui en Mérida al mercado, y en un local donde vendían granos vi un montoncito de libros viejos sobre el mostrador, con un papel encima que mostraba el signo de pesos. Tal es el lacónico modo para decir que algo se vende. Los examiné, y supe inmediatamente que revoleaba por encima de mí el ángel protector de los bibliómanos, que es un ángel un poco loco, igual que ellos. Porque he aquí que entre esos libros —de superación personal, de esoterismo, de cura por medio del ajo y la cebolla— estaba la autobiografía de Coki Navarro, uno de los más notables compositores yucatecos. De ese libro, publicado en 1977 en San Ignacio, Yucatán, se imprimieron únicamente quinientos ejemplares en edición más que modesta. Ya se verá que es un tesoro.

Después de regatear —el regateo es un democrático ejercicio que iguala a vendedor y comprador— pagué el precio que el dueño me pedía. Y esa noche, en mi hotel, leí el libro completo. Es un delicioso recuento de las venturas y desventuras de un cantor de la trova yucateca, autor de canciones como «Despierta paloma», «Me lo dice el corazón», «Te amaré toda la vida», «Un lugar», «A todas horas», «Hasta hoy», y tantas más que son tesoro de la música popular mexicana.

De lo mejor del libro es el recuerdo que el trovador hace de su tía Mercedes, quien entre rezo y rezo del rosario decía verdades contundentes, algunas expresadas con palabras muy poco católicas:

El que no tiene dinero, sirve su fundillo para candelero.
El que en su familia no cuente una puta, un borracho, un loco, un padrote o un cabrón, que firme este renglón.
El hombre que juega, pierde;
el que pierde, se emborracha.
La niña que se descuida
le rompen la cucaracha.

Y una frase que merecería ser parte de algún libro sagrado por su sabiduría y su verdad:

Es mejor morir virgen que parir pendejos.

Gracias le doy a mi ángel librero por haber guiado mis pasos al impensado sitio donde compré un libro como este, que tiene buena letra, hermosa música y galanuras de travieso ingenio popular.

Tepatitlán está en los Altos de Jalisco. Esa región fue la de más vehemente convicción católica cuando la guerra llamada de cristeros, que Jean Meyer bautizó con el homérico nombre de La Cristiada. Los alteños, hombres de honda religiosidad y espíritu batallador, salieron a la defensa de su fe, y muchos perdieron la vida en el campo de batalla. Luego, la Iglesia los dejó en la estacada cuando firmó con el Gobierno aquellos pésimos «arreglos» en los cuales hubo simulación por ambas partes, la religiosa y la oficial. Por virtud de esa negociación los combatientes se rindieron y entregaron las armas. Entonces murieron más cristeros de los que en la guerra habían perecido, pues ya inermes fueron perseguidos y asesinados por gente gobiernista.

Volví a Tepatitlán. Comí harta birria y bebí harto tequila, bendito sea Dios. Hablé con mucha gente, y recogí sabrosos decires que ahora voy a compartir contigo.

Cuando alguien alcanza en una actividad la máxima excelencia, los de Tepa dicen de él que es «el improsulto». Por ejemplo: «El doctor

Fulano es el improsulto de su especialidad». El vocablo deriva de la expresión latina: *Non plus ultra*. No hay más allá.

Si una mujer luce un vestido de colores demasiado vivos, las demás mujeres dicen que el tal vestido es «chamberineado». La curiosa palabra alude al barrio madrileño de Chamberí, donde era fama que taloneaban las mujeres del talón, ataviadas por razón de su oficio con ropas llamativas.

En Tepatitlán un «arquitete» es un hombre habilidoso, diestro. Un «vejigo» es un ebrio consuetudinario. Un «trespeleque» es alguien que está quedando calvo y tiene ya poco pelo en la cabeza. Un «temboruco» es un enredo o chisme. El «sunfiate» es el trasero. Una «malditeada» es una leperada. A la diarrea se le llama «cursilete». El «chinchulín» es un hombre amanerado o vestido con afectación. Para decir «así es», «efectivamente», los alteños de Tepa dicen: «Éscuale».

Y tienen sabrosas coplas los de Tepatitlán. Tres me dijeron, las mismas que anoté. Esta primera alude a las mujeres:

Más valen vivas ingratas
que muertas agradecidas;
porque nunca dan las muertas
lo que pueden dar las vivas.

La segunda se refiere a la borrachera:

Fue en un Viernes de Dolores
cuando yo me la corté;
más por fuerza que de ganas,
porque no traía con qué.

Y la tercera copla va a esa que viene: la muerte:

¡Ay, muerte, no vengas ora
que estamos enfandangados!
A'i ven la semana que entra,
que andemos desocupados.

Muchos alteños se van a trabajar a los Estados Unidos, sobre todo a California. Se van en autobús y regresan a sus pueblos en camioneta o automóvil. Un niño de Tepatitlán viajó con su papá a Los Ángeles. Se fijó en la infinidad de vehículos que iban por una autopista de la gran ciudad, y dijo con admiración:

—¡Mire, apá! ¡Puras placas de Tepa!

En el museo de Tepatitlán conseguí libros relativos a Tepa y a Los Altos. De varios de ellos es autor Francisco Gallegos Franco, historiador, filólogo, cronista, excelente narrador.

Tiene el señor Gallegos un libro pequeñito que se llama: *Hablas rurales alteñas*. En él viene una muy rica colección de dichos usados por los rancheros de Los Altos. He aquí algunos:

«Salud» le digan en la cantina; y «Dios le ayude» cuando estornude. Opina don Francisco que esa expresión surgió en tiempos de la terrible epidemia de influenza española, allá al principio del pasado siglo. Un estornudo era el primer síntoma de la funesta enfermedad, y la gente le decía esa piadosa expresión jaculatoria a quien estornudaba.

A ver si a lavadas tupe, o quedan las puras hebras. Se dice cuando alguien se esfuerza por conseguir algo sin importarle el riesgo de fracasar en el empeño.

Como los niños latosos: chille y chille y mame y mame. Sirve para afear la conducta de los que protestan por algo, pero siguen obteniendo beneficio de aquello contra lo cual protestan.

Yo en cualquier charquito lavo, y en cualquier huizache tiendo. Expresa lo mismo que aquel bravucón dicho: «Al son que me toquen bailo».

Me gusta el Día de Muertos, y ayer fue Todos los Santos. Lo emplea quien responde a un reto, sobre todo si es para pelear. De otra manera dicho: «Pa' luego es tarde».

Ni grullo ni grulla, ni mujer que arguya. Se usa para advertirle a un hombre que no se case con mujer discutidora o respondona.

No me rajo: nomás cambio de opinión. Es otra forma de decir: «Soy hombre de una sola palabra: rájome».

Este no porque jilote, y aquel no porque mazorca. Se aplica a la mujer a quien ningún hombre agrada para casarse con él.

Por esperar de a caballo se quedó sin los de a pie. Es la triste consecuencia de lo anterior.

Son buenas las enchiladas, pero no con tanto queso. Enseña a no exagerar.

Ya no la pidas con chongo; llévatela despeinada. Esta exhortación se dirige a quien es difícil de complacer, para que se conforme con lo que hay.

Dios mío, quítame lo pobre, que lo feo y lo pendejo con dinero se me quita. Es la versión alteña del «Poderoso caballero es don Dinero». Decía un playboy de edad madura: «Ya no tengo *sex appeal*, pero ahora tengo *cheque appeal*».

La paremiología es ciencia y arte que recoge proverbios, sentencias, refranes, dicharachos y los estudia a la luz de disciplinas varias. En ese campo el refranero mexicano es particularmente rico.

Hace tiempo conocí uno que me llamó la atención. Se aplica cuando alguien es objeto de abuso; cuando se le da más trabajo del prudente o se le explota para obtener al máximo lo que puede dar. Es el caso de aquel que fue contratado como operario en una fábrica. El capataz le dijo que con la mano derecha debía mover una palanca; con la izquierda, otra; con el pie derecho impulsar un pedal y con el pie izquierdo mover otro, al tiempo que con los dientes estiraba una polea. Sugirió el obrero:

—¿Por qué no me pone también un mango de escoba allá donde le platiqué? Con todos esos movimientos podría aprovechar para barrer el piso.

Pues bien: a ese pobre le es aplicable el dicho que digo. Este dicho ha de ser de Coahuila, pues de Coahuila es el poblado que en el dicharacho se menciona. Ciertamente en otras partes hay lugares también con ese nombre, pero en ninguno de los refraneros regionales que he consultado viene el dicho.

¿Qué dice el dicho dicho? Cuando se habla de alguien sometido por otro a ímprobos trabajos se dice de él:

—Es como las vacas de Paredón.

—¿Cómo? —pregunta alguno.

Y responde el que aludió a las vacas de Paredón:

—Que en la mañana las ordeñan, en la tarde les pegan el arado y en la noche les echan el toro.

¿Podrá encontrarse abuso mayor que este? Al menos en tratándose de vacas lo juzgo yo difícil. Debe ser ímproba tarea para una vaca ser ordeñada en la mañana, trabajar uncida al arado por la tarde, y todavía tener que hacer frente por la noche al amoroso embate del astado.

Aunque me esté mal decirlo una cosa puedo decir: los dichos mexicanos tienen un sabor —picante— que no tienen los de otros países, por muy ricos que sean en proverbios. Pongo aquí algunos ejemplos que acreditan la picardía y sabrosura de nuestro refranero:

No me menee la cuna, porque me despierta al niño. Se le dice a una mujer que camina meneando provocativamente el trasero.

El metate para allá, y el petate para acá. En forma graciosa habla del hombre al que le gustan más los placeres del amor que los de la mesa. Claro que también esa frase puede decirla una mujer, y con mayor razón, pues para ella el metate es más trabajo.

Con ese pecho yo canto hasta el Alabado viejo. Este es un piropo picaresco para decirlo a una mujer de generoso busto. El Alabado es un canto religioso que entonaban los campesinos al comienzo y final de sus trabajos. Se conocen dos «Alabados»; el antiguo era más difícil de cantar que el nuevo.

Lo comido y lo yogado es lo único aprovechado. Comer ya sabemos qué es. Yogar es un arcaísmo que significa realizar el acto carnal.

Beso y beso, y ya nomás, pocas veces, o jamás. Significa que es muy difícil que un hombre y una mujer se besen y acaricien sin que lleguen a cosas de más ardimiento y resultados. Expresa lo mismo otro refrán: «Abracijos no hacen hijos, pero son preparatijos».

A más hombres mata la bragueta que la bayoneta. Este es proverbio antiguo, de tiempos de sífilis y guerra. Ahora ya no hay guerras —gracias a Dios hay nada mas desfiles—, y la sífilis fue vencida por la penicilina, pero con eso del sida el dicho dicho sigue siendo una verdad.

Es chile de tres ardores: arde al comprarlo, arde al tragarlo y arde al... Alude a una variedad de chile que es costoso, picoso y doloroso.

Sermón largo no mueve almas, mueve nalgas. Aplícase a los predicadores que se alargan en la predicación.

Cada día, asegurada,
harás una pendejada.
El día que no hagas dos
debes dar gracias a Dios.

¿Por qué con tamal me pagas teniendo bizcochería? Frase vulgar para reclamarle a una mujer que regatea sus encantos.

De la cintura p'arriba todos podemos ser santos. Lo difícil es no faltar a los dos mandamientos que tienen que ver con la carne. (No la de comer).

Cuando el horno está caliente hasta la pala jumea. Es dicho procaz que describe la conmoción del hombre en trance de excitación carnal.

Quien anda en la legua debe andarla. Todos somos viajeros de la vida, pero yo soy además viajero de la legua. En el camino, a más de mucha gente buena, encuentro muchos buenos decires.

Así me hice de una buena colección paremiológica. Leyéndola y releyéndola encuentro consejo y diversión, porque hay un dicho que dice que «Los dichos de los viejitos son Evangelios chiquitos», pero a más de su ciencia contienen esas sentencias populares mucho gracejo y a veces picardía picante.

Pienso que los refranes no son enseñanza para el futuro: son más bien triste reflexión sobre el pasado. Cuando decimos: «Camarón que se duerme se lo lleva la corriente», no es para aconsejar al camarón que no se duerma: es para hacer el acta de defunción del camarón que se durmió.

La verdad es que, a los refranes como a los consejos, nadie les hace caso. Si no hacemos aprecio de la experiencia, menos vamos a atender los dichos. Pero como quiera son muy bonitos.

No solo me gusta recoger refranes; gusto también de buscar coplas. He aquí unas coplas mexicanas:

La mula que yo monté
la monta otro compañero.
¡No me importa que la monte,
si yo la monté primero!
Soy de la mera Huasteca
y no sé lo que son celos.
El plato en que ya comí
¡aunque lo laman los perros!

* * *

Si nos mira tu mamá
cuando estemos platicando,
le dirás que me debías,
y que me estabas pagando
los besitos que me debes
y otros que me estabas fiando.

* * *

Malhaya sea este metate,
el indio que lo picó,
el arriero que lo trujo
y el macho que lo cargó.

* * *

El panadero de enfrente
tiene su panadería.
A los ricos les fiaba
y a los pobres les vendía.

* * *

De la gente de tu casa
ninguno me puede ver.
Diles que no batan l'agua,
que al cabo la han de beber.

* * *

Amante y mujer tenía
un pájaro pitacoche,
y muy ufano decía:
—Una es mi apesta de día;
l'otra es mi huele de noche.

Esta copla la encontré en un viejo libro michoacano:

Un beso te quiero dar,
pero de fijo no sé
ni cómo lo he de empezar
ni cuándo lo acabaré.

Algunas coplas mexicanas son muy sabrosas:

Al pie de una malva en rosa
a una viuda enamoré.
Y me dijo la graciosa:
—No puedo ir, me duele un pie;
pero si es para otra cosa
aunque sea cojeando iré.

O esta:

El cuervo siendo tan negro
no se puede mantener.
Yo que ni huaraches tengo
tengo querida y mujer.
Una más:
Me dijiste que fue un gato
el que entró por tu balcón.
La verdad, no he visto gato
con sombrero y pantalón.

A veces, hay en esas coplas muy galanos decires de amor:

Diga usted, señor platero,

cuánta plata es menester
para engarzar un besito
que me ha dado una mujer.

Y de tristeza o soledad:

Como que quiere llover,
como que quiere hacer aire,
como que quiere llorar
este corazón cobarde.

Parecido a esta, muy expresiva:

¡Ay soledad, soledad,
soledad de cerro en cerro!
Todos tienen sus amores,
y a mí que me muerda un perro.

Hay coplas retadoras:

¿De qué le sirve a tu mama
echarle tapia al corral,
si al cabo nos hemos d' ir
por la puerta prencipal?

Y otras coplas hay, desoladas:

Dicen que la pena mata,
pero yo digo que no,
que si la pena matara
ya me hubiera muerto yo.

También las hay de despedida:
Señores, ya no les canto.
Ya me duele la garganta.
Será porque no me han dado

de esa agüita que ataranta.

Canción de la Ciudad de México, a fines del siglo XIX, con que los cocheros hacían ruborizar a las señoritas de antes, nuestras bisabuelas de miriñaque y peinado de bandós:

> ... Ya te conozco el lunar que me anda comprometiendo.
> Por eso yo soy tu chato; por eso y solo por eso.
> Y porque ya eres mi chata, y yo tu chato me siento,
> que naiden mire el lugar donde se encuentra el secreto,
> porque aparte de tu madre solo yo y tú lo sabemos...

¿Qué se hicieron aquellas cantadoras que llenaban las carpas del ayer con su agria y recia voz?

Lucían traje popular: enaguas hasta el suelo, blusa bordada, huaraches, rebozo de bolita... Los cabellos, negros y relucientes por la brillantina, se los peinaban en largas trenzas que llegaban hasta la cintura y remataban en moños hechos con listones verdes, blancos y rojos, como la bandera.

Cantaban las canciones de Lucha Reyes, y cantaban también coplas picantes que hacían lanzar gritos a los hombres y mirarse entre sí con sonrisa de entendimiento a las mujeres.

> Pajarito hermoso,
> pico de rubí:
> yo tengo una jaula
> de oro para ti.
> Pajarito hermoso,
> pico de coral:
> aquí está mi jaula,
> ¿no quieres entrar?

Se fueron aquellas mujeres tan mexicanas, tan del pueblo. Queda en mí su memoria. Esa memoria tiene chapas rojas y un lunar dibujado con lápiz tinta cerca de la boca.

Bellas coplas del pueblo, que es el poeta mejor; tan buen poeta que ni siquiera se cuida de firmar sus versos y deja que estos sean como los rayos del sol, que iluminan a los hombres y les dan su calor sin necesidad de que los firme Dios.

V. HÁBITOS QUE SÍ HACEN AL MONJE

Las tradiciones son muy tradicionales. Pasan de padres a hijos, como las pecas o la miopía. A veces, sin embargo, el paso se interrumpe, y una generación ya no recibe lo que tuvo la otra. Debemos cuidar las tradiciones, digo yo, pues si se pierden también nosotros nos perdemos un poquito. A los ecologistas les preocupa mucho —y con razón— que alguna especie animal o vegetal entre en vías de extinción. Sin embargo, nadie se preocupa de que una tradición esté en peligro de acabarse.

Suelo contar un chiste, el del conferenciante que dice: «Nadie sabe lo que sigue después de la muerte». Levanta la mano una señora: «Yo sí sé. Siguen la chalupa, la bandera y el bandolón». Cuando digo esa historietilla ante un público de adultos todos la celebran; cuando la digo ante una audiencia de jóvenes ninguno se ríe. No entienden el cuento porque ya no juegan a la lotería. No saben del valiente, el apache y el diablito, ni han dicho nunca el grito jubiloso de «¡Buena por acá!». Se pierde una tradición que fue para nosotros entrañable.

Los mexicanos somos muy gritones. Nos gusta gritar; gritamos mucho y bien. Lo dijo Juan Pablo Segundo. De acera a acera se gritan las vecinas; en el café gritamos los señores; cualquier canción de amor o desamor nos saca un grito venido desde los aposentos últimos del alma.

También nos encantan los cuetes —los cohetes—, que son un grito que se tira al cielo. A un mexicano le preguntó en cierta ocasión el rey Fernando VII:

—¿Qué estarán haciendo ahora vuestros paisanos?

—Tirando cohetes, Majestad.

Unas horas después le preguntó de nuevo:

—Y ahora, ¿qué están haciendo mis súbditos de la Nueva España?

—Señor, siguen tirando cohetes.

Pasó el tiempo, y al cabo de unos meses quiso saber el Rey:

—¿Cómo están mis vasallos en América?

Contestó el mexicano:

—Están tirando cohetes todavía.

Somos fiesteros, en efecto; nos llaman el ruido y la alegría. Gritamos sin qué ni para qué, por el mero y puritito gusto de gritar. Nada más en México se escuchan gritos como esos que ponen contrapunto a un corrido, a un sonoro son o a un huapango. Quién sabe de dónde nos venga ese gritar. Yo tengo para mí que es cosa de nuestros antepasados indios, pues unas veces el grito es desafiante, y otras nos sirve para ocultar el llanto.

«Grito» se llama la ocasión en que don Miguel Hidalgo convocó a la insurgencia en la madrugada del 16 de septiembre de aquel 1810. En verdad, el llamado Grito fue un discurso, el más importante que se ha pronunciado en toda la historia nacional. Y sin embargo, no conocemos ni una sola palabra de las que dijo Hidalgo a los azorados feligreses que fueron a oír misa en la parroquia de Dolores aquel amanecer. Nadie guardó registro de sus conceptos; no hay testimonio alguno que nos permita saber lo que expresó.

Nos quedó el Grito, eso sí, aunque no haya gritado nada el Padre Hidalgo. Don Porfirio dio significación al fasto, y lo dejó consagrado para siempre. Y ahora la ceremonia del Grito es la ocasión más vibrante del año para los mexicanos, la fecha en que nos juntamos todos para gritar nuestro amor a México.

En la noche del Grito se nos sube lo mexicano. Muchas noches de Grito llevo en la memoria. A cierto gobernador de mi Estado se le olvidó la fórmula solemne que se debe seguir al vitorear a los héroes que nos dieron Patria, y sin saber por cuál empezar tartamudeó: «Viva... Viva... Viva...». La gente respondió con entusiasmo a los tres vivas, sin saber a quién estaba dedicado el triple vítor.

En un pequeño pueblo el alcalde daba por primera vez el Grito. Una multitud llena de patriotismo llenaba la plazuela del lugar. El munícipe vitoreó a los héroes de la Independencia, y clamorosos vivas respondieron a su voz. Igualmente entusiasmado, el edil se siguió de largo vitoreando a los héroes de la Revolución. El pueblo enardecido, le hacía eco con vivas estruendosos. Luego, se siguió con personajes más actuales: «¡Viva Lázaro Cárdenas! ¡Viva Ávila Camacho! ¡Viva Miguel Alemán!». La muchedumbre gritaba llena de fervor patriótico. Entonces el alcalde se volvió hacia su secretario y le pidió con urgencias en la voz:

—¡Écheme más héroes, licenciado! ¡La raza está picada!

En cada grito renovamos nuestro amor a México y la fe en su porvenir. Recordemos el lindo piropo que Ramón López Velarde hizo cuando dijo: «La Patria es impecable y diamantina». Es decir, no tiene ningún pecado, y posee la luz y la firmeza del diamante. Con esa convicción amemos más a México, y enseñemos a nuestros hijos ese amor.

A las ciudades mexicanas llega en septiembre una visita hermosa: la bandera.

El alma se me alegra al ver por todas partes a los vendedores que ofrecen la gala tricolor: una diminuta bandera para los niñitos; la que el muchacho le comprará a su novia; esta que el señor pondrá en el espejo de su coche; aquella que la señora colocará en la sala como una hermosa flor.

La bandera tricolor de los poemas infantiles; el lábaro de los Niños Héroes; el glorioso pendón que nada puede mancillar... En los pliegues de ese lienzo se acuna nuestra Patria, a la que amamos como a una gran madre generosa.

Cuando llega septiembre yo bajo la bandera que tengo siempre en el sitio más alto de mi biblioteca y la pongo más cerca de mí, sobre la chimenea. También luce en el frente de mi casa una hermosa bandera mexicana.

Decir «hermosa bandera mexicana» es redundancia. Nuestra bandera es bella aun a la mirada de ojos extranjeros. Si a sus colores y dibujos añadimos los entrañables recuerdos infantiles, la vista de la bandera pone en nosotros emoción.

Ponemos la bandera en nuestra casa no por estéril rito patriotero, sino como declaración de amor.

Volvamos a ser niños, y en la bandera tricolor hallemos causa para la unión, la fe y la esperanza. Esto no es cosa cursi, ni chabacanería. Es amor a la tierra y a sus símbolos. Llego a mi casa, y la bandera me hace volver a esa niñez perdida en que el hogar era una patria pequeñita, y la Patria un gran hogar.

El folclor de la muerte es en México riquísimo folclor. En su sabiduría de siglos el pueblo mexicano ha hecho de la muerte una celebración de vida.

Para quienes conservan su raíz, los muertos no están muertos. Viven en otro mundo, y regresan a este un día al año —o una noche— a comer y beber las viandas y licores que en vida disfrutaron.

Hombres perversos han puesto en su prójimo el temor a la muerte. Solo debe tener miedo de morir quien ha tenido miedo de vivir. Nadie sabe si después de la muerte se nace otra vez, o si la muerte es un sueño final en el que no se sueña. Sea nuevo nacimiento o reposo eterno, sea cuna o sea lecho, la muerte no es temible.

Por eso nuestro pueblo ve en la muerte a un miembro más de la familia, y la pone en figura de risueña calavera hecha de azúcar, con el nombre de cada quien escrito en letras de colores.

Dijo un sabio: «No temo a la muerte. Ahora que yo estoy ella no está. Y cuando ella esté yo ya no estaré». Muramos, pues, en paz cuando nos llegue el paso de morir.

La sandunga es en verdad una canción de muertos. Es oaxaqueña la sandunga, y concretamente de Juchitán.

Esteban Maqueo, estudioso de las cosas zapotecas, dice que originalmente la sandunga era un canto de dolor del hijo por la madre muerte. De ahí aquello de «sandunga, mamá por Dios».

Rodulfo Figueroa, poeta chiapaneco, escribió un soneto a la sandunga que termina con este bello terceto:

> ... La Sandunga tocad. Si no despierto
> al quejoso rumor de esa armonía
> dejadme descansar, que estaré muerto...

En la Virgen de Guadalupe reside una de las más hondas raíces de nuestra nacionalidad. Solo en ella encarnó de manera cabal eso que se ha llamado «encuentro de dos mundos». Ni india ni española es la Gualupita, sino mestiza, como nosotros somos. A Juan Diego la Virgen le habló en idioma mexicano, pero los que recién habían llegado también entendieron sus palabras, y ahora la Virgen de Guadalupe es uno de los más claros símbolos de este país, fusión de dos culturas.

Quizá originalmente no se llamó Guadalupe. No podía llamarse así, pues dijo su nombre en lengua mexicana, que carece de las letras G y D. Su nombre original, indígena, pudo haber sido «Tequatlanopeuh» (La que salió de la cumbre con peñas) o «Tequantlaxopeuh» (La que apartó a quienes nos devoraban). Nótese la semejanza de ambas palabras con el sonido de Guadalupe. Los españoles, a quienes la pronunciación del náhuatl les resultaba muy difícil, adaptaban las voces indígenas al modo castellano. Así, de Cuauhnáhuac hicieron Cuernavaca; de Quauhaxallan, Guadalajara. Bernal Díaz del Castillo escribió «Orizaba» para nombrar a la ciudad que los indígenas llamaban Ahahuilizapan.

En esa misma forma los españoles dieron a la aparición el nombre de la Virgen que veneraba Hernán Cortés. Una vez el gran conquistador sufrió la picadura de un alacrán y se vio muy malo por los efectos del veneno. Invocó a la Virgen de Guadalupe —la española—, y cuando volvió a España le regaló en Cáceres un espléndido alacrán magníficamente labrado en oro por manos de orífices indígenas. «Vino (Cortés) a esta santa casa año de 1528 —reza un acta que se halla en ese templo— y truxo este escorpión de oro, y el que le había mordido dentro».

Tan grande llegó a ser la devoción por la Guadalupana que ante ella hubo de retroceder la furia anticlerical de los liberales «rojos» en tiempos de Benito Juárez. Relata don Ignacio Manuel Altamirano que en 1861 se nacionalizaron y adjudicaron las alhajas de los templos en la Ciudad de México. El 4 de marzo se sacaron «por orden del Gobierno» las de la iglesia de Guadalupe, incluido el marco de oro de la venerada pintura de la Virgen. Dos días después todo fue devuelto por orden del mismo Gobierno, preocupado por la irritación popular que provocó el despojo.

Aunque parezca increíble, existieron «masones guadalupanos». Hubo una logia masónica del rito yorkino que se llamó «India Azteca». Tal era el nombre simbólico que en la fraternidad se daba a la Virgen del Tepeyac.

Cuando Carlota vio la pintura de la Morenita dijo a Maximiliano: «¡Qué linda imagen! Me ha conmovido profundamente». Y todos entendieron lo que había dicho, porque lo dijo en español.

He aquí una hermosa copla anónima para cantarse con música de huapango:

> Las morenas me gustan
> desde que supe
> que es morena la Virgen
> de Guadalupe.

No sé si soy guadalupano porque soy mexicano, o si soy mexicano porque soy guadalupano.

Ciertamente no soy digno de ese título. Pero el amor de una madre nos hace ir hacia ella, aunque no lo merezcamos. Me acerco a la Virgen Morena, entonces, con devoción filial, y le recito los piropos del rosario. Ella me cubre con su manto, un cielo protector lleno de estrellas, y bajo él soy como un niño amparado por el regazo maternal.

Escribió López Velarde: «... Anacrónicamente, absurdamente, a tu nopal inclínase el rosal...». En efecto: anacrónicamente —en el frío diciembre— sucedió el absurdo de que florecieran los rosales y se inclinaran para dejar caer sus rosas en el ayate, mexicano como el nopal, de Juan Diego.

Guadalupano es México. La Suave Patria y la Morena del Tepeyac se funden en un milagro que se renueva cada día.

No hay nada que pueda quitar la honda raíz guadalupana del pueblo de México.

Aun antes de que surgiera nuestro país como nación, la figura de la Virgen Morena presidía ya el ser de los mexicanos. Y, por encima de todos los cambios, sigue siendo la esencia de nuestra nacionalidad.

Si alguien quiere explicar el modo de ser de nuestro pueblo —de nosotros— no podrá hacerlo sin recurrir a la devoción guadalupana. En ella encuentra el mexicano fortaleza en el sufrimiento, bálsamo consolador en las más duras circunstancias de la vida.

Nadie podrá negarlo: México es país guadalupano.

Las rosas del Tepeyac siguen floreciendo en el milagro de un pueblo que no pierde la honda raigambre de su fe.

Son ricas las tradiciones mexicanas relacionadas con la Navidad. La Navidad de México se puede oír: tenemos hermosos villancicos —«Por el valle de rosas», de Miguel Bernal Jiménez, encanta y conmueve al mismo tiempo—; versos para pedir y dar posada; alabanzas donde se funden la teología y el sentimiento popular. La Navidad de México se puede gustar y oler en una inacabable gastronomía de tamales, buñuelos, champurrado, ponches, romeritos y toda la deslumbrante sucesión de guisos con que se adorna la mesa navideña.

Se puede palpar la Navidad de México, gran jarro de piñata que echa confites y canelones. Y se puede ver nuestra Navidad en el barroco paisaje de los Nacimientos, donde convive el ermitaño con el diablo y donde caben por igual los rebaños de ovejas y el trenecito eléctrico.

Yo pienso en el futuro; por lo mismo, valoro lo pasado. Jamás quisiera verlo perdido.

En cada casa mexicana, aun en la más humilde, debería haber un signo de nuestra Navidad: el barro humilde ingenuamente coloreado; la flor de nochebuena, que es de México; la piñata para los niños; los cánticos que escuchamos en voz de nuestros padres y abuelos.

Llega la Navidad y nos pide posada con música de mariachi, de banda, de jarana, de trova, de bajosexto y acordeón, de son huasteco, de marimba istmeña. Llega la Navidad. Yo le abro mi puerta y quedo lleno con su sabor y con su aroma.

Si realmente los mexicanos conociéramos bien nuestro país estaríamos orgullosos de él. Pocos pueblos del mundo pueden ufanarse de tener un folclor navideño, unas tan ricas y bellas tradiciones de Navidad como las que tenemos en México nosotros.

Posadas... Coloquios... Piñatas... Pastorelas... Un acervo, al mismo tiempo de arte y de fe, que deberíamos empeñarnos en conservar. Esto no quiere decir en modo alguno que hemos de cerrarnos a las tradiciones navideñas —igualmente hermosas— que vienen de otras partes. Significa, sí, que no debemos perder las nuestras, sino fortalecerlas con el conocimiento y con el uso.

Debemos ser fieles a nosotros mismos: solo en nuestra raíz hallaremos nuestra imagen y la fuerza para conservar lo mejor que tenemos y que somos.

Si yo tuviera la autoridad para hacer eso les impondría una medalla.

Son hombres y mujeres que en su colonia, en su barrio, en su cuadra, en la calle donde viven, organizan las Posadas.

Toman turnos, un día de los nueve cada quien, y disponen la piñata, y los dulces, y quizá los tamalitos y el ponche. Visten unas andas con papel de china, colocan en ellas a los peregrinos —José, María sobre el borriquillo, el ángel protector— y van por la banqueta en procesión de velitas o de farolitos cantando aquello de «E-e-n el nombre del Cie-e-e-looo, o-o-os pido posa-a-a-daaaa...».

Quienes tal hacen no solo conservan una devoción cristiana: ayudan también a mantener una preciosa tradición de México. Cumplen al mismo tiempo, por así decirlo, con Dios y con la Patria.

Por eso si yo tuviera la autoridad para hacerlo les impondría una medalla.

Se las impongo de cualquier manera.

No tengo la autoridad, pero sí tengo la admiración y la gratitud.

Algo le faltaba al nacimiento que cada año ponemos en mi casa en los días de Navidad. Le faltaba algo, pero yo no sabía qué. Estaba, claro, el Misterio, la otra santísima trinidad de Jesús, María y José. Estaban el buey y la mulita, cuya humildad sirve para acentuar la grandeza del prodigio. Estaban el ángel y el gallo, nuncios canoros del cielo y de la tierra, y bajo ellos los pastores con su redil de ovejas. Y estaban también el ermitaño y el diablo, muy cerca uno del otro como muy cerca están del hombre el bien y el mal. Pero algo le faltaba al nacimiento, y yo no sabía qué.

De pronto lo supe. Encontré en Monterrey la figura de un pastor que toca la gaita. Eso le faltaba a mi nacimiento: la música. En ningún acontecimiento importante, ni humano ni divino, puede faltar la música. Ahora el pastor toca su gaita para el Niño. Está completo mi nacimiento ya.

Le preguntó alguien a San Agustín cómo serán las almas en el cielo. Y respondió él: *Erunt sicut musica.* «Serán como música...».

Esta piñata tiene la forma de una estrella. Su centro es azul y blanco —son los colores de la Virgen—, pero tiene siete picos oscuros: uno es morado, rojo el otro, negro el tercero, este café, amarillo sucio el que le sigue, gris el de al lado, verde opaco aquel...

Yo me pregunto si el que hizo esta piñata es teólogo. Porque he aquí que los siete picos que tiene la piñata representan los siete pecados capitales. Cuando quebramos la piñata estamos tratando de destruir lo malo; contra soberbia, un garrotazo de humildad; contra envidia, un golpe de caridad; contra avaricia un palo de largueza; contra pereza, un trancazo de diligencia; contra gula, un estacazo de templanza; contra ira, una andanada de paciencia; contra lujuria un golpazo de castidad...

Van cayendo los picos uno a uno, y los chiquillos los recogen como recogerán después los pecados que cometemos los mayores. Al final derrama la piñata su tesoro de golosinas, de cacahuates y naranjas, de pedazos de dulce caña y colación. Tal es la Gloria, el premio al vencimiento del pecado. ¡Ah, si romper el mal fuera tan fácil como romper una piñata!

Siempre ha habido reyes, y también siempre ha habido roscas, pero rosca de Reyes no siempre ha habido. Para mí esa tal rosca fue una novedad: mi niñez no la conoció y mi primera juventud tampoco. Pídame usted una lista de los panes de dulce que he comido en mis viajes y la escribiré:

—Alamares, buñuelos, conchas, dedos de dama, chamucos, apasteladas, cuernos, picones, hojarascas, molletes, empanadas, aleluyas, ladrillos, pasteles, dedos de novia, roles, bigotes, moños, polvorones, orejas, monjas, bizcochos, donas, puchas, churros, gajorros, bienmesabe, pestiños, melindres, cuchufletas, voladores, pechugas de ángel, morelianas, mamones, tartaletas, chorreadas, pan de vida, pan de muerto, soletas, papelinas, marquesote, bartolillos, alfeñiques, trenzas, volcanes, peteneras, chilindrinas, guimbaletes, torrejas, frutas de horno, galletas, repostería, turuletes, panochitas, trocantes, peteretes, revolcadas, panqués, banderillas y rodeos. Pero rosca de Reyes no.

Por fortuna los mexicanos somos muy fiesteros. ¿Qué sería de nosotros si no tuviéramos ese buen ánimo, derivado seguramente de un catolicismo de manga ancha que nos libró de los rigores calvinistas? Partamos, pues, con alegría la rosca en nuestro sitio de trabajo o en nuestra casa —o en las dos partes, si se puede—, y hagamos otra fiesta el 2 de febrero, y una más el 14, y luego el 10 de mayo, y ái nos vamos hasta darle la vuelta entera a la rosca del año.

Lo único malo de la Navidad es que pasa muy pronto. En vano los comerciantes se empeñan en alargar la temporada navideña, que empieza ahora en septiembre, apenas pasan las fiestas de la Independencia. Viene diciembre; comienzan las posadas; se hace la cena de Nochebuena; llega la Navidad... y ya se fue.

Yo no critico a quienes dejan el pino y el Nacimiento todo el mes de enero, y no los quitan sino hasta después del día de la Candelaria, 2 de febrero en el calendario. En esa fecha se celebran en algunas ciudades mexicanas las tradicionales «levantadas», amable eco de las festividades navideñas. Se le hace al Niño su fiesta, y luego se le guarda o pone en sitio reservado para volverlo a acostar en la siguiente Navidad.

Recuerdo a una buena señora, antigua criada de la casa paterna. Un hijo suyo enfermó de gravedad, y ella le hizo al Niño Dios una promesa: si el muchacho se salvaba le haría una fiesta como jamás en el barrio se había visto. No se salvó el enfermo, por desgracia. Se murió. Luego de darle cristiana sepultura la madre regresó a su casa. Entró y vio en la pequeña sala al Niño Dios.

—Qué bien lo hicites, ¿verdá? —le reclamó con el tono con que se regaña a un chamaco—. Pos ora, pa' que se te quite, no te hago tu fiesta.

Y ahí lo dejó todo el año, sin levantar, como castigo por el incumplimiento.

En las levantadas hay padrinos y madrinas, y por tanto compadres y comadres.

—Somos comadres de Niño Dios —dicen las señoras.

La comadre debe vestir al Niño y hacerle su levantada, como dije. Existen muchas maneras de vestir niños dioses. En tiendas del mercado se hallan los atavíos: de Juan Dieguito, de pequeño Martín de Porres, de ángel, de rey, de pastorcito... Hay casas en donde tienen la colección completa, y la exhiben durante todo el año a fin de que ninguno de los compadres o comadres se vaya a molestar.

En las levantadas se conseguía uno la primera novia del año. Había bailecitos en casas de barriada. Ahí todos eran bien recibidos, aunque no se les conociera, pues entonces todo mundo se portaba bien, o más o menos. La disposición de ánimos era favorable. El año comenzaba. ¿Por qué no comenzar con él un nuevo capítulo sentimental? Llegábamos a uno de esos bailecitos sin compromiso, y salíamos comprometidos. El amor así nacido era eterno: a veces duraba hasta el verano.

Ojalá siga habiendo en nuestro país muchas levantadas. Que no se extinga la costumbre.

Las palmas de los desiertos norteños no son las gráciles palmeras de la costa, parecidas a sensuales odaliscas. Estas palmas son ásperas, salvajes. Se defienden con aguzadas púas, y su tronco es robusto, para guardar el agua de las lluvias que a veces tardan años en caer. Pero en la época de la cuaresma florecen las palmas con la hermosura que solo puede verse en los desiertos. Sus flores —la blancura más blanca de todas las blancuras— son un glorioso penacho sobre la testa de esas gigantas solitarias.

Llegarán las mujeres campesinas y cortarán las flores, y con ellas harán un guiso de Semana Santa, sabrosísimo. Si soy afortunado comeré flor de palma, y en silencio daré gracias a Dios, que hasta en el desierto nos da flores de vida y de belleza.

Se supone que la cuaresma es tiempo sacrificial. Eso es muy relativo. Los hombres siempre nos las arreglamos para darle la vuelta al sacrificio. Los romanos le ofrecían a Júpiter sacrificarle un buey. Ese animal era muy caro, pero los ladinos latinos le daban una mordida al sacerdote —*Nihil novum sub sole*— y este le ponía a un conejo el nombre «Buey» y lo sacrificaba luego, con lo que el voto quedaba bien cumplimentado.

Salvo quizá en la temporada navideña los mexicanos nunca comemos tan bien y tan abundantemente como en la cuaresma. Hablo de ricos y pobres por igual. Nuestra cocina cuaresmal es exquisita, y las recetas para esta época penitenciaria podrían llenar una biblioteca: chicales; romeritos; nopales sabrosamente aderezados; tortitas de papa, camarón y calabaza; flor de palma; pescado zarandeado, empanizado, a la veracruzana, al mojo de ajo, a la mantequilla, empapelado o capeado; sardinas, sopa de habas o lentejas, torrejas, capirotada...

La cuaresma no es ya lo que era antes. Los días que antes se llamaban «santos» son ahora comunes y corrientes, más corrientes a veces que comunes. El paso del tiempo, el inexorable cambio de los tiempos, acabaron con las viejas tradiciones.

Antes, el regocijado júbilo del Carnaval daba el cerrojazo a la alegría profana. Había bailes de disfraces, desfiles de carros alegóricos, combates de flores y cascarones llenos de confeti para la cabeza de los desprevenidos.

Llegaba el Miércoles de Ceniza. Hombres, mujeres y niños acudían a los templos a que el sacerdote les recordara, imponiéndoles en la frente una señal luctuosa, que polvo somos y al polvo hemos de tornar. Las ciudades, como decía López Velarde al hablar de «la Cuaresma opaca», se llenaban de «jesusitos»: tal era el nombre que recibía la señal de ceniza que se llevaba en la frente. En los templos las imágenes eran cubiertas con lienzos morados, y en las casas los grandes espejos de la sala, de ornamentados marcos dorados o en forma de alas de dragón, se tapaban con grandes lienzos negros, igual que las «lunas» de los roperos. Los creyentes se imponían sacrificios y mortificaciones que duraban los cuarenta días de esta época penitencial...

La Semana Santa ya ni siquiera se llama así. Burocráticamente es designada con el extraño nombre de «semana mayor», como si las otras tuvieran menos días. Los escolares ya no salen a vacaciones de Semana Santa, sino «de primavera».

Estos días estaban cargados de significación y se solemnizaban en mil formas; ahora, sobre todo en el norte de México, por la influencia poderosa de los vecinos que tenemos, pasan inadvertidos esos días, y solo son motivo para suspender temporalmente las actividades.

No hay ya ceremonia del pésame a la Virgen, ni visitas a las siete casas. Va desapareciendo la tradición del sermón de Las Siete Palabras; no se escucha el ronco rascar de las matracas; la quema de Judas se va extinguiendo, y no son muchas las casas en que se siguen cocinando todavía las delicias de la temporada cuaresmal, gala y el ornato de las cocinas de nuestras madres y abuelas. Ellas horneaban el pan para toda la semana a fin de no profanar el recogimiento de «los días santos» con el trabajo mujeril.

Nada de eso se ve ya. No se trata, no, de pedir el regreso de aquellos días idos para siempre, ni de decir —otra vez— que todo tiempo pasado fue mejor. Se trata solo de evocar con «una íntima tristeza reaccionaria» —para citar otra frase del poeta de Jerez— aquellas cuaresmas moradas en que el Viernes Santo a las tres de la tarde quedaba todo quieto, inmóvil, en silencio, en imponente rememoración de un sacrificio en el cual ni siquiera pensamos nunca ya.

Las cosas del tiempo que se fue son irrecuperables, y no cuadran ya con el espíritu y las maneras de los días nuevos. A veces, sin embargo, es útil volver los ojos al pasado, no para anclarse en él, sino para tocar siquiera las raíces que nos han nutrido.

Es la noche del Sábado de Gloria. Esa noche hay baile en todos los ejidos, congregaciones y pequeños pueblos campesinos. ¿Dónde estamos? En cualquier parte del noreste de México. Puede ser en Coahuila, puede ser en Tamaulipas, puede ser en Nuevo León. El baile se lleva a cabo en un galpón, una como bodega grande que se usa para seleccionar manzanas. O naranjas. Toca un conjunto de acordeón, bajosexto y tololoche. Los músicos han tocado ya «La Cacahuata», «El Circo» y «Evangelina». Ahora interpretan «Los jacalitos». Un joven ranchero vestido con pantalón de mezclilla, camisa a cuadros, sombrero texano y botas vaqueras «nombra» a una muchacha del lugar. El ranchero es alto y es fornido. Cuando habla con sus amigos luce arrogante y decidido, pero ahora se nota tímido, y su voz casi es un murmullo cuando dice:

—¿Bailamos, señorita?

Ella levanta hacia él la mirada de sus grandes ojos cafés y responde:

—Ahorita no, gracias.

Pero él insiste:

—Aunque sea la del cumplimiento.

Ella se levanta a bailar. Es por cumplir, nada más, por no hacerle desaire a aquel que la ha invitado.

Termina la pieza y él la lleva a su lugar. Le da las gracias tocándose el ala del sombrero, pero antes de retirarse hace otra petición:

—¿Le parece si bailamos terciadas?

Le está pidiendo bailar con él una pieza sí y otra no. Eso sucede cuando los bailadores han estado a gusto con su pareja. Ella ha sentido el fuerte brazo del muchacho en su cintura, el cálido muro de su pecho y la ruda caricia de su mano, callosa mano de hombre trabajador. Responde entonces mirándolo con una nueva mirada:

—Bueno.

Ya no baila con nadie ninguno de los dos. Ambos esperan a que acabe la pieza de no bailar y llegue la de bailar. Y él la nombra de nuevo.

A la tercera él propone:

—¿Bailamos seguido?

Eso significa que ya bailarán todas las piezas el uno con el otro. Según las costumbres y usos lugareños eso es manifestación de un compromiso entre la pareja. Pero él no ha dicho nada. Y ella tampoco habla: cuando esperas, no hablas. Entre una pieza y otra los dos quedan de frente, sin mirarse. Se acomoda él su paliacate, que trae en el cuello a modo de corbata; ella, con un pañuelito de encaje, diminuto, se enjuga las gotas de sudor en la frente. Ambos pierden la mirada en el vacío; parece que lo ven todo, pero no miran nada. Los ojos de uno quisieran posarse en los del otro, pero eso no se vería bien. Estamos en Coahuila —o en Nuevo León, o Tamaulipas— pero igual pasa por el aire la copla que recogió don Ricardo Palma en el Perú:

> No me mires, que miran que nos miramos.
> Miremos la manera de no mirarnos.
> No nos miremos,
> Y cuando no nos miren
> nos miraremos.

Termina el baile. Son ya las dos de la mañana. Ha concluido la última pieza. Fue un chotis que se llama «Amor de madre». Lo pidieron las señoras de edad, ya como despedida. El ranchero conduce a la muchacha a su lugar. Ahí la esperan su madre, sus hermanas y amigas. Ella sonríe, pero se angustia en su interior: bailó toda la noche con aquel muchacho, y él no le dijo nada. ¿Cuáles serán sus intenciones? Si no se le declara, ella va a quedar mal ante el pueblo y será objeto de irrisión. Ya llegan a donde están los otros. De pronto él la detiene por el brazo, la mira con mirada que es al mismo tiempo suplicante e imperiosa y le dice:

—¿Qué no comprende?

Ella comprende. ¿Qué mujer no comprende a su hombre? ¿Qué mujer no comprende la vida? Responde solamente:

—Sí.

Un año después se casan.

Junto con el teletipo y el cable transoceánico, el silbidito es uno de los medios de comunicación que han desaparecido ya.

Hagamos un esfuerzo de imaginación. En mi caso hacer ese esfuerzo no cuesta mucho esfuerzo. Lo que me cuesta trabajo es hacer un esfuerzo de realidad. Ahí sí batallo.

Vayamos a una esquina de cualquier pueblo mexicano de hace cuarenta o cincuenta años. En esa esquina hay un poste, y en ese poste está apoyado un hombre joven. Su edad es de 22 años, sobre poco más o menos. Se recarga en el poste con actitud estudiada, entre elegante y displicente. Cruza la pierna izquierda sobre la derecha, y el pie de esa pierna lo tiene puesto de punta sobre el suelo.

¿Qué hace ahí ese hombre joven? No hay ninguna duda: aquel muchacho está esperando a su novia.

Ya son las ocho y cuarto de la noche y ella no aparece. La cita era a las ocho. Pero no hay motivo de preocupación: la chica saldrá a las ocho y media, como de costumbre. A él eso no le molesta nada: la felicidad siempre se hace esperar. Igual podría llegar su novia a medianoche, y él estaría aguardando aún, apoyado en el poste, la pierna izquierda cruzada por delante sobre la derecha y el pie de esa pierna puesto de punta sobre el suelo.

Además, la muchacha ya sabe que su novio está ahí. ¿Cómo lo sabe, si la chica no se ha movido de su tocador —«coqueta» se llamaba antes ese mueble—, ocupada como está en ponerse el polvo y el bilé, y en componer las ondas de su permanente? Lo sabe porque él ha silbado.

¡Ah, ese silbidito! Lo esperaba ella con inquietud desde las seis y media de la tarde, temerosa de que su galán faltara a la cita, como aquella vez. Pero no. Sonaron las ocho en el reloj de catedral, y como si fuera parte del carillón se oyó enseguida el silbidito. Ella lo conoce, igual que conoce la paloma el zureo de su palomo y no lo confunde con el de ningún otro, así haya convención internacional de palomares. Silbó el muchacho a las ocho en punto para avisarle que ya estaba ahí, y fue entonces cuando ella empezó a arreglarse. Silbó de nuevo a las ocho y cuarto, no para apresurarla, sino para hacerle saber su amorosa impaciencia, bello piropo hecho a distancia. No tendrá que dar la tercera llamada, como en misa: a las 8:30 p. m., ahora sí con puntualidad de tren inglés, la muchacha aparecerá en la puerta y caminará hacia la esquina con ese paso menudito que a él lo vuelve loco y le pone tensiones deliciosas en el corazón... y en otras dependencias.

Estampa es esa del ayer. Ahora ya no se escucha ese romántico silbido. Anoto el dato para documentar nostalgias. Otros gratos sones también se fueron: el timbre de las calandrias, cochecitos guiados por un cochero gordo y tirados por un jamelgo flaco; el paso del rondín, nocturna gendarmería a caballo sobre las calles empedradas; el sabroso pregón de los vendedores callejeros...

Yo escuché todos esos ruidos. Yo también lancé mis silbiditos en una esquina... Si no me gustara tanto la melodía que ahora oigo en mi vida, cambiaría todas las músicas por esa.

Las viejas casonas mexicanas se ornaban con hermosos jardines. En su centro había una fuente soprano, y en sus flancos estaban las alcobas de grandes puertas que se abrían por la noche para dejar pasar aromas de madreselva, hueledenoche y jazmín.

Los zaguanes —bosques de espárragos y helechos— eran muestrario completísimo, infinito catálogo herbolario, profusa colección de toda la flora habida y por haber.

En algunas ciudades nos quedan todavía algunos de esos zaguanes, por fortuna, pues nunca las mujeres perjuraron de su amor a «las matas». Se las allegan con avaricia de coleccionistas; las cultivan con esmerado celo; las intercambian —un piecito de julieta por una macetita de romero— y lloran cuando los cierzos invernales les dejan sus plantas heladas y marchitas pese a sus minuciosas prevenciones.

¡Qué deleite y qué gozo es pasar por esos zaguanes, atisbarlos siquiera con golosa indiscreción al entreabrirse la puerta! Ahí ve uno macetas y macetones, ya colgantes como jardines de Babilonia, ya de pared o piso; enredaderas que suben como si quisieran tocar los altos techos de tableta y morillo. Ahí se ven aquellas plantas cuyos nombres son alarde de imaginación, compendio de la sabiduría popular, deleite para la fantasía. «Amor de un rato», de minúsculas hojitas jugosas y flores de púrpura llameante o estrepitoso guinda que se abren para cerrarse luego, por eso así se llama. «Malamadre», que llena la maceta con verdiblancas hojas de terroso color, y cuando le brotan los retoños los echa hacia afuera, de modo que cuelgan flácidos, igual que hijos indeseados que la cruel madre no cuida. «Galán de noche», de blancas flores en forma de estrellas que se abren al caer la tarde y se cierran cuando despunta el día. «Juan Mecate», de floreados racimos color de rosa que alargan sus finos tallos como cuerdas... Y luego la otra planta de hojas largas, larguísimas, afiladas, rasposas, puntiagudas y —dicen— venenosas, a la que llaman, no sé por qué, «lengua de suegra».

Jardines, corredores floridos, zaguanes boscosos, mínimas selvas que nos protegen de lo gris: quiera Dios que por siempre las mujeres mexicanas guarden en una maceta el corazón verdecido de nuestras ciudades.

En Saltillo el sarape es el sarape, si me es permitida la perogrullada, pero en casi toda la república la palabra «sarape» se usa como sinónimo de cobija o frazada. El mismo diccionario de la Academia ofrece una lamentable definición del término: «Sarape: Especie de frazada de lana o colcha de algodón generalmente de colores vivos, con abertura o sin ella en el centro para la cabeza, que se lleva para abrigarse». Pienso que la definición la tomaron los académicos peninsulares de la que puso don Francisco J. Santamaría en su indispensable *Diccionario de mejicanismos*. Pero don Francisco era tabasqueño, y aunque dice al hablar de los sarapes: «... Son famosos los del Saltillo (*sic*), Coahuila...», lo cierto es que no sabía que un saltillense jamás usaría un sarape para cubrirse del frío. Eso sería anatema, sacrilegio, profanación, irreverencia, execración, blasfemia y abominación. No necesariamente en ese orden.

A los ojos de alguien de Saltillo el sarape ni es frazada, ni es colcha —y menos de algodón—, ni tiene nunca abertura para la cabeza, ni se usa para abrigarse. El sarape es para nosotros una prenda de adorno con características muy particulares que lo distinguen de cualquier otro ejemplar textil.

El sarape no sirve para nada, salvo para ornato y —usando una expresión romana— *ad pompam et ostentationem*, o sea, para presumir, como muestra de estatus económico, pues el sarape, al fin prenda de lujo, siempre ha sido caro. Si es barato, o no es sarape o no es de Saltillo.

Nos vemos en el baratillo, sarape de Saltillo.

Ese refrán mexicano rinde homenaje de admiración al sarape. Se refiere el dicho a las mudanzas de la fortuna, y enseña que aun el hombre más encumbrado y rico puede caer en extremos de desventura y humildad.

La palabra *sarape* —alguna vez se escribió con zeta— viene posiblemente de dos vocablos nahuas: *tzalan*, tejido, y *pepechtli*, manta. Nuestros indígenas tenían la *tilma*, prenda cuadrada que se usaba echándola sobre los hombros y anudando sus puntas por delante. Los españoles gastaban la manta llamada «jerezana», con la que se cubrían echando sobre el hombro izquierdo la punta más larga, como hacen nuestros campesinos cuando se cubren con una cobija estando de pie. Quizá de esas dos prendas provino esa magnífica gala que es el sarape.

Lo llevaron a Saltillo los tlaxcaltecas, y en ninguna parte como ahí los llegaron a tejer tan bien, tanto que este sarape alcanzó fama mundial. No es como los demás. Características distintivas suyas son la urdimbre de algodón y la trama de lana; su medida tradicional, generalmente de 2.60 por 1.20 metros; sus vivísimos colores, que se combinan en tonos descendentes hasta llegar al centro del sarape, en el cual debe haber un diamante o rombo. Sus extremos llevan fleco largo, de blanquísimos hilos de algodón. Nunca, por ningún motivo, debe el sarape llevar abertura en el centro, pues eso lo desvirtúa y quita su carácter, pues lo reduce a esa vulgar prenda inferior que es el jorongo. Ya lo dice el refrán: «Cualquier sarape es jorongo abriéndole bocamanga».

El lujo del sarape de Saltillo, su alta categoría, derivan de que el sarape no es prenda de abrigo, sino de adorno. Como el mantón de Manila, no se usa para cubrirse de las inclemencias del tiempo, sino para engalanarse, para mostrar riqueza y calidad. Por eso lo vemos en el hombro del charro como galano ornato que pone color en la sobriedad de su traje; por eso lo veíamos sobre el piano en las antiguas casas saltilleras, o cubriendo la vastedad de un gran sillón; por eso nunca consentiríamos en ver la belleza de un sarape de Saltillo sirviendo a la prosaica necesidad de taparnos las espaldas para evitar el frío.

Proteger el sarape de Saltillo, amenazado de extinción; preservar los obrajes llenos de tradición en que se tejen; hacer que nuevos artesanos aprendan de los viejos el arte maravilloso de esos telares taumaturgos es tarea que todos debemos emprender. No dejemos que se nos vaya el sarape de Saltillo, pues con él se iría algo del arcoíris y del sol de México.

VI. NATURALEZA AL NATURAL

Yo ando por todo México; lo miro con mis voraces ojos, y lo admiro.

Desde el cielo veo el suelo y desde el suelo veo al cielo. Hallo el aire y la tierra llenos de hermosas criaturas recién salidas de las manos de Dios. Veo las blancas garzas que nos llegaron de África y que han hecho de México su Patria de adopción. Veo los fieros gavilanes; guacamayas que llenan mi sierra de estridores; pájaros rojos, y azules y amarillos; chuparrosas más pequeñitas que una pequeña rosa. Miro los sapientísimos coyotes; los venados; el lince que con ojos de lince me vio pasar en una madrugada desde la orilla de la carretera.

Ni nosotros, con toda nuestra vesania de ignorantes, hemos podido cortar el hilo de la vida a muchas hermosas especies. Pero otras las destruimos ya. Desde la nada nos miran con ojos de reproche y nos dicen que el hombre es solo parte de la naturaleza, y que si atentamos contra ella contra nosotros mismos estamos atentando.

En una ocasión miré un letrero que si bien no me estremeció —con pocas cosas ya se estremece uno— sí me llamó bastante la atención. Decía el tal letrero algo como esto: «En México una de cada cuatro especies está en vías de extinción».

Entiendo que el cartel, patrocinado por una agrupación conservacionista, se refiere a especies animales. No hay que olvidar, empero, que otras riquezas están igualmente desapareciendo. Etnias completas —los seris, por ejemplo— están amenazadas de perderse en las sombras del olvido, si me es permitida esa melodramática expresión. Lenguas indígenas había en nuestro país que ya nadie habla. Flores y frutos han desaparecido, lo mismo que usos tradicionales.

Me preocupa, por ejemplo, la suerte de ese pequeño fruto, humilde pero sabroso, que es el tejocote. No hablo de los tejocotes que se conocen en el sur, grandes, amarillos, masudos e insípidos, dicho sea sin ánimo de ofenderlos. Hablo de los tejocotes pequeñitos, de un color tan encendido que parecen gotas de sangre, y cuyo dulzor es de beso de mujer. Perdón por este último símil que algo tiene de erótico, pero es obligado siempre relacionar lo dulce con el beso femenino.

Estos mínimos tejocotes servían para hacer una máxima jalea con cuyo sabor la de ninguna otra fruta podía rivalizar. También de membrillo se hace una jalea riquísima, pero que ciertamente no se puede comparar con la de tejocote. Mis tías elaboraban en casa de mi abuelo una jalea de tejocote tan pura y cristalina que resistía la rigurosa prueba de leer el periódico a través del vaso que la contenía, pues la transparencia era, con el sabor, la mayor gala de ese regio dulce.

Otra delicia hacían aquellas buenas tías: la conserva de tejocotes en almíbar. Labor muy laboriosa era aquella. Había que cocer los tejocotes; quitarles la delgada piel —para eso se necesitaba paciencia y uñas—, y luego sacarles las diminutas y durísimas semillas, para lo cual se usaban ganchos de tejer. Luego, se ponían los tejocotes en el propio jugo donde se habían cocido, y con exacta añadidura de azúcar se sometían a un fuego manso y lento. Aquella era tarea de romanas, que es más difícil y ardua que tarea de romanos, pero el resultado era paradisíaco, pues aquellos tejocotes tenían sabor de gloria. Se me está haciendo agua la boca ahora que escribo esto.

En las huertas saltilleras de San Lorenzo había árboles de tejocote. Desaparecieron las huertas, y desaparecieron también los insignes árboles que daban tan lindo y bondadoso fruto. Ahora los tejocotes, si es que los llegas a ver, vienen de Zacatecas o Durango.

¿Tendremos que poner a nuestro tejocote —aquel pequeño, sabroso, dulce y rojo tejocote nuestro— en la lista de especies que han desaparecido ya, o que pronto desaparecerán?

Voy a tomar un vuelo en Monterrey. Empieza a amanecer; la ruta hacia el aeropuerto está todavía despejada. Dentro de media hora millares de vehículos pondrán su estridor y sus humos en la ciudad.

El sol asoma por el Cerro de la Silla y luego se tiende sobre el valle. Es entonces cuando veo a la hermosa criatura. Se ha posado sobre una de las farolas que todavía dan luz a la avenida. Con majestuosa displicencia se arregla el plumaje de las alas. Es un gavilán que de seguro señorea sobre las pequeñas alimañas que duermen en el lecho del río.

La ciudad se estira y despereza. Pasan los automóviles y se oye cerca el ruido atronante de los jets. El gavilán tiende el vuelo hacia la montaña vecina. Me alegra haberlo visto: por encima de todo, la naturaleza sigue viviendo triunfadora. Pienso que, a fin de cuentas —y de cuentos— nada podrán contra ella el sonido y la furia de los hombres.

Quisiera conocer la flor nombrada munisté, que nuestros antepasados indios llamaban *tlapalisquixóchitl*. Moctezuma, amigo de las plantas y de los animales, quiso tenerla en su jardín. Le pidió a Malinal, señor de Tlaxiaco, que le regalara un ejemplar. El rey negó el obsequio. Entonces Moctezuma armó un ejército, atacó la ciudad de Malinal y se llevó la flor.

¿Qué flor sería esta, tan hermosa que motivó una guerra? Yo la imagino más bella aún que la más bella orquídea. Sus pétalos deben ser suaves como caricia de virgen, y su aroma ha de tener el perfume que el amor tendría si se volviera flor.

Algún día veré una flor maravillosa que jamás en mi vida he contemplado, y sin que nadie me lo diga sabré que estoy mirando la flor de munisté.

Los yaquis de Sonora llaman *shipi* a un ave de rapiña de hermoso plumaje pardo y pecho blanco.

Una extraña, infalible manera de cazar tienen estos predadores. En forma contraria a la de casi todos sus congéneres, los *shipis* cazan, digamos, en equipo. Cuando uno de ellos atisba a una presa —una liebre, una ardilla, un ratón— busca el concurso de otro u otros dos compañeros. Ya formado el grupo de cazadores los *shipis* empiezan a volar a baja altura en torno de su víctima, pero sin atacarla. Solo proyectan su sombra alrededor de ella, de modo que el pobre animalillo no acierta a huir, confundido por aquel cerco de sombras que le salen al paso sea cual fuere el rumbo por donde busca escapar. Exhausta y aturdida se rinde al fin la presa, y entonces caen sobre ella aquellos certeros pájaros letales.

Aparecía sobre la Sierra de la Paila. Unos aseguraban que salía de atrás; en opinión de otros se formaba encima. Era grande y gris; era pesada. Casi no se movía; estaba quieta, recortando su enorme perfil contra del cielo. Era La Vaca.

Aparecía sobre los cerros de General Cepeda, Coahuila, la antigua Villa de Patos, cabeza en los pasados siglos del marquesado de San Miguel de Aguayo. Era como La Vaca, gris, pero menor. Era El Becerro...

Cuando salían La Vaca y El Becerro la gente ya sabía: iba a llover.

Se movían El Becerro y La Vaca, lentamente, como si el uno se aproximara a la otra. ¿Qué extrañas corrientes de aire, opuestas y contrarias, causaban ese acercamiento? ¿Era posible que el viento soplara en dos direcciones encontradas? Quién lo sabe. El caso es que La Vaca y El Becerro se juntaban. Entonces caía la lluvia.

La Vaca y El Becerro eran dos nubes. Así se les llamaba en General Cepeda. ¿Existirán aún? Yo no sé de otras nubes como estas dos de Patos. No sé de parte alguna donde haya habido nubes con nombre, bautizadas. Y además sistemáticas, con método. Las nubes son pasajeras, y se las lleva el viento. Sus formas son caprichosas: a veces parecen un avión; a veces son como un elefante. Pero estas dos nubes siempre tenían la misma forma: una parecía vaca; la otra, menor, parecía su becerro. Y siempre se juntaban, y entonces siempre llovía. El Becerro y La Vaca. Dos nubes de General Cepeda.

Llovía mucho en la villa donde vivió mi madre. Caían grandes lluvias que llenaban el arroyo de Patos, cuyas aguas iban a dar hasta donde es ahora Monterrey. Conocí en la capital regiomontana a un señor muy anciano que de joven cultivaba una labor en lo que es ahora la Colonia Cumbres, al poniente de la población. Me contó que de pronto el arroyo que regaba sus tierritas se llenaba con una fuerte «venida» de aguas rojizas.

—Está lloviendo en Patos —decía la gente.

Había mucha agua en General Cepeda. Hoy, me dicen, los manantiales se han secado, y están agotados los pozos de regadío. Las umbrías huertas de Patos se han ido acabando lentamente, inexorablemente. Los árboles de ayer son leña hoy.

¿Habrá violetas aún en General Cepeda? Mi madre me decía que las plazas y los jardines de las casas estaban llenas de esa flor, cuyo aroma suavísimo llegaba hasta las afueras de la villa, llevado por el viento.

Yo conseguí unas plantas y las puse en el jardín de la casa donde vivió ella con mi padre. Al poco tiempo encontré las primeras flores, diminutas, escondidas con humildad entre el follaje. Tomé una y aspiré su fragancia, y fue su suave aroma como un verso que hablaba de mi madre.

Miro esta violeta de color violeta que me regala a un tiempo el perfume y el recuerdo, y veo a mi mamá, niña en la plaza de su pueblo, blanco el vestido, con un lazo celeste. Llega Mariana, mi pequeña nieta, y le pongo la flor en el cabello. Y son mi nieta y mi mamá la misma niña.

Por el cielo van nubes elefantiásicas, ballénicas, hipopotámicas, rinocerónticas. Grandes y gordas, se diría que las pastorea un titánico titán.

Yo espero que se las lleve el viento, pues si una de ellas cae sobre la ciudad la aplastará con su enorme masa como con una maza enorme.

Van en silencio las ominosas nubes. Y sin embargo sé que dentro de ellas ruge el rayo.

Cuando en el campo se alzan estas nubes los campesinos hacen que un niño, un inocente sin pecado, parta el aire con un machete. Así conjuran la amenaza de la tromba y el granizo. Pero en la ciudad esos ensalmos no funcionan, pues la ciudad ha perdido la imaginación, y sin ella son imposibles los milagros.

Me escondo, pues, no sea que las nubes me descubran y me fulminen con una de sus centellas por escribir esto. Pasarán estas nubes. Pasar es su principal oficio. También es el del hombre pasajero.

Miro pasar las nubes. Y las nubes me ven pasar a mí.

México, cuando llueve, es color verde.

Voy en avión a Tampico, a Guadalajara, a Toluca, a León, y desde las nubes miro el suelo mexicano convertido en una hermosa nube de verdor. Es que ha llovido, y la tierra se ha abierto como la boca del creyente al recibir la eucaristía o como el cuerpo de la mujer al recibir el amor.

Vendrá quizá luego la sequía, y otra vez las tierras tendrán el color ocre de los páramos. Pero ahora casi todo mi país está pintado de verde.

Yo hago una hostia con esa verdura y comulgo con ella. Me parece que la lluvia también llovió sobre mí, y que he reverdecido.

Si alguien quisiera verme desde arriba tendría problema para hallarme, porque soy una sola cosa con la hierba, tan humilde y agradecida, que le basta un poco de agua y un poquito de sol para vivir.

Yo, señor mío, en el invierno soy feliz.

En días de niebla y de llovizna, de cielo gris y opaco, de friecillo que se anuncia apenas, duermo arrebujado en una cobija saltillera, de esas que nombran «de lana y lana». Me despierto más tarde que de costumbre y tomo una taza humeante de café en la cama. Salgo de mi casa y voy a la Alameda y camino despacio bajo los árboles que murmuran lluvia. Voy a mi casa a la hora de comer y me sirven un puchero como los que servían antes, capaces de revivir a la momia de Ramsés Segundo, y luego escucho una sonata del buen padre Soler y leo un libro de Daudet.

Entre la bruma, asoma el campanario de catedral como el mástil de un barco que flotara en la niebla. La Alameda se vuelve un cuadro impresionista. Hay en las ramas pájaros silentes. Las casas, pequeñas criaturas desvalidas, se arriman a la madre sierra.

Me gusta la neblina porque en ella me veo con claridad mayor. El sol deslumbra; la noche ciega cega. Los días nebulosos son entre noche y día, y en ellos se ven las cosas como son. Somos neblina quizá también nosotros, fantasmas de viento y nubes que ahora son y luego ya no están.

Me llena todo la ciudad vacía. Voy por sus calles, sombra de una sombra. Por dondequiera encuentro recuerdos. Son brumosos también, como la bruma.

> Todo es niebla esta tarde...
> Me voy, que se hace tarde.
> Me voy, que me hago niebla.

El desierto es desierto tan solo para aquellos que no ven. O que no saben, que es igual que no ver.

Estuve en el norte de Coahuila, en las vastas planicies que dicen del desierto, y lo vi pródigo de exuberante primavera. Me llené los ojos con el verde ternísimo del mezquite de hojas nuevas, con el amarillo mostaza de los huizaches florecidos, con el rojo púrpura de la pitaya, el gualda de los girasoles, el ocre, grana, guinda, «fiucha», turquesa, amaranto, corinto, magenta, solferino, los mil y mil colores sin nombre de mil y mil flores diversas.

Desierto... El que se fija bien lo ve lleno de vida, de colores, de inacababales bellezas. Cuando mi propia vida me parezca un desierto miraré bien en mí mismo y encontraré lo que Dios y mi prójimo han puesto en ella. Y ya no me parecerá un desierto.

Una bella imagen lírica es la que forjó el poeta Ramón López Velarde cuando dijo que el cielo de la Patria lo dibujan «las garzas en desliz y el relámpago verde de los loros».

El cielo mexicano es, en efecto, cielo de aves. Variado es nuestro territorio, y variadas por tanto son también las especies aladas que lo habitan. Pájaros de la selva y el desierto, del valle y la montaña, del mar y las lagunas y los esteros y los ríos, pájaros que viven en las ciudades o moran en el alejamiento de los bosques; milimétricas aves, como el colibrí, deslumbramiento de nuestros antepasados los conquistadores, que lo llamaron «tominejo», haciendo más diminuto aún el diminutivo con que nombraban a una moneda pequeñita de plata, el tomín, y aves giganteas como el águila arpía, semejantes a los míticos seres de las leyendas egipcias, arábigas o griegas.

No es de extrañar, entonces, que el águila emblemática de la bandera y el escudo nacional sean resumen de esa ornitología mágica. Oímos en torno nuestro un batir de alas, y escuchamos un coro inacabable de gorjeos. Pocos sitios habrá en el mundo con tal infinito número de aves como esta Suave Patria que el mismo poeta jerezano llamó «alacena y pajarera».

Es muy hermoso el campo que está al sur de Saltillo. Algunas tardes subo en mi camioneta y voy sin rumbo por los caminos que salen de la carretera que va a Zacatecas, o a Parras por vía de General Cepeda.

¡Qué paisajes me salen al encuentro! Primero son las estribaciones de la madre sierra, la Oriental. Tengo a la diestra mano las serranías, abruptas como la de la Adelita, que terminan en el Cerro del Pueblo, y en el otro llamado de Mauricio, donde ponía don Pedro G. González su publicidad.

Frente a mí aparecen de pronto vastas planicies con labores que fueron de pan ganar. Ahí se encuentran sitios que tienen antiguos nombres peregrinos: San Juan de la Vaquería, Derramadero, Santa Teresa de los Muchachos... Todo el rumbo se ha vuelto ya zona industrial, y muestra el progreso y la pujanza de Saltillo.

A lo lejos, muy a lo lejos, se adivina —que no se ve— ese pequeño paraíso que es General Cepeda, la antigua San Francisco de Patos, cabecera del vastísimo latifundio que fuera del marquesado de San Miguel de Aguayo. General Cepeda, fecunda en leyendas y ayer en violetas, ambas —violetas y leyendas— con igual aroma antañón y prestigioso. En cierta forma ahí nací yo, a más de haber nacido en el Saltillo, pues mi mamá vivió en General Cepeda y siempre recordó la villa con cariño. Luego, más a lo lejos, está Parras, a donde voy siempre que puedo: es bueno irse acostumbrando a estar en el Paraíso.

Antes de salir del valle de Saltillo hacia el otro más grande que está al sur, hay una estrecha garganta donde se juntan casi los cerros del oriente con los que al occidente están. A esa garganta la llaman La Angostura. Es un fragoso terreno en el que las corrientes de agua han formado a lo largo de las edades una caprichosa geografía de arroyos, barrancas, quiebros y caídas. Va serpeando la carretera entre esos accidentes, y de milagro no suceden otros por tantas vueltas y revueltas como las que el camino da.

En ese lugar lo tuvo la célebre —¿debería decir «la tristemente célebre»?— batalla de La Angostura. Ahí se libró el combate más importante, incluido el de Monterrey, entre las fuerzas mexicanas y el ejército invasor de Taylor cuando avanzaba hacia el sur. Fue en ese sitio donde por primera vez actuó Santa Anna en la campaña, y fue ahí donde México perdió la última oportunidad que quizá tuvo de frenar la invasión, o al menos de asestarle un rudo revés y retrasarla.

El sitio es histórico, naturalmente, y lo visito por ver si algo de historia se me pega a mí. Regreso siempre con un bagaje de melancolías.

Hace tiempo estuve en La Angostura. Recordé tantas heridas, tantas muertes, tantas culpas de tantos hombres malos y tan gran sufrimiento de tantos inocentes. Había nubes de tempestad sobre la sierra, que en la opacidad de la tarde parecía vestida para unos funerales. Hubiérase dicho que el paisaje era escenografía funeraria. Cuando caían las primeras gotas regresé a mi casa. Ahora, con esa misma melancolía, escribo esto. Si el texto me sale algo tristón, cúlpese a la tarde, vestida con nubes tormenta, y cúlpese igualmente a Taylor y a Santa Anna. A alguien tenemos que culpar de nuestras melancolías.

Regresaba yo de Monterrey a Saltillo, mi ciudad. La noche era maravillosa: sin excepción todas las noches son maravillosas, por lo menos para un hombre y una mujer del mundo. Brillaba una luna que parecía hecha por Cecil B. de Mille, y los altos relieves de los montes semejaban feroces picahielos hundidos en el oscuro vientre de la noche.

Wanda Landowska... el Clave Bien Temperado... Uno tras otro los kilómetros; uno tras otro los acordes de esa armoniosa máquina de coser que es Bach. Y de pronto aquellos dos ojos fieros que me miraban como colgados de los hilos del aire. Metí el freno hasta el fondo y el coche se detuvo. Ahí, plantado en medio de la carretera, solo y señor en las primeras horas de la madrugada, un coyote. El coyote. El de los cuentos infantiles; el de las desaforadas leyendas campesinas; el que paraliza con la mirada a los conejos; el que girando en torno de las palmas hace caer los dátiles.

Me vio el coyote como quien nada ve. Lentamente echó a caminar luego. Y yo entendí que había más eternidad en esa criatura de la Naturaleza que en la máquina de coser que, monótona, seguía sonando en la bocina de mi auto.

El estado de Oaxaca es seguramente una de las mas valiosas reservas naturales no solo de México, sino del mundo entero.

Asomarse a los prodigios que encierra esa bellísima entidad es no solo entrar en contacto con la historia y las prestigiosas tradiciones que los oaxaqueños guardan, sino también percibir la magia, el misterio y los encantamientos de esa tierra de mitos y leyendas.

La naturaleza hizo de Oaxaca el depósito de todas sus riquezas. Aunque en el pasado la incuria, la ambición y la ignorancia se han cebado en la flora y la fauna del estado, quedan todavía extensísimas selvas, montañas impolutas, bosques, ríos y lagos, costas marinas a donde no han llegado aún las depredaciones de los humanos.

Cada estado de la república, con sus particulares características, es también joyel de hermosuras naturales que se deben proteger.

El otro día defraudé a los encargados de hacer el cobro en la autopista que lleva de Monterrey a Cadereyta.

Pagué, sí, la cuota del peaje. Pero era el amanecer, y en eso surgió el sol. La madre naturaleza —la hermana, la amiga, la amante naturaleza—, recién salida del baño, estaba aún cubierta con el rocío de la madrugada, y la vi engalanarse con una joyería rutilante que brillaba como un aparador de Cartier.

Y luego, al borde de la carretera, esa orla de hierba verde con espigas de un suave color indescriptible, palo de rosa o qué sé yo, que haría que todos los pinceles de todos los pintores se mojaran con lágrimas de rabia por no poder copiarlo.

Pagué religiosamente, ya lo dije, la cuota del peaje.

Pero no pagué el paisaje y sus prodigios.

Si hay alguno que sepa cómo se paga eso, que lo diga.

No quiero ser defraudador.

Dicen que los atardeceres de Tanzania son los más bellos del mundo. Yo les echo a los de Saltillo, mi ciudad, y les doy a los crepúsculos tanzanos veinte nubes de ventaja.

Hace unos días le dio a Diosito por imitar a Cecil B. de Mille, y presentó un crepúsculo en glorioso *Technicolor* y espectacular Cinema scope que habría dejado a Turner turulato y sin poder dar pincelada. Yo, que todavía tengo ojos para ver, detuve mi automóvil y me puse a mirar aquel prodigio.

Hay quienes ven el mar, y lo único que sienten son ganas de hacer una necesidad menor. Otros de la misma ralea piensan que contemplar un crepúsculo —y más escribir acerca de él— es delito de lesa cursilería. Yo no soy tan cursi como para temer que alguien me llame cursi, y así declaro, y firmo y sello, que los crepúsculos de mi ciudad son más hermosos que los de Tanzania. Aun dándoles veinte nubes de ventaja.

Tengo en mi rancho del Potrero de Ábrego un pozo de agua cristalina. Cuando la bebo me parece que estoy bebiendo el cielo a sorbos. Si a mí eso me parece, ¿qué les parecerá la agüita a los trigales, y a los árboles que dan duraznos tan dulces y tan suaves como un seno de mujer, y a los nogales próceres, y a todas las criaturas vegetales que en nuestra mesa y nuestra vida ponen la tortilla y el pan, la sombra y el fruto?

Esa agua me la encontró don Salvador Cepeda, de Arteaga. Pasé un día por él, muy de mañana, cuando el primer rayo de sol iluminaba apenas la cruz de San Isidro. Y fuimos por la alta sierra hasta el Potrero. Don Salvador, me habían dicho, era el mejor buscador de agua en toda la comarca. También me habían dicho que en el Potrero no había agua. Tierra mucha, pero agua, no. En Casillas, el rancho de más abajo, era al revés: había mucha agua, pero las sierras se estrechaban de tal modo que no dejaban tierra para cultivar. En cierta ocasión el tío Sixto dijo que era cosa muy fácil resolver el problema del Potrero: bastaba inclinar el eje de la tierra para que las aguas de Casillas, donde no había tierras, fluyeran hacia el Potrero, donde no había agua.

Cuando llegamos al rancho, don Salvador sacó de la bolsa de lona que llevaba una gran bola de metal. Era de bronce, y me dijo que la había encargado a Francia. Empezó a caminar a grandes trancos por la labor de Los Coyotes al tiempo que hacía girar en lo alto aquella esfera reluciente.

Yo veía aquello, y advertía de pronto que la bola descendía y se fijaba, inmóvil, sobre algún punto del terreno. Lo señalaba don Salvador con unas piedras, y seguía su caminar. Al cabo de una hora me dijo sencillamente:

—Aquí.

Me aconsejó que hiciera una noria: el agua estaba tan cerca, aseguró, que ni siquiera se necesitaba una perforadora. Yo no podía creer aquello: todo mundo me había dicho que ahí no había agua. Pero llevé un noriero. A los seis metros empezó a sacar tierra húmeda. A los diez dio con un venero de aguas claras que llenó el pozo con su precioso don. Pusimos un papalote de los que se hacen en Apodaca, Nuevo León. Y gira y gira el papalote, que descansa tan solo a la caída de la tarde, cuando el aire se queda quietecito para que se oiga la esquila de la iglesia llamándonos al rezo del rosario. Vuelve el viento y vuelve a fluir el claro chorro, y llena la piscina en donde nadan los peces de colores.

Por la mañana llegan las golondrinas y los vertiginosos colibríes. Pasan volando y rozan apenas la quieta superficie de aquella agua tranquila; se llevan en el pico una gotita y dejan en el espejo un temblor invisible. Con esa agua Rosita riega sus dalias y sus coyoles, y sus macetas con la pequeña planta que se llama amor de un rato porque sus flores se abren unos minutos solamente antes de cerrarse otra vez para la noche.

Cuando viajo de Monterrey a León o Aguascalientes los aviones pasan sobre el Potrero. Yo aguzo la vista, y reconozco la labor de Los Coyotes. A veces miro reflejarse el sol sobre las aguas de mi pequeño estanque.

No puse ahí yo esa agua. La puso don Salvador Cepeda, de Arteaga. Dios le ha dado ya su recompensa a ese hombre bueno que sabía encontrar el agua, que es lo mismo que saber hallar la vida.

Ha nevado en mis montañas, las de Arteaga. Todo, hasta las culpas de los hombres, tiene ahora el color de la inocencia. Van a la sierra los jubilosos citadinos, y toman fotos de la blancura deslumbrante. Los niños juegan en la nieve, y yo recuerdo el tiempo en que quitábamos la corteza de los pinos muertos, y sobre ella nos deslizábamos, como sobre un trineo, por la pendiente helada.

La nieve del ayer es la misma nieve de hoy. Mis abuelos arteaguenses la vieron caer desde la misma ventana donde ahora la miro caer yo. Aquí la ven caer también los hijos de mis hijos, y sus hijos también la mirarán.

Ayer es hoy. Mañana es también hoy. Y en este día y en el próximo estaremos nosotros, como la nieve, esa misma nieve del ayer.

VII. CAMINOS Y CAMINANTES

¡Qué hermoso país el nuestro, y qué poco y mal lo conocemos!

Somos dueños de inefables maravillas y no las apreciamos ni las sabemos valorar. Nuestro paisaje, nuestra arqueología, la arquitectura colonial, nuestra cocina, el rico tesoro de la artesanía mexicana, todo eso es una serie de maravillas que deberíamos gozar cumplidamente.

Decían los antiguos que nadie puede amar aquello que no conoce. ¿Cómo podemos amar a nuestro país si lo miramos con indiferencia, si no lo recorremos como quien recorre la casa en que nació y se graba en las entretelas del corazón hasta el último rincón de las habitaciones?

Para amar con mejor amor a México conozcámoslo mejor. Muchos goces y gozos aguardan al viajero que tome los caminos de este hermoso país en que vivimos...

El viajero se aparta del camino que en Puebla siguen los turistas y va a la pequeña iglesia que tiene Acatepec.

¡Qué magnífico el templo diminuto! Parece un ascua de oro en un joyel de Talavera. A las altas locuras del barroco los artífices indios añadieron su propio delirio: pusieron espejos en los muros, en el cuerpo de los estípites, en las ornadas hornacinas. Por las ventanas entra el sol: los vidrios multiplican sus rayos, y cada feligrés recibe el suyo como una luminosa eucaristía.

Los espejos de Acatepec me dan lección. Recogen luz de lo alto y con ella iluminan a los hombres. Así deberíamos ser nosotros: espejos humildes que irradian el amor que Dios envía a sus criaturas. Si la guardamos en nosotros mismos esa luz se hará opacidades de soberbia. Si la reflejamos a los demás regresará multiplicada y nos dará más luz como el claror de los espejos que vuelven brasa ardiente la pequeña capilla que vi en Acatepec.

El viajero llega a Querétaro y con diez manos lo saluda Cristóbal de Villalpando.

Es este artista el más alto pintor del barroco americano. Si no fuéramos tan desdeñosos de lo nuestro sabríamos que Villalpando ha sido comparado con Murillo, y que en ocasiones se le juzgó superior a él. Su magistral dibujo, su espléndido dominio de la luz y la sombra, son portentos formales que deslumbran.

En Querétaro están las telas en donde el mexicano puso la imagen de los apóstoles de Cristo. Cada rostro es un estudio maestro de expresión, pero yo tengo para mí que al pintar las manos quiso probar Cristóbal la excelsitud de su arte. ¡Qué manos esas de los apóstoles de Villalpando! Cada una es patético drama; en todas está guardada una pasión.

A su regreso el viajero trae consigo la evocación de aquella maravilla. Después encuentra una lección en esos cuadros donde las manos —que son alegoría de acción— destacan más que el rostro: también por la pintura se puede enseñar que la fe sin obras está muerta.

El viajero va a Mérida.

¿Qué bien tan grande hizo que mereció tal premio de la vida? Contempla desde el avión la tierra de cal y canto en la que duermen su sueño de agua los cenotes, y de repente le brota en los ojos la blancura de la blanca ciudad.

Tan pronto el viajero toca tierra se abre el cielo: llueve Debussy con ritmo de bambuco. Manos amigas recogen al caminante y le regalan Mérida en la visión de una muchacha hermosa que lleva albo vestido y una flor color sangre en el cabello.

Queda transido de amor este viajero cuando visita Mérida. Posee muchas ciudades, pero Mérida lo posee a él. Disfruta el trato de su gente de suave hablar y corazón más suave para entregar sus pródigos tesoros.

El viajero ama a Mérida como a una hermosa y distante amada. Puede explicar su amor por la ciudad: se lo inspiran el aire de antigua nobleza de sus hombres y la inasible magia de sus mujeres, que seducen sin ellas darse cuenta. Se lo inspiran las cosas que pueden tomarse con los sentidos: la vista de sus piedras; el gusto de sus edénicas comidas; el oído de su trova; el tacto de esas manos femeninas que acarician en el trivial saludo; el olfato de selva y de cenote en la humedad de las calles nocturnas...

Pero algo tiene Mérida que solo puede aprehenderse con el infinito sentido del amor. Es el recuerdo que nos deja después de que la dejamos. Ese recuerdo ya no viaja; se queda para siempre. Recordando ese recuerdo está ahora el viajero, y ya quiere regresar. El viajero siempre quiere regresar.

Ha de volver a Mérida el viajero. Ha de gozar otra vez su inefable cocina, la dulcedumbre de sus habitantes; ha de ver otra vez la lluvia de oro del árbol que se le apareció de pronto en el regazo de la noche, la cruenta flor en aquella bruna cabellera como corona real.

Ha de volver a Mérida el viajero... La vida es tan buena con él que ha de volver a Mérida otra vez.

El viajero conoce las grandes catedrales de este mundo, tan grandes y magníficas que se dirían del otro: Chartres, Colonia, Burgos, Notre Dame, Laon.

No recuerda, sin embargo, haber sentido al verlas la emoción que lo llenó al entrar en la capilla de San Ignacio, un pueblo desconocido de Sonora. Diminuta y muy blanca es la iglesia. Con sus manos la hizo el padre Kino. Le puso un campanario pequeñito para una campana niña que todavía está ahí, cantando sin voz las glorias de aquel santo andariego.

Subió el viajero a la torre por los veinticinco escalones labrados con hacha en recia madera de mezquite. Desde arriba vio el alto cielo azul y el verdecer del valle junto al río. Lejos, muy lejos, las montañas que cruzó el Padre Kino en busca de otras tierras y otras almas.

También ha estado el viajero en los rascacielos donde tienen su morada el dinero y el poder. Al salir de la iglesita de San Ignacio, hecha con tierra y agua por la fe de un hombre, iba pensando el viajero cuán pequeña es a veces la grandeza y cuán grande es a veces la humilde pequeñez.

El viajero llega a Matehuala, San Luis Potosí, y entra en el teatro que lleva el nombre de Manuel José Othón.

Pequeño teatro es ese, y lindo. En su pórtico hay un busto broncíneo del poeta y un retrato donde el autor del «Himno de los bosques» aparece con traza de abogado.

La sala tiene plateas. El viajero imagina a las modosas señoritas de miriñaque y peinado de bandós atisbando con disimulo a los galanes a través de sus impertinentes. Otras modosas señoritas y otros galanes hay en esta sala: por sobre el alto techo se oyen arrullos de palomas...

Ojalá los matehualenses cuiden este teatro infantino que tantos ecos guarda de pasadas voces. Ninguna zafiedad, ningún falso progreso debe quitarle a Matehuala esta impensada maravilla a la que entró el viajero como si al tiempo entrara, con paso que no quiere pasar.

Llega el viajero a Ciudad Obregón, en el estado de Sonora, y pasea por sus calles, tan anchas que en ellas podría aterrizar un jet.

Ahí la catedral y la biblioteca pública están casi juntas. Afortunada vecindad es esa: la catedral puede atemperar los excesos racionalistas de la biblioteca, y la biblioteca puede atemperar los excesos teístas de la catedral.

En Obregón tiene el viajero un buen amigo que se llama Jaime y se apellida Jaime. De él ha recibido los regalos de la amistad y la canción. Alguna vez quizá la vida, también amiga generosa, llevará otra vez al viajero a Obregón, y entonces volverá a disfrutar esos dones, preciosos dones que hacen que la vida tenga significación.

No pertenecen al viajero los paisajes del trópico; le son ajenas esas llamaradas verdes que se enredan al alma como lianas; esas aguas del cielo y de la tierra que caen lluvia, o corren río, o se detienen pantano.

El paisaje de este viajero es el desierto. Lo ha visto desde niño y lo conoce. Sabe de su fiera belleza que algunos no pueden ver; siente íntimas sus inmensidades y cercanas sus lejanías.

Ha cruzado el viajero su desierto y ha mirado la flor de la biznaga y la pequeña criatura que desde su piedra atisba al mundo. Contempló el vuelo del gavilán y la sabia carrera del coyote. Cuando llegó la noche pudo ver el Camino de Santiago, la gran vía de luz sobre su frente, y sintió que podía alzar las manos para mojárselas de estrellas.

Aquí, en este paisaje desnudo, se desnuda el alma. Aquí, donde es tan fácil perderse, es muy fácil hallarse. Ama el viajero su desierto, y cuando vuelve a él es como si a sí mismo regresara.

El afortunado viajero llega a Lagos de Moreno, Jalisco, alta ciudad entre las de los Altos.

Encuentra ahí dos sombras muy amadas. La una es de un boticario soñador, Francisco González León de nombre: oyó el sonar de las campanas de la tarde y escribió versos que luego resonaron en la poesía de Ramón López Velarde.

La otra sombra es la del padre don Agustín Rivera. Fue cura liberal, y le gustaba andar en dimes y diretes, en polémicas desaforadas contra falsos gigantes que ni siquiera eran molinos, sino puro viento.

En la hermosísima parroquia, en la recoleta rinconada que los laguenses conservan con amor, el viajero siente el alma de esa noble ciudad de hermoso cuerpo y espíritu elevado habitada por mujeres cristianas y por hombres cristeros. Cuando al amanecer sale de Lagos siente el viajero que ha bebido agua clara en limpia fuente mexicana.

En el camino de Guadalajara hacia Tepic llega el viajero a Magdalena, un sitio de Jalisco.

Los senos de esta Magdalena están cuajados con la opalina riqueza de los ópalos. Hay ahí ópalos de todos los colores conocidos y de algunos aún desconocidos. Entra el viajero en las pequeñas tiendas donde los ópalos aguardan la avidez de los conocedores y se siente en una de aquellas grutas encantadas de los cuentos de ayer, cuyas paredes esplendían con los brillos de las preciosas piedras.

Casi no hay sitio de México a donde vaya el viajero que no encuentre alguna riqueza prodigiosa. Se alegra el visitante, y al mismo tiempo se entristece. Rico país el suyo, con habitantes pobres. Acuden a su recuerdo los versos aprendidos en la Preparatoria, aquellos del poeta jerezano: «... Como la sota moza, Patria mía, en piso de metal vives al día, de milagro, como la lotería...».

Llega el viajero a Jaumave, hermoso lugar de Tamaulipas, y recibe como regalo un árbol.

El árbol tiene un sonoroso nombre: se llama higuerón. De higuera nada tiene, más que el aumentativo. El higuerón es árbol entre ceiba y encino. Su tronco es grueso y gris, y retorcido como el de las ceibas tropicales; pero sus hojas son como las del encino de los bosques. Hay uno en la plaza, centenario, capaz de acoger bajo su sombra a media población. En su torno pasean las muchachas como niñas en torno de una gran abuela.

Jaumave es un bello lugar habitado por gente campesina, y por lo tanto sabia. Cuna de un río, Jaumave es fruto de la buena agua y de la tierra buena. Yo sentí el sabor de este amable lugar cuando comí una nuez de sus nogales. Guardado en ella estaba su calor y el de su gente. Ahora va conmigo el recuerdo de aquel árbol basilical, el higuerón, hecho por partes iguales de bosque montañés y selva tropical.

El viajero va a Chihuahua, donde los tarahumaras veneran una planta cuyo nombre nada más ellos deben y pueden pronunciar. Se llama «jícuri».

Virtudes taumaturgas tiene el jícuri. Macerada y comida, la planta produce un éxtasis que dura varios días, en los cuales el venturoso que la comió tiene visiones inefables y experimenta goces del cuerpo nunca conocidos. Puesto bajo el cinturón, el jícuri protege a quien lo lleva del ataque de bestias u hombres malos. Si se le lleva a las cacerías es prenda segura de buen éxito: el venado se acercará manso al percibir su olor, y sin moverse dejará que el cazador lo mate.

El jícuri es planta pudorosa; su honestidad y recato es de doncella. Por eso no se le puede tener en la cueva o la casa, pues, aunque sea de noche, sus ojos verán en la oscuridad cosas que no debe mirar. Así, el jícuri se ha de guardar en la troje, dentro de un jarro o chiquihuite.

Planta sagrada, no se le puede perder ni robar. Si ratas o tlacuaches se la comen el negligente dueño sentirá para siempre los dientes de aquellos animales en su corazón. Si alguien que no tiene jícuri roba el del vecino, el ladrón se volverá loco a los tres meses. Para evitar esa demencia debe invitar a todos a una fiesta. Ahí declarará su robo. En desagravio, al jícuri le ofrecerá tesgüino, y aquel a quien robó la planta le entregará un buey.

El jícuri es planta divina. Dios, cansado de las maldades que veía, decidió cambiar de casa: dejó la tierra y se fue al cielo. A fin de compensar su ausencia, y para hacer menor la pena de los hombres, ahora tan solos en este bajo mundo, les dio el jícuri.

El viajero va a San Luis Río Colorado, el mero norte de la frontera norte.

Al final de su conferencia —soliloquio de juglar—, y para corresponder al público, que se puso en pie para darle un aplauso afectuosísimo y cordial, el disertador se somete voluntariamente a la íntima tortura de las preguntas y respuestas.

Toma la palabra un señor y empieza a hablar hermosamente de Saltillo. Se refiere a sus galas de cultura; a la belleza del paisaje que le rodea; al señorío de la población, que ha cambiado según el ritmo del progreso sin perder su esencia original.

Pocas veces ha oído el cronista un rosario tan lindo de piropos para su ciudad. La gente aplaude la elocuencia del súbito orador: se trata del doctor Ricardo González Lobo, hermano del licenciado Salvador, inolvidable. Fue a hacer su servicio social a San Luis y se quedó allá, y ahí formó a su familia. Lejos, muy lejos del terruño, Saltillo sigue viviendo en él, y palpitando.

El viajero se alegra: su presencia suscitó en un saltillense el recuerdo de su tierra amada. Nada más por eso valió la pena volar dos mil kilómetros.

El viajero va en jet. Son las seis de la tarde. El cielo es claro en la ruta entre la Ciudad de México y Monterrey.

Vuelve la vista el viajero a su derecha y mira por la ventanilla una visión hermosa: la luna, casi llena, empieza a aparecer por el oriente. Luego, voltea el viajero hacia la parte izquierda del avión y mira la roja naranja del sol perdiéndose en el occidente.

Al mismo tiempo sol y luna... Aparece esta; aquel va desapareciendo ya... El viajero da gracias a la fuente de donde todas las gracias se derivan por la belleza que acaba de mirar, fugitiva igual que todas las bellezas. Y le llega un sencillo pensamiento: cuando una luz se va otra viene. Nunca hay definitiva oscuridad.

Llega el viajero a Chetumal, en el estado de Quintana Roo, y ahí encuentra un amable habitante del mundo: el manatí.

¡Qué hermosa bestia es esta! Todos los animales son hermosos, incluida esa mínima bestezuela que es el hombre. Pero el manatí tiene una belleza misteriosa que me conmueve y maravilla. Las ubérrimas ubres de la hembra del manatí hicieron nacer la leyenda de las sirenas. El silencioso paso de los machos por las salas del agua, su líquida mansedumbre franciscana, hacen del manatí una dulce criatura cristalina.

En Chetumal los manatíes tienen un santuario. Hay que cuidarlos para que no desaparezcan y nos dejen con el remordimiento de su muerte. Hay que cuidar el mundo, pues no es nuestro: pertenece a los hijos nuestros, y a sus hijos. Ellos son los dueños del agua y del manatí. No destruyamos su herencia.

Chetumal es un paraíso marino y terrenal. Su cielo es de un azul heráldico; su mar de un verde jade que nunca habían visto los ojos forasteros. Tiene una laguna como la primera que vio la desnudez de Eva, y un mágico cenote en cuyo borde posan los tucanes su hermosa fealdad.

Las casas de Chetumal eran todas de maderas preciosas: fachadas de caoba; alcobas con el perfume nupcial que el cedro da. En el 46 vino el ciclón Janet y no dejó árbol sobre árbol. El mar se alejó de la costa, como sorbido por un gigante inmenso, y luego volvió otra vez empujado por un gran soplo colosal. Quedó arrasada aquella ciudad de casas de muñeca...

Pero resucitó, y vive para siempre Chetumal. Yo percibí su encanto; sentí sobre mi frente el aliento de selva de su espíritu... El fuerte antiguo con memorias del indio y del pirata... Historias de pescadores y contrabandistas... Cada hombre y cada mujer un corazón abierto, y cada mesa un lujo de inverosímiles manjares arreciados con habanero chile.

El viajero anhela volver a Chetumal. Quiere llenar de azul y jade la pupila para atenuar un poco el gris que con él va.

El viajero entra con paso de romero en la Catedral de Oaxaca.

(Si bien se mira, toda Oaxaca es una catedral. Así, la del obispo es una catedral adentro de otra).

Entra el viajero, y contempla a los lados de la puerta las imágenes de la Esperanza y de la Fe. Aquella muestra un ancla, pues la esperanza es áncora con que nos aferramos hasta a lo imposible. La Fe tiene en los ojos una venda, pues no necesitamos vista de ojos para mirar lo que nada más los ojos del alma pueden ver.

El viajero se pregunta por qué no figura ahí la tercera de las virtudes teologales, que es la Caridad. Ella, decía San Pablo, es la más importante de las tres. La respuesta se la da al peregrino el Cristo que está sobre el altar: la caridad no es otra cosa que el amor; Dios es amor, y si Dios está en todas partes, en todas partes debe estar su amor.

Fe y Esperanza, sí, con ancla y venda. Pero por sobre todas las cosas el Amor, esa oración que decimos a Dios cuando hacemos el bien a sus criaturas.

A la frontera norte va el viajero.

Mira una nube negra frente a él, pesada como amenaza sobre el mundo. Ominosos fulgores brotan de la tempestad, y baja lentamente hasta ser una sola cosa con las cosas. Penetra en la nube el automóvil del viajero. La Naturaleza se le sube al techo y baila su zarabanda con exactos pespuntes de granizo. Desaparece la línea del camino. Los montes inflan los carrillos y soplan un viento demencial que tuerce las ramas de los árboles.

El corazón viajero pide acongojado no haber salido de su casa. Repentinamente se va la nube hacia otras tierras. Corre por esta el agua en ríos cristalinos. Muge una vaca en busca de su recental y le contesta el cielo con un eral azul.

El viajero se inventa un arcoíris para ponerlo como triunfal corchea en la espléndida sinfonía pastoral. Luego vuelve al camino.

El viajero siempre vuelve al camino. En él encuentra cosas que no caminan, que se quedan.

Llega el viajero a Valle de Bravo.

Aun sin estar con él lo guía su maestro, ese hombre bueno y sabio que se llama Silvino Jaramillo. El viajero ha escuchado a don Silvino hacer el cumplido elogio de su solar nativo, y ahora camina por sus calles igual que si las conociera ya.

Entra el viajero en el templo parroquial. Lo reciben las dos formidables columnas de su pórtico, capaces de resistir al mismísimo Sansón. Y entonces le acontece al viajero un pequeño milagro. Es junio, y es la hora del rosario vespertino. Una muchacha angélica le pone entre las manos una flor. Acaba el rezo del tercer misterio y cantan el órgano y las voces. Va el viajero tras de los fieles que ofrecen flores al Sagrado Corazón, y deja la suya en el altar. Sesenta años hace que no ofrecía flores, y lo hace ahora con la misma ingenua devoción de la primera edad.

Terminan los misterios del rosario. Son misterios gozosos, como el que llevó al viajero a este lugar de encanto donde volvió a ser niño con el alma mojada todavía por el agua de la pila bautismal.

Llega el viajero a Chicomostoc, lugar de las siete cuevas en lo alto de la alta Zacatecas.

Ahí todos los vientos se detienen. Es blanco el aire, roja la tierra y azul el cielo como una pesada piedra tendida de un extremo del mundo al otro extremo. Aquí reposaron su fatiga las tribus que fundarían el Anáhuac. Dejaron altas columnas como gigantes índices para mostrar la dirección del hombre: hacia arriba. Abajo de ellas hace la eternidad sus hormigueros.

El silencio es el dueño y señor de Chicomostoc. El silencio... Aun la redonda música de las esferas aquí calla. En silencio el halcón hiere a la liebre; cae el rayo en silencio; muda llueve la lluvia.

Yo estoy solo en la pirámide. Subí de prisa, y sin embargo no oigo el latir del huidizo corazón. Tomo en las manos el silencio y me lo unto en la cara como agua hecha de arena. Todo me habla del hombre, eterno como una pirámide, efímero como una pirámide.

Llega el viajero al templo de Nuestra Señora de Guadalupe, en Vallarta, y mira dos vitrales que por pequeños y altos poca gente ve.

Representan dos escenas de la vida de San José. O, mejor dicho, una escena de su vida y otra de su muerte. En la primera está el santo en la huida a Egipto. A lomos de un burrito lleva a la Virgen y a su divino Hijo para salvarlos de la maldad del hombre. La otra escena muestra lo que se llama «el tránsito de San José», o sea, su muerte. Amoroso, Jesús pone su mano en la de su padre terrenal. María, junto al lecho, mira con ojos de ternura al humilde varón que creyó en ella.

El viajero gusta de ver cosas que poca gente mira. San José casi siempre pasa inadvertido. También él dijo: «He aquí el esclavo del Señor», y vivió su vida de luz en la penumbra. En estos dos vitrales ha encontrado el viajero la grandeza que tiene la humildad.

Llega el viajero a Veracruz.

No hay otra ciudad como esta, con tanto sol, tanto mar y tanto ritmo. Aquel que diga: «Soy veracruzano» debe poner en su declaración igual orgullo que si dijera: «Soy propietario del mar, dueño del sol y legítimo heredero de la música».

Estar en Veracruz es estar dentro de la magia. Todo ahí es diferente: sus días son otros días; sus noches no son como las otras noches. Hasta el aire es distinto, cargado de espíritus que se levantan del agua y de la tierra y acercan al hombre y la mujer para fundirlos en el amor a la danza, o en la danza del amor.

Llega el viajero a Veracruz y un día después —una noche después— ya sabe de sí mismo cosas que ignoraba. Mágica Veracruz.

Veracruz maga que te pone un espejo para que en él te mires por primera vez.

El viajero pasa el Día de Muertos en Xico, Veracruz.

Allá tienen mucha vida las tradiciones de la muerte. Y sus leyendas.

Murió la joven esposa en flor de edad y dejó viudo a su marido. Le dejó también una niña pequeñita.

Llegó el Día de Difuntos —siempre llega ese día, igual que todos los demás— y la niña le preguntó a su padre si no iban a hacerle su altar de muertos a la madre muerta.

—No —respondió el hombre lleno de hosco rencor hacia la vida, hacia la muerte y hacia Dios—. No haremos ningún altar de muerto.

La niña se llenó de congoja y desolación.

—Si no le hacemos su altar a mi mamá —dijo entre lágrimas—, ella no podrá comer el mole que tanto le gustaba, ni oler las flores que plantó el año pasado en el jardín.

—Todo eso de los muertos es mentira —replicó el padre—. Los que se van no vuelven. ¿Quieres hacerle a tu madre altar de muertos? Pues bien: coge ese tizón de ocote y ponlo en el rincón.

La niña, llorando, obedeció y puso en una esquina de la sala el tizón encendido.

Se llegó el Día de Muertos. El hombre —sacrílego— se fue al monte a trabajar. Cortando leña estaba cuando vio que venía una procesión. Hombres y mujeres vestidos de blanco iban por el camino. Cantaban, alegres; llevaban en los brazos flores y regalos: quien una botella de mezcal, quien una gallina adobada, aquel un haz de cañas, el otro una canasta llena de fruta. Al final, llorando tristemente, iba su esposa. Traía en las manos el tizón encendido, único regalo que su familia le puso en el altar.

Corrió el hombre a su casa, abrazó a su hija y le juró entre lágrimas que jamás dejaría de hacerle su altar de muertos a la amada muerta.

El viajero recorre los caminos de Coahuila y visita en Juárez el pequeño museo con recuerdos de aquel hombre genial —y de genio— que fue Emilio *el Indio* Fernández.

El Indio nació en Mineral del Hondo. En la sala que lleva el nombre del cineasta se guardan sus atuendos, su silla de director, la vieja máquina donde escribía sus guiones...

Una figura de barro llama la atención entre todas esas cosas. Es una estatuilla prehispánica que representa a una mujer de enhiesto busto y grupa retadora. El letrero alusivo indica que el Indio la tenía al lado de su cama, en el buró. Explicaba él esa presencia: «A mi lado debe estar siempre una mujer, aunque sea de barro».

Palabras sabias son esas, de varón sapiente. Ay de aquel hombre en cuya vida no haya una mujer, aunque de barro sea.

El viajero cruza en su automóvil las llanuras del norte de Coahuila.

A su paso lo saludan las palmas que habitan estas tierras. Los mormones las conocieron en su peregrinación por el desierto, y las llamaron Joshua tree, el árbol de Josué. Vieron en ellas semejanza con el varón que alzaba los brazos cuando clamaba a Dios.

Empiezan ya las palmas a mostrar su flor. Cada una es como un penacho blanco. A la llegada de la Semana Santa el valle parecerá un ejército de guerreros que marchan con su airón al aire.

Las mujeres campesinas, a quienes la necesidad ha hecho sabias cocineras, preparan un guiso muy sabroso con los pétalos de la flor de palma. Platillo de cuaresma, se disfruta en este tiempo con los cabuches, los chicales y otras delicias del desierto del noreste.

¿Dije «desierto»? Dije mal. Jardín florido es el desierto para el que sabe ver. Y para el que sabe comer es generosa mesa que ahora ofrece sus galas a la golosa gula del viajero.

El viajero llega a Real de Catorce.

Quien nunca lo ha mirado no sabe de misterios.

Ahí el oro y la plata convocaron las ambiciones de los hombres y estos hicieron una ciudad de sueños a los que se entra por un túnel labrado en la montaña. Levantaron palacios de piedra, leves como rosas, y plantaron rosas empecinadas como piedras en casas donde alguna vez se oyeron risas triunfales y donde solo se escucha hoy la matraca penitencial de las cigarras.

Camina el caminante por Catorce y siente sus prestigios, la altivez de sus antiguos moradores. Luego se acoge al templo. Ahí, en un lado, humilde, está «Panchito» —San Francisco de Asís— con los humildes que le rezan. Pasaron los ricos señores de las minas; permanece por siempre el *poverello*.

Quiere volver el alma del viajero a Real de Catorce. Ahí un sueño se hizo ruinas; ahí las ruinas hoy se vuelven sueño.

Llega el viajero a Zacatecas, joyel de maravillas, y se hospeda en el Mesón de Jobito, uno de los más bellos alojamientos que en México se pueden encontrar.

Va a la pequeña tienda del hotel, llena de artesanías y arte, y mira ahí una pequeña imagen de la Virgen. El peregrino se conmueve al verla. María aparece con las señas de su embarazo, tan divino, tan humano. Tiene una mano sobre el corazón y la otra sobre el vientre, custodia que guarda al Hijo que pronto nacerá. La imagen muestra su nombre en la peana: se llama Nuestra Señora de la Dulce Espera.

Ahora la Madre está en la casa de quien, sin merecerlo, es igualmente su hijo. El viajero la mira, y sabe en su corazón que la Señora lo está esperando también a él.

El viajero va a Pátzcuaro, en Michoacán.

Se levanta en la madrugada para ir a pescar y ve cómo las estrellas se van apagando al tiempo que se enciende el sol. Con igual mansedumbre debemos apagarnos los humanos, piensa el viajero mientras dispone su sedal y su anzuelo.

Cuando el viajero llega al lago ancestral lo encuentra aún dormido. En sus orillas se refleja apenas un leve amanecer. Tira su línea el pescador y un pájaro vuela en sobresalto, quiebra la noche con sus alas y hace que el día se asome a ver qué pasa. Se vuelve azul el agua, y verde y amarilla; se escuchan silbos de aire; rezumban los insectos. Salta de pronto un pez de jade y pone en el lago círculos concéntricos. El último llega a la orilla y mueve una pequeña hoja de hierba.

El pescador tiene ahora al mundo prendido de su anzuelo. Ha pescado la luz del día, el sol, el aire de la mañana clara, el vuelo del pájaro, los ruidos de la vida y la memoria de las estrellas nocturnas que brillarán otra vez. Ningún pez ha pescado, se exceptúa la imagen de aquel hecho de jade, tan instantáneo y súbito como un hai-kai.

El viajero es pescador; sabe que pescar es lo que importa menos cuando se va a pescar.

No cabe duda: soy un juglar afortunado.

En todas partes halla este cronista materia para su pensamiento y para su emoción. Hace lo que un chiquillo embelesado: toma a México y se lo pone como caleidoscopio frente al ojo; le da vueltas y vueltas, y mira con arrobo sus cambiantes paisajes; el tema con variaciones infinitas de sus criaturas vegetales y animales; el genio y el ingenio de sus moradores; el iris de sus artesanías, las canciones que brotan de la tierra y los poemas que del cielo bajan... Y descubre, en esa uniforme diversidad, la esencia de un México límpido que no alcanzan a macular ni siquiera las ambiciones, las mentiras, iniquidades y violencias.

VIII. PALABRAS FINALES

En una de tantas luchas revolucionarias, uno de los combatientes recibió una herida de bala en la parte posterior, la que sirve para sentarse. Tendido en decúbito prono —es decir, de panza— sobre su camastro, sufría indecibles penalidades. Y mascullaba, furioso contra sí mismo:

—¡Esto me pasa por patriota y por pendejo!

Otro muchacho le anunció a su madre, anciana y viuda, que había decidido irse a «la bola», o sea, a la Revolución. La buena mujer, llorando, trató de disuadirlo de su intento, pero su hijo estaba decidido ya: por amor a la Patria se lanzaría a la lucha.

Su madre, entonces, lo hizo ponerse de rodillas, y le colgó al cuello un santo escapulario que, le dijo, lo salvaría de todos los peligros. Seguidamente, le preguntó con qué general se iba. Se lo dijo el muchacho. Era un general que nunca entraba en combate, famoso por sus prudentes retiradas.

—Entonces devuélveme el escapulario —le pidió su mamá—. Con ese no lo vas a necesitar.

En tiempos de guerra, cuando México luchaba por su Independencia, o para resistir una invasión, o para mejorar las condiciones de vida de los mexicanos, ser un buen patriota consistía en estar dispuesto a dar la vida por la Patria. En estos tiempos de hoy, el patriotismo se muestra en modo diferente.

Ahora ser un buen patriota consiste en amar a México y en demostrarle nuestro amor con actos.

En conocer su historia, sus tradiciones, y esforzarnos por impedir que se pierdan los tesoros de nuestro pasado.

En hacer que nuestros hijos sientan orgullo de llamarse mexicanos; que respeten y veneren los símbolos nacionales: nuestra bandera, nuestro escudo, nuestro himno nacional.

En participar en la vida cívica y política de nuestras comunidades, procurando su progreso y su engrandecimiento.

En evitar todo aquello que pueda traer riesgos de desaparición para las especies animales y vegetales que viven en nuestros mares y nuestros ríos, en la selva, los bosques, la montaña o los desiertos.

En aprender a admirar el arte maravilloso de nuestros artistas y artesanos; la obra de nuestros poetas y de nuestros músicos.

En gozar las hermosuras de nuestro paisaje, y las riquezas de nuestro pasado indígena y colonial, lo mismo las pirámides portentosas que los bellísimos templos, edificios civiles y casas del ayer.

En luchar por la justicia para aquellos que más la necesitan; en velar por los derechos de las mujeres, los niños, los ancianos...

En ganar cada día el pan con una jornada de trabajo honrado, y dar lo mejor de nosotros mismos en la tarea cotidiana.

En ser buenos esposos, buenos padres, buenos hijos; y alentar el amor en nuestro hogar.

En vivir en paz con todos, respetando el derecho de los demás, cumpliendo los dictados de la ley y rechazando toda forma de desorden o violencia.

En eso consiste el patriotismo de hoy: ya no en morir por México, sino en vivir por él.

Si amamos a nuestra Patria, si trasmitimos ese amor a nuestros hijos y a los hijos de ellos; si somos, en suma, buenos mexicanos, seremos también buenos patriotas.

AGRADECIMIENTOS

Gracias a mi casa editora, Diana, del Grupo Planeta.
A mi esposa María de la Luz, mi inspiración, mi amor.
A Luly, mi hija adorada, sin cuyo apoyo este libro no sería libro.